第七册

晋元帝建武元年丁丑起
晋孝武帝太元十一年丙戌止

資治通鑑

卷九十至百六

中華書局

資治通鑑卷第九十

端明殿學士兼翰林侍讀學士朝散大夫右諫議大夫充集賢殿修撰權判西京留司御史臺上柱國河内郡開國侯食邑一千三百戸食實封四百戸賜紫金魚袋臣　司馬光　奉敕編集

後　學　天　台　胡三省　音　註

晉紀十二起強圉赤奮若（丁丑），盡著雍攝提格（戊寅），凡二年。

中宗元皇帝上諱睿，字景文，宣帝曾孫，琅邪武王伷之孫，恭王覲之子。謚法：始建國都曰元。

建武元年（丁丑、三一七）是年三月，方改元。

1春，正月，漢兵東略弘農，太守宋哲奔江東。哲屯華陰，漢兵自長安東略，故棄城來奔。守，式又翻。

2黄門郎史淑、侍御史王沖自長安奔涼州，稱愍帝出降前一日，降，戸江翻。使淑等齎詔賜張寔，拜寔大都督、涼州牧、侍中、司空，承制行事；且曰：「朕已詔琅邪王時攝大位；君其協贊琅邪，共濟多難。」淑等至姑臧，寔大臨三日，難，乃旦翻。臨，力鴆翻。辭官不受。

初，寔叔父肅爲西海太守，王莽置西海郡，光武中興，棄之。至獻帝興平二年，武威太守張雅請置西海郡，分張掖之居延一縣以屬之，雖郡名同，而非王莽西海郡之地。聞長安危逼，請爲先鋒入援；寔以其老，弗許。及聞長安不守，肅悲憤而卒。卒，子恤翻。

寔遣太府司馬韓璞、時張氏保據河西，有太府司馬、太府・少府主簿等官；蓋以都督府爲太府，涼州府爲少府也。璞，匹角翻。撫戎將軍張閬等帥步騎一萬東擊漢；撫戎將軍，蓋張氏創置。帥，讀曰率。騎，奇寄翻。命討虜將軍陳安、沈約志，魏置將軍四十號，討虜第十九。安故太守賈騫、晉志曰：張茂分武興、金城、西平、安故四郡爲定州。蓋張氏分金城、西平二郡地置安故郡也。按安故縣，二漢屬隴西郡。水經註：洮水自臨洮縣東流，又屈而北流，逕安故縣故城西，又北逕狄道縣故城西。狄道，時已置武始郡；安故郡，蓋卽漢之一縣置郡。隴西太守吳紹各統郡兵爲前驅。又遣相國保書曰：「王室有事，不忘投軀。前遣賈騫瞻公舉動，中被符命，敕騫還軍。符命，蓋保符下寔也。遣，于季翻。被，皮義翻。俄聞寇逼長安，胡崧不進，麴允持金五百，請救於崧，遂決遣騫等進軍度嶺。自涼州濟河度沃于嶺，至狄道。會聞朝廷傾覆，爲忠不遂，憤痛之深，死有餘責。今更遣璞等，唯公命是從。」璞等卒不能進而還。

至南安，南安郡，治豲道縣。卒，子恤翻。還，從宣翻，又如字。諸羌斷路，斷，丁管翻。相持百餘日，糧竭矢盡。璞殺車中牛以饗士，泣謂之曰：「汝曹念父母乎？」曰：「念。」「念妻子乎？」曰：「念。」「欲生還乎？」曰：「欲。」「從我令乎？」曰：「諾。」乃鼓譟進戰，會張閬帥金城兵繼至，夾擊，大破之，斬首數千級。帥，讀曰率；下同。

先是，長安謠曰：「秦川中，血沒腕，唯有涼州倚柱觀。」腕，烏貫翻。及漢兵覆關中，氐、羌掠隴右，雍、秦之民，死者什八九，雍，於用翻。獨涼州安全。

3 二月，漢主聰使從弟暢從，才用翻。帥步騎三萬攻滎陽，太守李矩屯韓王故壘，相去七里，李矩屯新鄭，則韓王故壘亦在新鄭也。戰國時，韓滅鄭，徙都之，故有故壘在焉。遣使招矩。使，疏吏翻。時暢兵猝至，矩未及爲備，乃遣使詐降於暢。暢不復設備，大饗，渠帥皆醉。降，戶江翻。復，扶又翻。帥，所類翻。矩欲夜襲之，士卒皆恇懼，恇，去王翻。矩乃遣其將郭誦禱於子產祠，子產相鄭，鄭人懷其惠，爲之立祠。使巫揚言曰：「子產有教，當遣神兵相助。」衆皆踊躍爭進。矩選勇敢千人，使誦將之，將，卽亮翻。掩擊暢營，斬首數千級，暢僅以身免。

4 辛巳，宋哲至建康，沈約曰：建康，本秣陵縣，漢獻帝建安十六年置；孫權改秣陵爲建業，武帝平吳，還爲秣陵；太康三年，分秣陵之水北爲建業；愍帝卽位，避帝諱，改爲建康。稱受愍帝詔，令丞相琅邪王睿統攝萬機。三月，琅邪王素服出次，杜預曰：出次，避正寢。舉哀三日。於是西陽王羕及官屬等共上尊號，西陽王羕，汝南王亮之子。羕，余亮翻。上，時掌翻。王不許。羕等固請不已，王慨然流涕曰：「孤，罪人也。諸賢見逼不已，當歸琅邪耳！」呼私奴，命駕將歸國。私奴，謂私所畜養而給使令之奴，非以罪沒官者。羕等乃請依魏、晉故事，稱晉王；許之。辛卯，卽晉王位，大赦，改元；始備百官，立宗廟，建社稷。

有司請立太子，王愛次子宣城公裒，欲立之，裒，蒲侯翻。謂王導曰：「立子當以德。」導曰：「世子、宣城，俱有朗雋之美，而世子年長。」長，知兩翻。王從之。丙辰，立世子紹爲王太子；封裒爲琅邪王，奉恭王後；帝後大宗，故以裒奉琅邪國祀。仍以裒都督青、徐、兗三州諸軍事，鎮廣陵。以西陽王羕爲太保，封譙剛王遜之子承爲譙王。一本作「譙王承〔丞〕」，音拯。遜，宣帝之弟子也。又以征南大將軍王敦爲大將軍、江州牧，揚州刺史王導爲驃騎將軍、都督中外諸軍事、領中書監、錄尚書事，驃，匹妙翻。丞相左長史刁協爲尚書左僕射，右長史周顗爲吏部尚書，顗，魚豈翻。軍諮祭酒賀循爲中書令，右司馬戴淵、王邃爲尚書，司直劉隗爲御史中丞，行參軍劉超爲中書舍人，晉志曰：中書，晉初置舍人、通事各一人，江左合舍人、通事，謂之通事舍人，掌呈奏案。參軍事孔愉長兼中書郎；長兼，蓋始於此。自餘參軍悉拜奉車都尉，掾屬拜駙馬都尉，行參軍舍人拜騎都尉。三都尉，皆漢武帝置。奉車都尉，掌御乘輿車；駙馬都尉，掌駙馬；騎都尉，掌監羽林騎。師古曰：駙，副馬也；非正駕車，皆爲副馬。一曰：駙，近也，疾也。晉武帝以宗室、外戚爲三都尉；江左後罷奉車、騎二都尉，唯留駙馬都尉，奉朝請，諸尚公主者爲之。掾，俞絹翻。王敦辭州牧，王導以敦統六州，辭中外都督，賀循以老病辭中書令，王皆許之；以循爲太常。是時承喪亂之後，江東草創，廣雅曰：草，造也；創，始也。喪，息浪翻。刁協久宦中朝，諳練舊事，諳，烏含翻，悉也，記也。朝，直遥翻。賀循爲世儒宗，明習禮學，凡有疑議，皆取決焉。

5 劉琨、段匹磾相與歃血同盟，磾，丁奚翻。歃，色洽翻，歠也。期以翼戴晉室。辛丑，琨檄告華、夷，遣兼左長史、右司馬溫嶠，匹磾遣左長史榮邵，奉表及盟文詣建康勸進。漢之禪于魏也，文帝三讓，魏朝羣臣累表請順天人之望，此則勸進之造端也。晉受魏禪，何曾等亦然。是時愍帝蒙塵，四海無君，琨等勸進，爲得其正。嶠，羨之弟子也，溫羨見八十六卷惠帝永興二年。嶠之從母爲琨妻。母之姊妹爲從母。從，才用翻。琨謂嶠曰：「晉祚雖衰，天命未改，吾當立功河朔，使卿延譽江南。行矣，勉之！」

王以鮮卑大都督慕容廆爲都督遼左雜夷流民諸軍事、龍驤將軍、大單于、昌黎公；廆不受。遼左，卽遼東。流民，謂中州之民流移入遼東者。廆，戶罪翻。驤，思將翻。征虜將軍魯昌說廆曰：「今兩京覆沒，天子蒙塵，左傳，叔帶之難，襄王出居于鄭，使告難于魯。臧文仲對曰：「天子蒙塵于外，敢不奔問官守。」說，輸芮翻。琅邪王承制江東，爲四海所係屬。屬，之欲翻。明公雖雄據一方，而諸部猶阻兵未服者，蓋以官非王命故也。謂宜通使琅邪，使，疏吏翻；下同。勸承大統，然後奉詔令以伐有罪，誰敢不從！」處士遼東高詡曰：處，昌呂翻。「霸王之資，非義不濟。今晉室雖微，人心猶附之，宜遣使江東，示有所尊，然後仗大義以征諸部，不患無辭矣。」晉室雖衰，慕容、苻、姚之興，其初皆借王命以自重。廆從之，遣長史王濟浮海詣建康勸進。

6 漢相國粲使其黨王平謂太弟乂曰：「適奉中詔，云京師將有變，宜衷甲以備非常。」乂信之，命宮臣皆衷甲以居。粲固忌刻，而乂亦愚甚矣。甲在衣中爲衷甲。粲馳遣告靳準、王沈。靳，居㰟翻。沈，持林翻。準以白漢主聰曰：「太弟將爲亂，已衷甲矣！」聰大驚曰：「寧有是邪！」王沈等皆曰：「臣等聞之久矣，屢言之，而陛下不之信也。」聰使粲以兵圍東宮。粲使準、沈收氐、羌酋長十餘人，窮問之，乂爲大單于，氐、羌酋長屬焉，故皆服事東宮。酋，慈由翻。長，知兩翻。皆懸首高格，格，以木爲之。周禮牛人：祭祀，共其牛牲之互。鄭玄曰：互，若今屠家之懸肉格。左思吳都賦曰：峭格周施。呂向曰：格，懸網木也。燒鐵灼目，酋長自誣與乂謀反。聰謂沈等曰：「吾今而後知卿等之忠也！當念知無不言，勿恨往日言而不用也！」於是誅東宮官屬及乂素所親厚，準、沈等素所憎怨者大臣數十人，阬士卒萬五千餘人。所阬者，東宮四衞之兵也。夏，四月，廢乂爲北部王，北部，卽匈奴後部，居新興。粲尋使準賊殺之。乂形神秀爽，寬仁有器度，故士心多附之。聰聞其死，哭之慟，曰：「吾兄弟止餘二人而不相容，漢主淵諸子，此時惟聰、乂二人在耳。安得使天下知吾心邪！」氐、羌叛者甚衆，以靳準行車騎大將軍，討平之。

7 五月，壬午，日有食之。考異曰：帝紀、天文志皆云「五月丙子，日食。」按：長曆是月壬午朔，無丙子，今以曆爲據。

8 六月，丙寅，溫嶠等至建康，王導、周顗、庾亮等皆愛嶠才，爭與之交。是時，太尉豫州牧荀組、冀州刺史邵續、青州刺史曹嶷、寧州刺史王遜、東夷校尉崔毖等皆上表勸進，顗，魚豈翻。嶷，魚力翻。毖，音祕。王不許。

9 初，流民張平、樊雅各聚衆數千人在譙，爲塢主。王之爲丞相也，遣行參軍譙國桓宣往說平、雅，平、雅皆請降。說，輸芮翻。降，戶江翻；下同。及豫州刺史祖逖出屯蘆洲，遣參軍殷乂詣平、雅。乂意輕平，視其屋，曰：「可作馬廄。」見大鑊，曰：「可鑄鐵器。」平曰：「此乃帝王鑊，天下清平方用之，柰何毀之！」乂曰：「卿未能保其頭，而愛鑊邪！」鑊，胡郭翻。鼎而無足曰鑊。說文云：鑊，江、淮人謂之鍋，浙人謂之鑊。平大怒，於坐斬乂，坐，徂臥翻。勒兵固守。逖攻之，歲餘不下，乃誘其部將謝浮，使殺之；誘，音酉。將，卽亮翻。逖進據太丘。太丘縣，後漢屬沛郡，晉省。賢曰：太丘故城，在今亳州永城縣西北。樊雅猶據譙城，與逖相拒。逖攻之不克，請兵於南中郎將王含。桓宣時爲含參軍，含遣宣將兵五百助逖。逖謂宣曰：「卿信義已著於彼，今復爲我說雅。」復，扶又翻。爲，于僞翻。宣乃單馬從兩人詣雅曰：「祖豫州方欲平蕩劉、石，倚卿爲援；前殷乂輕薄，非豫州意也。」雅卽詣逖降。降，戶江翻。逖旣入譙城，石勒遣石虎圍譙，王含復遣桓宣救之，虎解去。逖表宣爲譙國內史。

己巳，晉王傳檄天下，稱「石虎敢帥犬羊，渡河縱毒，今遣琅邪王裒等九軍，帥，讀曰率。裒，蒲侯翻。銳卒三萬，水陸四道，徑造賊場，造，七到翻。受祖逖節度。」尋復召裒還建康。復，扶又翻。

10 秋，七月，大旱；司、冀、并、青、雍州大蝗；河、汾溢，漂千餘家。皆漢境也。雍，於用翻。

11 漢主聰立晉王粲爲皇太子，領相國、大單于，總攝朝政如故。朝，直遙翻。大赦。

12 段匹磾推劉琨爲大都督，磾，丁奚翻。檄其兄遼西公疾陸眷及叔父涉復辰、弟末柸等會于固安，固安縣，漢屬涿郡；魏、晉改涿郡曰范陽，固安曰故安。劉昫曰：唐易州易縣，古故安縣地。共討石勒。末柸說疾陸眷、涉復辰曰：說，輸芮翻。「以父兄而從子弟，恥也；且幸而有功，匹磾獨收之，吾屬何有哉！」各引兵還。琨、匹磾不能獨留，亦還薊。薊，音計。

13 以荀組爲司徒。

14 八月，漢趙固襲衛將軍華薈於臨潁，殺之。臨潁縣，屬潁川郡。華，戶化翻。薈，烏外翻。初，趙固與長史周振有隙，振密譖固於漢主聰。李矩之破劉暢也，於帳中得聰詔，令暢既克矩，還過洛陽，收固斬之，以振代固。矩送以示固，固斬振父子，帥騎一千來降；帥，讀曰率。騎，奇寄翻。降，戶江翻。矩復令固守洛陽。

15 鄭攀等相與拒王廙，廙，羊至翻，又逸職翻。衆心不壹，散還橫桑口，水經：沔水東南逕江夏雲杜縣，又東逕左桑，周昭王溺死處也。村老云：百姓佐昭王喪事於此，故曰佐桑；左桑，字失體耳。又東，謂之橫桑，言得昭王喪處也。欲入杜曾。王敦遣武昌太守趙誘、襄陽太守朱軌擊之，攀等懼，請降。杜曾亦請擊第五猗於襄陽以自贖。

廙將赴荊州，留長史劉浚鎮揚口壘。水經註：龍陂水逕鄀城，東北流，謂之揚水；水北逕竟陵縣西，又北注于沔，曰揚口，中夏口也。竟陵內史朱伺謂廙曰：伺，相吏翻。「曾，猾賊也，外示屈服，欲誘官軍使西，然後兼道襲揚口耳。宜大部分，言當大爲部分，以備曾掩襲。分，扶問翻。未可便西。」廙性矜厲自用，以伺爲老怯，遂西行。曾等果還趨揚口；趨，七喻翻。廙乃遣伺歸，裁至壘，即爲曾所圍。劉浚自守北門，使伺守南門。馬雋從曾來攻壘，雋妻子先在壘中，馬雋本與鄭攀同距王廙。或欲皮其面以示之。皮面者，剝其面皮。伺曰：「殺其妻子，未能解圍，但益其怒耳。」乃止。曾攻陷北門，伺被傷，被，皮義翻。退入船，開船底以出，沈行五十步，乃得免。沈，持林翻；潛行水底曰沈行。曾遣人說伺曰：說，輸芮翻。「馬雋德卿全其妻子，今盡以卿家內外百口付雋，雋已盡心收視，卿可來也。」伺報曰：「吾年六十餘，不能復與卿作賊，復，扶又翻。吾死亦當南歸，妻子付汝裁之。」乃就王廙於甑山，病創而卒。甑山，在竟陵界。隋置甑山縣，屬沔陽郡。創，初良翻。

戊寅，趙誘、朱軌及陵江將軍黃峻與曾戰於女觀湖，水經註：柞溪水出江陵縣北，東注船官湖，湖水又東北入女觀湖，湖水又東入于揚水。誘等皆敗死。曾乘勝徑造沔口，造，七到翻。威震江、沔。

王使豫章太守周訪擊之。訪有衆八千，進至沌陽。沈約曰：沌陽縣，江左立，屬江夏郡。

水經：沔水逕沌陽縣北，又東逕林障故城北。沌陽者，沌水之陽也。沈，持林翻。曾銳氣甚盛，訪使將軍李恆督左甄，許朝督右甄，訪自領中軍。曾先攻左、右甄，楊正衡曰：甄，音堅。戰陳有左拒、右拒；拒，方陳也。有左甄、右甄；甄，左、右翼也。左、右拒見於周、鄭繻葛之戰；左、右甄之義見於楚穆王孟諸之田。孟諸之田，宋公爲右盂，鄭伯爲左盂。杜預註曰：將獵，張兩甄。蓋晉人以左、右翼爲左、右甄，杜預取當時之言以釋左、右盂也。訪於陣後射雉以安衆心。射，而亦翻。令其衆曰：「一甄敗，鳴三鼓；兩甄敗，鳴六鼓。」趙誘子胤，將父餘兵屬左甄，將，卽亮翻。力戰，敗而復合，馳馬告訪。訪怒，叱令更進；胤號哭還戰。號，戶刀翻。自旦至申，兩甄皆敗。訪選精銳八百人，自行酒飲之，飲，於鴆翻。敕不得妄動，聞鼓音乃進。曾兵未至三十步，訪親鳴鼓，將士皆騰躍奔赴，曾遂大潰，殺千餘人。訪夜追之，諸將請待明日，訪曰：「曾驍勇能戰，驍，堅堯翻。向者彼勞我逸，故克之；宜及其衰乘之，可滅也。」乃鼓行而進，遂定漢、沔。曾走保武當。武當縣，漢屬南陽郡，晉屬順陽郡，縣以武當山得名；唐爲均州武當郡。杜佑曰：郡城，延岑所築。王廙始得至荊州。訪以功遷梁州刺史，屯襄陽。胡子序之敗，梁州陷沒，故令訪領梁州而屯襄陽。

16 冬，十月，丁未，琅邪王裒薨。

17 十一月，己酉朔，日有食之。考異曰：帝紀、天文志皆云「十一月丙子日食」。按長曆，十月、十二月皆己卯朔，是月己酉朔，二十八日丙子。晉書元帝紀，十一月有甲子、丁卯。若丙子朔，則甲子、丁卯乃在十月。又劉琨集，是年三月癸未朔，八月庚辰朔，皆與長曆合，今以爲據。

18 丁卯，以劉琨爲侍中、太尉。

19 征南軍司戴邈上疏，以爲：「喪亂以來，喪，息浪翻；下久喪同。庠序隳廢。議者或謂平世尚文，遭亂尚武，此言似之，而實不然。夫儒道深奧，不可倉猝而成；比天下平泰，然後脩之，則廢墜已久矣。比，必寐翻。又，貴遊之子，未必有斬將搴旗之才，將，即亮翻。搴，拔取也。從軍征戍之役，不及盛年使之講肄道義，良可惜也。肄，羊至翻，習也。世道久喪，禮俗日弊，猶火之消膏，莫之覺也。今王業肇建，萬物權輿，爾雅曰：權輿，始也。謂宜篤道崇儒，以勵風化。」王從之，始立太學。

20 漢主聰出畋，以愍帝行車騎將軍，戎服執戟前導。見者指之曰：「此故長安天子也。」聚而觀之，故老有泣者。太子粲言於聰曰：「昔周武王豈樂殺紂乎？樂，音洛。正恐同惡相求，爲患故也。今興兵聚衆者，皆以子業爲名，不如早除之！」聰曰：「吾前殺庾珉輩，殺庾珉事見八十八卷建興元年。而民心猶如是，吾未忍復殺也，復，扶又翻。且小觀之。」十二月，聰饗羣臣于光極殿，使愍帝行酒洗爵；已而更衣，又使之執蓋。晉臣多涕泣，有失聲者。尚書郎隴西辛賓起，抱帝大哭，聰命引出，斬之。使之執戟前導，使之行酒洗爵，使之執蓋，所以屈辱之，至此極矣！戎狄狡計，正以此觀晉舊臣及遺黎之心也。更，工衡翻。

趙固與河内太守郭默侵漢河東，至絳，絳縣，故晉都也，漢屬河東郡，晉屬平陽郡。劉昫曰：唐絳州曲沃縣，漢絳縣地。右司隸部民奔之者三萬餘人。聰分司隸爲左右。騎兵將軍劉勳追擊之，騎，奇寄翻。殺萬餘人，固、默引歸。太子粲帥將軍劉雅生等步騎十萬屯小平津，帥，讀曰率。固揚言曰：「要當生縛劉粲以贖天子。」粲表於聰曰：「子業若死，民無所望，則不爲李矩、趙固之用，不攻而自滅矣。」戊戌，愍帝遇害於平陽。年十八。粲遣雅生攻洛陽，固奔陽城山。河南陽城縣，有陽城山。

21是歲，王命課督農功，二千石、長吏以入穀多少爲殿最，長，知兩翻。少，詩沼翻。殿，丁練翻。諸軍各自佃作，即以爲稟。佃，音田；稟，給也。

22氐王楊茂搜卒，長子難敵立，與少子堅頭分領部曲；少，詩照翻。難敵號左賢王，屯下辨，堅頭號右賢王，屯河池。下辨、河池二縣，皆屬武都郡。師古曰：辨，皮莧翻。劉昫曰：辨，步莧翻。下辨，唐爲成州同谷縣。河池，唐爲武州盤隄縣。

23河南王吐谷渾卒。吐谷渾，史家傳讀，吐，從暾入聲；谷，音欲。吐谷渾者，慕容廆之庶兄也，父涉歸，分戶一千七百以隸之。及廆嗣位，二部馬鬭，廆遣使讓吐谷渾曰：「先公分建有別，廆，戶罪翻。別，彼列翻。柰何不相遠異，遠異者，言遠去以相別異。而令馬有鬭傷！」吐谷渾怒曰：「馬是六畜，六畜：馬、牛、羊、犬、豕、雞。畜，許又翻。鬭乃其常，何至怒及於人！欲遠別甚易，恐後會爲難耳！今當去汝萬里之外。」遂帥其衆西徙。易，以豉翻。帥，讀曰率。廆悔之，遣其長史乙郍婁馮追謝之。郍，與那同。乙郍婁，虜三字姓。吐谷渾曰：「先公嘗稱卜筮之言云，『吾二子皆當強盛，祚流後世。』我，孽子也；孽，魚列翻；庶出爲孽。理無並大。今因馬而別，殆天意乎！」遂不復還，西傅陰山而居。復，扶又翻。傅，讀曰附。屬永嘉之亂，屬，朱欲翻，會也。因度隴而西，據洮水之西，極于白蘭，地方數千里。沙州記曰：洮水出嵹臺山，東北流，逕吐谷渾中，又東北流入塞。此洮西，塞外洮水之西也，卽沙漒沓中之地。白蘭，山名，羌所居也；至唐時，丁零羌居之，左屬党項，右與多彌接。杜佑曰：白蘭，羌之別種，東北接吐谷渾，西至叱利模徒，南界郡鄂，風俗物產與宕昌同。鮮卑謂兄爲阿干，廆追思之，爲之作阿干之歌。吐谷渾有子六十人，長子吐延嗣。爲，于僞翻。長，知兩翻。吐延長大有勇力，羌、胡皆畏之。吐谷渾事始此。

太興元年（戊寅、三一八）是年三月，方改元。

1春，正月，遼西公疾陸眷卒，其子幼，叔父涉復辰自立。段匹磾自薊往奔喪；段末柸宣言：「匹磾之來，欲爲簒也。」匹磾至右北平，劉昫曰：唐薊州漁陽縣，古右北平郡治所。磾，丁奚翻。涉復辰發兵拒之。末柸乘虛襲涉復辰，殺之，幷其子弟黨與，自稱單于。迎擊匹磾，敗之；單，音蟬。敗，補邁翻。匹磾走還薊。薊，音計。

2三月，癸丑，愍帝凶問至建康，王斬縗居廬。縗，倉回翻。儀禮：斬衰、倚廬。孟康曰：倚廬，倚牆至地爲之，無楣柱。喪服大記：父母之喪，居倚廬，不塗。君爲廬，宮之；大夫、士，襢之。既葬，柱楣，塗廬，不於顯者；君、大夫、士皆宮之。正義曰：居倚廬者，謂於中門之外東牆下倚木爲廬。不塗者，但以草夾障，不塗之也。宮之者，謂廬外以帷障之如宮牆。襢之言袒也，其廬袒露，不帷障也。既葬柱楣者，既葬情殺，故柱楣稍舉以納日光；又以泥塗，辟風寒。不於顯者，塗廬不塗廬外顯處。君、大夫、士皆宮之者，既葬，故得皆宮之。百官請上尊號，上，時掌翻。王不許。紀瞻曰：「晉氏統絕，於今二年，陛下當承大業；顧望宗室，誰復與讓！若光踐大位，則神、民有所憑依；苟爲逆天時，違人事，大勢一去，不可復還。復，扶又翻。今兩都燔蕩，宗廟無主，劉聰竊號於西北，而陛下方高讓於東南，此所謂揖讓而救火也。」王猶不許，使殿中將軍韓績徹去御坐。殿中將軍，屬二衞，晉初置，朝會宴饗，則戎服直侍左右，夜開諸城門，則執白虎幡監之。坐，徂臥翻；下帝坐同。瞻叱績曰：「帝坐上應列星，天文志，帝坐在紫宮中。敢動者斬！」王爲之改容。爲，于僞翻。

奉朝請周嵩上疏曰：王爲丞相，以嵩爲參軍，及爲晉王，拜奉朝請。晉志曰：奉朝請者，奉朝會請召而已。「古之王者，義全而後取，讓成而後得，是以享世長久，重光萬載也。重，直龍翻。載，子亥翻。今梓宮未返，舊京未清，義夫泣血，士女遑遑。宜開延嘉謀，訓卒厲兵，先雪社稷大耻，副四海之心，則神器將安適哉！」由是忤旨，出爲新安太守，孫權分丹陽立新都郡，武帝太康元年改名新安郡。劉昫曰：新安郡，唐之歙州。忤，五故翻。又坐怨望抵罪。嵩，顗之弟也。顗，魚豈翻。

丙辰，王即皇帝位，百官皆陪列。帝命王導升御床共坐，導固辭曰：「若太陽下同萬物，蒼生何由仰照！」帝乃止。大赦，改元，文武增位二等。帝欲賜諸吏投刺勸進者加位一等，民投刺者皆除吏，凡二十餘萬人。毛晃曰：書姓名於奏白曰刺。散騎常侍熊遠曰：「陛下應天繼統，率土歸戴，豈獨近者情重，遠者情輕！不若依漢法徧賜天下爵，於恩爲普，漢自惠帝嗣位，賜民爵一級，有官秩者以歲數爲差；其後諸帝初即位，率賜民爵一級。且可以息檢覈之煩，塞巧僞之端也。」塞，悉則翻。帝不從。

庚午，立王太子紹爲皇太子。太子仁孝，喜文辭，善武藝，好賢禮士，喜，許記翻。好，呼到翻。容受規諫，與庾亮、溫嶠等爲布衣之交。亮風格峻整，善談老、莊，帝器重之，聘亮妹爲太子妃。帝以賀循行太子太傅，周顗爲少傅，庾亮以中書郎侍講東宮。帝好刑名家，以韓非書賜太子。庾亮諫曰：「申、韓刻薄傷化，不足留聖心。」太子納之。

3 帝復遣使授慕容廆龍驤將軍、大單于、昌黎公，廆辭公爵不受。廆辭公爵不受，外爲謙讓，其志不肯鬱鬱於昌黎也。復，扶又翻。使，疏吏翻。驤，思將翻。廆以游邃爲龍驤長史，劉翔爲主簿，命邃創定府朝儀法。朝，直遙翻。裴嶷言於廆曰：「晉室衰微，介居江表，介，獨也。嶷，魚力翻。威德不能及遠，中原之亂，非明公不能拯也。拯，救也。今諸部雖各擁兵，然皆頑愚相聚，宜以漸并取，以爲西討之資。」西討，謂自遼東進兵，西入中州也。廆曰：「君言大，非孤所及也。然君中朝名德，不以孤僻陋而教誨之，是天以君賜孤而祐其國也。」乃以嶷爲長史，委以軍國之謀，諸部弱小者，稍稍擊取之。

4李矩使郭默、郭誦救趙固，屯于洛汭。水經：洛水東北過鞏縣東，又北入于河。夏五子徯太康于洛汭，即其地。誦潛遣其將耿稚等夜濟河襲漢營，據李矩傳，時粲營于孟津北岸。漢具丘王翼光覘知之，覘，丑廉翻，又丑豔翻。以告太子粲，請爲之備。粲曰：「彼聞趙固之敗，自保不暇，安敢來此邪！毋爲驚動將士！」俄而稚等奄至，十道進攻，粲衆驚潰，死傷太半，粲走保陽鄉。陽鄉，蓋春秋陽樊之地，在汲郡脩武縣界。稚等據其營，獲器械、軍資，不可勝數。勝，音升。及旦，粲見稚等兵少，更與劉雅生收餘衆攻之，漢主聰使太尉范隆帥騎助之，少，詩照翻。帥，讀曰率。騎，奇寄翻。與稚等相持，苦戰二十餘日，不能下。李矩進兵救之，漢兵臨河拒守，矩兵不得濟。稚等殺其所獲牛馬，焚其軍資，突圍奔虎牢。河南成皋縣，鄭之虎牢也。穆天子傳曰：七萃之士，生捕虎，即獻天子，天子畜之東虢，號曰虎牢。其後劉裕復中原，置河南四鎮，虎牢其一也。詔以矩都督河南三郡諸軍事。三郡，河南、滎陽、弘農也。

5漢螽斯則百堂災，螽斯則百堂，取螽斯子孫衆多，思齊則百斯男之義。燒殺漢主聰之子會稽王康等二十一人。會，工外翻。

6聰以其子濟南王驥爲大將軍、都督中外諸軍事、錄尚書，齊王勱爲大司徒。濟，子禮翻。

勱，音邁。

7 焦嵩、陳安舉兵逼上邽，相國保遣使告急於張寔，寔遣金城太守竇濤督步騎二萬赴之。軍至新陽，晉志，新陽縣屬天水郡。何承天曰：魏立。水經註：渭水過冀縣，又東出岑峽，入新陽川。新陽縣蓋置于此。聞愍帝崩，保謀稱尊號。破羌都尉張詵言於寔曰：「南陽王，國之疏屬，忘其大恥而亟欲自尊，君父皆死於賊手，保之大恥也。必不能成功。晉王近親，且有名德，當帥天下以奉之。」保，宣帝之從曾孫，故曰疏屬；帝，宣帝之曾孫，故曰近親。帥，讀曰率。寔從之，遣牙門蔡忠奉表詣建康；比至，帝已卽位。比，必寐翻。寔不用江東年號，猶稱建興。河西張氏用建興年號，歷九世四十九年，至孝宗升平五年，張天錫乃奉升平年號。

8 夏，四月，丁丑朔，日有食之。

9 加王敦江州牧，王導驃騎大將軍、開府儀同三司。

導遣八部從事行揚州郡國，揚州時統丹陽、會稽、吳、吳興、宣城、東陽、臨海、新安八郡，故分遣部從事八人。行，下孟翻。還，同時俱見。諸從事各言二千石官長得失，長，知兩翻。獨顧和無言。導問之，和曰：「明公作輔，寧使網漏吞舟，漢書刑法志曰：漢興之初，雖有約法三章，網漏吞舟之魚。師古曰：言疏闊；吞舟，謂大魚也。何緣採聽風聞，以察察爲政邪！」導咨嗟稱善。和，榮之族子也。

10 成丞相范長生卒；成主雄以長生子侍中賁爲丞相。長生博學，多藝能，年近百歲，蜀人奉之如神。近，其靳翻。

11 漢中常侍王沈養女有美色，沈，持林翻。漢主聰立以爲左皇后。尚書令王鑒、中書監崔懿之、中書令曹恂諫曰：「臣聞王者立后，比德乾坤，乾，父道也，君比德焉；坤，母道也，后比德焉。生承宗廟，沒配后土，必擇世德名宗，幽閑令淑，詩關雎：窈窕淑女。毛註云：窈窕，幽閑也；淑，善也。令，亦善也。乃副四海之望，稱神祇之心。稱，尺證翻。孝成帝以趙飛燕爲后，使繼嗣絕滅，社稷爲墟，此前鑑也。事見三十二卷漢哀帝建平元年。自麟嘉以來，愍帝建興之四年，漢麟嘉之元年。中宮之位，不以德舉。借使沈之弟女，刑餘小醜，猶不可以塵汙椒房，汙，烏路翻。況其家婢邪！六宮妃嬪，皆公子公孫，奈何一旦以婢主之！臣恐非國家之福也。」聰大怒，使中常侍宣懷謂太子粲曰：「鑒等小子，狂言侮慢，無復君臣上下之禮，其速考實！」於是收鑒等送市，皆斬之。金紫光祿大夫王延馳，將入諫，門者弗通。

鑒等臨刑，王沈以杖叩之曰：「庸奴，復能爲惡乎？乃公何與汝事！」與，讀曰豫。鑒瞋目叱之曰：「豎子！滅大漢者，正坐汝鼠輩與靳準耳！瞋，七人翻。靳，居焮翻。要當訴汝於先帝，取汝於地下治之。」治，直之翻。準謂鑒曰：「吾受詔收君，有何不善，君言漢滅由吾也？」鑒曰：「汝殺皇太弟，使主上獲不友之名。國家畜養汝輩，何得不滅！」畜，許六翻。懿之謂準曰：「汝心如梟鏡，梟，食母；破鏡，食父。破鏡，如貙而虎身。「身」，一作「眼」。必爲國患，汝既食人，人亦當食汝。」聰又立宣懷養女爲中皇后。

12司徒荀組在許昌，逼於石勒，帥其屬數百人渡江；帥，讀曰率。詔組與太保西陽王羕並錄尚書事。

13段匹磾之奔疾陸眷喪也，劉琨使其世子羣送之。匹磾敗，羣爲段末柸所得。末柸厚禮之，許以琨爲幽州刺史，欲與之襲匹磾，密遣使齎羣書，請琨爲內應，爲匹磾邏騎所得。磾，丁奚翻。邏，郎佐翻。時琨別屯征北小城，不知也，征北小城，蓋征北將軍所治。來見匹磾。匹磾以羣書示琨曰：「意亦不疑公，是以白公耳。」琨曰：「與公同盟，庶雪國家之恥，若兒書密達，亦終不以一子之故負公而忘義也。」匹磾雅重琨，雅，素也。初無害琨意，將聽還屯。其弟叔軍謂匹磾曰：「我，胡夷耳；所以能服晉人者，畏吾衆也。今我骨肉乖離，謂與末柸相攻也。是其良圖之日；若有奉琨以起，吾族盡矣。」匹磾遂留琨。琨之庶長子遵懼誅，與琨左長史楊橋等閉門自守，長，知兩翻。匹磾攻拔之。代郡太守辟閭嵩、姓譜：衞文公支孫居楚丘，營辟閭里，因爲辟閭氏。後將軍韓據復潛謀襲匹磾，事泄，匹磾執嵩、據及其徒黨，悉誅之。五月，癸丑，匹磾稱詔收琨，縊殺之，并殺其子姪四人。縊，於賜翻，又於計翻。琨從事中郎盧諶、崔悅等帥琨餘衆奔遼西，諶，氏壬翻。帥，讀曰率；下同。依段末柸，奉劉羣爲主；將佐多奔石勒。悅，林之曾孫也。崔林仕魏，位至司空。朝廷以匹磾尚強，冀其能平河朔，乃不爲琨舉哀。爲，于僞翻；下同。溫嶠表「琨盡忠帝室，家破身亡，宜在褒恤；」盧諶、崔悅因末柸使者，亦上表爲琨訟冤。後數歲，乃贈琨太尉、侍中，謚曰愍。於是夷、晉以琨死，皆不附匹磾。

末柸遣其弟攻匹磾，匹磾帥其衆數千將奔邵續，勒將石越邀之於鹽山，鹽山，在勃海高城縣；隋改高城曰鹽山縣。宋白曰：鹽山在縣東南八十里。匹磾與琨結盟，同獎晉室；既殺琨，而匹磾之勢亦衰，終爲石勒禽矣。大敗之，敗，補邁翻。匹磾復還保薊。末柸自稱幽州刺史。

初，溫嶠爲劉琨奉表詣建康，其母崔氏固止之，嶠絕裾而去。既至，屢求返命，朝廷不許。會琨死，除散騎侍郎。嶠聞母亡，阻亂不得奔喪、臨葬，固讓不拜，苦請北歸。詔曰：「凡行禮者，當使理可經通。經，常也。今桀逆未梟，梟，堅堯翻。諸軍奉迎梓宮猶未得進，嶠以一身，於何濟其私難難，乃旦翻。而不從王命邪！」嶠不得已受拜。

14 初，曹嶷既據青州，乃叛漢來降。謂遣使詣建康奉表勸進也。嶷，魚力翻。又以建康懸遠，勢援不接，復與石勒相結，勒授嶷東州大將軍、青州牧，封琅邪公。曹嶷反側二國之間，終爲人禽而已矣。復，扶又翻。

15 六月，甲申，以刁協爲尚書令，荀崧爲左僕射。協性剛悍，與物多忤，悍，侯旰翻，又下罕翻。忤，五故翻。與侍中劉隗俱爲帝所寵任；隗，五罪翻。欲矯時弊，每崇上抑下，排沮豪強，沮，在呂翻。故爲王氏所疾，諸刻碎之政，皆云隗、協所建。協又使酒放肆，侵毁公卿，見者皆側目憚之。爲刁協見殺張本。

16 戊戌，封皇子晞爲武陵王。

17 劉虎自朔方侵拓跋鬱律西部，虎徙朔方，見八十七卷懷帝永嘉四年。秋，七月，鬱律擊虎，大破之。虎走出塞，從弟路孤帥其部落降于鬱律。帥，讀曰率。降，戶江翻。於是鬱律西取烏孫故地，東兼勿吉以西，唐書北狄列傳曰，黑水靺鞨，居肅愼地，亦曰挹婁，元魏謂之勿吉。通鑑蓋因魏收魏書書之。鬱律所取者，勿吉以西之地，未能兼勿吉也；徒河慕容、令支段氏及宇文部、高句麗，亦非鬱律所能制伏。士馬精強，雄於北方。

18 漢主聰寢疾，徵大司馬曜爲丞相，石勒爲大將軍，皆錄尙書事，受遺詔輔政。曜、勒固辭。乃以曜爲丞相、領雍州牧，雍，於用翻。勒爲大將軍、領幽·冀二州牧，勒辭不受。以上洛王景爲太宰，濟南王驥爲大司馬，濟，子禮翻。昌國公顗爲太師，顗，魚豈翻。朱紀爲太傅，呼延晏爲太保，並錄尙書事；范隆守尙書令、儀同三司，靳準爲大司空、領司隸校尉，皆迭決尙書奏事。癸亥，聰卒。甲子，太子粲卽位。粲，字士光。尊皇后靳氏爲皇太后，樊氏號弘道皇后，武氏號弘德皇后，王氏號弘孝皇后；立其妻靳氏爲皇后，子元公爲太子。大赦，改元漢昌。葬聰於宣光陵，謚曰昭武皇帝，廟號烈宗。靳太后等皆年未盈二十，粲多行無禮，無復哀戚。

靳準陰有異志，私謂粲曰：「如聞諸公欲行伊、霍之事，先誅太保及臣，以大司馬統萬機，陛下宜早圖之！」粲不從。準懼，復使二靳氏言之，二靳氏，聰后與粲后。靳，居㤈翻。復，扶又翻。粲乃從之。收其太宰景、大司馬驥、驥母弟車騎大將軍吳王逞、太師顗、大司徒齊王勱，皆殺之。顗，魚豈翻。勱，音邁。朱紀、范隆奔長安。奔劉曜也。八月，粲治兵於上林，謀討石勒。蓋起上林苑於平陽。治，直之翻。以丞相曜爲相國、都督中外諸軍事，仍鎮長安。靳準爲大將軍、錄尚書事。粲常遊宴後宮，軍國之事，一決於準。準矯詔以從弟明爲車騎將軍，康爲衞將軍。從，才用翻。

準將作亂，謀於王延。延弗從，馳，將告之；將以準謀告粲。遇靳康，劫延以歸。準遂勒兵升光極殿，使甲士執粲，數而殺之，數，所具翻。少，詩照翻。長，知兩翻。發永光、宣光二陵，淵墓號永光陵。諡曰隱帝。劉氏男女，無少長皆斬東市。斬聰屍，焚其宗廟。準自號大將軍、漢天王，稱制，置百官。謂安定胡嵩曰：「自古無胡人爲天子者，今以傳國璽付汝，還如晉家。」洛陽之陷，傳國璽遷于平陽。如，往也。璽，斯氏翻。嵩不敢受，準怒，殺之。遣使告司州刺史李矩曰：「劉淵，屠各小醜，屠，直於翻。因晉之亂，矯稱天命，使二帝幽沒。輒率衆扶侍梓宮，請以上聞。」矩馳表于帝，帝遣太常韓胤等奉迎梓宮。漢尚書北宮純等招集晉人，堡於東宮，靳康攻滅之。北宮純降漢，見八十七卷懷帝永嘉五年。準欲以王延爲左光祿大夫，延罵曰：「屠各逆奴，何不速殺我，以吾左目置西陽門，觀相國之入也；以劉曜將自西進兵也。右目置建春門，觀大將軍之入也！」以石勒將自東進兵也。準殺之。

相國曜聞亂，自長安赴之。石勒帥精鋭五萬以討準，據襄陵北原。帥，讀曰率。襄陵縣，漢屬河東郡，晉屬平陽郡。師古曰：晉襄公之陵，因以名縣。據水經註，襄陵在平陽東南。準數挑戰，數，所角翻。挑，徒了翻。勒堅壁以挫之。

冬，十月，曜至赤壁。水經註：河東皮氏縣西北，有赤石川。太保呼延晏等自平陽歸之，與太傅朱紀等共上尊號。上，時掌翻。曜卽皇帝位，曜，字永明，淵之族子。大赦，惟靳準一門不在赦例。改元光初。以朱紀領司徒，呼延晏領司空，太尉范隆以下悉復本位。以石勒爲大司馬、大將軍，加九錫，增封十郡，進爵爲趙公。

勒進攻準於平陽，巴及羌、羯降者十餘萬落，巴，巴氐也。魏武平漢中，遷巴氐于關中，其後種類滋蔓，河東、平陽皆有之。羯，居謁翻。勒皆徙之於所部郡縣。

漢主曜使征北將軍劉雅、鎭北將軍劉策屯汾陰，汾陰縣，漢屬河東郡，晉省。與勒共討準。

19 十一月，乙卯，日夜出，高三丈。高，居奥翻。

20 詔以王敦爲荊州牧，加陶侃都督交州諸軍事；敦固辭州牧，乃聽爲刺史。

21 庚申，詔羣公卿士各陳得失。御史中丞熊遠上疏，以爲：「胡賊猾夏，孔安國曰：猾，亂也。夏，華夏。夏，戶雅翻。梓宮未返，而不能遣軍進討，一失也。羣官不以讎賊未報爲恥，務在調戲、酒食而已，二失也。諧謔以相調戲。選官用人，不料實德，惟在白望，不求才幹，惟事請託；當官者以治事爲俗吏，治，直之翻。奉法爲苛刻，盡禮爲諂諛，從容爲高妙，從，千容翻。放蕩爲達士，驕蹇爲簡雅，三失也。世之所惡者，陸沈泥滓；惡，烏路翻。司馬彪曰：陸沈，謂無水而沈之。沈，持林翻。時之所善者，翺翔雲霄；是以萬機未整，風俗僞薄。朝廷羣司，以從順爲善，相違見貶，安得朝有辨爭之臣，士無祿仕之志乎！朝，直遙翻。古之取士，敷奏以言；舜典曰：敷奏以言。孔安國註曰：敷，陳；奏，進也；各使陳進治體之言。今光祿不試，甚違古義。此卽謂秀、孝不試而署吏。又舉賢不出世族，用法不及權貴，是以才不濟務，姦無所懲。若此道不改，求以救亂，難矣！」

先是，帝以離亂之際，欲慰悅人心，州郡秀、孝，至者不試，普皆署吏。秀、孝，謂州郡所舉秀才及孝廉。先，悉薦翻。尚書陳頵亦上言：「宜漸循舊制，試以經策。」晉初秀、孝以經策中第者，若華譚之類是也。頵，於倫翻，又居筠翻。帝從之，仍詔：「不中科者，刺史、太守免官。」欲罪舉主也。中，竹仲翻。於是秀、孝皆不敢行，其有到者，亦皆託疾，比三年無就試者。比，毗寐翻。帝欲特除孝廉已到者官，尚書郎孔坦奏議，以爲：「近郡懼累君父，皆不敢行；累，力瑞翻。君父，謂刺史、太守。遠郡冀於不試，冒昧來赴。今若偏加除署，是爲謹身奉法者失分，僥倖投射者得官，分，扶問翻。投射，謂投機而射利也。頽風傷教，恐從此始。不若一切罷歸，而爲之延期，爲，于僞翻。延，遠也。使得就學，則法均而令信矣。」帝從之，聽孝廉申至七年乃試。申，寬展也。坦，愉之從子也。從，才用翻。

22 靳準使侍中卜泰送乘輿、服御請和於石勒；乘，繩證翻。勒囚泰，送於漢主曜。曜謂泰曰：「先帝末年，實亂大倫。先帝，謂粲也；亂倫，謂烝其諸母。司空行伊、霍之權，使朕及此，其功大矣。若早迎大駕者，當悉以政事相委，況免死乎！卿爲朕入城，具宣此意。」爲，于僞翻。泰還平陽，準自以殺曜母兄，沈吟未從。曜母胡氏，爲準所殺，兄則史失其名。沈吟，冘豫不決之意。沈，持林翻。十二月，左、右車騎將軍喬泰、王騰、衛將軍靳康等，相與殺準，推尚書令靳明爲主，遣卜泰奉傳國六璽降漢。降，戶江翻。石勒大怒，進軍攻明，明出戰，大敗，乃嬰城固守。

23 丁丑，封皇子煥爲琅邪王。煥，鄭夫人之子，生二年矣，帝愛之，以其疾篤，故王之。己卯，薨。帝以成人之禮葬之，備吉凶儀服，營起園陵，功費甚廣。琅邪國右常侍會稽孫霄晉志：王國置左右常侍各一人。上疏諫曰：「古者凶荒殺禮；殺，所戒翻，降也，減也。況今海內喪亂，喪，息浪翻。憲章舊制，猶宜節省，而禮典所無，顧崇飾如是乎！葬無服之殤以成人之禮，古典所無也。竭已罷之民，營無益之事，罷，讀曰疲。殫已困之財，脩無用之費，此臣之所不安也。」帝不從。

24 彭城內史周撫殺沛國內史周默，以其衆降石勒。詔下邳內史劉遐領彭城內史，與徐州刺史蔡豹、泰山太守徐龕共討之。豹，質之玄孫也。蔡質，漢人，蔡邕之叔父。龕，口含翻。

25 石虎帥幽、冀之兵會石勒攻平陽，靳明屢敗，遣使求救於漢。漢主曜使劉雅、劉策迎之，明帥平陽士女萬五千人奔漢。帥，讀曰率。曜西屯粟邑，粟邑縣，屬馮翊郡。收靳氏男女，無少長皆斬之。少，詩照翻。長，知兩翻。曜迎其母胡氏之喪於平陽，葬于粟邑，號曰陽陵，謚曰宣明皇太后。石勒焚平陽宮室，使裴憲、石會脩永光、宣光二陵，收漢主粲已下百餘口葬之，置戍而歸。

26 成梁州刺史李鳳數有功，數，所角翻。成主雄兄子稚在晉壽，疾之。晉壽縣屬梓潼郡。何承天曰：晉惠帝立晉壽縣。沈約曰：按晉起居注，武帝太康元年，改梓潼之漢壽曰晉壽。漢壽之名，疑是蜀立。云惠帝立，非也。鳳以巴西叛。雄自至涪，使太傅驤討鳳，斬之；以李壽爲前將軍，督巴西軍事。涪，音浮。

資治通鑑卷第九十一

端明殿學士兼翰林侍讀學士朝散大夫右諫議大夫充集賢殿修撰權判西京留司御史臺上柱國河內郡開國侯食邑一千三百戶食實封四百戶賜紫金魚袋臣　司馬光　奉敕編集
後　學　天　台　胡三省　音　註

晉紀十三起屠維單閼（己卯），盡重光大荒落（辛巳），凡三年。

中宗元皇帝中

太興二年（己卯、三一九）

1 春，二月，劉遐、徐龕擊周撫於寒山，破斬之。魏收地形志，彭城郡彭城縣有寒山。龕，苦含翻。初，掖人蘇峻帥鄉里數千家結壘以自保，遠近多附之。掖縣，屬東萊郡。蘇峻傳云，長廣掖人。據志，長廣郡有挺縣，無掖縣。帥，讀曰率。曹嶷惡其強，將攻之，峻率衆浮海來奔。嶷，魚力翻。惡，烏路翻。帝以峻爲鷹揚將軍，沈約志：鷹揚將軍，建安中，曹公以命曹洪。助劉遐討周撫有功；詔以遐爲臨淮太守，峻爲淮陵內史。惠帝元康七年，分臨淮置淮陵郡，其地當在唐沂州臨沂縣界。宋白曰：泗洲招信縣，本漢淮陵縣。

2 石勒遣左長史王脩獻捷於漢，漢主曜遣兼司徒郭氾授勒太宰、領大將軍，進爵趙王，加殊禮，出警入蹕，如曹公輔漢故事；氾，音祀。拜王脩及其副劉茂皆爲將軍，封列侯。脩舍人曹平樂從脩至粟邑，樂，音洛。因留仕漢，言於曜曰：「大司馬遣脩等來，曜初卽位，以勒爲大司馬，故稱之。外表至誠，內覘大駕強弱，俟其復命，將襲乘輿。」覘，丑廉翻。乘，繩證翻。時漢兵實疲弊，曜信之。乃追氾還，斬脩於市。三月，勒還至襄國。劉茂逃歸，言脩死狀。勒大怒曰：「孤事劉氏，於人臣之職有加矣。彼之基業，皆孤所爲，今旣得志，還欲相圖。趙王、趙帝，孤自爲之，何待於彼邪！」乃誅曹平樂三族。爲劉、石相攻張本。

3 帝令羣臣議郊祀，尚書令刁協等以爲宜須還洛乃脩之。司徒荀組等曰：「漢獻帝都許，卽行郊祀，范書，漢獻帝建安元年，郊祀上帝於安邑；是年七月，至洛陽，復郊祀上帝；八月，遷許，無郊祀之事，或別見他書也。晉書禮志載組議云：獻帝遷許，卽便立郊。蓋郊祀不在遷許之年也。何必洛邑！」帝從之，立郊丘於建康城之巳地。辛卯，帝親祀南郊。以未有北郊，按：成帝咸和八年，始於覆舟山南立北郊。幷地祇合祭之。詔：「琅邪恭王宜稱皇考，」賀循曰：「禮，子不敢以己爵加於父，」此前漢師丹引禮以爲言，事見三十三卷漢哀帝建平元年。乃止。

4 初，蓬陂塢主陳川蓬陂，卽左傳之蓬澤，在浚儀縣。自稱陳留太守。守，式又翻。祖逖之攻樊雅也，川遣其將李頭助之。頭力戰有功，逖厚遇之。頭每嘆曰：「得此人爲主，吾死無恨。」川聞而殺之。頭黨馮寵帥其衆降逖，川益怒，大掠豫州諸郡，逖遣兵擊破之。夏，四月，川以浚儀叛，降石勒。浚儀縣，屬陳留郡，故大梁也。帥，讀曰率。降，戶江翻；下同。

5 周撫之敗走也，徐龕部將于藥追斬之；及朝廷論功，而劉遐先之。先，悉薦翻。龕怒，以泰山叛，降石勒，自稱兗州刺史。

6 漢主曜還，都長安，自粟邑還長安，遂定都也。立妃羊氏爲皇后，卽惠帝羊皇后。曜納羊后，見八十七卷懷帝永嘉五年。子熙爲皇太子；封子襲爲長樂王，樂，音洛。闡爲太原王，沖爲淮南王，敞爲齊王，高爲魯王，徽爲楚王；諸宗室皆進封郡王。羊氏，卽故惠帝后也。曜嘗問之曰：「吾何如司馬家兒？」羊氏曰：「陛下，開基之聖主；彼，亡國之暗夫；何可並言！彼貴爲帝王，有一婦、一子及身三耳，曾不能庇。妾於爾時，實不欲生，意謂世間男子皆然。自奉巾櫛已來，始知天下自有丈夫耳。」曜甚寵之，頗干預國事。

7 南陽王保自稱晉王，改元建康，置百官，以張寔爲征西大將軍、開府儀同三司。陳安自稱秦州刺史，降于漢，又降于成。上邽大饑，士衆困迫，張春奉保之南安祁山。之，往也。寔遣韓璞帥步騎五千救之；陳安退保緜諸，緜諸道，前漢屬天水郡，後漢、晉省。水經註：緜諸水，歷緜諸故道北，東南入清水，清水東南注渭。保歸上邽。未幾，保復爲安所逼，幾，居豈翻。復，扶又翻。寔遣其將宋毅救之，安乃退。

8 江東大饑，詔百官各上封事。益州刺史應詹上疏曰：詹自益州刺史還建康。「元康以來，賤經尚道，以玄虛弘放爲夷達，夷，曠也。以儒術清儉爲鄙俗，宜崇獎儒官，以新俗化。」

9 祖逖攻陳川于蓬關，石勒遣石虎將兵五萬救之，戰于浚儀，逖兵敗，退屯梁國。勒又遣桃豹將兵至蓬關，逖退屯淮南。此淮南郡，治壽春。虎徙川部衆五千戶于襄國，留豹守川故城。

10 石勒遣石虎擊鮮卑日六延於朔方，大破之，斬首二萬級，俘虜三萬餘人。孔萇攻幽州諸郡，悉取之。段匹磾士衆飢散，欲移保上谷，晉志：上谷郡，治沮陽縣；秦置郡，在谷之上頭，故名焉。代王鬱律勒兵將擊之，匹磾棄妻子奔樂陵，依邵續。樂陵郡，治厭次，續保之以奉晉。

11 曹嶷遣使賂石勒，請以河爲境，勒許之。嶷已緣河置戍矣，今賂勒請以河爲境者，懼勒之侵軼也。

12 梁州刺史周訪擊杜曾，大破之。馬雋等執曾以降，訪斬之；并獲荆州刺史第五猗，送於武昌。訪以猗本中朝所署，朝，直遙翻。加有時望，白王敦不宜殺，敦不聽而斬之。猗從杜曾事，始八十九卷愍帝建興四年。初，敦患杜曾難制，謂訪曰：「若擒曾，當相論爲荆州。」及曾死而敦不用。王廙在荆州，廙，羊至翻，又逸職翻。多殺陶侃將佐，將，卽亮翻。以皇甫方回爲侃所敬，責其不詣己，收斬之。士民怨怒，上下不安。帝聞之，徵廙爲散騎常侍，以周訪代廙爲荆州刺史。王敦忌訪威名，意難之。從事中郎郭舒說敦曰：「鄙州雖荒弊，乃用武之國，不可以假人，宜自領之，郭舒，先在荊州，歷事劉弘、王澄。說，輸芮翻。訪爲梁州足矣。」敦從之。六月，丙子，詔加訪安南將軍，餘如故。訪大怒，敦手書譬解，幷遺玉環、玉椀以申厚意。遺，于季翻。訪抵之於地，曰：「吾豈賈豎，可以寶悅邪！」賈，音古。訪在襄陽，務農訓兵，陰有圖敦之志，守宰有缺輒補，然後言上；上，時掌翻。敦患之而不能制。

魏該爲胡寇所逼，自宜陽率衆南遷新野，魏該自懷帝末屯宜陽界一泉塢。宜陽縣，屬弘農郡。新野縣，漢屬南陽郡，晉屬義陽郡。助周訪討杜曾有功，拜順陽太守。

趙固死，郭誦留屯陽翟，陽翟縣，漢屬潁川郡，晉屬河南郡。石生屢攻之，不能克。

13 漢主曜立宗廟、社稷、南北郊於長安，詔曰：「吾之先，興於北方。光文立漢宗廟以從民望。見八十五卷惠帝永興元年。今宜改國號，以單于爲祖。亟議以聞！」羣臣奏：「光文始封盧奴伯，晉成都王潁封劉淵爲盧奴伯。陛下又王中山；中山，趙分也，王，于況翻。分，扶問翻。請改國號爲趙。」從之。以冒頓配天，冒，莫北翻。光文配上帝。

14 徐龕寇掠濟、岱，岱，泰山也。龕寇掠濟、岱之間。濟，子禮翻。破東莞。沈約志：武帝太康元年，分琅邪立東莞郡。晉志：東莞，故魯鄆邑。劉昫曰：唐沂州沂水縣，漢東莞縣地。宋白曰：春秋莒、魯爭鄆。杜預註云：城陽姑幕縣南，有員亭，卽鄆也，俗變其字耳。十三州志云：有東、西二鄆，魯昭公所居者爲西鄆，兗州東平郡是也；莒、魯所爭者爲東鄆，漢東莞縣是也。莞，音官。帝問將帥可以討龕者於王導，將，卽亮翻。帥，所類翻。導以爲太子左衛率泰山羊鑒，龕之州里冠族，冠，古玩翻。必能制之。鑒深辭，才非將帥；郗鑒亦表鑒非才，不可使；導不從。秋，八月，以羊鑒爲征虜將軍、征討都督，督徐州刺史蔡豹、臨淮太守劉遐、鮮卑段文鴦等討之。段文鴦時從其兄匹磾在厭次。

15 冬，石勒左、右長史張敬、張賓，左、右司馬張屈六、程遐等勸勒稱尊號，勒不許。十一月，將佐等復請勒稱大將軍、大單于、領冀州牧、趙王，復，扶又翻。單，音蟬。依漢昭烈在蜀、魏武在鄴故事，以河内等二十四郡爲趙國，太守皆爲内史，準禹貢，復冀州之境，時以河内、魏、汲、頓丘、平原、清河、鉅鹿、常山、中山、長樂、樂平、趙國、廣平、陽平、章武、勃海、河間、上黨、定襄、范陽、漁陽、武邑、燕國、樂陵二十四郡爲趙國。準禹貢，魏武復冀州之境，南至孟津，西達龍門，東至于河，北至塞垣。以大單于鎮撫百蠻，罷并、朔、司三州，晉未嘗置朔州；此罷朔州，未知誰所置也。通置部司以監之；勒許之。戊寅，卽趙王位，石勒，字世龍。大赦；依春秋時列國稱元年。

初，勒以世亂，律令煩多，命法曹令史貫志，貫，姓也；志，其名。采集其要，作辛亥制五千文；施行十餘年，乃用律令。以理曹參軍上黨續咸爲律學祭酒；姓譜：帝舜七友有續牙。曰晉大夫狐鞫居食采於續，號續簡伯，後以爲氏。咸用法詳平，國人稱之。以中壘將軍支雄、中壘將軍，後趙創置。游擊將軍王陽領門臣祭酒，勒置經學祭酒、律學祭酒、史學祭酒、門臣祭酒。專主胡人辭訟，重禁胡人，不得陵侮衣冠華族，華族，中華之族也。勒，胡人也，能禁其醜類，不使陵暴華人及衣冠之士，晉文公初欲俘陽樊之民，殆有愧焉。號胡爲國人。遣使循行州郡，勸課農桑。朝會始用天子禮樂，衣冠、儀物，從容可觀矣。朝，直遙翻。從，千容翻。加張賓大執法，專總朝政；朝，直遙翻；下同。以石虎爲單于元輔、都督禁衛諸軍事，尋加驃騎將軍、侍中、開府，賜爵中山公；驃，匹妙翻。自餘羣臣，授位進爵各有差。

張賓任遇優顯，羣臣莫及；而謙虛敬慎，開懷下士，屏絕阿私，屏，必郢翻。以身帥物，帥，讀曰率。入則盡規，出則歸美。勒甚重之，每朝，常爲之正容貌，簡辭令，呼曰右侯而不敢名。史言張賓有大臣之節，所以膺石勒之體貌。爲，于僞翻。

16 十二月，乙亥，大赦。

17 平州刺史崔毖，自以中州人望，鎮遼東，毖，崔琰之曾孫。琰在魏時，爲冀州人士之首，子孫遂爲冀州冠族。毖，音祕。而士民多歸慕容廆，廆，戶罪翻。心不平。數遣使招之，皆不至，數，所角翻。意廆拘留之，乃陰說高句麗、段氏、宇文氏，使共攻之，說，輸芮翻。句，音如字，又音駒。麗，力知翻。約滅廆，分其地。毖所親勃海高瞻力諫，毖不從。

三國合兵伐廆，諸將請擊之，廆曰：「彼爲崔毖所誘，欲邀一切之利。軍勢初合，其鋒甚銳，不可與戰，當固守以挫之。彼烏合而來，飛烏見食，羣集而聚啄之，人或驚之，則四散飛去；故兵以利合無所統一者，謂之烏合。既無統壹，莫相歸服，久必攜貳，一則疑吾與毖詐而覆之，二則三國自相猜忌。待其人情離貳，然後擊之，破之必矣。」

三國進攻棘城，廆閉門自守，遣使獨以牛酒犒宇文氏；使，疏吏翻。犒，苦告翻。二國疑宇文氏與廆有謀，各引兵歸。兵法所謂合則能離之，慕容廆有焉。宇文大人悉獨官曰：「二國雖歸，吾當獨取之。」

宇文氏士卒數十萬，連營四十里。廆使召其子翰於徒河。翰自愍帝建興元年鎮徒河。翰遣使白廆曰：「悉獨官舉國爲寇，彼衆我寡，易以計破，難以力勝。今城中之衆，足以禦寇，翰請爲奇兵於外，伺其間而擊之，間，古莧翻；下同。內外俱奮，使彼震駭不知所備，破之必矣。今并兵爲一，彼得專意攻城，無復他虞，虞，防也，備也。復，扶又翻；下同。非策之得者也；且示衆以怯，恐士氣不戰先沮矣。」沮，在莒翻。廆猶疑之。遼東韓壽言於廆曰：「悉獨官有憑陵之志，將驕卒惰，軍不堅密，若奇兵卒起，卒，讀曰猝。掎其無備，必破之策也。」掎，舉綺翻。偏引曰掎，又從後牽曰掎。廆乃聽翰留徒河。

悉獨官聞之曰：「翰素名驍果，驍，堅堯翻。今不入城，或能爲患，當先取之，城不足憂。」乃分遣數千騎襲翰。翰知之，詐爲段氏使者，逆於道曰：「慕容翰久爲吾患，聞當擊之，吾已嚴兵相待，宜速進也。」使者既去，翰即出城，設伏以待之。宇文氏之騎見使者，大喜馳行，不復設備，進入伏中。翰奮擊，盡獲之，乘勝徑進，遣間使語廆出兵大戰。投間隙而行，故謂之間使。間，古莧翻。廆使其子皝與長史裴嶷將精銳爲前鋒，皝，呼廣翻。自將大兵繼之。悉獨官初不設備，聞廆至，驚，悉衆出戰。前鋒始交，翰將千騎從旁直入其營，縱火焚之，將，即亮翻。衆皆惶擾，不知所爲，遂大敗，悉獨官僅以身免。廆盡俘其衆，獲皇帝玉璽三紐。皇帝璽，即宇文大人普回出獵所得者。璽，斯氏翻。

崔毖聞之，懼，使其兄子燾詣棘城僞賀。會三國使者亦至，請和，曰：「非我本意，崔平州教我耳。」廆以示燾，臨之以兵，燾懼，首服。首，式救翻。廆乃遣燾歸謂毖曰：「降者上策，走者下策也。」引兵隨之。毖與數十騎棄家奔高句麗，其衆悉降於廆。降，戶江翻。廆以其子仁爲征虜將軍，鎭遼東，爲仁以遼東與皝爭國張本。官府、市里，按堵如故。

高句麗將如奴子據于河城，廆遣將軍張統掩擊，擒之，俘其衆千餘家；以崔燾、高瞻、韓恒、石琮歸于棘城，待以客禮。恒，安平人；琮，鑒之孫也。石鑒事武帝、惠帝，位通顯。廆以高瞻爲將軍，瞻稱疾不就，廆數臨候之，數，所角翻。撫其心曰：「君之疾在此，不在他也。今晉室喪亂，孤欲與諸君共淸世難，喪，息浪翻。難，乃旦翻。翼戴帝室。君中州望族，宜同斯願，柰何以華、夷之異，介然疏之哉！介然，堅正不移之貌。夫立功立事，惟問志略何如耳，華、夷何足問乎！」以瞻薄廆起於東夷，不肯委身事之，故有是言。瞻猶不起，廆頗不平。龍驤主簿宋該，與瞻有隙，廆進號龍驤將軍，以該爲府主簿。驤，思將翻。勸廆除之，廆不從。瞻以憂卒。

初，鞠羨既死，鞠羨死見八十六卷懷帝永嘉元年。苟晞復以羨子彭爲東萊太守。復，扶又翻。會曹嶷徇青州，事見八十七卷永嘉三年。嶷，魚力翻。與彭相攻；嶷兵雖強，郡人皆爲彭死戰，爲，于僞翻。嶷不能克。久之，彭歎曰：「今天下大亂，強者爲雄。曹亦鄉里，彭與嶷皆齊人。爲天所相，相，悉亮翻。苟可依憑，卽爲民主，何必與之力爭，使百姓肝腦塗地！吾去此，則禍自息矣。」郡人以爲不可，爭獻拒嶷之策，彭一無所用，與鄉里千餘家浮海歸崔毖。北海鄭林客於東萊，彭、嶷之相攻，林情無彼此。嶷賢之，不敢侵掠，彭與之俱去。比至遼東，比，必寐翻。毖已敗，乃歸慕容廆。廆以彭參龍驤軍事。遺鄭林車牛粟帛；遺，于季翻。皆不受，躬耕於野。

宋該勸廆獻捷江東，廆使該爲表，裴嶷奉之，并所得三璽詣建康獻之。

高句麗數寇遼東，句，如字，又音駒。麗，力知翻。數，所角翻。廆遣慕容翰、慕容仁伐之；高句麗王乙弗利逆來求盟，翰、仁乃還。還，從宣翻，又如字。

18 是歲，蒲洪降趙，考異曰：三十國、晉春秋，洪降劉曜在太興元年。按元年曜未都長安。晉書洪載記無年，但云「曜僭號長安，洪歸曜」，故置是年。趙主曜以洪爲率義侯。

19 屠各路松多起兵於新平、扶風以附晉王保，屠，直於翻。保使其將楊曼、王連據陳倉，張顗、周庸據陰密，松多據草壁，水經註：隴山西南，降隴城北，有松多川，蓋松多據此，因以爲地名。草壁，在陰密之東。顗，魚豈翻。秦、隴氐、羌多應之。趙主曜遣諸將攻之，不克；曜自將擊之。將，即亮翻。

三年（庚辰、三二〇）

1春，正月，曜攻陳倉，王連戰死，楊曼奔南氐。氐種之居陳倉南者，即仇池楊氏也。曜進拔草壁，路松多奔隴城；又拔陰密。晉王保懼，遷于桑城。水經註：洮水自臨洮縣東北流，過索西城，又北出門峽，又東北逕桑城東，又北逕安故縣。保欲自桑城奔河西也。曜還長安，以劉雅爲大司徒。

張春謀奉晉王保奔涼州，張寔遣其將陰監將兵迎之，聲言翼衞，其實拒之。

2段末杯攻段匹磾，破之。磾，丁奚翻。匹磾謂邵續曰：「吾本夷狄，以慕義破家。君不忘久要，要，一遙翻；久要，舊約也。請相與共擊末杯。」續許之，遂相與追擊末杯，大破之。匹磾與弟文鴦攻薊。匹磾奔邵續，薊爲石氏所取。薊，音計。後趙王勒知續勢孤，是時劉、石國號皆曰趙，史以石趙爲後趙以別之。遣中山公虎將兵圍厭次，厭，於琰翻。孔萇攻續別營十一，皆下之。二月，續自出擊虎，虎伏騎斷其後，斷，丁管翻。遂執續，使降其城。欲使續降厭次城也。降，戶江翻；下同。續呼兄子竺等謂曰：「吾志欲報國，不幸至此。汝等努力奉匹磾爲主，勿有貳心。」匹磾自薊還，未至厭次，聞續已沒，衆懼而散，復爲虎所遮；復，扶又翻；下同。文鴦以親兵數百力戰，始得入城，與續子緝、兄子存、竺等嬰城固守。虎送續於襄國，勒以爲忠，釋而禮之，以爲從事中郎。因下令：「自今克敵，獲士人，毋得擅殺，必生致之。」勒禮續而終於殺續，所以令生致士人者，不過欲使之從己耳。

吏部郎劉胤聞續被攻，被，皮義翻。言於帝曰：「北方藩鎮盡矣，惟餘邵續而已；如使復爲石虎所滅，孤義士之心，阻歸本之路，愚謂宜發兵救之。」胤，續所遣也，事見八十九卷愍帝建興二年。帝不能從。聞續已沒，乃下詔以續位任授其子緝。

3 趙將尹安、宋始、宋恕、趙慎四軍屯洛陽，叛，降後趙。漢主曜改國號曰趙，石勒稱趙王，同在上年，而勒併曜始得中原，故以後趙別之。後趙將石生引兵赴之；安等復叛，降司州刺史李矩。復，扶又翻。矩使潁川太守郭默將兵入洛。石生虜宋始一軍，北渡河。於是河南之民皆相帥歸矩，帥，讀曰率。洛陽遂空。

4 三月，裴嶷至建康，嶷，魚力翻。盛稱慕容廆之威德，賢儁皆爲之用；朝廷始重之。朝廷始以裔夷待慕容，今以嶷言始重之。帝謂嶷曰：「卿中朝名臣，朝，直遥翻。當留江東，朕別詔龍驤送卿家屬。」嶷曰：「臣少蒙國恩，出入省闥，嶷仕西朝，歷中書侍郎，給事黃門郎，故云然。少，詩照翻。若得復奉輦轂，臣之至榮。但以舊京淪沒，山陵穿毀，雖名臣宿將，莫能雪恥，復，扶反翻。將，即亮翻。獨慕容龍驤竭忠王室，志除凶逆，故使臣萬里歸誠。今臣來而不返，必謂朝廷以其僻陋而棄之，孤其嚮義之心，使懈體於討賊，體，當依載記作「怠」。懈，居隘翻。此臣之所甚惜，是以不敢徇私而忘公也。謂留江東乃是徇一身之私計，歸棘城則可輔廆以討賊，乃天下之公義也。嶷之心，蓋以廆可與共功名，鄙晉之君臣宴安江沱，爲不足與共事而已。帝曰：「卿言是也。」乃遣使隨嶷拜廆安北將軍、平州刺史。使，疏吏翻。

5 閏月，以周顗爲尚書左僕射。顗，魚豈翻。

6 晉王保將張春、楊次與別將楊韜不協，勸保誅之，且請擊陳安；保皆不從。夏，五月，春、次幽保，殺之。保體肥大，重八百斤；喜睡，好讀書，喜，許記翻。好，呼到翻。而暗弱無斷，故及於難。斷，丁亂翻。難，乃旦翻。保無子，張春立宗室子瞻爲世子，稱大將軍。保衆散，奔涼州者萬餘人。陳安表於趙主曜，請討瞻等。曜以安爲大將軍，擊瞻，殺之；張春奔枹罕。枹罕縣，前漢屬金城，後漢屬隴西郡，張軌分屬晉興郡，唐爲河州。枹，音膚。安執楊次，於保柩前斬之，因以祭保。安以天子禮葬保於上邽，謚曰元王。

7 羊鑒討徐龕，頓兵下邳，不敢前。蔡豹敗龕於檀丘，檀丘，在魯國卞縣東南。敗，補邁翻。龕求救於後趙。後趙王勒遣其將王伏都救之，又使張敬將兵爲之後繼。勒多所邀求，而伏都淫暴，龕患之。張敬至東平，龕疑其襲己，乃斬伏都等三百餘人，復來請降。復，扶又翻。降，户江翻；下同。勒大怒，命張敬據險以守之。據險守龕，欲持久以斃之也。帝亦惡龕反覆，不受其降，惡，烏路翻。敕鑒、豹以時進討。鑒猶疑憚不進，尚書令刁協劾奏鑒，免死除名，以蔡豹代領其兵。王導以所舉失人，乞自貶，帝不許。

8六月，後趙孔萇攻段匹磾，磾，丁奚翻。恃勝而不設備，段文鴦襲擊，大破之。

9京兆人劉弘客居涼州天梯山，武威姑藏城南，有天梯山。以妖術惑衆，從受道者千餘人，妖，於驕翻。西平元公張寔左右皆事之。帳下閻涉、牙門趙卬，皆弘鄉人，弘謂之曰：「天與我神璽，應王涼州。」璽，斯氏翻。王，于況翻。涉、卬信之，密與寔左右十餘人謀殺寔，奉弘爲主。寔弟茂知其謀，請誅弘。寔令牙門將史初收之，未至，涉等懷刃而入，殺寔於外寢。考異曰：晉書作「閻沙、趙仰」；又云：「寔知其謀，收劉弘殺之」。據晉春秋，作「閻涉、趙卬」；又弘死在寔被殺後。今從之。弘見史初至，謂曰：「使君已死，殺我何爲！」初怒，截其舌而囚之，轘於姑臧市，轘，胡悍翻，車裂也。涼州及武威郡皆治姑藏縣。誅其黨與數百人。左司馬陰元等以寔子駿尚幼，推張茂爲涼州刺史、西平公，赦其境內，以駿爲撫軍將軍。

10丙辰，趙將解虎及長水校尉尹車謀反，與巴酋句徐、厙彭等相結；解，戶買翻。酋，慈由翻；下同。句，古侯翻；厙，音舍；皆姓也。事覺，虎、車皆伏誅。趙主曜囚徐、彭等五十餘人于阿房，將殺之；阿房，卽秦阿房宮舊基，亦謂之阿城。光祿大夫游子遠諫曰：「聖王用刑，惟誅元惡而已，不宜多殺。」爭之，叩頭流血。曜怒，以爲助逆而囚之；盡殺徐、彭等，尸諸市十日，乃投於水。於是巴衆盡反，推巴酋句渠知爲主，自稱大秦，改元曰平趙。四山氐、羌、巴、羯應之者三十餘萬，關中大亂，城門晝閉。子遠又從獄中上表諫爭，爭，讀曰諍。曜手毀其表曰：「大荔奴，大荔，戎種落之名；子遠蓋戎出也。不憂命在須臾，猶敢如此，嫌死晚邪！」叱左右速殺之。中山王雅、郭汜、朱紀、呼延晏等諫曰：「子遠幽囚，禍在不測，猶不忘諫爭，汜，音祀。爭，謂曰諍。忠之至也。陛下縱不能用，柰何殺之！若子遠朝誅，臣等亦當夕死，以彰陛下之過。天下將皆捨陛下而去，陛下誰與居乎！」曜意解，乃赦之。

曜敕內外戒嚴，將自討渠知。子遠又諫曰：「陛下誠能用臣策，一月可定，大駕不必親征也。」曜曰：「卿試言之。」子遠曰：「彼非有大志，欲圖非望也，謂帝王之事，非常人所望。直畏陛下威刑，欲逃死耳。陛下莫若廓然大赦，與之更始；更，工衡翻。應前日坐虎、車等事，其家老弱沒入奚官者，皆縱遣之，使之自相招引，聽其復業。彼既得生路，何爲不降！降，戶江翻；下同。若其中自知罪重，屯結不散者，願假臣弱兵五千，必爲陛下梟之。梟，不孝鳥。說文，日至捕梟，磔之，以頭掛木上。故今謂掛首爲梟首。爲，于僞翻。梟，堅堯翻。不然，今反者彌山被谷，彌，滿也。被，皮義翻。雖以天威臨之，恐非歲月可除也。」曜大悅，即日大赦，以子遠爲車騎大將軍、開府儀同三司、都督雍·秦征討諸軍事。子遠屯于雍城，雍，于用翻。降者十餘萬；移軍安定，反者皆降。惟句氏宗黨五千餘家保于陰密，進攻，滅之，遂引兵巡隴右。先是氐、羌十餘萬落，據險不服，先，悉薦翻。其酋虛除權渠自號秦王。子遠進造其壁，造，七到翻。權渠出兵拒之，五戰皆敗。權渠欲降，其子伊餘大言於衆曰：「往者劉曜自來，猶無若我何，況此偏師，何謂降也！」帥勁卒五萬，晨壓子遠壘門。帥，讀曰率。諸將欲擊之，子遠曰：「伊餘勇悍，當今無敵，所將之兵，復精於我，復，扶又翻。又其父新敗，怒氣方盛，其鋒不可當也，不如緩之，使氣竭而後擊之。」乃堅壁不戰。伊餘有驕色，子遠伺其無備，伺，相吏翻。夜，勒兵蓐食，旦，値大風塵昏，子遠悉衆出掩之，生擒伊餘，盡俘其衆。權渠大懼，被髮、剺面請降。被，皮義翻。剺，力之翻，以刀劃面也。子遠啓曜，以權渠爲征西將軍、西戎公，啓，開也；開陳其事以白於上謂之啓。分徙伊餘兄弟及其部落二十餘萬口于長安。曜以子遠爲大司徒、錄尚書事。

曜立太學，選民之神志可教者千五百人，擇儒臣以教之。作酆明觀觀，古玩翻；下同。及西宮，起陵霄臺於滈池，司馬彪曰：鎬在上林苑中。孟康曰：長安西南有鎬池。古史考曰：武王遷鎬，長安豐亭鎬池也。滈，與鎬同，下老翻。又於霸陵西南營壽陵。侍中喬豫、和苞上疏諫，以爲：「衞文公承亂亡之後，節用愛民，營建宮室，得其時制，故能興康叔之業，延九百之祚。衞爲狄人所滅，文公徙居楚丘，大布之衣，大帛之冠，務材訓農，通商惠工，始建城市而營宮室，得其時制，百姓悅之，國家殷富，衞以復興。自康叔始封於衞，至秦始滅，延祚九百餘年。前奉詔書營酆明觀，市道細民咸譏其奢曰：『以一觀之功，足以平涼州矣！』言以起一觀之功力，足以平河西張氏。今又欲擬阿房而建西宮，法瓊臺而起陵霄，其爲勞費，億萬酆明；若以資軍旅，乃可兼吳、蜀而壹齊、魏矣！吳，謂晉；蜀，謂李特；齊，謂曹嶷；魏，謂石勒。又聞營建壽陵，周圍四里，深三十五丈，深，式禁翻。以銅爲椁，飾以黃金，功費若此，殆非國内所能辦也。秦始皇下錮三泉，土未乾而發毀。詳見三十一卷漢成帝永始元年劉向封事。乾，音干。自古無不亡之國，不掘之墓，故聖王之儉葬，乃深遠之慮也。陛下奈何於中興之日，曜平靳氏之難而自立，故其臣謂之中興。而踵亡國之事乎！」曜下詔曰：「二侍中懇懇有古人之風，可謂社稷之臣矣；其悉罷宮室諸役，壽陵制度，一遵霸陵之法。封豫安昌子，苞平輿子，輿，音豫。並領諫議大夫；仍布告天下，使知區區之朝，欲聞其過也。」朝，直遥翻。又省酆水囿以與貧民。豐水出京兆南山，東北流注于渭。曜立囿於豐水左右。

11 祖逖將韓潛與後趙將桃豹分據陳川故城，豹居西臺，潛居東臺，豹由南門，潛由東門，出入相守四旬。逖以布囊盛土如米狀，盛，時征翻。使千餘人運上臺，上，時掌翻。又使數人擔米，息於道。豹兵逐之，擔，他甘翻。棄擔而走。擔，都濫翻。豹兵久飢，得米，以爲逖士衆豐飽，益懼。先以囊盛土運之，潛所以疑之也；又使人擔米以餌豹兵，示之以實也。後趙將劉夜堂以驢千頭運糧饋豹，逖使韓潛及別將馮鐵邀擊於汴水，水經註：蒗蕩渠水，自中牟東流，至浚儀縣，分爲二水，南流者曰沙水，東注者曰汴水；汴水東流入梁郡。盡獲之。豹宵遁，屯東燕城，即漢東郡燕縣也，後魏置東燕縣，屬陳留郡，隋改爲胙城縣，屬東郡，唐屬滑州。豹兵已有懼心，糧又爲逖所獲，故宵遁也。逖使潛進屯封丘以逼之。馮鐵據二臺，逖鎮雍丘，封丘、雍丘二縣，皆屬陳留郡。春秋傳，敗狄于長丘，在封丘界。雍丘，故杞國也。數遣兵邀擊後趙兵，數，所角翻。後趙鎮戍歸逖者甚多，境土漸蹙。

先是，趙固、上官巳、李矩、郭默，互相攻擊，逖馳使和解之，先，悉薦翻。使，疏吏翻；下同。示以禍福，遂皆受逖節度。秋，七月，詔加逖鎮西將軍。逖在軍，與將士同甘苦，約己務施，施，式豉翻。勸課農桑，撫納新附，雖疏賤者皆結以恩禮。河上諸塢，先有任子在後趙者，皆聽兩屬，居兩界之上者，聽其兩屬，因以爲間。時遣游軍僞抄之，抄，楚交翻。明其未附。塢主皆感恩，後趙有異謀，輒密以告，由是多所克獲，自河以南，多叛後趙歸于晉。

逖練兵積穀，爲取河北之計。後趙王勒患之，乃下幽州爲逖脩祖、父墓，置守冢二家，逖，范陽人，其祖、父墓在焉。下，遐嫁翻。因與逖書，求通使及互市。逖不報書，而聽其互市，收利十倍。逖牙門童建殺新蔡內史周密，降于後趙，姓譜：顓頊子老童之後，以爲氏。勒斬之，送首於逖曰：「叛臣逃吏，吾之深仇，將軍之惡，猶吾惡也。」惡，烏路翻。逖深德之，自是後趙人叛歸逖者，逖皆不納，禁諸將不使侵暴後趙之民，邊境之間，稍得休息。逖聽河上諸塢兩屬，此用間之智也。然石勒爲逖脩祖、父墓，斬童建而送其首，亦所以懈逖推鋒越河之心。

12 八月，辛未，梁州刺史周訪卒。訪善於撫【章：甲十一行本「撫」下有「納」字；乙十一行本同；孔本同；張校同。】士，衆皆爲致死。爲，于僞翻。知王敦有不臣之心，私常切齒，切齒，上下齒相磨切也。敦由是終訪之世，未敢爲逆。敦遣從事中郎郭舒監襄陽軍，監，工銜翻。帝以湘州刺史甘卓爲梁州刺史，督沔北諸軍事，鎮襄陽。王敦憚周訪而不敢爲逆，至其舉兵也，不以甘卓爲虞，亦可謂姦雄矣！舒既還，帝徵爲右丞；敦留不遣。

13 後趙王勒遣中山公虎帥步騎四萬擊徐龕，帥，讀曰率；下同。龕送妻子爲質，乞降，勒許之。勒許龕降，力未能取龕耳；觀其後殺龕，足以知其心。質，音致。蔡豹屯卞城，卞縣，屬魯國。劉昫曰：隋於卞縣古城置泗水縣，唐屬兗州。石虎將擊之，豹退守下邳，爲徐龕所敗。敗，補邁翻。虎引兵城封丘而旋，徙士族三百家置襄國崇仁里，崇仁里，勒所命名，以處衣冠之族。置公族大夫以領之。

14 後趙王勒用法甚嚴，諱「胡」尤峻，勒本胡人，故以爲諱。宮殿既成，初有門戶之禁。有醉胡乘馬，突入止車門。勒大怒，責宮門小執法馮翥。執法，御史之官也。紫宮南蕃中二星曰左、右執法。晉之故臣爲勒定官制，取此置宮門執法，即以張賓爲大執法，總朝政，故宮門置小執法。翥，章庶翻。翥惶懼忘諱，對曰：「向有醉胡，乘馬馳入，甚呵禦之，而不可與語。」勒笑曰：「胡人正自難與言。」恕而不罪。

勒使張賓領選，初定五品，後更定九品。命公卿及州郡歲舉秀才、至孝、廉淸、賢良、直言、武勇之士各一人。選，須絹翻。石勒立國，粗有綱紀，石虎繼之，無復有是。

15 西平公張茂立兄子駿爲世子。

16 蔡豹旣敗，將詣建康歸罪，北中郎將王舒止之。帝聞豹退，遣使收之。使，疏吏翻。舒夜以兵圍豹，豹以爲他寇，帥麾下擊之，聞有詔，乃止。舒執豹送建康，冬，十月，丙辰，斬之。

17 王敦殺武陵內史向碩。史書王敦專殺，以著其無君之罪。

帝之始鎭江東也，敦與從弟導同心翼戴，帝亦推心任之，敦總征討，懷帝永嘉五年，帝以敦刺揚州，加都督征討諸軍事，其討華軼、杜弢、王機、杜曾，皆其功也。從，才用翻。導專機政，尚書，萬機之本，導錄尚書事，是專機政也。羣從子弟布列顯要，從，才用翻。時人爲之語曰：「王與馬，共天下。」後敦自恃有功，且宗族強盛，稍益驕恣，帝畏而惡之，惡，烏路翻。乃引劉隗、刁協等以爲腹心，稍抑損王氏之權，導亦漸見疏外。中書郎孔愉陳導忠賢，有佐命之勳，宜加委任；帝出愉爲司徒左長史。導能任眞推分，澹如也，分，扶問翻。澹，杜覽翻。有識皆稱其善處興廢。而敦益懷不平，史言導所以福祚流子孫，敦所以隕身喪元，禍及王含父子。處，昌呂翻。遂構嫌隙。

初，敦辟吳興沈充爲參軍，充薦同郡錢鳳於敦，敦以爲鎧曹參軍。二人皆巧諂凶狡，知敦有異志，陰贊成之，爲之畫策；敦寵信之，勢傾內外。敦上疏爲導訟屈，辭語怨望。導封以還敦，導錄尚書，先見敦疏，故封還之。爲，于僞翻；下隗爲同。敦復遣奏之。復，扶又翻。左將軍譙王承，承，音拯。以此觀之，則前作「承」，誤也。忠厚有志行，行，下孟翻。帝親信之。夜，召承，以敦疏示之，曰：「王敦以頃年之功，位任足矣；而所求不已，言至於此，將若之何？」承曰：「陛下不早裁之，以至今日，敦必爲患。」

劉隗爲帝謀，出心腹以鎮方面。會敦表以宣城内史沈充代甘卓爲湘州刺史，帝謂丞曰：「王敦姦逆已著，朕爲惠皇，其勢不遠。言當如惠帝受制於強臣也。湘州據上流之勢，控三州之會，三州，謂荆、交、廣。欲以叔父居之，何如？」古者同姓諸侯，天子謂之伯父、叔父。丞，宣帝之從孫；而帝，宣帝之曾孫，於屬亦叔父也。丞曰：「臣奉承詔命，惟力是視，何敢有辭！然湘州經蜀寇之餘，蜀寇，謂杜弢之亂也。民物凋弊，若得之部，比及三年，乃可卽戎；用論語冉有對孔子之言。卽，從也。朱熹曰：卽，就也。戎，兵也。比，必寐翻。苟未及此，雖復灰身，亦無益也。」復，扶又翻。十二月，詔曰：「晉室開基，方鎮之任，親賢並用，其以譙王丞爲湘州刺史。」長沙鄧騫聞之，歎曰：「湘州之禍，其在斯乎！」丞行至武昌，敦與之宴，謂丞曰：「大王雅素佳士，雅素，猶言平常也。恐非將帥才也。」將，卽亮翻。帥，所類翻。丞曰：「公未見知耳，鉛刀豈無一割之用！」後漢班超之言。敦謂錢鳳曰：「彼不知懼而學壯語，足知其不武，無能爲也。」乃聽之鎮。丞雖忠有餘而才不足，敦窺見而知其無能爲。時湘土荒殘，公私困弊，丞躬自儉約，傾心綏撫，甚有能名。

18 高句麗寇遼東，句，如字，又音駒。麗，力知翻。慕容仁與戰，大破之，自是不敢犯仁境。

四年（辛巳、三二一）

1 春，二月，徐龕復請降。復，扶又翻；下同。

2 張茂築靈鈞臺，基高九仞。高，居傲翻。武陵閻曾夜叩府門「武陵」，疑當作「武威」。呼曰：「武公遣我來，張軌，謚武公。呼，火故翻。言『何故勞民築臺！』」有司以爲妖，請殺之。茂曰：「吾信勞民。曾稱先君之命以規我，何謂妖乎！」乃爲之罷役。妖，於驕翻。爲，于僞翻；下同。

3 三月，癸亥，日中有黑子。日中有黑子，陰侵陽而磨蕩之也。時王敦驕悖浸甚，故象見于天。著作佐郎河東郭璞以帝用刑過差，上疏，以爲：「陰陽錯繆，皆繁刑所致。赦不欲數，數，所角翻。然子產知鑄刑書非政之善，不得不作者，須以救弊故也。左傳，鄭鑄刑書，叔向詒子產書曰：「國將亡，必多制。」復書曰：「吾以救世也。」須，待也。今之宜赦，理亦如之。」

4 後趙中山公虎攻幽州刺史段匹磾於厭次，磾，丁奚翻。厭，於琰翻。孔萇攻其統內諸城，悉拔之。段文鴦言於匹磾曰：「我以勇聞，故爲民所倚望；今視民被掠而不救，是怯也。被，皮義翻；下同。民失所望，誰復爲我致死！」遂帥壯士數十騎出戰，復，扶又翻。爲，于僞翻。帥，讀曰率。殺後趙兵甚衆。馬乏，伏不能起。虎呼之曰：「兄與我俱夷狄，久欲與兄同爲一家。今天不違願，於此得相見，何爲復戰！請釋仗。」文鴦罵曰：「汝爲寇賊，當死日久，吾兄不用吾策，事見七十八卷懷帝永嘉六年。故令汝得至此。我寧鬭死，不爲汝屈！」遂下馬苦戰，槊折，執刀戰不已，槊，色角翻，矛長丈八者曰槊。折，而設翻。自辰至申。後趙兵四面解馬羅披自鄣，馬羅披，意卽障泥也。前執文鴦；文鴦力竭被執，城内奪氣。

匹磾欲單騎歸朝，騎，奇寄翻。朝，直遙翻。邵續之弟樂安內史洎勒兵不聽；洎復欲執臺使王英送於虎。臺使，晉朝所遣者也。使，疏吏翻。匹磾正色責之曰：「卿不能遵兄之志，逼吾不得歸朝，亦已甚矣，復欲執天子使者；我雖夷狄，所未聞也！」洎與兄子緝、竺等輿櫬出降。櫬，初覲翻。降，戶江翻。匹磾見虎曰：「我受晉恩，志在滅汝，不幸至此，不能爲汝敬也。」後趙王勒及虎素與匹磾結爲兄弟，虎卽起拜之。勒以匹磾爲冠軍將軍，冠，古玩翻。文鴦爲左中郎將，散諸流民三萬餘戶，復其本業，置守宰以撫之。於是幽、冀、幷三州皆入於後趙。匹磾不爲勒禮，常著朝服，持晉節。著，陟略翻。久之，與文鴦、邵續皆爲後趙所殺。厭次既破，無復後患，匹磾兄弟與邵續皆被害，石勒志趣，從可知矣。

5 五月，庚申，詔免中州良民遭難爲揚州諸郡僮客者，以備征役。難，乃旦翻。尚書令刁協之謀也，由是衆益怨之。

6 終南山崩。終南山，長安南山也。時劉曜據關中，亡國之徵。晉書書於曜載記。

7 秋，七月，甲戌，以尚書僕射戴淵爲征西將軍、都督司·兗·豫·幷·雍·冀六州諸軍事、司州刺史，鎭合肥；合肥縣，屬淮南郡。雍，於用翻。丹楊尹劉隗爲鎭北將軍、都督青·徐·幽·平四州諸軍事、青州刺史，鎭淮陰；淮陰縣，前漢屬臨淮郡，後漢屬下邳郡，晉屬廣陵郡。皆假節領兵，名爲討胡，實備王敦也。

隗雖在外，而朝廷機事，進退士大夫，帝皆與之密謀。敦遺隗書曰：遺，于季翻。「頃承聖上顧眄足下，今大賊未滅，中原鼎沸，欲與足下及周生之徒周生，謂周顗。敦素憚顗，見輒扇面不休，故舉以爲言。戮力王室，共靜海內。若其泰也，則帝祚於是乎隆；若其否也，否，皮鄙翻。則天下永無望矣。」隗答曰：「『魚相忘於江湖，人相忘於道術。』引莊子大宗師之言。『竭股肱之力，效之以忠貞，』晉大夫荀息之言。吾之志也。」敦得書，甚怒。

壬午，以驃騎將軍王導爲侍中、司空、假節、錄尚書、領中書監。驃，匹妙翻。帝以敦故，并疏忌導。御史中丞周嵩上疏，以爲：「導忠素竭誠，輔成大業，不宜聽孤臣之言，惑疑似之說，放逐舊德，以佞伍賢，用兵列陳，五人爲伍。伍，同列也。以佞伍賢，言賢佞同列也。虧既往之恩，招將來之患。」向者親倚導而今疏忌之，是虧既往之恩也；導或自疑，外而與敦同，是招將來之患也。招，之遙翻。帝頗感寤，導由是得全。史言周顗兄弟保護王導。

8 八月，常山崩。常山，在常山郡上曲陽縣西北，其地時屬石勒。

9 豫州刺史祖逖，以戴淵吳士，淵，廣陵人；廣陵，故吳王濞都也。雖有才望，無弘致遠識；且已翦荆棘，收河南地，而淵雍容，一旦來統之，意甚怏怏；怏，於兩翻。又聞王敦與劉、刁構隙，將有內難，難，乃旦翻。知大功不遂，感激發病；九月，壬寅，卒於雍丘。豫州士女若喪父母，譙、梁間皆爲立祠。喪，息浪翻。爲，于僞翻。王敦久懷異志，聞逖卒，益無所憚。王敦之所忌，周訪、祖逖，訪卒而逖繼之，宜其益無所憚也。然溫嶠、郗鑒諸人已在晉朝，卒藉之以清大憝。以此知上天生材以應世，世變無窮而人才亦與之無窮，固非姦雄所能逆睹也。

冬，十月，壬午，以逖弟約爲平西將軍、豫州刺史，領逖之衆。約無綏御之才，不爲士卒所附。

初，范陽李產避亂依逖，見約志趣異常，謂所親曰：「吾以北方鼎沸，故遠來就此，冀全宗族。今觀約所爲，有不可測之志。吾託名姻親，當早自爲計，無事復陷身於不義也，爾曹不可以目前之利而忘長久之策。」乃帥子弟十餘人間行歸鄉里。李產父子後事慕容儁。復，扶又翻。帥，讀曰率。間，古莧翻。

10 十一月，皇孫衍生。

11 後趙王勒悉召武鄉耆舊詣襄國，與之共坐歡飲。初，勒微時，與李陽鄰居，數爭漚麻池相毆，數，所角翻。漚，於候翻，久漬也。詩云：東門之池，可以漚麻。毛氏曰：漚，柔也。考工記，㡛氏以涚水漚其絲。註云：漚，漸也。楚人曰漚，齊人曰涹。涹，烏禾翻。然則漚是漸漬之名，云漚柔者，謂漸漬使之柔韌也。魏收地形志，武鄉郡三臺嶺上有李陽墓，有麻池，石勒與李陽爭漚麻處也。毆，於口翻，擊也。陽由是獨不敢來。勒曰：「陽，壯士也；漚麻，布衣之恨；孤方兼容天下，豈讎匹夫乎！」遽召與飲，引陽臂曰：「孤往日厭卿老拳，卿亦飽孤毒手。」因拜參軍都尉。以武鄉比豐、沛，復之三世。勒欲並驅漢光武，光武復南頓不敢遠期十歲，而勒復武鄉三世，多見其不知量也。復，方目翻。勒以民始復業，資儲未豐，於是重制禁釀，郊祀宗廟，皆用醴酒，酒一宿而熟者曰醴。行之數年，無復釀者。

12 十二月，以慕容廆爲都督幽·平二州·東夷諸軍事、車騎將軍、平州牧，考異曰：燕書云「車騎大將軍、平州刺史。」按晉書載記，先拜平州刺史，尋加車騎、州牧。今從之。封遼東公，單于如故，遣謁者卽授印綬，聽承制置官司守宰。廆於是備置僚屬，以裴嶷、游邃爲長史，嶷，魚力翻。裴開爲司馬，韓壽爲別駕，陽耽爲軍諮祭酒，崔燾爲主簿，黄泓、鄭林參軍事。鄭林不受廆車牛粟帛而躬耕於野，廆蓋以是取之。廆立子皝爲世子。作東横，横，與黌同，學舍也，載記作「東庠」。皝，呼廣翻。以平原劉讚爲祭酒，使皝與諸生同受業，廆得暇，亦親臨聽之。得暇者，言廆惟於國事無暇，財得一息之暇，亦親臨東横，聽其講說。史言廆之能崇儒。皝雄毅多權略，喜經術，國人稱之。喜，許記翻。廆徙慕容翰鎭遼東，慕容仁鎭平郭。平郭縣，漢屬遼東郡，晉省。唐新書曰：高麗建安城，古平郭縣也。翰撫安民夷，甚有威惠；仁亦次之。

13 拓跋猗㐌妻惟氏，忌代王鬱律之强，恐不利於其子，乃殺鬱律而立其子賀傉，鬱律立見八十九卷愍帝建興四年。傉，奴沃翻。大人死者數十人。鬱律之子什翼犍，犍，居言翻。幼在襁褓，其母王氏匿於袴中，祝之曰：「天苟存汝，則勿啼。」久之，不啼，乃得免。惟氏專制國政，遣使聘後趙，後趙人謂之「女國使」。以惟氏專政，故謂之女國。史言拓跋所以中衰。使，疏吏翻。

何茲全標點王崇武聶崇岐覆校

資治通鑑卷第九十二

端明殿學士兼翰林侍讀學士朝散大夫右諫議大夫充集賢殿修撰權判西京留司御史臺上柱國河內郡開國侯食邑一千三百戶食實封四百戶賜紫金魚袋臣司馬光　奉敕編集

後學天台胡三省　音註

晉紀十四 起玄黓敦牂（壬午），盡昭陽協洽（癸未），凡二年。

中宗元皇帝下

永昌元年（壬午、三二二）

1春，正月，郭璞復上疏，請因皇孫生，下赦令，璞去年已疏請肆赦，皇孫去年十一月生。復，扶又翻。帝從之。乙卯，大赦，改元。

王敦以璞爲記室參軍。璞善卜筮，知敦必爲亂，己預其禍，甚憂之。大將軍掾潁川陳述卒，掾，于絹翻。璞哭之極哀，曰：「嗣祖，焉知非福也！」陳述，字嗣祖，亦敦府僚也。焉，於虔翻。

敦既與朝廷乖離，乃羈錄朝士有時望者置己幕府。朝，直遥翻。以羊曼及陳國謝鯤爲長史。曼，祜之兄孫也。曼、鯤終日酣醉，故敦不委以事。敦收時望，不過用西都諸王之故智耳。酣，戶甘翻。敦將作亂，謂鯤曰：「劉隗姦邪，將危社稷，吾欲除君側之惡，何如？」鯤曰：「隗誠始禍，然城狐社鼠。」後漢虞延曰：城狐社鼠，不畏熏燒。謂有所憑託也。又，中山王勝曰：社鼷不灌，屋鼠不熏，所託者然也。爾雅翼曰：管仲稱社束木而塗之，鼠因往託焉，燻之則恐燒其木，灌之則恐敗其塗，此鼠之所以不可得而殺者，以社故也。以喻君之左右。敦怒曰：「君庸才，豈達大體！」出爲豫章太守，守，式又翻。又留不遣。

戊辰，敦舉兵於武昌，上疏罪狀劉隗，稱：「隗佞邪讒賊，威福自由，隗，五罪翻。妄興事役，勞擾士民，賦役煩重，怨聲盈路。臣備位宰輔，不可坐視成敗，輒進軍致討，隗首朝懸，諸軍夕退。昔太甲顛覆厥度，幸納伊尹之忠，殷道復昌。湯崩，太甲顛覆湯之典刑，伊尹放之於桐。三年，太甲悔過，自怨自艾於桐，伊尹以冕服奉太甲復歸于亳。賴伊尹之訓，以圖厥終。古固有是事，然非人臣所當爲也。願陛下深垂三思，三，息暫翻，又如字。則四海乂安，社稷永固矣。」沈充亦起兵於吳興以應敦，敦以充爲大都督、督護東吳諸軍事。敦至蕪湖，又上表罪狀刁協。帝大怒，乙亥，詔曰：「王敦憑恃寵靈，敢肆狂逆，方朕太甲，欲見幽囚。是可忍也，孰不可忍！今親帥六軍以誅大逆，帥，讀曰率。有殺敦者，封五千戶侯。」敦兄光祿勳含乘輕舟逃歸于敦。

太子中庶子溫嶠謂僕射周顗曰：「大將軍此舉似有所在，當無濫邪？」顗曰：「不然，顗，魚豈翻。人主自非堯、舜，何能無失，人臣安可舉兵以脅之！舉動如此，豈得云非亂乎！

處仲狼抗無上，其意寧有限邪！」王敦，字處仲。狼似犬，銳頭白頰，高前廣後，貪而敢抗人，故以爲喻。處，昌呂翻。

敦初起兵，遣使告梁州刺史甘卓，約與之俱下，卓許之。及敦升舟，而卓不赴，使參軍孫雙詣武昌諫止敦。敦驚曰：「甘侯前與吾語云何，而更有異，正當慮吾危朝廷耳！吾今但除姦凶，若事濟，當以甘侯作公。」許卓作公，啗之以利，欲使同逆。雙還報，卓意狐疑。或說卓：「且僞許敦，待敦至都而討之。」說，輸芮翻。卓曰：「昔陳敏之亂，吾先從而後圖之，事見八十六卷惠帝永興二年、懷帝永嘉元年。論者謂吾懼逼而思變，心常愧之；今若復爾，何以自明！」復，扶又翻；下同。

卓使人以敦旨告順陽太守魏該，守，式又翻。該曰：「我所以起兵拒胡賊者，正欲忠於王室耳。今王公舉兵向天子，非吾所宜與也。」遂絕之。史言甘卓不如魏該之忠果。

敦遣參軍桓羆說譙王承，請承爲軍司。說，輸芮翻。承，音拯。承歎曰：「吾其死矣！地荒民寡，勢孤援絕，將何以濟！然得死忠義，夫復何求！」夫，音扶。復，扶又翻。承檄長沙虞悝爲長史，會悝遭母喪，悝，苦回翻。承往弔之，曰：「吾欲討王敦，而兵少糧乏；少，詩沼翻。且新到，恩信未洽。卿兄弟，湘中之豪俊，王室方危，金革之事，古人所不辭，禮記：子夏問曰：「三年之喪，卒哭，金革之事無避也者，禮歟？初有司歟？」孔子曰：「吾聞諸老聃，昔者魯公伯禽有爲爲之也。」

今以三年之喪，從其利者，吾弗知也。」春秋公羊傳曰：古者臣有大喪，則君三年不呼其門；已練，可以弁冕，服金革之事，君使之，非也；臣行之，禮也。閔子要絰而服事，孔子蓋善之也。將何以教之？」悝曰：「大王不以悝兄弟猥劣，親屈臨之，敢不致死！然鄙州荒弊，難以進討；宜且收衆固守，傳檄四方，敦勢必分，分而圖之，庶幾可捷也。」幾，居希翻。丞乃囚桓羆，以悝爲長史，以其弟望爲司馬，督護諸軍，與零陵太守尹奉、建昌太守長沙王循、衡陽太守淮陵劉翼、沈約曰：晉惠帝元康九年，分長沙東北下雋諸縣立建昌郡，至宋，爲巴陵郡。吳孫亮太平二年，分長沙西部都尉立衡陽郡。淮陵縣，屬臨淮郡，時亦分爲郡。春陵令長沙易雄，春陵縣，本前漢之春陵侯國，後徙國南陽，省；吳復立春陵縣，屬零陵郡。姓譜：易姓，齊有大夫易牙。同舉兵討敦。雄移檄遠近，列敦罪惡，於是一州之内皆應丞。惟湘東太守鄭澹不從，吳孫亮太平二年，分長沙東部都尉立湘東郡。澹，徒覽翻。丞使虞望討斬之，以徇四境。澹，敦姊夫也。

丞遣主簿鄧騫至襄陽，晉梁州刺史鎮襄陽，自周訪始。宋白曰：襄陽，漢中廬縣地。說甘卓曰：「劉大連雖驕蹇失衆心，劉隗，字大連。說，輸芮翻；下同。非有害於天下。大將軍以其私憾，稱兵向闕，此忠臣義士竭節之時也。公受任方伯，奉辭伐罪，乃桓、文之功也。」卓曰：「桓、文則非吾所能；然志在徇國，當共詳思之。」參軍李梁說卓曰：「昔隗囂跋扈，竇融保河西以奉光武，卒受其福。事見四十一卷漢光武建武五年至四十三卷十二年。卒，子恤翻。今將軍有重望於天下，但當按兵坐以待之，使大將軍事捷，當委將軍以方面，不捷，朝廷必以將軍代之，何憂不富貴；而釋此廟勝，孫子曰：未戰而廟勝，得算多也；未戰而廟不勝，得算少也。決存亡於一戰邪？」

騫謂梁曰：「光武當創業之初，故隗、竇可以文服從容顧望。文服，謂非心服，特以虛文示相臣服而已。從，千容翻。今將軍之於本朝，非竇融之比也；朝，直遥翻。襄陽之於太府，襄陽以王敦府爲太府。非河西之固也。使大將軍克劉隗，還武昌，增石城之戍，賢曰：石城故城，在復州沔陽縣東南。絕荆、湘之粟，將軍將安歸乎！勢在人手，而曰我處廟勝，未之聞也。且爲人臣，國家有難，處，昌呂翻。難，乃旦翻。坐視不救，於義安乎！」卓尚疑之。騫曰：「今既不爲義舉，又不承大將軍檄，此必至之禍，愚智所見也。且議者之所難，以彼強而我弱也。今大將軍兵不過萬餘，其留者不能五千；而將軍見衆既倍之矣。見，賢遍翻。以將軍之威名，帥此府之精銳，杖節鳴鼓，以順討逆，豈王含所能禦哉！帥，讀曰率。遡流之衆，勢不自救，謂敦兵以東下，若欲遡流西上以自救，勢不相及也。將軍之舉武昌，若摧枯拉朽，尚何顧慮邪！拉，盧合翻。武昌既定，據其軍實，鎮撫二州，二州，謂荆、江也。以恩意招懷士卒，使還者如歸，此呂蒙所以克關羽也。事見六十八卷漢獻帝建安二十四年。今釋必勝之策，安坐以待危亡，不可以言智矣。」

敦恐卓於後爲變，又遣參軍丹楊樂道融往邀之，必欲與之俱東。道融雖事敦，而忿其悖逆，悖，蒲內翻，又蒲沒翻。乃說卓曰：「主上親臨萬機，自用譙王爲湘州，非專任劉隗也。而王氏擅權日久，卒見分政，卒，讀曰猝；謂分任譙王丞等，政不專歸於王氏也。便謂失職，背恩肆逆，背，蒲妹翻。舉兵向闕。國家遇君至厚，今與之同，豈不違負大義，生爲逆臣，死爲愚鬼，永爲宗黨之恥，不亦惜乎！爲君之計，莫若僞許應命，而馳襲武昌，大將軍士衆聞之，必不戰自潰，大勳可就矣。」卓雅不欲從敦，聞道融之言，遂決曰：「吾本意也。」乃與巴東監軍柳純、南平太守夏侯承、監，工銜翻。夏，戶雅翻。宜都太守譚該等姓譜：齊滅譚，子孫以國爲氏；漢有河南尹譚閎。又巴南大姓有譚氏，盤瓠之後。露檄數敦逆狀，帥所統致討。數，所具翻。遣參軍司馬讚、孫雙奉表詣臺；羅英至廣州，約陶侃同進。戴淵在江西，戴淵出鎮合肥，於建康爲江西。先得卓書，表上之，上，時掌翻。臺內皆稱萬歲。陶侃得卓信，卽遣參軍高寶帥兵北下。帥，讀曰率。武昌城中傳卓軍至，人皆奔散。

敦遣從母弟南蠻校尉魏乂、敦從母魏氏，乂其弟也。從，才用翻。將軍李恒恒，戶登翻。帥甲卒二萬攻長沙。長沙城池不完，資儲又闕，人情震恐。或說譙王丞，南投陶侃或退據零、桂。丞曰：「吾之起兵，志欲死於忠義，豈可貪生苟免，爲奔敗之將乎！將，卽亮翻。事之不濟，令百姓知吾心耳。」乃嬰城固守。未幾，幾，魚豈翻。虞望戰死，甘卓欲留鄧騫爲參軍，騫不可，乃遣參軍虞沖與騫偕至長沙，遺譙王丞書，勸之固守，當以兵出沔口，斷敦歸路，遺，于季翻。斷，丁管翻。則湘圍自解。丞復書稱：「江左中興，草創始爾，豈圖惡逆萌自寵臣。吾以宗室受任，志在隕命；而至止尚淺，凡百茫然。足下能卷甲電赴，猶有所及；卷，讀曰捲。若其狐疑，則求我於枯魚之肆矣。」莊子見車轍鮒，鮒曰：「豈無斗升之水以活我乎？」莊子曰：「待我決西江之水而迎汝。」鮒曰：「如君言，不如早索我於枯魚之肆。」卓不能從。

2 二月，甲午，封皇子昱爲琅邪王。

3 後趙王勒立子弘爲世子。遣中山公虎將精卒四萬擊徐龕；將，卽亮翻。龕，苦含翻。龕堅守不戰，虎築長圍守之。

4 趙主曜自將擊楊難敵，難敵逆戰不勝，退保仇池。仇池諸氐、羌及故晉王保將楊韜、隴西太守梁勛皆降於曜。降，戶江翻。曜遷隴西萬餘戶於長安，進攻仇池。會軍中大疫，曜亦得疾，將引兵還；恐難敵躡其後，乃遣光國中郎將王獷說難敵，光國中郎將，趙所置也。獷，古猛翻。說，輸芮翻。諭以禍福，難敵遣使稱藩。曜以難敵爲假黃鉞、都督益·寧·南秦·涼·梁·巴六州·隴上·西域諸軍事、上大將軍、益·寧·南秦三州牧、武都王。吳孫氏始置上大將軍。南秦州及巴州，曜創其名。其後北國率授楊氏南秦州刺史，據有陰平、武都二郡之地。

秦州刺史陳安求朝於曜，曜辭以疾。安怒，以爲曜已卒，朝，直遙翻。卒，子恤翻。大掠而歸。曜疾甚，乘馬輿而還。使其將呼延寔監輜重於後，監，工銜翻。重，直用翻。安邀擊，獲之，謂寔曰：「劉曜已死，子尚誰佐！吾當與子共定大業。」寔叱之曰：「汝受人寵祿而叛之，自視智能何如主上？吾見汝不日梟首於上邽市，梟，堅堯翻。何謂大業！宜速殺我！」安怒，殺之，以寔長史魯憑爲參軍。安遣其弟集帥騎三萬追曜，帥，讀曰率。騎，奇寄翻。衞將軍呼延瑜逆擊，斬之。安乃還上邽，遣將襲汧城，拔之。汧縣，屬扶風郡。汧，苦堅翻。隴上氐、羌皆附於安，有衆十餘萬，自稱大都督、假黄鉞、大將軍、雍・涼・秦・梁四州牧、涼王，雍，於用翻。以趙募爲相國。魯憑對安大哭曰：「吾不忍見陳安之死也！」安怒，命斬之。憑曰：「死自吾分，分，扶問翻。懸吾頭於上邽市，觀趙之斬陳安也！」遂殺之。曜聞之，慟哭曰：「賢人，民之望也。陳安於求賢之秋而多殺賢者，吾知其無所爲也。」

休屠王石武以桑城降趙，石武，蓋亦匈奴種。屠，直於翻。趙以武爲秦州刺史，封酒泉王。

帝徵戴淵、劉隗入衞建康。隗至，百官迎于道，隗岸幘大言，岸幘者，幘微脫額也。意氣自若。及入見，見，賢遍翻。與刁協勸帝盡誅王氏；帝不許，隗始有懼色。司空導帥其從弟中領軍邃、左衞將軍廙、侍中侃、彬及諸宗族二十餘人，每旦詣臺待罪。帥，讀曰率。從，才用翻。廙，羊至翻，又逸職翻。周顗將入，導呼之曰：「伯仁，以百口累卿！」累，力瑞翻。周顗，字伯仁，欲使顗保護導，以全其家也。顗直入不顧。既見帝，言導忠誠，申救甚至；帝納其言。顗喜飲酒，喜，許記翻。至醉而出，導猶在門，又呼之。顗不與言，顧左右曰：「今年殺諸賊奴，取金印如斗大，繫肘後。」既出，又上表明導無罪，言甚切至。導不之知，甚恨之。

帝命還導朝服，召見之。導稽首曰：朝，直遥翻。稽，音啓。「逆臣賊子，何代無之，不意今者近出臣族！」帝跣而執其手曰：「茂弘，方寄卿以百里之命，王導，字茂弘。孔氏曰：寄百里之命，謂攝君之政令。是何言邪！」

三月，以導爲前鋒大都督，加戴淵驃騎將軍。驃，匹妙翻。詔曰：「導以大義滅親，衞石碏之子厚，與公子州吁弑衞桓公，又與州吁如陳，碏使告于陳而殺之。君子曰：石碏，純臣也，惡州吁而厚與焉。大義滅親，其是之謂乎！可以吾爲安東時節假之。」帝之初鎮揚州也，領安東將軍。以周顗爲尚書左僕射，王邃爲右僕射。帝遣王廙往諭止敦；敦不從而留之，廙更爲敦用。征虜將軍周札，素矜險好利，好，呼到翻。帝以爲右將軍、都督石頭諸軍事。敦將至，帝使劉隗軍金城，金城，在丹楊江乘蒲洲上。札守石頭，帝親被甲徇師於郊外。被，皮義翻。以甘卓爲鎭南大將軍、侍中、都督荆·梁二州諸軍事，陶侃領江州刺史；使各帥所統以躡敦後。帥，讀曰率；下同。

敦至石頭，欲攻劉隗。杜弘言於敦曰：「劉隗死士衆多，未易可克；易，以豉翻。不如攻石頭，周札少恩，少，詩沼翻。兵不爲用，攻之必敗，札敗則隗自走矣。」敦從之，以弘爲前鋒，攻石頭，札果開門納弘。敦據石頭，歎曰：「吾不復得爲盛德事矣！」敦無君之心，形於言也。復，扶又翻。謝鯤曰：「何爲其然也！但使自今以往，日忘日去耳。」言日復一日，浸忘前事，則君臣猜嫌之迹亦日去耳。

帝命刁協、劉隗、戴淵帥衆攻石頭，王導、周顗、郭逸、虞潭等三道出戰，協等兵皆大敗。太子紹聞之，欲自帥將士決戰；升車將出，中庶子溫嶠執鞚諫曰：鞚，苦貢翻。「殿下國之儲副，柰何以身輕天下！」抽劍斬鞅，乃止。

敦擁兵不朝，朝，直遙翻：下同。放士卒劫掠，宮省奔散，惟安東將軍劉超按兵直衞，及侍中二人侍帝側。帝脱戎衣，著朝服，著，陟略翻。顧而言曰：「欲得我處，當早言！何至害民如此！」又遣使謂敦曰：使，疏吏翻。「公若不忘本朝，於此息兵，則天下尚可共安；如其不然，朕當歸琅邪以避賢路。」

刁協、劉隗既敗，俱入宮，見帝於太極東除。除，殿陛也。帝執協、隗手，流涕嗚咽，勸令避禍。協曰：「臣當守死，不敢有貳。」帝曰：「今事逼矣，安可不行！」乃令給協、隗人馬，使自爲計。協老，不堪騎乘，素無恩紀，募從者，皆委之，行至江乘，爲人所殺，送首於敦。隗奔後趙，官至太子太傅而卒。成帝咸和八年，劉隗從石虎戰死於潼關，豈即此劉隗邪！

帝令公卿百官詣石頭見敦，敦謂戴淵曰：「前日之戰，有餘力乎？」淵曰：「豈敢有餘，但力不足耳！」敦曰：「吾今此舉，天下以爲何如？」淵曰：「見形者謂之逆，體誠者謂之忠。」敦笑曰：「卿可謂能言。」又謂周顗曰：「伯仁，卿負我！」愍帝建興元年，顗爲杜弢所困，投敦於豫章，故敦以爲德。顗曰：「公戎車犯順，下官親帥六軍，帥，讀曰率。不能其事，使王旅奔敗，以此負公！」

辛未，大赦；以敦爲丞相、都督中外諸軍、錄尚書事、江州牧，封武昌郡公，並讓不受。

初，西都覆沒，四方皆勸進於帝。見九十卷建武元年。敦欲專國政，忌帝年長難制，長，知兩翻。欲更議所立，王導不從。及敦克建康，謂導曰：「不用吾言，幾至覆族。」幾，居希翻。

敦以太子有勇略，爲朝野所嚮，朝，直遙翻。欲誣以不孝而廢之，大會百官，問溫嶠曰：「皇太子以何德稱？」聲色俱厲。嶠曰：「鉤深致遠，蓋非淺局所量；量，音良。以禮觀之，可謂孝矣。」言太子既有鉤深致遠之才，而又盡事親之禮，所以解敦不孝之誣也。衆皆以爲信然，敦謀遂沮。沮，在呂翻。

帝召周顗於廣室，廣室，殿名。謂之曰：「近日大事，二宮無恙，諸人平安，大將軍固副所望邪？」恙，余亮翻。顗曰：「二宮自如明詔，臣等尚未可知。」護軍長史郝嘏等勸顗避敦，顗代戴淵爲護軍將軍，以郝嘏爲長史。顗曰：「吾備位大臣，朝廷喪敗，寧可復草間求活，外投胡、越邪！」喪，息浪翻。復，扶又翻。敦參軍呂猗，嘗爲臺郎，晉謂尚書郎爲臺郎。性姦諂，戴淵爲尚書，惡之。惡，烏路翻。猗說敦曰：「周顗、戴淵，皆有高名，足以惑衆，近者之言，曾無怍色，謂二人荅敦之言。怍，才各翻。公不除之，恐必有再舉之憂。」敦素忌二人之才，心頗然之，從容問王導曰：「周、戴，南北之望，周顗，汝南人；戴淵，廣陵人。晉氏南渡，二人名冠當時。從，千容翻。當登三司無疑也。」導不答。又曰：「若不三司，止應令僕邪？」三司，太尉、司徒、司空也；令僕，尚書令及左右僕射也。又不答。敦曰：「若不爾，正當誅爾！」又不答。丙子，敦遣部將陳郡鄧岳收顗及淵。將，卽亮翻。先是，敦謂謝鯤曰：先，悉薦翻。「吾當以周伯仁爲尚書令，戴若思爲僕射。」戴淵，字若思。是日，又問鯤：「近來人情何如？」鯤曰：「明公之舉，雖欲大存社稷，然悠悠之言實未達高義。言衆人議敦舉兵向闕，非義舉也。若果能舉用周、戴，則羣情帖然矣！」敦怒曰：「君粗疏邪！二子不相當，吾已收之矣！」鯤愕然自失。參軍王嶠曰：「『濟濟多士，文王以寧。』詩大雅文王之詩。濟，子禮翻。柰何戮諸名士！」敦大怒，欲斬嶠，衆莫敢言。鯤曰：「明公舉大事，不戮一人。嶠以獻替忤旨，便以釁鼓，君所謂可而有否焉，臣獻其否以成其可；君所謂否而有可焉，臣獻其可以替其否。釁鼓，殺人以血塗鼓也。忤，五故翻。不亦過乎！」敦乃釋之，黜爲領軍長史。大將軍府參軍黜爲領軍長史，足知敦府重於諸府矣。嶠，渾之族孫也。

顗被收，路經太廟，大言曰：「賊臣王敦，傾覆社稷，枉殺忠臣；神祇有靈，當速殺之！」被，皮義翻。祇，翹移翻。收人以戟傷其口，血流至踵，容止自若，觀者皆爲流涕。爲，于僞翻；下同。幷戴淵殺之於石頭南門之外。

帝使侍中王彬勞敦。勞，力到翻。彬素與顗善，先往哭顗，然後見敦。敦怪其容慘，問之。彬曰：「向哭伯仁，情不能已。」敦怒曰：「伯仁自致刑戮；且凡人遇汝，以王彬之爲人，顗以凡人遇之，亦可以見其風裁矣。汝何哀而哭之？」彬曰：「伯仁長者，兄之親友；在朝雖無謇愕，「愕」，當作「諤」。朝，直遙翻。亦非阿黨，而赦後加之極刑，所以傷惋也。」惋，烏貫翻。據元帝紀、四月，敦入石頭，辛未，大赦。因勃然數敦曰：數，所具翻。「兄抗旌犯順，殺戮忠良，圖爲不軌，禍及門戶矣！」辭氣慷慨，聲淚俱下。敦大怒，厲聲曰：「爾狂悖乃至此，以吾爲不能殺汝邪！」時王導在坐，爲之懼，悖，蒲內翻，又蒲沒翻。坐，徂臥翻。爲，于僞翻。勸彬起謝。彬曰：「腳痛不能拜；且此復何謝！」復，扶又翻；下同。敦曰：「腳痛孰若頸痛？」彬殊無懼容，竟不肯拜。

王導後料檢中書故事，料，音聊。乃見顗救己之表，執之流涕曰：「吾雖不殺伯仁，伯仁由我而死，自愧於敦三問不答之時也。幽冥之中，負此良友！」

沈充拔吳國，殺內史張茂。

初，王敦聞甘卓起兵，大懼。卓兄子卬爲敦參軍，敦使卬歸說卓曰：說，輸芮翻；下同。「君此自是臣節，不相責也。吾家計急，不得不爾。想便旋軍襄陽，當更結好。」好，呼到翻。卓雖慕忠義，性多疑少決，少，詩沼翻。軍于豬口，水經：沔水東南逕江夏雲杜縣東，夏水從西來注之。註云：即賭口也。賭，與豬同。欲待諸方同出軍，稽留累旬不前。敦既得建康，乃遣臺使以騶虞幡駐卓軍。諸方，謂待諸方鎮同出軍也。騶虞，仁獸；故以騶虞幡駐軍。使，疏吏翻。卓聞周顗、戴淵死，流涕謂印曰：「吾之所憂，正爲今日。爲，于僞翻；下同。且使聖上元吉，太子無恙，恙，余亮翻。吾臨敦上流，亦未敢遽危社稷。適吾徑據武昌，敦勢逼，必劫天子以絶四海之望，不如還襄陽，更思後圖。」卽命旋軍。都尉秦康與樂道融説卓曰：「今分兵斷彭澤，彭澤縣，屬豫章郡，彭蠡湖自此入于大江。分兵斷彭澤湖口，可使敦上下不得相通。斷，丁管翻。使敦上下不得相赴，其衆自然離散，可一戰擒也。將軍起義兵而中止，竊爲將軍不取。且將軍之下，士卒各求其利，欲求西還，亦恐不可得也。」卓不從。道融晝夜泣諫，卓不聽；道融憂憤而卒。卓性本寬和，忽更強塞，此強，謂強暴也。塞，謂窒塞而不疏通。塞，悉則翻。徑還襄陽，意氣騷擾，舉動失常，識者知其將死矣。

王敦以西陽王羕爲太宰，羕，余亮翻。加王導尚書令，王廙爲荆州刺史；改易百官及諸軍鎮，轉徙黜免者以百數；或朝行暮改，惟意所欲。敦將還武昌，謝鯤言於敦曰：「公至都以來，稱疾不朝，是以雖建勳而人心實有未達。今若朝天子，朝，直遥翻；下同。使君臣釋然，則物情皆悦服矣。」敦曰：「君能保無變乎？」對曰：「鯤近日入覲，主上側席，遲得見公，王者側席待賢，鯤用此語也。遲，直二翻，待也。宮省穆然，必無虞也。穆然，和敬之意。公若入朝，鯤請侍從。」從，才用翻。敦勃然曰：「正復殺君等數百人，亦復何損於時！」復，扶又翻。竟不朝而去。夏，四月，敦還武昌。

初，宜都內史天門周級吳孫皓永安六年，分武陵立天門郡。充縣有松梁山，山有石，石開處數十丈，其高，以弩仰射，不至其上，名天門，因此名郡。宋白曰：澧州石門縣，吳立天門郡，隋罷郡爲石門縣。聞譙王承起兵，使其兄子該潛詣長沙，申款於承。申，明也；款，誠也。魏乂等攻湘州急，承遣該及從事邵陵周崎間出求救，此非潁川之邵陵。吳孫皓寶鼎元年，分零陵北部都尉立邵陵郡。崎，丘奇翻。間，古莧翻。皆爲邏者所得。乂使崎語城中，稱大將軍已克建康，甘卓還襄陽，外援理絕。言以事理觀之，外援已絕也。邏，郎佐翻。語，牛倨翻。崎僞許之，既至城下，大呼曰：「援兵尋至，努力堅守！」乂殺之。乂考該至死，竟不言其故，周級由是獲免。

乂等攻戰日逼，敦又送所得臺中人書疏，令乂射以示承。呼，火故翻。射，而亦翻。城中知朝廷不守，莫不悵惋。惋，烏貫翻。相持且百日，劉翼戰死，士卒死傷相枕。枕，職任翻。癸巳，乂拔長沙，承等皆被執。乂將殺虞悝，子弟對之號泣。悝曰：「人生會當有死，今闔門爲忠義之鬼，亦復何恨！」悝，苦回翻。號，戶刀翻。復，扶又翻。

乂以檻車載承及易雄送武昌，佐吏皆奔散，惟主簿桓雄、西曹書佐韓階、府諸曹各有書佐。從事武延，毀服爲僮從承，不離左右。毀服者，毀其常服，爲僮奴之服。離，力智翻。乂見桓雄姿貌舉止非凡人，憚而殺之。韓階、武延執志愈固。荊州刺史王廙承敦旨，殺承於道中，廙，羊至翻，又逸職翻。階、延送丞喪至都，葬之而去。易雄至武昌，意氣忼慨，曾無懼容。忼，口黨翻。敦遣人以檄示雄而數之，雄曰：「此實有之，惜雄位微力弱，不能救國難耳。難，乃旦翻。今日之死，固所願也。」敦憚其辭正，釋之，遣就舍。衆人皆賀之，雄笑曰：「吾安得生！」既而敦遣人潛殺之。

魏乂求鄧騫甚急，鄉人皆爲之懼，爲，于僞翻。騫笑曰：「此欲用我耳，彼新得州，多殺忠良，故求我以厭人望也。」厭，益涉翻。乃往詣乂，乂喜曰：「君，古之解揚也。」左傳：楚子圍宋；晉使解揚如宋，使無降楚；鄭人囚而獻諸楚。楚子厚賂之，使反其言，不許；三，而許之。登諸樓車，使呼宋人而告之；遂致其君命。楚子將殺之，使與之言曰：「爾既許不穀而反之，何故？速卽爾刑！」對曰：「受命而出，有死無霣，又可賂乎！臣之許君，以成命也；死而成命，臣之祿也。」楚子舍之以歸。解，戶買翻。以爲別駕。

詔以陶侃領湘州刺史；王敦上侃復還廣州，加散騎常侍。上，時掌翻。

6 甲午，前趙羊后卒，謚曰獻文。

7 甘卓家人皆勸卓備王敦，卓不從，悉散兵佃作，佃，停年翻。聞諫，輒怒。襄陽太守周慮密承敦意，詐言湖中多魚，勸卓遣左右悉出捕魚。五月，乙亥，慮引兵襲卓於寢室，殺之，傳首於敦，并殺其諸子。敦以從事中郎周撫督沔北諸軍事，代卓鎭沔中。自南鄭至襄陽，沔水所由也，故謂之沔中。撫，訪之子也。

敦既得志，暴慢滋甚，四方貢獻多入其府，將相岳牧皆出其門。舜有四岳、十二牧，故後之居方面者，謂之岳牧。以沈充、錢鳳爲謀主，唯二人之言是從，所譖無不死者。以諸葛瑤、鄧岳、周撫、李恆、謝雍爲爪牙。恆，戶登翻。充等並凶險驕恣，大起營府，侵人田宅，剽掠市道，剽，匹妙翻。識者咸知其將敗焉。

8 秋，七月，後趙中山公虎拔泰山，執徐龕送襄國；龕，苦含翻。後趙王勒盛之以囊，於百尺樓上撲殺之，盛，時征翻。楊正衡曰：撲，弼角翻。命王伏都等妻子刳而食之，龕殺王伏都，見上卷大興三年。阬其降卒三千人。降，戶江翻。

9 兗州刺史郗鑒在鄒山三年，有衆數萬。愍帝建興元年，帝以鑒鎮鄒山，今既數年矣，所謂三年有衆數萬者，言鑒既鎮鄒山之後，三年之間，民歸之者有此數也。郗，丑之翻。戰爭不息，百姓饑饉，掘野鼠、蟄燕而食之，燕，經秋而蟄。爲後趙所逼，退屯合肥。尚書右僕射紀瞻，以鑒雅望清德，宜從容臺閣，從，千容翻。上疏請徵之；乃徵拜尚書。徐、兗間諸塢多降於後趙，降，戶江翻。後趙置守宰以撫之。

10 王敦自領寧、益二州都督。非君命，故史以自領書之。

冬，十月，己丑，荊州刺史武陵康侯王廙卒。

王敦以下邳內史王邃都督青、徐、幽、平四州諸軍事，鎮淮陰；衞將軍王含都督沔南諸軍事，領荆州刺史；武昌太守丹楊王諒爲交州刺史。考異曰：諒傳：「永興三年，敦以諒爲交州。」按：永興三年，即惠帝光熙元年也，諒傳誤。使諒收交州刺史脩湛、新昌太守梁碩殺之。吴孫皓建衡三年，分交趾立新興郡，武帝太康三年，更名新昌郡。諒誘湛，斬之。誘，音酉。碩舉兵圍諒於龍編。龍編縣，屬交趾郡，州、郡皆治焉。

11 祖逖既卒，後趙屢寇河南，拔襄城、城父，城父縣，前漢屬沛郡，後漢屬汝南郡，魏、晉屬譙國。此河南，概言黄河之南，非專指河南郡也。父，音甫。圍譙。豫州刺史祖約不能禦，退屯壽春。後趙遂取陳留，梁、鄭之間復騷然矣。復，扶又翻。

12 十一月，以臨潁元公荀組爲太尉；辛酉，薨。

13 罷司徒，并丞相府。王敦以司徒官屬爲留府。敦還武昌，遥制朝政，故有留府在建康。

14 帝憂憤成疾，閏月，己丑，崩；年四十七。司空王導受遺詔輔政。帝恭儉有餘而明斷不足，斷，丁亂翻。故大業未復而禍亂內興。庚寅，太子即皇帝位，大赦，尊所生母荀氏爲建安君。

15 十二月，趙主曜葬其父母於粟邑，大赦。陵下周二里，上高百尺，高，居傲翻。計用六萬夫，作之百日乃成。役者夜作，繼以脂燭，民甚苦之。游子遠諫，不聽。

16 後趙濮陽景侯張賓卒，濮，博木翻。後趙王勒哭之慟，曰：「天不欲成吾事邪，何奪吾右侯之早也！」程遐代爲右長史。遐，世子弘之舅也，勒每與遐議，有所不合，輒歎曰：「右侯捨我去，乃令我與此輩共事，豈非酷乎！」酷，慘也，虐也，言天奪張賓之年，何其虐我之慘也。因流涕彌日。

17 張茂使將軍韓璞帥衆取隴西、南安之地，置秦州。南陽王保既死，陳安不能有，茂遂取之。帥，讀曰率。

18 慕容廆遣其世子皝襲段末柸，入令支，皝，戶廣翻。令支縣，漢屬遼西郡，晉省，段氏據其地。應劭曰：令，音鈴。師古音郎定翻。支，裴松之音其兒翻。掠其居民千餘家而還。

肅宗明皇帝上

諱紹，字道畿，元帝長子也。謚法：思慮果遠曰明。

太寧元年（癸未、三二三）

1 春，正月，成李驤、任回寇臺登，臺登縣，屬越嶲郡。九州要記曰：臺登縣有奴諾川，鸚鵡山、黑水之間，若水出其下；黃帝子昌意降居若水，即此。將軍司馬玖戰死，越嶲太守李釗、漢嘉太守王載漢嘉本前漢青衣縣，屬蜀郡；後漢順帝陽嘉二年，更名漢嘉；蜀分爲漢嘉郡。釗，音昭。皆以郡降于成。降，戶江翻。

2 二月，庚戌，葬元帝于建平陵。

3 三月，戊寅朔，改元。

4 饒安、東光、安陵三縣災，三縣皆屬渤海郡，惟東光，漢舊縣；饒安縣，前漢之千童縣也，後漢靈帝改曰饒安；安陵縣，晉置。時皆爲後趙之地。燒七千餘家，死者萬五千人。

5 後趙寇彭城、下邳，徐州刺史卞敦與征北將軍王邃退保盱眙。盱眙，音吁怡。敦，壼之從父兄也。壼，苦本翻。從，才用翻。

6 王敦謀簒位，諷朝廷徵己；帝手詔徵之。夏，四月，加敦黃鉞、班劍，劉良文選誌曰：班劍，謂執劍而從行者也。呂向曰：班，列也，言使勇士行列持劍以爲儀仗也。李周翰曰：班劍，木劍無刃，假作劍形，畫之以文，故曰班也。晉志，文武官公，給虎賁二十人，持班劍。奏事不名，入朝不趨，劍履上殿。朝，直遥翻。上，時掌翻。敦移鎮姑孰，屯于湖，姑孰，前漢丹楊春穀縣地，今太平州當塗縣，卽姑孰之地。縣南三里，有姑孰溪，西入大江。于湖縣，本吳督農校尉治，武帝太康二年，分丹楊縣立于湖縣。杜佑曰：宣州當塗縣城，卽晉姑孰城。于湖故城在縣南。張舜民曰：今太平州跨姑孰溪。陸游曰：姑孰城在當塗北，今州城正據姑孰溪；溪東南數峯如黛，蓋青山也。自姑孰溪行夾中，三十里至大信口，出口，泝江過大、小褐山磯，又過蟂磯。蕪湖，卽于湖，並大江有王敦城，氣象宏敞。並，步浪翻。考異曰：晉春秋及後魏書僭晉傳云「屯蕪湖」；晉書明帝紀云「敦下屯于湖」，今從之。以司空導爲司徒，敦自領揚州牧。敦欲爲逆，王彬諫之甚苦。敦變色，目左右，將收之。彬正色曰：「君昔歲殺兄，今又殺弟邪！」晉書王彬傳，以爲彬從兄稜爲敦所害，故云然。余據殺稜者王如，雖出於敦之意，猶假手於如也；且稜於敦爲從弟。此言殺兄，蓋以敦殺王澄也，事見八十八卷懷帝永嘉六年。敦乃止，以彬爲豫章太守。

7後趙王勒遣使結好於慕容廆，廆執送建康。好，呼到翻。

8成李驤等進攻寧州，刺史褒中壯公王遜使將軍姚嶽等拒之，戰於螗蜋，據水經註：螗蜋，即堂狼縣也，前漢屬犍爲郡，後漢省。郡國志：犍爲屬國朱提縣有堂狼山，山多毒草，盛夏之月，飛鳥過之不能得去。蜀置朱提郡，堂狼縣屬焉。成兵大敗。嶽追至瀘水，成兵争濟，溺死者千餘人。嶽以道遠，不敢濟而還。溺，奴狄翻。還，從宣翻，又如字。遜以嶽不窮追，大怒，鞭之；怒甚，冠裂而卒。遜在州十四年，懷帝永嘉四年，遜至寧州，至是適十四年。威行殊俗。州人立其子堅行州府事，州，寧州；府，南夷校尉府也。詔除堅寧州刺史。

9廣州刺史陶侃遣兵救交州；未至，梁碩拔龍編，奪刺史王諒節，諒不與，碩斷其右臂。諒曰：「死且不避，斷臂何爲！」【嚴：「爲」改「有」。】斷，丁管翻。踰旬而卒。

10六月，壬子，立妃庾氏爲皇后；以后兄中領軍亮爲中書監。

11梁碩據交州，凶暴失衆心。陶侃遣參軍高寶攻碩，斬之。詔以侃領交州刺史，進號征南大將軍、開府儀同三司。未幾，吏部郎阮放求爲交州刺史，許之。幾，居豈翻。放行至寧浦，廣州記曰：漢獻帝建安二十三年，吳分鬱林郡立寧浦郡。晉太康地志曰：武帝太康七年，改合浦屬國都尉立寧浦郡。唐爲横州寧浦縣。浦，滂五翻。遇高寶，爲寶設饌，爲，于僞翻。饌，雛晥翻，又雛戀翻。伏兵殺之。寶兵擊放，放走，得免，至州少時，病卒。少，詩沼翻。考異曰：放傳云：「成帝幼沖，庾氏執政，放求爲交州，」下乃云「逢高寶平梁碩還，」非成帝時也，放傳誤。放，咸之族子也。阮咸有名於魏、晉之間。

12 陳安圍趙征西將軍劉貢于南安，休屠王石武自桑城引兵趣上邽以救之，屠，直於翻。趣，七喻翻。與貢合擊安，大破之。安收餘騎八千，走保隴城。騎，奇寄翻。秋，七月，趙主曜自將圍隴城，別遣兵圍上邽。安頻出戰，輒敗。右軍將軍劉幹攻平襄，克之，平襄縣，漢屬天水郡，晉屬略陽郡。隴上諸縣悉降。降，戶江翻；下同。安留其將楊伯支、姜沖兒守隴城，自帥精騎突圍，出奔陝中。陝中，在隴城南。陝，與陿同，戶夾翻。曜遣將軍平先等追之。安左揮七尺大刀，右運丈八蛇矛，近則刀矛俱發，輒殪五六人，殪，壹計翻。遠則左右馳射而走。先亦勇捷如飛，與安搏戰，三交，遂奪其蛇矛。三交，戰三合也。會日暮雨甚，安棄馬與左右匿於山中；趙兵索之，不知所在。索，山客翻。明日，安遣其將石容覘趙兵，將，即亮翻。覘，丑廉翻，又丑豔翻。趙輔威將軍呼延青人獲之，拷問安所在，拷，苦皓翻；掠也，擊也。容卒不肯言，卒，子恤翻。青人殺之。雨霽，青人尋其迹，獲安於澗曲，斬之。安善撫將士，與同甘苦，及死，隴上人思之，爲作壯士之歌。歌曰：「隴上壯士有陳安，軀幹雖小腹中寬，愛養將士同心肝，䯀驄交馬鐵瑕鞍。七尺大刀奮如湍，丈八蛇矛左右盤，十盪十決無當前。戰始三交失蛇矛，棄我䯀驄竄巖幽，爲我外援而懸頭；西流之水東流河，一去不還柰子何！」爲，于僞翻。楊伯支斬姜沖兒，以隴城降；別將宋亭斬趙募，以上邽降。曜徙秦州大姓楊、姜諸族二千餘戶于長安。氐、羌皆送任請降；任，質任也。以赤亭羌酋姚弋仲爲平西將軍，封平襄公。酋，慈由翻。

13 帝畏王敦之逼，欲以郗鑒爲外援，郗，丑之翻。拜鑒兗州刺史，都督揚州江西諸軍事，鎮合肥。王敦忌之，表鑒爲尙書令。八月，詔徵鑒還，道經姑孰，敦與之論西朝人士，曰：「樂彥輔，短才耳，考其實，豈勝滿武秋邪！」時江東謂洛都爲西朝。樂廣，字彥輔。滿奮，字武秋。朝，直遙翻。鑒曰：「彥輔道韻平淡，愍懷之廢，柔而能正；武秋失節之士，安得擬之！」事見八十三卷惠帝永康元年，滿奮既收東宮官屬之辭太子者，趙王倫之篡，奮又奉璽綬，故謂之失節。敦曰：「當是時，危機交急。」鑒曰：「丈夫當死生以之。」敦惡其言，不復相見，惡，烏路翻。復，扶又翻。久留不遣。敦黨皆勸敦殺之，敦不從。鑒還臺，遂與帝謀討敦。

14 後趙中山公虎帥步騎四萬擊安東將軍曹嶷，帥，讀曰率。嶷，魚力翻。青州郡縣多降之，遂圍廣固。水經註：廣固城，在漢齊郡廣縣西北四里，四周絕澗，阻水深隍，曹嶷所築也。九域志：廣固城，古樂安城。今按青州益都縣西四十里有廣固城，杜佑曰：有大澗甚廣，因曰廣固。降，戶江翻。嶷出降，送襄國殺之，阬其衆三萬。虎欲盡殺嶷衆，青州刺史劉徵曰：「今留徵，使牧民也；無民焉牧，焉，於虔翻。徵將歸耳！」虎乃留男女七百口配徵，使鎮廣固。

15 趙主曜自隴上西擊涼州，遣其將劉咸攻韓璞於冀城，呼延晏攻寧羌護軍陰鑒於桑壁，桑壁，當在南安界。曜自將戎卒二十八萬軍于河上，將，卽亮翻。列營百餘里，金鼓之聲動地，河水爲沸，張茂臨河諸戍，皆望風奔潰。曜揚聲欲百道俱濟，直抵姑臧，涼州大震。參軍馬岌勸茂親出拒戰，長史氾禕怒，請斬之。岌曰：「氾公糟粕書生，刺舉小才，莊子曰：桓公讀書於堂上，輪扁斲輪於堂下，問桓公曰：「敢問公所讀者何言也？」公曰：「聖人之書也。」曰：「聖人在乎？」曰：「已死矣。」曰：「然則君之所讀者，古人之糟粕已矣，古之人與其不可傳者死矣。」陸德明曰：糟，音曹。李云：酒滓也。粕，普各翻；糟爛爲粕。刺者，以直傷人；舉者，招人之過。氾，音凡。不思家國大計。明公父子欲爲朝廷誅劉曜有年矣，爲，于僞翻；下爲明同。今曜自至，遠近之情，共觀明公此舉，當立信勇之驗以副秦、隴之望，力雖不敵，勢不可以不出。」茂曰：「善！」乃出屯石頭。石頭，在姑臧城東。茂謂參軍陳珍曰：「劉曜舉三秦之衆，乘勝席卷而來，言新破陳安，乘勝而來也。卷，讀曰捲。將若之何？」珍曰：「曜兵雖多，精卒至少，少，詩沼翻。大抵皆氐、羌烏合之衆，恩信未洽，且有山東之虞，謂方與石勒相圖也。安能捨其腹心之疾，曠日持久，與我爭河西之地邪！若二旬不退，珍請得弊卒數千，爲明公擒之。」爲，于僞翻。茂喜，使珍將兵救韓璞。趙諸將爭欲濟河，趙主曜曰：「吾軍勢雖盛，然畏威而來者三分有二，中軍疲困，其實難用。果如陳珍所料。今但按甲勿動，以吾威聲震之，若出中旬張茂之表不至者，吾爲負卿矣。」茂尋遣使稱藩，獻馬、牛、羊、珍寶不可勝紀。使，疏吏翻。勝，音升。曜拜茂侍中、都督涼·南·北秦·梁·益·巴·漢·隴右·西域雜夷·匈奴諸軍事、太師、涼州牧，封涼王，加九錫。

16 楊難敵聞陳安死，大懼，與弟堅頭南奔漢中，趙鎮西將軍劉厚追擊之，大獲而還。趙主曜以大鴻臚田崧爲鎮南大將軍、益州刺史，鎮仇池。難敵送任請降於成，降，戶江翻。成安北將軍李稚受難敵賂，不送難敵於成都。趙兵退，卽遣歸武都，難敵遂據險不服。稚自悔失計，亟請討之。亟，欺冀翻。亟請，數以爲請也。雄遣稚兄侍中、中領軍琀與稚出白水，征東將軍李壽及琀弟玝出陰平，以擊難敵；楊正衡曰：琀，胡紺翻。玝，音午。羣臣諫，不聽。難敵遣兵拒之，壽、玝不得進，而琀、稚長驅至下辨。辨，步莧翻。難敵遣兵斷其歸路，四面攻之。斷，丁管翻。琀、稚深入無繼，皆爲難敵所殺，死者數千人。琀，蕩之長子，長，知兩翻；下同。有才望，雄欲以爲嗣，聞其死，不食者數日。

17 初，趙主曜長子儉，次子胤。胤年十歲，長七尺五寸，長子之長，知兩翻；下同。長七之長，直亮翻。漢主聰奇之，謂曜曰：「此兒神氣，非義眞之比也，儉，字義眞。當以爲嗣。」曜曰：「藩國之嗣，能守祭祀足矣，不敢亂長幼之序。」聰曰：「卿之勳德，當世受專征之任，言當世爲方伯，得專征伐也。非他臣之比也，吾當更以一國封義眞。」乃封儉爲臨海王，立胤爲世子。既長，多力善射，驍捷如風。驍，堅堯翻。靳準之亂，事見九十卷大興元年。沒於黑匿郁鞠部。黑匿郁鞠既歸胤，曜嘉其忠款，封爲左賢王，則亦匈奴之種也。陳安既敗，胤自言於郁鞠，郁鞠大驚，禮而歸之。曜悲喜，謂羣臣曰：「義光雖已爲太子，然沖幼儒謹，恐不堪今之多難。義孫，故世子也，曜太子熙字義光；胤字義孫。難，乃旦翻。材器過人，且涉歷艱難。吾欲法周文王、漢光武，以固社稷而安義光，何如？」周文王舍伯邑考而立武王，漢光武舍長子彊而立明帝。太傅呼延晏等皆曰：「陛下爲國家無窮之計，豈惟臣等賴之，實宗廟四海之慶。」左光祿大夫卜泰、太子太保韓廣進曰：「陛下以廢立爲是，不應更問羣臣；若以爲疑，固樂聞異同之言。樂，音洛。臣竊以爲廢太子，非也。昔文王定嗣於未立之前，則可也；光武以母失恩而廢其子，豈足爲聖朝之法！朝，直遥翻。曏以東海爲嗣，未必不如明帝也。胤文武才略，誠高絕於世；然太子孝友仁慈，亦足爲承平賢主。況東宮者，民、神所繫，豈可輕動！陛下誠欲如是，臣等有死而已，不敢奉詔。」曜默然。胤進曰：「父之於子，當愛之如一，今黜熙而立臣，臣何敢自安！陛下苟以臣爲頗堪驅策，豈不能輔熙以承聖業乎！必若以臣代熙，臣請效死於此，不敢聞命。」因歔欷流涕。歔，音虚。欷，許既翻，又音希。曜亦以熙羊后所生，不忍廢也，乃追謚前妃卜氏爲元悼皇后。泰，卽胤之舅也，曜嘉其公忠，以爲上光祿大夫、儀同三司、領太子太傅；封胤爲永安王，拜侍中、衞大將軍、都督二宮禁衞諸軍事、開府儀同三司、錄尚書事。二宮，曜宮及熙宮也。命熙於胤盡家人之禮。不以儲嗣使熙廢兄弟之庸敬。

18 張茂大城姑臧，修靈鈞臺。元帝大興四年，茂築靈鈞臺，以閻曾諫而止，今復修之。別駕吳紹諫曰：「明公所以修城築臺者，蓋懲既往之患耳。謂懲劉曜來攻也。愚以爲苟恩未洽於人心，雖處層臺，處，昌呂翻。亦無所益，適足以疑羣下忠信之志，失士民繫託之望，示怯弱之形，啓鄰敵之謀，將何以佐天子，霸諸侯乎！願亟罷茲役，以息勞費。」茂曰：「亡兄一旦失身於物，茂兄寔爲其下所殺，事見上卷大興三年。豈無忠臣義士欲盡節者哉！顧禍生不意，雖有智勇無所施耳。王公設險，勇夫重閉，古之道也。易曰：王公設險以守其國。左傳曰：勇夫重閉，而況國乎！重，直龍翻。今國家未靖，不可以太平之理責人於屯邅之世也。」屯，株倫翻，難也。邅，張連翻，行不進貌。卒爲之。卒，子恤翻。

19 王敦從子允之，方總角，毛萇曰：總角，聚兩髦也。從，才用翻。敦愛其聰警，常以自隨。敦嘗夜飲，允之辭醉先臥。敦與錢鳳謀爲逆，允之悉聞其言；卽於臥處大吐，吐，土故翻；下同。衣面並汚。汚，烏故翻。鳳出，敦果照視，見允之臥於吐中，不復疑之。會其父舒拜廷尉，允之求歸省父，復，扶又翻。省，悉景翻。悉以敦、鳳之謀白舒。舒與王導俱啓帝，陰爲之備。敦欲強其宗族，陵弱帝室，冬，十一月，徙王含爲征東將軍、都督揚州江西諸軍事，王舒爲荆州刺史、監荆州沔南諸軍事，監，工銜翻。王彬爲江州刺史。

20 後趙王勒以參軍樊坦爲章武內史，章武縣，漢屬勃海郡；武帝泰始元年，分置章武國；隋廢章武，幷入河間郡；唐爲瀛州。勒見其衣冠弊壞，問之。坦率然對曰：「頃爲羯賊所掠，資財蕩盡。」勒笑曰：「羯賊乃爾無道邪！羯，居謁翻。今當相償。」坦大懼，叩頭泣謝。勒賜車馬、衣服、裝錢三百萬而遣之。

21 是歲，越嶲斯叟攻成將任回，前漢西南夷傳云：自嶲以東北，君長以十數，徙、筰都最大。師古曰：徙及筰都二國也。嶲，音髓。徙，音斯。此斯，卽漢之斯種也；蜀謂之叟。將，卽亮翻。任，音壬。成主雄遣征南將軍費黑討之。費，扶沸翻。

22 會稽內史周札，一門五侯，札封東遷縣侯；兄靖子懋，淸流亭侯；懋弟贊，武康縣侯；贊弟縉，都鄉侯；兄玘子勰，烏程縣侯；凡五侯。會，工外翻。宗族強盛，吳士莫與爲比；王敦忌之。敦有疾，錢鳳勸敦早除周氏，敦然之。周嵩以兄顗之死，事見元帝永昌元年。顗，魚豈翻。心常憤憤。敦無子，養王含子應爲嗣，嵩嘗於衆中言應不宜統兵，敦惡之。惡，烏路翻。嵩與札兄子莚皆爲敦從事中郎。會道士李脫以妖術惑衆，士民頗信事之。妖，於驕翻。

何茲全標點王崇武聶崇岐覆校

資治通鑑卷第九十三

端明殿學士兼翰林侍讀學士朝散大夫右諫議大夫充集賢殿修撰權判西京留司御史臺上柱國河内郡開國侯食邑一千二百戶食實封四百戶賜紫金魚袋臣　司馬光　奉敕編集
後　學　天　台　胡三省　音　註

晉紀十五 起閼逢涒灘（甲申），盡強圉大淵獻（丁亥），凡四年。

肅宗明皇帝下

太寧二年（甲申、三二四）

1春，正月，王敦誣周嵩、周莚與李脫謀爲不軌，收嵩、莚，於軍中殺之；遣參軍賀鸞就沈充於吳，盡殺周札諸兄子；進兵襲會稽，會，工外翻。札拒戰而死。

2後趙將兵都尉石瞻寇下邳、彭城，取東莞、東海，東莞縣，漢屬琅邪郡；莞，音官。武帝泰始元年，分琅邪立東莞郡。將，卽亮翻。劉遐退保泗口。水經註：泗水自淮陽城東流逕角城北，而東南流注于淮，謂之泗口。杜佑曰：泗口，在今臨淮郡宿遷縣界。

司州刺史石生擊趙河南太守尹平於新安，斬之，新安縣，漢屬弘農郡，晉屬河南郡。守，式又翻；

下同。掠五千餘戶而歸。自是二趙構隙，日相攻掠，河東、弘農之間，民不聊生矣。河東、弘農，二趙之界上也。

石生寇許、潁，許昌、潁川，同是一郡地。俘獲萬計。攻郭誦于陽翟，誦與戰，大破之，生退守康城。魏收地形志，陽翟縣有康城。後趙汲郡內史石聰聞生敗，馳救之，進攻司州刺史李矩、潁川太守郭默，皆破之。

3 成主雄，后任氏無子，任，音壬。有妾子十餘人，雄立其兄蕩之子班爲太子，使任后母之。羣臣請立諸子，雄曰：「吾兄，先帝之嫡統，有奇材大功，事垂克而早世，朕常悼之。蕩死見八十五卷惠帝太安二年。且班仁孝好學，必能負荷先烈。」太傅驤、司徒王達諫曰：「先王立嗣必子者，所以明定分而防篡奪也。好，呼到翻。荷，下可翻，又如字。驤，思將翻。分，扶問翻。宋宣公、吳餘祭，足以觀矣！」漢書曰：立嗣必子，所從來遠矣。公羊傳曰：宋宣公謂繆公曰：「以吾愛與夷則不若愛汝；以爲社稷宗廟主，則與夷不若汝，盍終爲君矣。」宣公死，繆公立，逐其二子莊公馮與左師勃，而致國乎與夷。故君子大居正，宋之禍，宣公爲之也。吳子謁、餘祭、夷昧與季子同母，季子弱而才，兄弟皆愛之，同欲立之以爲君。謁曰：今若迮而與季子國，季子猶不受也，請無與子而與弟，弟兄迭爲君而致國乎季子。夷昧死，則國宜之季子，季子使而亡焉。僚者，長庶也，卽之，季子使反而君之。闔閭曰：「先君所以不與子國而與弟者，凡爲季子故也。將從先君之命歟，則國宜之季子；如不從先君之命，則我宜立者也，僚惡得爲君乎！」於是使專諸刺僚。張守節曰：祭，側界翻。昧，莫葛翻。雄不聽。驤退而流涕曰：「亂自此始矣！」爲下雄諸子殺班張本。班爲人謙恭下士，下，遐稼翻。動遵禮法，雄每有大議，輒令豫之。

4夏，五月，甲申，張茂疾病，執世子駿手泣曰：「吾家世以孝友忠順著稱，今雖天下大亂，汝奉承之，不可失也。」且下令曰：「吾官非王命，苟以集事，豈敢榮之！死之日，當以白帢入棺，勿以朝服斂。」是日，薨。帢，苦洽翻。朝，直遙翻。斂，力贍翻。愍帝使者史淑在姑臧，長安覆沒，淑無所歸，故留姑臧。使，疏吏翻。左長史汜禕、右長史馬謨等汜，音凡。禕，吁韋翻。使淑拜駿大將軍、涼州牧、西平公，赦其境內。前趙主曜遣使贈茂太宰，謚曰成烈王；拜駿上大將軍、涼州牧、涼王。

5王敦疾甚，矯詔拜王應爲武衞將軍以自副，以王含爲驃騎大將軍、開府儀同三司。驃，匹妙翻。錢鳳謂敦曰：「脫有不諱，便當以後事付應邪？」敦曰：「非常之事，非常人所能爲。司馬相如難蜀父老曰：蓋世必有非常之人，然後有非常之事。且應年少，少，詩沼翻。豈堪大事！我死之後，莫若釋兵散衆，歸身朝廷，保全門戶，上計也；退還武昌，收兵自守，貢獻不廢，中計也；及吾尚存，悉衆而下，萬一僥倖，下計也。」鳳謂其黨曰：「公之下計，乃上策也。」遂與沈充定謀，俟敦死，卽作亂。以王敦之很戾，而濟之以沈充、錢鳳，所謂「凶德參會」。又以宿衞尚多，奏令三番休二。

初，帝親任中書令溫嶠，敦惡之，惡，烏路翻。請嶠爲左司馬。嶠乃繆爲勤敬，繆，靡幼翻，詐也。綜其府事，時進密謀以附其欲。深結錢鳳，爲之聲譽，每曰：「錢世儀精神滿腹。」嶠素有藻鑑之名，錢鳳，字世儀。藻鑑，謂善於人倫藻鑑也。人有美質而加之褒飾，謂之黼藻，如衣裳之加藻火、黼黻也。鑑，所以別姸醜。故明於知人而能褒奬後進者，有藻鑑之名。鳳甚悅，深與嶠結好。好，呼到翻。會丹楊尹缺，晉都建康，以丹楊太守爲尹，宋、齊、梁皆因之。洪适曰：西漢丹陽郡，則治宛陵，丹陽縣，則今之建康也。東漢史皆作「丹陽」。西晉移郡於建業，元帝改太守爲丹楊尹。地理志曰：山多赤柳，故名。他書載漢、晉此郡，少有從「木」者。至唐天寶年，始以京口爲丹陽郡，改曲阿爲丹陽縣，皆非漢舊壤也。嶠言於敦曰：「京尹咽喉之地，咽，音煙。公宜自選其才，恐朝廷用人，或不盡理。」敦然之，問嶠：「誰可者？」嶠曰：「愚謂無如錢鳳。」鳳亦推嶠，嶠僞辭之；敦不聽，六月，表嶠爲丹楊尹，且使覘伺朝廷。覘，丑廉翻，又丑豔翻。嶠恐既去而錢鳳於後間止之，間，古莧翻。因敦餞別，嶠起行酒，至鳳，鳳未及飲，嶠僞醉，以手版擊鳳幘墜，作色曰：「錢鳳何人，溫太眞行酒而敢不飲！」溫嶠，字太眞。敦以爲醉，兩釋之。嶠臨去，與敦別，涕泗橫流，出閤復入者再三。復，扶又翻。行後，鳳謂敦曰：「嶠於朝廷甚密，而與庾亮深交，未可信也。」敦曰：「太眞昨醉，小加聲色，何得便爾相讒！」嶠至建康，盡以敦逆謀告帝，請先爲之備，又與庾亮共畫討敦之謀。敦聞之，大怒曰：「吾乃爲小物所欺！」與司徒導書曰：「太眞別來幾日，作如此事！當募人生致之，自拔其舌。」王敦遙制朝權，其所甚害者如郗鑒、溫嶠，終不得以肆其毒，以此知建康綱紀尚能自立也。

帝將討敦，以問光祿勳應詹，詹勸成之，帝意遂決。丁卯，加司徒導大都督、領揚州刺史，以溫嶠都督東安北部諸軍事，以下文應詹都督橋南諸軍觀之，則東安北部謂秦淮水北諸軍也。與右將軍卞敦守石頭，考異曰：敦傳云：「王敦表爲征虜將軍、都督石頭軍事；明帝討敦，以爲鎮南將軍、假節。」今從明帝紀。應詹爲護軍將軍、都督前鋒及朱雀橋南諸軍事，郗鑒行衞將軍、都督從駕諸軍事，郗，丑之翻。從，才用翻。庾亮領左衞將軍，以吏部尚書卞壼行中軍將軍。壼，苦本翻。郗鑒以爲軍號無益事實，固辭不受；請召臨淮太守蘇峻、兗州刺史劉遐同討敦。夫理順者難恃，勢弱則不支。以敦、鳳同惡相濟，率大衆以犯闕，雖諸公忠赤，若只以臺中見兵拒之，是復周、戴石頭之事，微郗鑒建請而召劉遐、蘇峻，殆矣！詔徵峻、遐及徐州刺史王邃、豫州刺史祖約、廣陵太守陶瞻等入衞京師。帝屯于中堂。按蕭子顯齊書高帝紀：桂陽王休範之反，諸貴會議，帝曰：「中堂舊是置兵地，領軍宜屯宣陽門，爲諸軍節度，」則中堂當在宣陽門外。

司徒導聞敦疾篤，帥子弟爲敦發哀，帥，讀曰率。爲，于僞翻。衆以爲敦信死，咸有奮志。於是尚書騰詔下敦府，下，遐嫁翻。列敦罪惡曰：「敦輒立兄息以自承代，未有宰相繼體而不由王命者也。息，子也；謂以兄含子應爲嗣也。頑凶相奬，無所顧忌；志騁凶醜，以窺神器。天不長姦，騁，丑郢翻。長，丁丈翻。敦以隕斃；鳳承凶宄，彌復煽逆。復，扶又翻。今遣司徒導等虎旅三萬，十道並進；平西將軍邃等精銳三萬，水陸齊勢；朕親統諸軍，討鳳之罪。有能殺鳳送首，封五千戶侯。考異曰：晉春秋此詔在王導爲敦發喪前，故云「有能斬送敦首，封萬戶侯，賞布萬匹。」按此詔云「敦以隕斃」，是稱敦已死也，不應復購敦首。今從敦傳。諸文武爲敦所授用者，一無所問，無或猜嫌，以取誅滅。敦之將士，從敦彌年，違離家室，將，即亮翻；下自將、親將同。離，力智翻。朕甚愍之。其單丁在軍，皆遣歸家，終身不調；單丁，謂家止有男丁一人，無兼次者。調，徒釣翻。其餘皆與假三年；假，居訝翻。休訖還臺，當與宿衞同例三番。」謂三番休二也。

敦見詔，甚怒；而病轉篤，不能自將。將舉兵伐京師，使記室郭璞筮之，璞曰：「無成。」敦素疑璞助溫嶠、庾亮，及聞卦凶，乃問璞曰：「卿更筮吾壽幾何？」璞曰：「思向卦，明公起事，必禍不久；若住武昌，壽不可測。」敦大怒曰：「卿壽幾何？」曰：「命盡今日日中。」敦乃收璞，斬之。

敦使錢鳳及冠軍將軍鄧岳、前將軍周撫等帥衆向京師。冠，古玩翻。帥，讀曰率。王含謂敦曰：「此乃家事，吾當自行。」於是以含爲元帥。帥，所類翻。鳳等問曰：「事克之日，天子云何？」敦曰：「尚未南郊，何得稱天子！便盡卿兵勢，保護東海王及裴妃而已。」元帝以第三子沖奉東海王越後。裴妃，越妃也。乃上疏以誅姦臣溫嶠等爲名。秋，七月，壬申朔，王含等水陸五萬奄至江寧南岸，武帝太康二年，分秣陵立臨江縣，二年，更名江寧。南岸，即秦淮南岸也。考異曰：敦傳及晉春秋皆云「三萬」，今從明帝紀。人情恟懼。溫嶠移屯水北，燒朱雀桁以挫其鋒，恟，許拱翻。

桁，與航同。含等不得渡。帝欲親將兵擊之，聞橋已絕，大怒。嶠曰：「今宿衞寡弱，徵兵未至，若賊豕突，危及社稷，宗廟且恐不保，何愛一橋乎！」

司徒導遺含書曰：「近承大將軍困篤，參問起居，謂之參承；詗候安否，謂之詗承。遺，于季翻。或云已有不諱。尋知錢鳳大嚴，欲肆姦逆；謂兄當抑制不逞，言當抑制鳳等，使不得逞其凶逆也。還藩武昌，今乃與犬羊俱下。兄之此舉，謂可得如大將軍昔年之事乎？謂如元帝永昌元年，敦克石頭時也。昔者佞臣亂朝，謂刁協、劉隗也。朝，直遙翻。人懷不寧，如導之徒，心思外濟。言思投外以自濟也。今則不然。大將軍來屯于湖，漸失人心，君子危怖，怖，普布翻。百姓勞弊。臨終之日，委重安期；王應，字安期。斷，讀曰短。安期斷乳幾日？又於時望，便可襲宰相之迹邪？自開闢以來，頗有宰相以孺子爲之者乎？諸有耳者，皆知將爲禪代，非人臣之事也。謂此事深駭衆聽，皆知敦，應謀篡。先帝中興，遺愛在民；聖主聰明，德洽朝野。兄乃欲妄萌逆節，凡在人臣，誰不憤歎！導門小大受國厚恩，今日之事，明目張膽，爲六軍之首，寧爲忠臣而死，不爲無賴而生矣！」含不答。

或以爲「王含、錢鳳衆力百倍，苑城小而不固，苑城，蓋孫氏都秣陵所築。晉置建康於秣陵水北，南渡建都，依苑城以爲守。宜及軍勢未成，大駕自出拒戰。」郗鑒曰：「羣逆縱逸，勢不可當；可以謀屈，難以力競。且含等號令不一，抄盜相尋，抄，楚交翻。吏民懲往年暴掠，皆人自爲守。

乘逆順之勢，何憂不克！且賊無經略遠圖，惟恃豕突一戰；曠日持久，必啓義士之心，令智力得展。今以此弱力敵彼強寇，決勝負於一朝，定成敗於呼吸，萬一蹉跌，蹉，七何翻。跌，徒結翻。雖有申胥之徒，義存投袂，左傳，吳人入郢，楚大夫申包胥赴秦求救，卒以存楚。投袂，言匆遽也；傳曰：楚子聞之，投袂而起。何補於既往哉！」帝乃止。

帝帥諸軍出屯南皇堂。癸酉夜，募壯士，遣將軍段秀、中軍司馬曹渾等帥甲卒千人渡水，掩其未備。平旦，戰於越城，越城，在秦淮南。帥，讀曰率；下同。大破之，斬其前鋒將何康。秀，匹磾之弟也。磾，丁奚翻。

敦聞含敗，大怒曰：「我兄，老婢耳；門戶衰，世事去矣！」顧謂參軍呂寶曰：「我當力行。」因作勢而起，困乏，復臥。氣不能充體爲困，力不能舉身爲乏。乃謂其舅少府羊鑒及王應曰：少，詩沼翻。「我死，應便卽位，先立朝廷百官，然後營葬事。」敦尋卒，應祕不發喪，裹尸以席，蠟塗其外，埋於廳事中，與諸葛瑤等日夜縱酒淫樂。樂，音洛。

帝使吳興沈楨說沈充，說，輸芮翻。許以爲司空。充曰：「三司具瞻之重，豈吾所任！詩節南山曰：赫赫師尹，民具爾瞻。左傳，晉郤芮曰：「幣重而言甘，誘我也。」任，音壬。幣厚言甘，古人所畏也。且丈夫共事，終始當同，豈可中道改易，人誰容我乎！」遂舉兵趣建康。趣，七喻翻。宗正卿虞潭以疾歸會稽，按漢、晉以來，宗正列於九卿，然未以「卿」字繫官；梁置十一寺，始繫「卿」字。此「卿」字衍。

會，工外翻。聞之，起兵餘姚以討充。餘姚縣，屬會稽郡。帝以潭領會稽內史。前安東將軍劉超、宣城內史鍾雅皆起兵以討充。義興人周蹇殺王敦所署太守劉芳，晉惠帝永興元年，分吳興之陽羨、丹楊之永世立義興郡。平西將軍祖約逐敦所署淮南太守任台。約屯壽春，故得逐台。任，音壬。

沈充帥衆萬餘人與王含軍合，司馬顧颺說充曰：「今舉大事，而天子已扼其咽喉，咽，音煙。鋒摧氣沮，相持日久，必致禍敗。沮，在呂翻。今若決破柵塘，因湖水以灌京邑，此卽玄武湖水也，在建康城北，今在上元縣北十里。乘水勢，縱舟師以攻之，此上策也；藉初至之銳，并東、西軍之力，東軍，謂沈充軍；西軍，謂王含、錢鳳等軍也。十道俱進，衆寡過倍，理必摧陷，中策也；轉禍爲福，召錢鳳計事，因斬之以降，降，戶江翻。下策也。」充皆不能用，颺逃歸于吳。

丁亥，劉遐、蘇峻等帥精卒萬人至，帝夜見，勞之，勞，力到翻。賜將士各有差。沈充、錢鳳欲因北軍初到疲困，擊之，乙未夜，充、鳳從竹格渚渡淮。秦淮在今建康上元縣南三里。秦始皇時，望氣者言金陵有天子氣，使鑿山爲瀆以斷地脈，故曰秦淮。或云：淮水發源屈曲，不類人工。護軍將軍應詹、建威將軍趙胤等拒戰，不利，充、鳳至宣陽門，晉都建康，外城環之以籬，諸門皆用洛城門名；宣陽門在城南面。拔柵，將戰，劉遐、蘇峻自南塘橫擊，大破之，晉都建康，自江口沿淮築堤；南塘，秦淮之南塘岸也。赴水死者三千人。遐又破沈充于青溪。青溪水發源於鍾山，接於秦淮，吳孫權鑿城北塹以洩玄武湖水。尋陽太守周光聞敦舉兵，帥千餘人來赴。沈約曰：尋陽，本縣名，因水名縣，水南注江，漢屬廬江郡；

惠帝永興元年，分廬江、武昌立尋陽郡，治柴桑縣。既至，求見敦。王應辭以疾。光退曰：「今我遠來而不得見，公其死乎！」遽見其兄撫曰：「王公已死，兄何爲與錢鳳作賊！」衆皆愕然。

丙申，王含等燒營夜遁。丁酉，帝還宮，大赦，惟敦黨不原。命庾亮督蘇峻等追沈充於吳興，溫嶠督劉遐等追王含、錢鳳於江寧，分命諸將追其黨與。劉遐軍人頗縱虜掠，嶠責之曰：「天道助順，故王含勦絕，勦，子小翻。豈可因亂爲亂也！」遐惶恐拜謝。

王含欲奔荊州，王應曰：「不如江州。」荊州，王舒；江州，王彬。含曰：「大將軍平素與江州云何，而欲歸之？」應曰：「此乃所以宜歸也。江州當人強盛時，能立同異，此非常人所及；今覩困厄，必有愍惻之心。荊州守文，豈能意外行事邪！」王應之見，猶能出乎尋常，此敦所以以之爲後歟！能立同異，謂哭周顗、數敦罪、及諫敦爲逆也。含不從，遂奔荊州。王舒遣軍迎之，沈含父子於江。沈，持林翻。王彬聞應當來，密具舟以待之；不至，深以爲恨。錢鳳走至闔廬洲，闔廬洲，在江中。賀循曰：江中劇地，惟有闔廬一處，地勢險奧，亡逃所聚。周光斬之，詣闕自贖。考異曰：晉春秋云「戴淵弟良斬鳳」，今從敦傳。沈充走失道，誤入故將吳儒家。儒誘充內重壁中，重壁，複壁也。重，直龍翻。因笑謂充曰：「三千戶侯矣！」時臺格募斬錢鳳者封五千戶侯，斬沈充者封三千戶侯。充曰：「爾以義存我，我家必厚報汝；若以利殺我，我死，汝族滅矣。」儒遂殺之，傳首建康。敦黨悉平。充子勁當坐誅，鄉人錢舉匿之，得免。其後，勁竟滅吳氏。

有司發王敦瘞，瘞，於計翻。出尸，焚其衣冠，跽而斬之，跽，巨几翻，跪也。與沈充首同懸於南桁。南桁，卽朱雀桁。郗鑒言於帝曰：「前朝誅楊駿等，朝，直遥翻。皆先極官刑，後聽私殯。臣以爲王誅加於上，私義行於下，宜聽敦家收葬，於義爲弘。」帝許之。司徒導等皆以討敦功受封賞。

周撫與鄧岳俱亡，周光欲資給其兄而取岳。撫怒曰：「我與伯山同亡，鄧岳，字伯山。何不先斬我！」會岳至，撫出門遥謂之曰：「何不速去！今骨肉尚欲相危，況他人乎！」岳迴舟而走，與撫共入西陽蠻中。明年，詔原敦黨，撫、岳出首，首，式救翻。得免死禁錮。

故吳內史張茂妻陸氏，傾家產，帥茂部曲爲先登以討沈充，報其夫仇。沈充殺張茂見上卷元帝永昌元年。帥，讀曰率。充敗，陸氏詣闕上書，爲茂謝不克之責；克，能也；謝茂守郡不能式遏寇虐，爲充所殺也。爲，于僞翻。詔贈茂太僕。

有司奏：「王彬等敦之親族，皆當除名。」詔曰：「司徒導以大義滅親，猶將百世宥之，況彬等皆公之近親乎！」悉無所問。

有詔：「王敦綱紀除名，參佐禁錮。」綱紀，綜理府事者也；參佐，諸僚屬也。温嶠上疏曰：「王敦剛愎不仁，忍行殺戮，朝廷所不能制，骨肉所不能諫；處其朝者，恆懼危亡，朝，府朝也。愎，蒲逼翻。朝，直遥翻。處，昌呂翻；下晏處同。恆，戶登翻。故人士結舌，道路以目，但以目相視，不敢發言。誠賢人君子道窮數盡，遵養時晦之辰也；周頌酌之詩曰：遵養時晦。毛氏註云：遵，率；養，取；晦，昧也。鄭氏箋云：養是闇昧之君以老其惡。原其私心，豈遑晏處！晏處，猶言安處。如陸玩、劉胤、郭璞之徒常與臣言，備知之矣。必其贊導凶悖，悖，蒲內翻，又蒲沒翻。自當正以典刑；如其枉陷姦黨，謂宜施之寬貸。臣以玩等之誠，聞於聖聽，當受同賊之責；苟默而不言，實負其心。惟陛下仁聖裁之！」郗鑒以爲先王立君臣之教，貴於伏節死義。王敦佐吏，雖多逼迫，然進不能止其逆謀，退不能脫身遠遁，準之前訓，宜加義責。謂以大義責之。帝卒從嶠議。卒，子恤翻。

6 冬，十月，以司徒導爲太保、領司徒，加殊禮，西陽王羕領太尉，羕，余亮翻。應詹爲江州刺史，劉遐爲徐州刺史，代王邃鎮淮陰，蘇峻爲歷陽內史，爲蘇峻以歷陽稱兵張本。加庾亮護軍將軍，溫嶠前將軍。導固辭不受。應詹至江州，吏民未安，詹撫而懷之，莫不悅服。

7 十二月，涼州將辛晏據枹罕，不服，將，卽亮翻。枹罕縣，前漢屬金城郡，後漢屬隴西郡；晉自張軌鎮河西，表分西平界置晉興郡，枹罕縣屬焉。枹，音膚。張駿將討之。從事劉慶諫曰：「霸王之師，必須天時、人事相得，然後乃起。辛晏凶狂安忍，其亡可必，殺人而心不矜惻、顏不顰蹙者爲忍，忍而安之，則其亡必矣。柰何以饑年大舉，盛寒攻城乎！」駿乃止。

駿遣參軍王騭聘於趙，騭，之日翻。趙主曜謂之曰：「貴州款誠和好，卿能保之乎？」騭曰：「不能。」侍中徐邈曰：「君來結好，而云不能保，何也？」好，呼到翻。騭曰：「齊桓貫澤之盟，憂心兢兢，諸侯不召自至；葵丘之會，振而矜之，叛者九國。公羊傳：僖三年，齊侯、宋公、江人、黃人盟于貫澤。江人、黃人者何？遠國之辭也。遠國至矣，則中國曷爲獨言齊、宋至爾？大國言齊、宋，小國言江、黃，則其餘爲莫敢不至也。九年，九月，戊辰，諸侯盟于葵丘。桓之盟不日，此何以日？危之也。何危爾？貫澤之會，桓公有憂中國之心，不召而至者，江人、黃人也；葵丘之會，桓公震而矜之，叛者九國。震之者何？猶曰振振然。矜之者何？猶曰莫若我也。趙國之化，常如今日，可也；若政教陵遲，尚未能察邇者之變，況鄙州乎！」曜曰：「此涼州之君子也，擇使可謂得人矣！」使，疏吏翻。厚禮而遣之。

8 是歲，代王賀傉始親國政，元帝大興四年，賀傉立，至是始能親政。傉，奴沃翻。以諸部多未服，乃築城於東木根山，河西有木根山，在五原郡東北。此木根山在河東，故曰東木根山。徙居之。

三年（乙酉、三二五）

1 春，二月，張駿承元帝凶問，大臨三日。臨，力鴆翻。會黃龍見嘉泉，據駿傳，嘉泉在武威揖次縣。「揖次」，前漢作「揟次」。孟康曰：揟，子如翻。次，音咨。氾禕等請改年以章休祥；駿不許。氾，音凡。禕，吁韋翻。辛晏以枹罕降，駿復收河南之地。涼州諸郡，獨金城在河南。

2 贈故譙王承、甘卓、戴淵、周顗、虞望、郭璞、王澄等官。「承」，當作「丞」。王敦之難，諸人死之，故贈以官。周札故吏爲札訟冤，爲，于僞翻。尚書卞壼議以爲：「札守石頭，開門延寇，事見上卷元帝永昌元年。壼，苦本翻。不當贈謚。」司徒導以爲：「往年之事，敦姦逆未彰，自臣等有識以上，皆所未悟，與札無異；既悟其姦，札便以身許國，尋取梟夷。事見上太寧二年。梟，堅堯翻。

臣謂宜與周、戴同例。」郗鑒以爲：「周、戴死節，周札延寇，事異賞均，何以勸沮！沮，在呂翻。如司徒議，謂往年有識以上皆與札無異，則譙王、周、戴皆應受責，何贈謚之有！今三臣既褒，則札宜受貶明矣。」導曰：「札與譙王、周、戴，雖所見有異同，皆人臣之節也。」鑒曰：「敦之逆謀，履霜日久，易曰：履霜堅冰至。緣札開門，令王師不振。若敦前者之舉，義同桓、文，則先帝可爲幽、厲邪！」然卒用導議，卒，子恤翻。贈札衞尉。

3 後趙王勒加宇文乞得歸官爵，使之擊慕容廆。以元年廆執其使送建康也。廆，戶罪翻。廆遣世子皝、索頭、段國共擊之，皝，呼廣翻。索頭，卽拓跋氏。索，昔各翻。以遼東相裴嶷爲右翼，慕容仁爲左翼。乞得歸據澆水以拒皝，澆水，卽澆洛水也。嶷，魚力翻。澆，古堯翻。遣兄子悉拔雄拒仁。考異曰：燕書征虜仁傳作「悉拔堆」，後魏書宇文莫槐傳作「乞得龜、悉拔堆」，載記亦作「龜」，燕書武宣紀作「乞得歸、悉拔雄」，今從之。仁擊悉拔雄，斬之；乘勝與皝攻乞得歸，大破之。乞得歸棄軍走，皝、仁進入其國城，使輕兵追乞得歸，過其國三百餘里而還，盡獲其國重器，畜產以百萬計，民之降附者數萬。降，戶江翻。

4 三月，段末柸卒，弟牙立。

5 戊辰，立皇子衍爲太子，大赦。

6 趙主曜立皇后劉氏。

7 北羌王盆句除附於趙，句，古侯翻，又權俱翻，又音駒。後趙將石佗自鴈門出上郡襲之，將，卽亮翻。俘三千餘落，獲牛、馬、羊百餘萬而歸。趙主曜遣中山王岳追之，曜屯于富平，爲岳聲援，岳與石佗戰於河濱，斬之，富平縣，屬北地郡。河濱，大河之濱也。水經：河水過富平縣西。佗，徒河翻。唐勝州河濱縣，隋榆林縣地。杜佑曰：富平，本漢舊縣，後漢移富平縣於今彭原郡界，富平故城是也。按：靈州乃漢富平縣地，今京兆富平縣西南有漢懷德故城，此富平蓋漢懷德縣地。後趙兵死者六千餘人，岳悉收所虜而歸。

8 楊難敵襲仇池，克之；執田崧，立之於前，左右令崧拜；崧瞋目叱之曰：「氐狗！安有天子牧伯而向賊拜乎！」難敵字謂之曰：「子岱，田崧，字子岱。趙使崧鎮仇池見上卷太寧元年。瞋，七人翻。吾當與子共定大業，子忠於劉氏，豈不能忠於我乎！」崧厲色大言曰：「賊氐，汝本奴才，何謂大業！我寧爲趙鬼，不爲汝臣！」顧排一人，奪其劍，前刺難敵，不中。刺，七亦翻。中，竹仲翻。難敵殺之。

9 都尉魯潛以許昌叛，降于後趙。降，戶江翻；下同。

10 夏，四月，後趙將石瞻攻兗州刺史檀斌于鄒山，晉本紀，「斌」作「贇」，載記作「斌」。將，卽亮翻。斌，音彬。考異曰：帝紀作「石良」，今從石勒載記。殺之。

11 後趙西夷中郎將王騰殺幷州刺史崔琨、上黨內史王眘，據幷州降趙。劉琨鎮幷州，愍帝建興四年爲石勒所破，置幷州刺史治上黨。王眘，章武人，初起兵，擾勒渤海、河間諸郡，後歸于勒，使守上黨。眘，古慎字。

12五月，以陶侃爲征西大將軍、都督荆·湘·雍·梁四州諸軍事、荆州刺史，雍，於用翻。荆州士女相慶。侃性聰敏恭勤，終日斂膝危坐，軍府衆事，檢攝無遺，攝，錄也，整也。未嘗少閒。少，詩沼翻。常語人曰：「大禹聖人，乃惜寸陰，禹不貴尺璧而重寸陰。語，牛倨翻。至於衆人，當惜分陰。豈可但逸遊荒醉，生無益於時，死無聞於後，是自棄也！」諸參佐或以談戲廢事者，命取其酒器、蒱博之具，悉投之於江，將吏則加鞭扑，曰：「樗蒱者，牧猪奴戲耳！晉人多好樗蒱，以五木擲之，其采有黑犢，有雉，有盧；得盧者勝。扑，蒲卜翻。老、莊浮華，非先王之法言，不益實用。君子當正其威儀，何有蓬頭、跣足，自謂宏達邪！」有奉饋者，必問其所由，若力作所致，雖微必喜，慰賜參倍；參，猶三也。若非理得之，則切厲訶辱，切，峻切；厲，嚴厲也。還其所饋。嘗出遊，見人持一把未熟稻，侃問：「用此何爲？」人云：「行道所見，聊取之耳。」侃大怒曰：「汝既不佃，而戲賊人稻！」佃，停年翻，治田也。執而鞭之。是以百姓勤於農作，家給人足。嘗造船，其木屑竹頭，侃皆令籍而掌之，皆令籍記而典掌之。人咸不解所以。解，胡買翻，曉也。以，猶用也。後正會，積雪始晴，聽事前餘雪猶濕，聽，他經翻。乃以木屑布地。及桓溫伐蜀，又以侃所貯竹頭作丁裝船。貯，丁呂翻。其綜理微密，皆此類也。

13後趙將石生屯洛陽，寇掠河南，司州刺史李矩、潁川太守郭默軍數敗，又乏食，乃遣使附於趙。趙主曜使中山王岳將兵萬五千人趣孟津，數，所角翻。趣，七喻翻。鎮東將軍呼延謨帥荆、司之衆自崤、澠而東，時荆州仍屬晉，司州之地多入後趙，劉曜得其民處之關中者，使謨帥而東耳。或曰：劉聰以洛陽爲荆州，此所謂荆、司，皆晉司州之衆也。帥，讀曰率；下同。欲會矩、默共攻石生。岳克孟津、石梁二戍，此孟津戍，蓋置於河陰；石梁戍在洛北。斬獲五千餘級，進圍石生於金墉。後趙中山公虎帥步騎四萬，入自成皋關，與岳戰于洛西。岳兵敗，中流矢，中，竹仲翻。退保石梁。虎作塹柵環之，環，音宦。遏絶内外。岳衆飢甚，殺馬食之。虎又擊呼延謨，斬之。曜自將兵救岳，虎帥騎三萬逆戰。趙前軍將軍劉黑擊虎將石聰於八特阪，水經註：澗水出河南新安縣東南，東北流，逕函谷東阪東，謂之八特阪。大破之。曜屯于金谷，水經註：金谷水出太白原，東南流，歷金谷，又東南流，逕晉石崇故居，在河南界。夜，軍中無故大驚，士卒奔潰，乃退屯澠池；澠，彌兗翻。夜，又驚潰，遂歸長安。六月，虎拔石梁，禽岳及其將佐八十餘人，氐、羌三千餘人，皆送襄國，阬其士卒九千人。遂攻王騰於并州，執騰，殺之，阬其士卒七千餘人。曜還長安，素服郊次，哭，七日乃入城，因憤恚成疾。恚，於避翻。郭默復爲石聰所敗，棄妻子南奔建康。李矩將士陰謀叛降後趙，矩不能討，亦帥衆南歸，復，扶又翻。敗，補邁翻。帥，讀曰率。衆皆道亡，惟郭誦等百餘人隨之，卒於魯陽。魯陽縣，屬南陽郡。矩長史崔宣帥其餘衆二千降于後趙。於是司、豫、徐、兗之地，率皆入於後趙，以淮爲境矣。

14 趙主曜以永安王胤爲大司馬、大單于，徙封南陽王，置單于臺于渭城，單，音蟬。其左、右賢王以下，皆以胡、羯、鮮卑、氐、羌豪桀爲之。羯，居謁翻。

15 秋，七月，辛未，以尚書令郗鑒爲車騎將軍、都督徐・兗・青三州諸軍事、兗州刺史，鎮廣陵。

16 閏月，以尚書左僕射荀松【章：甲十一行本「松」作「崧」；乙十一行本同；孔本同。】爲光祿大夫、錄尚書事，尚書鄧攸爲左僕射。

17 右衛將軍虞胤，元敬皇后之弟也，元帝爲琅邪王，虞爲妃，卽位，追謚曰敬皇后，祔廟，從元帝謚曰元敬。與左衛將軍南頓王宗宗，汝南王亮之子也。俱爲帝所親任，典禁兵，直殿內，多聚勇士以爲羽翼；王導、庾亮皆忌之，頗以爲言，帝待之愈厚，宮門管鑰，皆以委之。管，鍵也；鑰，關牡也，今謂之鎖匙。帝寢疾，亮夜有所表，從宗求鑰；宗不與，叱亮使曰：「此汝家門戶邪！」亮益忿之。爲下亮殺宗張本。使，疏吏翻。及帝疾篤，不欲見人，羣臣無得進者。亮疑宗、胤及宗兄西陽王羕有異謀，排闥入升御床，見帝流涕，言羕與宗等謀廢大臣，自求輔政，請黜之；帝不納。羕，余亮翻。壬午，帝引太宰羕、司徒導、尚書令卞壼、車騎將軍郗鑒、護軍將軍庾亮、領軍將軍陸曄、按晉制，領軍將軍在護軍將軍之上；今先書庾亮而後陸曄，亮以外戚受遺專權故也。丹楊尹溫嶠，並受遺詔輔太子，更入殿將兵直宿；更，工衡翻，迭也。復拜壼右將軍，亮中書令，曄錄尚書事。復，扶又翻。丁亥，降遺詔；戊子，帝崩。年二十七。帝明敏有機斷，斷，丁亂翻。故能以弱制強，誅翦逆臣，克復大業。

己丑，太子卽皇帝位，生五年矣。羣臣進璽，進璽於嗣君也。璽，斯氏翻。司徒導以疾不至。卞壼正色於朝曰：朝，直遙翻；下同。「王公豈社稷之臣邪！大行在殯，嗣皇未立，寧是人臣辭疾之時也！」導聞之，輿疾而至。大赦，增文武位二等，尊庾后爲皇太后。

羣臣以帝幼沖，奏請太后依漢和熹皇后故事；言臨朝稱制也。太后辭讓數四，乃從之。秋，九月，癸卯，太后臨朝稱制。以司徒導錄尚書事，與中書令庾亮、尚書令卞壼參輔朝政，然事之大要皆決於亮。加郗鑒車騎大將軍，陸曄左光祿大夫，皆開府儀同三司。以南頓王宗爲驃騎將軍，驃，匹妙翻。虞胤爲大宗正。

尚書召樂廣之子謨爲郡中正，樂廣，南陽人。蓋召謨爲本郡中正。庾珉族人怡爲廷尉評，漢置廷尉平，晉曰廷尉評。謨、怡各稱父命不就。卞壼奏曰：「人非無父而生，職非無事而立；有父必有命，居職必有悔。易繫辭曰：悔吝者，憂虞之象也。有家各私其子，則爲王者無民，君臣之道廢矣。樂廣、庾珉受寵聖世，身非己有，況及後嗣而可專哉！所居之職，若順夫羣心，則戰戍者之父母皆當命子以不處也。」言人莫不惡死，若各順其心，則有戰戍之事，爲父母者皆不欲使其子就死地也。處，昌呂翻。謨、怡不得已，各就職。

18 辛丑，葬明帝于武平陵。

19冬，十一月，癸巳朔，日有食之。

20慕容廆與段氏方睦，爲段牙謀，使之徙都；牙從之，即去令支，國人不樂。爲，于僞翻。樂，音洛。令，音鈴，師古郎定翻。支，音祇。段疾陸眷之孫遼欲奪其位，以徙都爲牙罪，十二月，帥國人攻牙，殺之，帥，讀曰率。自立。句斷。段氏自務勿塵以來，日益強盛，其地西接漁陽，東界遼水，所統胡、晉三萬餘戶，控弦四五萬騎。

21荊州刺史陶侃以寧州刺史王堅不能禦寇，是歲，表零陵太守南陽尹奉爲寧州刺史以代之。先是，王遜在寧州，先，悉薦翻。爨酉梁水太守爨量、益州太守李遏，沈約曰：梁水太守，晉成帝分興古郡立，蓋先以授爨酉，殺爨量之後，始用王官也。益州郡，後漢置，蜀更名建寧郡。惠帝太安二年，分建寧以西七縣別立益州郡，懷帝永嘉二年更名晉寧郡。此復有益州太守，蓋亦以爲位號，授爨酉也。遏，他歷翻。皆叛附於成，遜討之不能克。奉至州，重募徼外夷刺爨量，殺之，諭降李遏，徼，吉弔翻。刺，七亦翻。降，戶江翻。州境遂安。

22代王賀傉卒，傉，奴沃翻。弟紇那立。

顯宗成皇帝上之上諱衍，字世根，明帝長子也。諡法：安民立政曰成。

咸和元年（丙戌、三二六）

1 春，二月，大赦，改元。

2 趙以汝南王咸爲太尉、錄尚書事，光祿大夫劉綏爲大司徒，卜泰爲大司空。劉后疾病，趙主曜問所欲言，劉氏泣曰：「妾幼鞠於叔父昶，鞠，養也。昶，丑兩翻。願陛下貴之；叔父皚之女芳有德色，皚，魚開翻。願以備後宮。」言終而卒。曜以昶爲侍中、大司徒、錄尚書事，立芳爲皇后；尋又以昶爲太保。

3 三月，後趙主勒夜微行，檢察諸營衞，齎金帛以賂門者，求出。永昌門候王假欲收捕之，從者至，乃止。從，才用翻。旦，召假，以爲振忠都尉，爵關內侯。振忠都尉，後趙所置也。勒召記室參軍徐光，光醉不至，黜爲牙門。光侍直，有愠色，愠，於問翻。愠色者，含怒而見於色也。勒怒，并其妻子囚之。

4 夏，四月，後趙將石生寇汝南，執內史祖濟。

5 六月，癸亥，泉陵公劉遐卒。泉陵縣，屬零陵郡。癸酉，以車騎大將軍郗鑒領徐州刺史；征虜將軍郭默爲北中郎將、監淮北諸軍事，領遐部曲。遐子肇尚幼，遐妹夫田防及故將史迭等不樂他屬，樂，音洛。共以肇襲遐故位而叛。臨淮太守劉矯掩襲遐營，劉遐屯泗口，在臨淮、下邳之間，故矯得以掩襲其營。斬防等。遐妻，邵續女也，驍果有父風。驍，古堯翻。遐嘗爲後趙所圍，妻單將數騎，拔遐出於萬衆之中。及田防等欲作亂，遐妻止之，不從，乃密起火，燒甲仗都盡，故防等卒敗。卒，子恤翻。詔以肇襲遐爵。襲爵泉陵公。

司徒導稱疾不朝，朝，直遥翻；下同。而私送郗鑒。卞壼奏「導虧法從私，無大臣之節，請免官。」雖事寢不行，舉朝憚之。壼儉素廉絜，裁斷切直，當官幹實，性不弘裕，不肯苟同時好，斷，丁亂翻。好，呼到翻。故爲諸名士所少。重之曰多，輕之曰少。少，始紹翻。阮孚謂之曰：「卿常無閑泰，如含瓦石，不亦勞乎！」壼曰：「諸君子以道德恢弘，風流相尚，執鄙吝者，非壼而誰！」時貴游子弟多慕王澄、謝鯤爲放達，壼厲色於朝曰：「悖禮傷教，罪莫大焉；中朝傾覆，實由於此。」欲奏推之，中朝，謂西晉。奏推，奏之於上，推按其罪也。王導、庾亮不聽，乃止。

6 成人討越巂斯叟，破之。討斯叟事始上卷明帝太興元年。巂，音髓。

7 秋，七月，癸丑，觀陽烈侯應詹卒。觀陽縣，屬零陵郡，吳立。

8 初，王導輔政，以寬和得衆。及庾亮用事，任法裁物，頗失人心。豫州刺史祖約，自以名輩不後郗、卞，名爲一時所稱，輩以年齒爲等。而不豫顧命，又望開府復不得，晉制：四征、四鎮大將軍乃得開府。約平西將軍耳，烏得望開府邪！復，扶又翻。及諸表請多不見許，遂懷怨望。及遺詔褒進大臣，又不及約與陶侃，二人皆疑庾亮刪之。刪，削除也。歷陽內史蘇峻，有功於國，謂破沈充、錢鳳也。威望漸著，有銳卒萬人，器械甚精，朝廷以江外寄之；而峻頗懷驕溢，有輕朝廷之志，招納亡命，衆力日多，皆仰食縣官，運漕相屬，仰，牛向翻。屬，之欲翻。稍不如意，輒肆忿言。亮既疑峻、約，又畏侃之得衆，八月，以丹楊尹溫嶠爲都督江州諸軍事、江州刺史，鎮武昌；尚書僕射王舒爲會稽内史，會，工外翻。以廣聲援；又修石頭以備之。亮修石頭，適以資蘇峻拒義師耳。丹楊尹阮孚以太后臨朝，政出舅族，謂所親曰：「今江東創業尚淺，主幼，時艱，庾亮年少，少，詩照翻。德信未孚，以吾觀之，亂將作矣。」遂求出爲廣州刺史。孚，咸之子也。

9 冬，十月，立帝母弟岳爲吳王。

10 南頓王宗自以失職怨望，宗解兵衞，故自以爲失職。又素與蘇峻善；庾亮欲誅之，宗亦欲廢執政。御史中丞鍾雅劾宗謀反，劾，戶概翻，又戶得翻。亮使右衞將軍趙胤收之。宗以兵拒戰，爲胤所殺，貶其族爲馬氏，三子綽、超、演皆廢爲庶人。免太宰西陽王羕，降封弋陽縣王，大宗正虞胤左遷桂陽太守。宗，宗室近屬；羕，先帝保傅，羕、宗，兄弟也；宗言近屬，羕言保傅，宗敍族，羕敍官也。亮一旦翦黜，由是愈失遠近之心。宗黨卞闡亡奔蘇峻，亮符峻送闡，峻保匿不與。宗之死也，帝不之知，久之，帝問亮曰：「常日白頭公何在？」亮對以謀反伏誅。帝泣曰：「舅言人作賊，便殺之；人言舅作賊，當如何？」亮懼，變色。

11 趙將黃秀等寇酇，酇縣，漢屬南陽郡，及晉，分爲順陽郡治所。酇，音贊。順陽太守魏該帥衆奔襄陽。帥，讀曰率。

12 後趙王勒用程遐之謀，營鄴宮，使世子弘鎮鄴，配禁兵萬人，車騎所統五十四營悉配之，以驍騎將軍領門臣祭酒王陽專統六夷以輔之。驍，堅堯翻。中山公虎自以功多，無去鄴之意，及修三臺，遷其家室，虎由是怨程遐。爲後虎殺遐及弘張本。

13 十一月，後趙石聰攻壽春，祖約屢表請救，朝廷不爲出兵。爲，于僞翻。聰遂寇逡遒、阜陵，二縣皆屬淮南郡。師古曰：逡，音峻；遒，音才由翻。春秋：公會吳于橐皋；杜預云：淮南逡遒縣。劉昫曰：唐廬州慎縣，漢逡遒縣地。殺掠五千餘人。建康大震，詔加司徒導大司馬、假黃鉞、都督中外諸軍事以禦之，軍于江寧。蘇峻遣其將韓晃擊石聰，走之；導解大司馬。朝議又欲作涂塘以遏胡寇，祖約曰：「是棄我也！」益懷憤恚。作涂塘，則壽春在涂塘之外。朝，直遙翻。涂，讀曰滁。恚，於避翻。

14 十二月，濟岷太守劉闓等晉志曰：或云：魏平蜀，徙其豪將家於濟河北，爲濟岷郡。太康地志無此郡，未詳。濟，子禮翻。殺下邳內史夏侯嘉，以下邳叛，降于後趙。夏，戶雅翻。降，戶江翻。石瞻攻河南太守王瞻【嚴：「瞻」改「羨」。】于邾，拔之。劉薈鄒山記曰：邾城，在魯國鄒縣鄒山之南，去山二里。左傳文十三年，邾遷于繹，即此城也。彭城內史劉續復據蘭陵石城，魏收地形志，蘭陵縣有石城山。復，扶又翻。石瞻攻拔之。

15 後趙王勒以牙門將王波爲記室參軍，典定九流，始立秀、孝試經之制。秀、孝試經，晉制也，後趙至此始行之。

16 張駿畏趙人之逼，是歲，徙隴西、南安民二千餘家于姑臧，又遣使脩好於成，以書勸成主雄去尊號，稱藩於晉。使，疏吏翻；下同。好，呼到翻。去，羌呂翻；下乃去同。雄復書曰：「吾過爲士大夫所推，然本無心於帝王，思爲晉室元功之臣，掃除氛埃；而晉室陵遲，德聲不振，引領東望，有年月矣。會獲來貺，情在闇至，言引領望晉，此情常在，而駿書適至，闇與之合也。有何已已。」自是聘使相繼。

二年（丁亥、三二七）

1 春，正月，朱提太守楊術與成將羅恒戰于臺登，兵敗，術死。朱提，音銖時。

2 夏，五月，甲申朔，日有食之。

3 趙武衛將軍劉朗帥騎三萬襲楊難敵於仇池，弗克，帥，讀曰率；下同。掠三千餘戶而歸。

4 張駿聞趙兵爲後趙所敗，敗，補邁翻；下同。乃去趙官爵，去，羌呂翻。復稱晉大將軍、涼州牧，遣武威太守竇濤、金城太守張閬、武興太守辛巖、惠帝永寧中，張軌表請合秦、雍流移人，於姑臧西北置武興郡。閬，音浪。揚烈將軍宋輯等帥衆數萬，會韓璞攻掠趙秦州諸郡。韓璞時在冀。帥，讀曰率。趙南陽王胤將兵擊之，將，卽亮翻。屯狄道。枹罕護軍辛晏告急，枹，音膚。秋，駿使韓璞、辛巖救之。璞進度沃干嶺。沃干嶺，在晉興郡大夏縣東南，洮水西北。巖欲速戰，璞曰：「夏末以來，日星數有變，數，所角翻。不可輕動。且曜與石勒相攻，胤必不能久與我相守也。」與胤夾洮相持七十餘日。水經註：洮水過狄道城西。洮，土刀翻。冬，十月，璞遣辛巖督運於金城，胤聞之，曰：「韓璞之衆，十倍於吾。吾糧不多，難以持久。今虜分兵運糧，天授我也。若敗辛巖，璞等自潰。」乃帥騎三千襲巖于沃干嶺，敗之；敗，補邁翻。遂前逼璞營，璞衆大潰。胤乘勝追奔，濟河，攻拔令居，令居縣，漢屬金城郡；張寔置廣武郡，令居分屬焉。斬首二萬級，進據振武。振武，在姑臧東南，廣武西北。河西大駭。張閬、辛晏帥其衆數萬降趙，駿遂失河南之地。

庾亮以蘇峻在歷陽，終爲禍亂，欲下詔徵之；訪於司徒導，導曰：「峻猜險，必不奉詔，不若且苞容之。」亮言於朝曰：「峻狼子野心，終必爲亂。左傳，楚令尹子文曰：諺曰「狼子野心」，是乃狼也，其可畜乎！朝，直遙翻。今日徵之，縱不順命，爲禍猶淺；若復經年，不可復制，猶七國之於漢也。」漢鼂錯議削吳、楚曰：「今削之亦反，不削亦反，削之，反疾禍小，不削，反遲禍大。」亮以爲比。復，扶又翻。朝臣無敢難者，獨光祿大夫卞壼爭之曰：「峻擁強兵，逼近京邑，路不終朝，歷陽之與建康，一江之隔耳。難，乃旦翻。近，其靳翻。一旦有變，易爲蹉跌，易，以豉翻。蹉，七何翻。跌，徒結翻。宜深思之！」亮不從。壼知必敗，與溫嶠書曰：「元規召峻意定，庾亮，字元規。此國之大事。峻已出狂意，而召之，是更速其禍也，必縱毒蠚以向朝廷。朝廷威力雖盛，不知果可擒不；蠚，呼各翻，螫也。不，讀曰否。王公亦同此情。吾與之爭甚懇切，不能如之何。本出足下以爲外援，謂以嶠鎮尋陽也。而今更恨足下在外，不得相與共諫止之，或當相從耳。」嶠亦累書止亮。舉朝以爲不可，朝，直遙翻。亮皆不聽。

峻聞之，遣司馬何仍詣亮曰：「討賊外任，遠近惟命，至於內輔，實非所堪。」亮不許，召北中郎將郭默爲後將軍、領屯騎校尉，郭默時監淮北軍。騎，奇寄翻。司徒右長史庾冰爲吳國內史，皆將兵以備峻。冰，亮之弟也。於是下優詔，徵峻爲大司農，加散騎常侍，位特進，以弟逸代領部曲。峻上表曰：「昔明皇帝親執臣手，使臣北討胡寇。今中原未靖，臣何敢即安！乞補青州界一荒郡，以展鷹犬之用。」復不許。復，扶又翻。峻嚴裝將赴召，猶豫未決。參軍任讓謂峻曰：「將軍求處荒郡而不見許，任，音壬。處，昌呂翻。事勢如此，恐無生路，不如勒兵自守。」阜陵令匡術亦勸峻反，阜陵縣，屬淮南郡。晉志曰：阜陵，漢明帝時淪爲麻湖。麻湖在今和州歷陽縣西三十里。峻遂不應命。

溫嶠聞之，即欲帥衆下衞建康，帥，讀曰率。三吳亦欲起義兵；亮並不聽，而報嶠書曰：「吾憂西陲，過於歷陽，西陲，謂陶侃也。足下無過雷池一步也。」雷池，即在大雷之東，今池州界。水經註：青林水西南歷尋陽，分爲二水，一水東流，通大雷。（原缺十八字）朝廷遣使諭峻，使，疏吏翻。峻曰：「臺下云我欲反，豈得活邪！我寧山頭望廷尉，不能廷尉望山頭。往者國家危如累卵，非我不濟；狡兔既死，獵犬宜烹。越范蠡遺大夫種曰：狡兔死，走狗烹。但當死報造謀者耳！」言欲報庾亮也。

峻知祖約怨朝廷，乃遣參軍徐會推崇約，請共討庾亮。約大喜，其從子智、衍並勸成之。從，才用翻。譙國內史桓宣謂智曰：「本以強胡未滅，將勠力討之。使君若欲爲雄霸，何不助國討峻，則威名自舉。今乃與峻俱反，此安得久乎！」智不從。宣詣約請見，約知其欲諫，拒而不內。內，讀曰納。宣遂絕約，不與之同。約於是赴歷陽，宣將其衆營於馬頭山。十一月，約遣兄子沛內史渙、女壻淮南太守許柳以兵會峻。逖妻，柳之姊也，固諫不從。詔復以卞壼爲尚書令、領右衛將軍，以鄶稽內史王舒行揚州刺史事，鄶稽，卽會稽，音古外翻。王舒傳曰：時徵蘇峻，王導欲出舒爲外援，授會稽內史。舒以父名會，辭。朝議以字同音異，於禮無嫌。舒復陳音雖異而字同，求改他郡，於是改「會」字爲「鄶」。吳興太守虞潭督三吳等諸郡軍事。

尚書左丞孔坦、司徒司馬丹楊陶回言於王導，請「及峻未至，急斷阜陵，守江西當利諸口，阜陵有麻湖之阻，守當利諸口，則峻兵不得渡江。彼少我衆，一戰決矣。少，詩沼翻。若峻未來，可往逼其城。今不先往，峻必先至，峻至則人心危駭，難與戰矣。此時不可失也。」導然之，庾亮不從。十二月，辛亥，蘇峻使其將韓晃、張健等襲陷姑孰，取鹽米，姑孰臨江渚，舟船所湊，晉積鹽米於此。亮方悔之。

壬子，彭城王雄、章武王休叛奔峻。雄，釋之子也。彭城王釋，宣帝弟穆王權之子；章武王休，義陽王望之孫。

庚申，京師戒嚴，假庾亮節，都督征討諸軍事；以左衛將軍趙胤爲歷陽太守，使左將軍司馬流將兵據慈湖以拒峻；慈湖，在姑孰，今在太平州當塗縣北六十五里。泝江而上，過三山十餘里，至溧洲，自溧洲過白土磯，入慈湖夾。以前射聲校尉劉超爲左衛將軍，侍中褚翜典征討軍事。翜，色洽翻。亮使弟翼以白衣領數百人備石頭。

6丙寅，徙琅邪王昱爲會稽王，吳王岳爲琅邪王。

7宣城內史桓彝欲起兵以赴朝廷，其長史裨惠姓譜：裨姓，鄭裨諶之後。以郡兵寡弱，山民易擾，宣城之西南，山越居之，自吳以來屢爲寇亂。易，以豉翻。謂宜且按甲以待之。彝厲色曰：「『見無禮於其君者，若鷹鸇之逐鳥雀。』左傳魯大夫臧文仲之言。今社稷危逼，義無宴安。」辛未，彝進屯蕪湖。韓晃擊破之，因進攻宣城，宣城郡，治宛陵縣，宣城別爲縣。賢曰：宣城故城，在今宣州南陵縣東。彝退保廣德。何承天曰：廣德，漢舊縣。沈約曰：二漢志並無，疑是吳所立，屬宣城郡。桐川志：後漢置廣德縣，晉幷入宣城，今廣德軍是也。晃大掠諸縣而還。還，從宣翻，又如字。徐州刺史郗鑒欲帥所領赴難，帥，讀曰率。難，乃旦翻。詔以北寇，不許。

8是歲，後趙中山公虎擊代王紇那，戰于句注陘北；張守節曰：句注山在代州鴈門縣西北三十里。據唐志，鴈門縣有東陘關、西陘關，即其地也。句，音鉤。紇那兵敗，徙都大甯以避之。據水經註，大甯即廣甯也。廣甯，前漢曰廣寧，屬上谷郡；後漢曰廣甯；晉武帝太康中分置廣甯郡。

9代王鬱律之子翳槐居於其舅賀蘭部，紇那遣使求之，賀蘭大人藹頭擁護不遣。紇那與宇文部共擊藹頭，不克。

資治通鑑卷第九十四

端明殿學士兼翰林侍讀學士朝散大夫右諫議大夫充集賢殿修撰權判西京留司御史臺上柱國河内郡開國侯食邑一千三百户食實封四百户賜紫金魚袋臣司馬光 奉敕編集

後學天台胡三省 音註

晉紀十六 起著雍困敦（戊子），盡重光單閼（辛卯），凡四年。

顯宗成皇帝上之下

咸和三年（戊子、三二八）

1 春，正月，溫嶠入救建康，軍于尋陽。自武昌東下，軍于尋陽。

韓晃襲司馬流於慈湖；流素懦怯，將戰，食炙不知口處，兵敗而死。炙，之夜翻，燔肉也。

丁未，蘇峻帥祖渙、許柳等衆二萬人，濟自横江，登牛渚，軍于陵口。牛渚山，在今太平州當塗縣北三十里，山下有磯，津渡之處，與和州横江渡相對。陵口，當在牛渚山東北，即東陵口也。帥，讀曰率。臺兵禦之，屢敗。二月，庚戌，峻至蔣陵覆舟山。陵，阜也；蔣陵，蔣山之阜也。覆舟山，形如覆舟，故名。

陶回謂庾亮曰：「峻知石頭有重戍，不敢直下，必向小丹楊南道步來；漢丹陽郡治宛陵縣；武帝太康二年，分丹陽置宣城郡，治宛陵，而丹陽移治建業。建業，本漢之秣陵也，吴改曰建業，晉復曰秣陵；至太康三年，分秣陵之水北爲建業，後避愍帝諱，改曰建康。元帝南渡，建康置丹陽尹，治於臺城西，而丹陽太守舊治秣陵縣，俗謂之小丹楊。其路卽今太平州取建康之路也。宜伏兵邀之，可一戰擒也。」亮不從。峻果自小丹楊來，迷失道，夜行，無復部分。分，扶問翻。亮聞，乃悔之。

朝士以京邑危逼，朝，直遙翻。多遣家人入東避難，建康以吴、會稽爲東。難，乃旦翻。左衛將軍劉超獨遷妻孥入居宫内。孥，音奴，子也。

詔以卞壼都督大桁東諸軍事，壼，苦本翻。桁，讀與航同。與侍中鍾雅帥郭默、趙胤等軍及峻戰于西陵。據壼傳，峻至東陵口，壼與戰於陵西，成帝紀作「西陵」。壼等大敗，死傷以千數。丙辰，峻攻青溪栅；卞壼率諸軍拒擊，不能禁。峻因風縱火，燒臺省及諸營寺署，一時蕩盡。杜佑曰：宋、齊有三臺、五省之號。三臺，蓋兩漢舊名；五省，謂尚書、中書、門下、祕書、集書省也。壼背癰新愈，創猶未合，創，初良翻。力疾帥左右苦戰而死；二子眕、盱隨父後，亦赴敵而死。其母撫尸哭曰：「父爲忠臣，子爲孝子，夫何恨乎！」眕，之忍翻。盱，凶于翻。夫，音扶。

丹楊尹羊曼勒兵守雲龍門，與黄門侍郎周導、廬江太守陶瞻皆戰死。庾亮帥衆將陳于宣陽門内，帥，讀曰率。陳，讀曰陣。未及成列，士衆皆棄甲走，亮與弟懌、條、翼及郭默、趙胤俱奔尋陽。依溫嶠也。將行，顧謂鍾雅曰：「後事深以相委。」雅曰：「棟折榱崩，誰之咎也！」

折，而設翻。榱，所追翻。秦曰屋椽，齊魯曰桷，周曰榱。亮曰：「今日之事，不容復言。」復，扶又翻。亮乘小船，亂兵相剝掠；亮左右射賊，誤中柁工，應弦而倒。柁，待可翻。柁以正船，柁工，一船之司命也。射，而亦翻。中，竹仲翻。船上咸失色欲散，亮不動，徐曰：「此手何可使著賊！」言射不能殺賊而反射殺柁工，自恨之辭也。著，直略翻。眾乃安。

峻兵入臺城，司徒導謂侍中褚翜曰：「至尊當御正殿，君可啓令速出。」翜即入上閤，躬自抱帝登太極前殿；翜，所甲翻。導及光祿大夫陸曄、荀崧、尚書張闓共登御床，擁衛帝。闓，苦亥翻，又音開。以劉超爲右衛將軍，晉志：文帝初置中衛及衛將軍，武帝受命，分爲左、右衛，以羊琇爲左，趙序爲右。使與鍾雅、褚翜侍立左右，太常孔愉朝服守宗廟。朝，直遙翻。時百官奔散，殿省蕭然。峻兵既入，叱褚翜令下。翜正立不動，呵之曰：「蘇冠軍來覲至尊，峻先以討沈充功進冠軍將軍，故稱之。冠，古玩翻。軍人豈得侵逼！」由是峻兵不敢上殿，上，時掌翻。突入後宮，宮人及太后左右侍人皆見掠奪。峻兵驅役百官，光祿勳王彬等皆被捶撻，捶，止橤翻。令負擔登蔣山。擔，都藍翻，又徒濫翻。蔣山，即鍾山，在今上元縣東北十八里。輿地志曰：古曰金陵山，縣名因此；又名蔣山，漢末，秣陵尉蔣子文討賊，戰死于此，吳太帝爲立廟，子文祖諱鍾，因改曰蔣山。余謂孫權祖亦諱鍾，當因是改也。裸剝士女，裸，魯果翻。皆以壞席苫草自鄣，無草者坐地以土自覆；哀號之聲，震動內外。苫，詩廉翻。覆，敷救翻；下同。號，戶刀翻。

初，姑孰既陷，尚書左丞孔坦謂人曰：「觀峻之勢，必破臺城，自非戰士，不須戎服。」及臺城陷，戎服者多死，白衣者無他。

時官有布二十萬匹，金銀五千斤，錢億萬，絹數萬匹，他物稱是，言他物與布金銀錢絹相稱也。稱，尺證翻。峻盡費之；太官惟有燒餘米數石以供御膳。

或謂鍾雅曰：「君性亮直，必不容於寇讎，盍早爲之計！」雅曰：「國亂不能匡，君危不能濟，各遁逃以求免，何以爲臣！」

丁巳，峻稱詔大赦，惟庾亮兄弟不在原例。不在見赦之例。以王導有德望，猶使以本官居己之右。祖約爲侍中、太尉、尚書令，峻自爲驃騎將軍、錄尚書事，驃，匹妙翻。許柳爲丹楊尹，馬雄爲左衞將軍，祖渙爲驍騎將軍。驍，堅堯翻。弋陽王羕詣峻，稱述峻功，峻復以羕爲西陽王、太宰、錄尚書事。羕降爵見上卷咸和元年。羕，余亮翻。

峻遣兵攻吳國內史庾冰，冰不能禦，棄郡奔會稽，時以吳郡爲吳國，太守爲內史。會，工外翻。至浙江，峻購之甚急。吳鈴下卒引冰入船，以蘧蒢覆之，吟嘯鼓枻，泝流而去。蘧，求於翻。蒢，陳如翻。說文曰：蘧蒢，竹席也。余謂從「艸」者，今蘆蓆也。枻，以制翻。楫謂之枻。泝，蘇故翻。逆流曰泝。每逢邏所，邏所，謂津要置邏卒之所。邏，郎佐翻。輒以杖叩船曰：「何處覓庾冰，庾冰正在此。」人以爲醉，不疑之，冰僅免。峻以侍中蔡謨爲吳國內史。

溫嶠聞建康不守，號慟；號，戶刀翻。人有候之者，悲哭相對。庾亮至尋陽宣太后詔，以嶠爲驃騎將軍、開府儀同三司，又加徐州刺史郗鑒司空。郗，丑之翻。嶠曰：「今日當以滅賊爲急，未有功而先拜官，將何以示天下！」遂不受。嶠素重亮，亮雖奔敗，嶠愈推奉之，分兵給亮。

2 後趙大赦，改元太和。考異曰：晉春秋云：「勒卽帝位，改元太和。」按：勒建平元年始卽帝位，今從勒載記。

3 三月，丙子，庾太后以憂崩。

4 蘇峻南屯于湖。

5 夏，四月，後趙將石堪攻宛，南陽太守王國降之；宛，於元翻。降，戶江翻。遂進攻祖約軍于淮上。約將陳光起兵攻約，約左右閻禿，貌類約，禿，吐谷翻。光謂爲約而擒之，約踰垣獲免。光奔後趙。

6 壬申，葬明穆皇后于武平陵。

7 庾亮、溫嶠將起兵討蘇峻，而道路斷絕，不知建康聲聞。聞，音問。會南陽范汪至尋陽，言「峻政令不壹，貪暴縱橫，橫，戶孟翻。滅亡已兆，雖強易弱，易，以豉翻。朝廷有倒懸之急，宜時進討。」嶠深納之。亮辟汪參護軍事。

亮、嶠互相推爲盟主；嶠從弟充曰：從，才用翻。考異曰：晉春秋作「從兄」，今從晉書嶠傳。「陶征西位重兵強，侃時爲征西大將軍、都督荆、湘、雍、梁，專制上流。宜共推之。」嶠乃遣督護王愆期詣荆州，邀陶侃與之同赴國難。難，乃旦翻；下同。侃猶以不豫顧命爲恨，事見上卷咸和元年。答曰：「吾疆場外將，不敢越局。」謂內輔外禦，各有局分，不敢踰越也。將，即亮翻。嶠屢說，不能回；說，輸芮翻。乃順侃意，遣使謂之曰：「仁公且守，漢、魏以來，率呼宰輔、岳牧爲明公；今嶠呼侃爲仁公，蓋取天下歸仁之義，言晉之征鎭皆歸重於侃也。使，疏吏翻；下同。僕當先下。」使者去已二日，平南參軍滎陽毛寶嶠爲平南將軍，以寶爲參軍。別使還，聞之，還，從宣翻，又如字。說嶠曰：「凡舉大事，當與天下共之。師克在和，不宜異同。左傳：楚鬭廉曰：師克在和，不在衆也。假令可疑，猶當外示不覺，況自爲攜貳邪！宜急追信改書，信，卽使也。言必應俱進；若不及前信，當更遣使。」嶠意悟，卽追使者改書；侃果許之，遣督護龔登帥兵詣嶠。帥，讀曰率。嶠有衆七千，於是列上尚書，以侃爲盟主，與亮、嶠列名上之尚書也。上，時掌翻。陳祖約、蘇峻罪狀，移告征鎭，灑泣登舟。陶侃復追龔登還。嶠遺侃書曰：「夫軍有進而無退，可增而不可減。近已移檄遠近，言於盟府，盟府，謂侃府也；侃爲盟主，故稱爲盟府。復，扶又翻。遺，于季翻。刻後月半大舉，諸郡軍並在路次，惟須仁公軍至，便齊進耳。仁公今召軍還，疑惑遠近，成敗之由，將在於此。僕才輕任重，實憑仁公篤愛，遠稟成規；至於首啓戎行，行，戶剛翻。詩：元戎十乘，以先啓行。不敢有辭，僕與仁公，如首尾相衞，脣齒相依也。恐或者不達高旨，將謂仁公緩於討賊，此聲難追。僕與仁公並受方嶽之任，安危休戚，理既同之。且自頃之顧，綢繆往來，情深義重，綢，除留翻；繆，莫彪翻；纏綿也。一旦有急，亦望仁公悉衆見救，況社稷之難乎！今日之憂，豈惟僕一州，文武莫不翹企。言翹首企足以望侃兵之來。難，乃旦翻。假令此州不守，約、峻樹置官長於此，此，謂江州也。長，知兩翻。荆楚西逼強胡，東接逆賊，因之以饑饉，將來之危，乃當甚於此州之今日也。仁公進當爲大晉之忠臣，參桓、文之功；退當以慈父之情，雪愛子之痛。謂侃子瞻爲峻所殺。今約、峻凶逆無道，痛感天地，人心齊壹，咸皆切齒。今之進討，若以石投卵耳；苟復召兵還，是爲敗於幾成也。復，扶又翻。幾，居希翻。願深察所陳！」王愆期謂侃曰：「蘇峻，豺狼也，如得遂志，四海雖廣，公寧有容足之地乎！」侃深感悟，即戎服登舟。瞻喪至不臨，臨，力鴆翻。晝夜兼道而進。

郗鑒在廣陵，城孤糧少，逼近胡寇，近，其靳翻。人無固志。得詔書，即流涕誓衆，入赴國難，將士爭奮。難，乃旦翻。將，即亮翻。遣將軍夏侯長等間行謂溫嶠曰：「或聞賊欲挾天子東入會稽，當先立營壘，屯據要害，既防其越逸，又斷賊糧運，間，古莧翻。斷，丁管翻。然後清野堅壁以待賊。賊攻城不拔，野無所掠，東道既斷，糧運自絕，必自潰矣。」嶠深以爲然。晉都建康，糧運皆仰三吳，故欲先斷東道。王敦、蘇峻之亂，匡復之謀，郗鑒爲多。

五月，陶侃率衆至尋陽。議者咸謂侃欲誅庾亮以謝天下；亮甚懼，用溫嶠計，詣侃拜謝。侃驚，止之曰：「庾元規乃拜陶士行邪！」陶侃，字士行。亮引咎自責，風止可觀，侃不覺釋然，曰：「君侯脩石頭以擬老子，見上卷咸和元年。今日反見求邪！」卽與之談宴終日，遂與亮、嶠同趣建康。趣，七喩翻。戎卒四萬，旌旗七百餘里，鉦鼓之聲，震於遠近。

蘇峻聞西方兵起，用參軍賈寧計，自姑孰還據石頭，分兵以拒侃等。

乙未，峻逼遷帝於石頭，司徒導固爭，不從。帝哀泣升車，宮中慟哭。時天大雨，道路泥濘，濘，乃定翻，淖也。劉超、鍾雅步侍左右，峻給馬，不肯乘，而悲哀慷慨。峻聞而惡之，然未敢殺也。惡，烏路翻。以其親信許方等補司馬督、殿中監，外託宿衞，內實防禦超等。峻以倉屋爲帝宮，日來帝前肆醜言。劉超、鍾雅與右光祿大夫荀崧、金紫光祿大夫華恆、左、右光祿大夫，金章紫綬；光祿大夫，銀章青綬；加金章紫綬者，謂之金紫光祿大夫。華，戶化翻。恆，戶登翻。尚書荀邃、侍中丁潭侍從，不離帝側。從，才用翻。離，力智翻。時饑饉米貴，峻問遺，超一無所受。繾綣朝夕，遺，于季翻。繾，詰戰翻，又去演翻；綣，區願翻。繾綣，反覆不相離也。孔穎達曰：繾綣，牢固相著之意。左傳曰：繾綣從公，毋通內外。臣節愈恭；雖居幽厄之中，超猶啓帝，授孝經、論語。

峻使左光祿大夫陸曄守留臺，逼迫居民，盡聚之後苑；使匡術守苑城。

尚書左丞孔坦奔陶侃，侃以爲長史。

初，蘇峻遣尚書張闓權督東軍，司徒導密令以太后詔諭三吳吏士，漢置吳郡；吳分吳郡置吳興郡；晉又分吳興、丹楊置義興郡，是爲三吳。酈道元曰：世謂吳郡、吳興、會稽爲三吳。杜佑曰：晉、宋之間，以吳郡、吳興、丹楊爲三吳。使起義兵救天子。會稽內史王舒以庾冰行奮武將軍，使將兵一萬，西渡浙江；將，卽亮翻；下同。於是吳興太守虞潭、吳國內史蔡謨、前義興太守顧衆等皆舉兵應之。潭母孫氏謂潭曰：「汝當捨生取義，勿以吾老爲累！」累，力瑞翻。盡遣其家僮從軍，鬻其環珮以爲軍資。謨以庾冰當還舊任，卽去郡以讓冰。

蘇峻聞東方兵起，遣其將管商、張健、弘徽等拒之；虞潭等與戰，互有勝負，未能得前。

陶侃、溫嶠軍于茄子浦；嶠以南兵習水，蘇峻兵便步，南兵，謂侃、嶠之兵。便步，謂便於步戰。令：「將士有上岸者死！」上，時掌翻。會峻送米萬斛饋祖約，約遣司馬桓撫等迎之。毛寶帥千人爲嶠前鋒，帥，讀曰率；下同。告其衆曰：「兵法，『軍令有所不從』，豈可視賊可擊，不上岸擊之邪！」乃擅往襲撫，悉獲其米，斬獲萬計，約由是飢乏。嶠表寶爲廬江太守。

陶侃表王舒監浙東軍事，虞潭監浙西軍事，監，工銜翻。郗鑒都督揚州八郡諸軍事；令舒、潭皆受鑒節度。鑒帥衆渡江，與侃等會于茄子浦，類篇：茄，求加翻；菜名，子可食。茄葉似蒿蔞葉而青，子熟於夏秋之間，大如秤錘，有紫色者，有白色者，及其熟也，色正黃。蓋其地宜茄子，人多於此樹蓺，因以名浦。雍州刺史魏該亦以兵會之。雍，於用翻。

丙辰，侃等舟師直指石頭，至于蔡洲；侃屯查浦，蔡洲，在石頭西岸；查浦，在大江南岸，直秦淮口。嶠屯沙門浦。峻登烽火樓，望見士衆之盛，有懼色，謂左右曰：「吾本知溫嶠能得衆也。」

庾亮遣督護王彰擊峻黨張曜，反爲所敗。亮送節傳以謝侃。敗，補邁翻。傳，株戀翻。侃答曰：「古人三敗，謂魯將曹沫也。君侯始二；當今事急，不宜數爾。」言不宜數數如此。數，所角翻。亮司馬陳郡殷融詣侃謝曰：「將軍爲此，非融等所裁。」王彰至曰：「彰自爲之，將軍不知也。」侃曰：「昔殷融爲君子，王彰爲小人；今王彰爲君子，殷融爲小人。」

宣城內史桓彝，聞京城不守，慷慨流涕，進屯涇縣。彝自廣德進屯涇縣。時州郡多遣使降蘇峻，使，疏吏翻。降，戶江翻。裨惠復勸彝宜且與通使，以紓交至之禍。紓，緩也。交至之禍，言州郡多降，峻兵將四合而交至也。復，扶又翻。彝曰：「吾受國厚恩，義在致死，焉能忍恥與逆臣通問！焉，於虔翻。如其不濟，此則命也。」彝遣將軍俞縱守蘭石，蘭石，在涇縣東北。峻遣其將韓晃攻之。縱將敗，左右勸縱退軍。縱曰：「吾受桓侯厚恩，當以死報。吾之不可負桓侯，猶桓侯之不負國也。」遂力戰而死。晃進軍攻彝，六月，城陷，執彝，殺之。

諸軍初至石頭，卽欲決戰，陶侃曰：「賊衆方盛，難與爭鋒，當以歲月，智計破之。」旣而屢戰無功，監軍部將李根請築白石壘，是時同盟諸將無監軍事者，竊意李根蓋郗鑒軍部將也。前史旣逸「郗」字，後人遂改「鑒」爲「監」。白石壘，在石頭東北，峻極險固。杜佑曰：白石里，在臺城西，宋武帝大明四年爲蠶所，置大殿於此。侃從之。夜築壘，至曉而成。聞峻軍嚴聲，聞峻軍擊鼓嚴隊之聲。諸將咸懼其來攻。孔坦曰：「不然。若峻攻壘，必須東北風急，令我水軍不得往救；今天清靜，賊必不來。所以嚴者，必遣軍出江乘，掠京口以東矣。」已而果然。侃使庾亮以二千人守白石，峻帥步騎萬餘四面攻之，不克。帥，讀曰率。

王舒、虞潭等數與峻兵戰，不利。數，所角翻。孔坦曰：「本不須召郗公，遂使東門無限，今宜遣還，雖晚，猶勝不也。」言雖遣還之晚，猶勝不遣還也。侃乃令鑒與後將軍郭默還據京口，立大業、曲阿、庱亭三壘以分峻之兵勢，曲阿，秦雲陽縣也，前漢屬會稽郡，後漢屬吳郡，晉屬毗陵郡。大業，里名，在曲阿北。丁度曰：庱亭，在吳興。庱，丑升翻。裴松之曰：庱，攄陵翻。使郭默守大業。

壬辰，魏該卒。

祖約遣祖渙、桓撫襲湓口；湓口，在尋陽，今江州德化縣西一里有湓浦。陶侃聞之，將自擊之。毛寶曰：「義軍恃公，公不可動，寶請討之。」侃從之。渙、撫過皖，因攻譙國內史桓宣。宣時屯皖縣馬頭山。皖，戶版翻。寶往救之，爲渙、撫所敗。敗，補邁翻。箭貫寶髀，徹鞍，徹，敕列翻。寶使人蹋鞍拔箭，血流滿鞾。鞾，許戈翻。還擊渙、撫，破走之，宣乃得出，歸于溫嶠。寶進攻祖約軍于東關，拔合肥戍；會嶠召之，復歸石頭。

祖約諸將陰與後趙通謀，許爲內應。後趙將石聰、石堪引兵濟淮，攻壽春。秋，七月，約衆潰，奔歷陽，聰等虜壽春二萬餘戶而歸。

8 後趙中山公虎帥衆四萬自軹關西入，擊趙河東，軹關，在河內軹縣。帥，讀曰率。應之者五十餘縣，遂進攻蒲阪。趙主曜遣河間王述發氐、羌之衆屯秦州以備張駿、楊難敵，自將中外精銳水陸諸軍以救蒲阪，自衞關北濟；晉書地理志，汲郡汲縣有衞關。虎懼，引退。曜追之，八月，及於高候；杜佑曰：今絳州聞喜縣北有高候原。與虎戰，大破之，斬石瞻，枕尸二百餘里，枕，職鴆翻。收其資仗億計。虎奔朝歌。杜佑曰：衞州衞縣，漢朝歌縣。紂都朝歌，在今縣西。曜濟自大陽，大陽屬河東郡。應劭曰：在大河之陽，故曰大陽。唐志，陝州陝縣有大陽故關，春秋之茅津也。攻石生于金墉，決千金堨以灌之。堨，烏葛翻。分遣諸將攻汲郡、河內，後趙滎陽太守尹矩、野王太守張進等皆降之。野王縣自漢以來屬河內郡，後趙始置郡也。降，戶江翻。襄國大震。

9 張駿治兵，欲乘虛襲長安。理曹郎中索詢諫曰：理曹郎中，張氏所置，以掌刑獄。索，昔各翻。「劉曜雖東征，其子胤守長安，未易輕也。易，以豉翻；下同。借使小有所獲，彼若釋東方之圖，還與我校；禍難之期，未可量也。」難，乃旦翻。量，音良。駿乃止。

10 蘇峻腹心路永、匡術、賈寧聞祖約敗，恐事不濟，勸峻盡誅司徒導等諸大臣，更樹腹心；更，工衡翻。峻雅敬導，不許。永等更貳於峻，貳者，其心攜而兩向。導使參軍袁耽潛誘永使歸順，誘，音酉。九月，戊申，導攜二子與永皆奔白石。耽，渙之曾孫也。袁渙事曹操。

陶侃、溫嶠等與蘇峻久相持不決，峻分遣諸將東西攻掠，所嚮多捷，人情恟懼。恟，許拱翻。朝士之奔西軍者皆曰：「峻狡黠有膽決，其徒驍勇，所向無敵。朝，直遙翻。黠，下八翻。驍，堅堯翻。若天討有罪，則峻終滅亡；止以人事言之，未易除也。」溫嶠怒曰：「諸君怯懦，乃更譽賊！」譽，羊諸翻，稱揚之也。及累戰不勝，嶠亦憚之。

嶠軍食盡，貸於陶侃。貸，他代翻，借也。侃怒曰：「使君前云不憂無良將及兵食，惟欲得老僕爲主耳。今數戰皆北，良將安在！荆州接胡、蜀二虜，當備不虞；若復無食，復，扶又翻。僕便欲西歸，更思良算，徐來殄賊，不爲晚也。」嶠曰：「凡師克在和，古之善教也。光武之濟昆陽，見三十九卷漢淮陽王更始元年。曹公之拔官渡，見六十三卷漢獻帝建安五年。以寡敵衆，杖義故也。峻、約小豎，凶逆滔天，何憂不滅！峻驟勝而驕，自謂無前，今挑之戰，挑，徒了翻。可一鼓而擒也。柰何捨垂立之功，設進退之計乎！且天子幽逼，社稷危殆，乃四海臣子肝腦塗地之日。嶠等與公並受國恩，事若克濟，則臣主同祚；如其不捷，當灰身以謝先帝耳。今之事勢，義無旋踵，譬如騎虎，安可中下哉！公若違衆獨返，人心必沮；沮衆敗事，義旗將迴指於公矣。」溫嶠辭嚴義正，所以能留陶侃，共成大功。沮，在呂翻。敗，補邁翻。毛寶言於嶠曰：「下官能留陶公。」乃往說侃曰：說，輸芮翻。「公本應鎮蕪湖，爲南北勢援，前既已下，勢不可還。且軍政有進無退，非直整齊三軍，示衆必死而已，亦謂退無所據，終至滅亡。往者杜弢非不強盛，公竟滅之，見八十九卷愍帝建興三年。弢，土刀翻。何至於峻，獨不可破邪！賊亦畏死，非皆勇健，公可試與寶兵，使上岸斷賊資糧；上，時掌翻。斷，丁管翻。若寶不立效，然後公去，人心不恨矣。」侃然之，加寶督護而遣之。竟陵太守李陽說侃曰：惠帝元康九年，分江夏西界立竟陵郡。「今大事若不濟，公雖有粟，安得而食諸！」侃乃分米五萬石以餉嶠軍。毛寶燒峻句容、湖孰積聚，句容、湖孰二縣，屬丹楊郡。峻軍乏食，侃遂留不去。

張健、韓晃等急攻大業，壘中乏水，人飲糞汁。郭默懼，潛突圍出外，留兵守之；郗鑒在京口，軍士聞之皆失色。參軍曹納曰：「大業，京口之扞蔽也，一旦不守，則賊兵徑至，不可當也。請還廣陵，以俟後舉。」鑒大會僚佐，責納曰：「吾受先帝顧託之重，正復捐軀九泉，不足報塞。復，扶又翻。塞，悉則翻。今強寇在近，衆心危逼，君腹心之佐，而生長異端，長，丁丈翻，今知兩翻。當何以帥先義衆，鎮壹三軍邪！」帥，讀曰率；下同。將斬之，久乃得釋。

陶侃將救大業，長史殷羨曰：「吾兵不習步戰，救大業而不捷，則大事去矣。不如急攻石頭，則大業自解。」謂急攻蘇峻，健、晃必還救之，大業之兵自解。侃從之。羨，融之兄也。庚午，侃督水軍向石頭。庾亮、溫嶠、趙胤帥步兵萬人從白石南上，欲挑戰。峻將八千人逆戰，上，時掌翻。挑，徒了翻。將，卽亮翻；下同。遣其子碩及其將匡孝分兵先薄趙胤軍，敗之。薄，迫也。敗，補邁翻。峻方勞其將士，勞，力到翻。乘醉望見胤走，曰：「孝能破賊，我更不如邪！」因舍其衆，舍，讀曰捨。與數騎北下突陳，不得入，陳，讀曰陣。將回趨白木陂；馬躓，躓，陟利翻，跲也。白木陂，在東陵東。趨，七喩翻；下兵趨同。侃部將彭世、李千等投之以矛，峻墜馬；斬首，臠割之，焚其骨，三軍皆稱萬歲。餘衆大潰。一鼓禽峻，果如溫嶠之言。峻司馬任讓等共立峻弟逸爲主，閉城自守。任，音壬。溫嶠乃立行臺，布告遠近，凡故吏二千石以下，皆令赴臺；於是至者雲集。韓晃聞峻死，引兵趣石頭。管商、弘徽攻庱亭壘，督護李閎、輕車長史滕含擊破之。輕車長史，輕車將軍長史也。含，脩之孫也。商走詣庾亮降，降，戶江翻。餘衆皆歸張健。

11 冬，十一月，後趙王勒欲自將救洛陽，將，卽亮翻。僚佐程遐等固諫曰：「劉曜懸軍千里，勢不支久。大王不宜親動，動無萬全。」勒大怒，按劍叱遐等出。乃赦徐光，光被囚見上卷咸和元年。召而謂之曰：「劉曜乘一戰之勝，圍守洛陽，庸人之情皆謂其鋒不可當。曜帶甲十萬，攻一城而百日不克，師老卒怠，以我初銳擊之，可一戰而擒也。若洛陽不守，曜必送死冀州，後趙都襄國，冀州之地。自河已北，席卷而來，卷，讀曰捲；下同。吾事去矣。程遐等不欲吾行，卿以爲何如？」對曰：「劉曜乘高候之勢，不能進臨襄國，更守金墉，此其無能爲可知也。以大王威略臨之，彼必望旗奔敗。平定天下，在今一舉，不可失也。」勒笑曰：「光言是也。」乃使內外戒嚴，有諫者斬。命石堪、石聰及豫州刺史桃豹等各統見衆會滎陽；見，賢遍翻。中山公虎進據石門，水經註：漢靈帝於敖城西北，壘石爲門，以遏浚儀渠口，謂之石門，而滎瀆受河水，亦有石門。勒自統步騎四萬趣金墉，濟自大堨。水經註：石勒襲劉曜，塗出延津，以河冰泮爲神靈之助，號是處爲靈昌津。騎，奇寄翻。趣，七喻翻。堨，烏葛翻。

勒謂徐光曰：「曜盛兵成皋關，上策也；阻洛水，其次也；坐守洛陽，此成擒耳。」十二月，乙亥，後趙諸軍集于成皋，步卒六萬，騎二萬七千。勒見趙無守兵，大喜，舉手指天復加額曰：「天也！」復，扶又翻。卷甲銜枚，詭道兼行，出于鞏、訾之間。鞏縣，屬河南郡，有東訾城。左傳，單子取訾。杜預曰，在鞏縣西南。晉地道記曰，在縣之東。訾，子斯翻。

趙主曜專與嬖臣飲博，不撫士卒；左右或諫，曜怒，以爲妖言，斬之。嬖，卑義翻，又必計翻。妖，於驕翻。聞勒已濟河，始議增滎陽戍，杜黃馬關。據水經，黃馬坂在成皋縣，河水逕其北，謂之黃馬關。俄而洛水候者與後趙前鋒交戰，擒羯送之。曜問：「大胡自來邪？其衆幾何？」羯曰：「王自來，軍勢甚盛。」羯，居謁翻。曜色變，使攝金墉之圍，攝，收也。陳于洛西，陳，讀曰陣；下揮陳同。衆十餘萬，南北十餘里。勒望見，益喜。謂左右曰：「可以賀我矣！」勒帥步騎四萬入洛陽城。帥，讀曰率。

己卯，中山公虎引步卒三萬自城北而西，攻趙中軍，石堪、石聰等各以精騎八千自城西而北，擊趙前鋒，大戰于西陽門。西陽門，即洛城宣陽門也，城西面南頭第一門；或曰：西陽門，即第二門西明門也。勒躬貫甲冑，出自閶闔門，夾擊之。閶闔門，洛城西面北頭門。曜少而嗜酒，少，詩照翻。末年尤甚；將戰，飲酒數斗。常乘赤馬無故跼頓，跼，足踡曲不能伸也；頓，首低下不能舉也。跼，音局。乃乘小馬。比出，復飲酒斗餘。比，必寐翻。復，扶又翻；下同。至西陽門，揮陳就平。石堪因而乘之，趙兵大潰。曜昏醉退走，馬陷石渠，墜于冰上，被瘡十餘，通中者三，中，竹仲翻。爲堪所執。勒遂大破趙兵，斬首五萬餘級。下令曰：「所欲擒者一人耳，今已獲之。其敕將士抑鋒止銳，縱其歸命之路。」

曜見勒曰：「石王，頗憶重門之盟否？」據水經註，重門城，在河內共縣故城西北二十里。此盟當在懷帝永嘉四年同圍河內之時。重，直龍翻。勒使徐光謂之曰：「今日之事，天使其然，復云何邪！」復，扶又翻。乙酉，勒班師。使征東將軍石邃將兵衛送曜。邃，虎之子也。曜瘡甚，載以馬輿，使醫李永與同載。己亥，至襄國，舍曜於永豐小城，給其妓妾，嚴兵圍守。妓，渠綺翻。遣劉岳、劉震等從男女盛服以見之，岳被禽見上卷明帝太寧三年。曜曰：「吾謂卿等久爲灰土，石王仁厚，乃全宥至今邪！我殺石佗，見上卷太寧三年。愧之多矣。今日之禍，自其分耳。」分，扶問翻。留宴終日而去。勒使曜與其太子熙書，諭令速降；降，戶江翻。曜但敕熙與諸大臣「匡維社稷，勿以吾易意也。」勒見而惡之，惡，烏路翻。久之，乃殺曜。

12是歲，成漢獻王驤卒，成封李驤爲漢王。驤，思將翻。其子征東將軍壽以喪還成都。成主雄以李玝爲征北將軍、梁州刺史，代壽屯晉壽。玝，阮古翻。

四年（己丑、三二九）

1春，正月，光祿大夫陸曄及弟尚書左僕射玩說匡術，以苑城附于西軍；說，輸芮翻。百官皆赴之，推曄督宮城軍事。陶侃命毛寶守南城，鄧岳守西城。苑城之南城、西城也。

右衞將軍劉超、侍中鍾雅與建康令管旆等謀奉帝出赴西軍；事泄，蘇逸使其將平原任讓將兵入宮收超、雅。將，卽亮翻。任，音壬。帝抱持悲泣曰：「還我侍中、右衞！」讓奪而殺之。初，讓少無行，太常華恆爲本州大中正，華恆，平原高唐人。少，詩照翻。行，下孟翻。華，戶化翻。恆，戶登翻。黜其品。及讓爲蘇峻將，乘勢多所誅殺，見恆輒恭敬，不敢縱暴。及鍾、劉之死，蘇逸欲并殺恆，讓盡心救衞，恆乃得免。

2冠軍將軍趙胤遣部將甘苗擊祖約于歷陽，戊辰，約夜帥左右數百人奔後趙，爲後石勒殺祖約張本。冠，古玩翻。帥，讀曰率；下同。其將牽騰率衆出降。降，戶江翻；下同。

3蘇逸、蘇碩、韓晃幷力攻臺城，焚太極東堂及祕閣，毛寶登城，射殺數十人。射，而亦翻。晃謂寶曰：「君名勇果，何不出鬬？」寶曰：「君名健將，將，卽亮翻。何不入鬬？」晃笑而退。

4趙太子熙聞趙主曜被擒，大懼，被，皮義翻。與南陽王胤謀西保秦州。尚書胡勳曰：「今雖喪君，境土尚完，將士不叛，且當并力拒之；力不能拒，走未晚也。」胤怒，以爲沮衆，斬之，遂帥百官奔上邽，以劉胤之才武，不能守長安以抗石勒，劉曜既禽，胤膽破矣。喪，息浪翻。沮，在呂翻。諸征鎮亦皆棄所守從之，關中大亂。將軍蔣英、辛恕擁衆數十萬據長安，遣使降于後趙，後趙遣石生帥洛陽之衆赴之。

二月，丙戌，諸軍攻石頭。建威長史滕含擊蘇逸，大破之。滕含自輕車長史進建威將軍長史。蘇碩帥驍勇數百，渡淮而戰，淮，秦淮也。驍，堅堯翻。溫嶠擊斬之。韓晃等懼，以其衆就張健於曲阿，門隘不得出，更相蹈藉，更，工衡翻。藉，慈夜翻。死者萬數。西軍獲蘇逸，斬之。滕含部將曹據抱帝奔溫嶠船，羣臣見帝，頓首號泣請罪。殺西陽王羕，并其二子播、充、孫崧及彭城王雄。羕附蘇峻見上咸和三年，雄奔峻見上卷二年。陶侃與任讓有舊，爲請其死。爲，于僞翻。帝曰：「是殺吾侍中、右衛者，不可赦也。」乃殺之。司徒導入石頭，令取故節，導自討王敦時假節；其自石頭出奔也，棄之。陶侃笑曰：「蘇武節似不如是。」導有慚色。導爲侃所譏，自愧其失節。

丁亥，大赦。

張健疑弘徽等貳於己，皆殺之；帥舟師自延陵將入吳興，毗陵縣，前漢屬會稽郡，後漢分屬吳郡，晉分屬毗陵郡。師古曰：毗陵，舊延陵，漢改之。晉分毗陵、延陵爲兩縣，毗陵則今常州晉陵縣之地，延陵則今潤州丹徒、金壇之地。宋白曰：延陵縣，本漢曲阿縣地，晉太康二年，分曲阿之延陵鄉置。帥，讀曰率。乙未，揚烈將軍王允之與戰，大破之，獲男女萬餘口。健復與韓晃、馬雄等西趨故鄣，故鄣縣，漢屬丹陽郡；吳分吳郡丹楊置吳興郡，故鄣屬焉。其地本秦鄣郡所治，故曰故鄣。今湖州安吉縣，故鄣之南鄉也；今廣德軍，漢故鄣縣之地。杜佑曰：湖州長城縣西八十里鄣郡故城，即秦鄣郡縣城也。復，扶又翻。趨，七喻翻。郗鑒遣參軍李閎追之，及於平陵山，皆斬之。蘇峻傳作「巖山」。據帝紀平陵山當在溧陽界。沈約曰：吳分溧陽爲永平縣，晉武帝更名永世。董覽吳地志云：晉分永世爲平陵縣，宋文帝元嘉九年，併入永世、溧陽二縣。

是時宮闕灰燼，以建平園爲宮。溫嶠欲遷都豫章，三吳之豪請都會稽，會，工外翻。二論紛紜未決。司徒導曰：「孫仲謀、劉玄德俱言『建康王者之宅』。見六十六卷漢獻帝建安十七年。古之帝王，不必以豐儉移都；苟務本節用，何憂彫弊！若農事不修，則樂土爲墟矣。樂，音洛。且北寇游魂，伺我之隙，伺，相吏翻。一旦示弱，竄於蠻越，求之望實，懼非良計。望者，見於外者也；實者，有諸中者也。今特宜鎮之以靜，羣情自安。」由是不復徙都。以褚翜爲丹楊尹。復，扶又翻。翜，所甲翻。時兵火之後，民物彫殘，翜收集散亡，京邑遂安。

6 壬寅，以湘州并荆州。分湘州見八十六卷懷帝永嘉元年。

7 三月，壬子，論平蘇峻功，以陶侃爲侍中、太尉，封長沙郡公，加都督交、廣、寧州諸軍事；侃先督荆、襄、雍、梁四州，今加都督三州。郗鑒爲侍中、司空、南昌縣公；溫嶠爲驃騎將軍、開府儀同三司，加散騎常侍、始安郡公；晉制，驃騎將軍位從公。驃，匹妙翻。陸曄進爵江陵公；自餘賜爵侯、伯、子、男者甚衆。卞壼及二子眕、盱、桓彝、劉超、鍾雅、羊曼、陶瞻，皆加贈謚。路永、匡術、賈寧，皆蘇峻之黨也；峻未敗，永等去峻歸朝廷；王導欲賞以官爵。溫嶠曰：「永等皆峻之腹心，首爲亂階，罪莫大焉。晚雖改悟，未足以贖前罪；得全首領，爲幸多矣，豈可復褒寵之哉！」復，扶又翻；下同。導乃止。

陶侃以江陵偏遠，移鎮巴陵。江陵偏在江北，又遠建康。武帝太康元年，立巴陵縣，屬長沙郡，後置建昌郡。水經註曰：湘水北至巴丘山，入于江，右岸有巴陵故城，本吳之巴丘邸閣也。巴丘山，一名天岳山，一名幕阜；前有培塿，曰巴蛇冢。

朝議欲留溫嶠輔政，朝，直遙翻；下同。嶠以王導先帝所任，固辭還藩；又以京邑荒殘，資用不給，乃留資蓄，具器用，而後旋于武昌。

帝之出石頭也，庾亮見帝，稽顙哽咽，稽，音啓。哽，古杏翻。詔亮與大臣俱升御座。明日，亮復泥首謝罪，復，扶又翻；下同。乞骸骨，欲闔門投竄山海。帝遣尚書、侍中手詔慰喻曰：「此社稷之難，難，乃旦翻。非舅之責也。」亮上疏自陳：「祖約、蘇峻縱肆凶逆，罪由臣發，事見上卷元年。寸斬屠戮，不足以謝七廟之靈，塞四海之責。塞，悉則翻。朝廷復何理齒臣於人次，臣亦何顏自次於人理！願陛下雖垂寬宥，全其首領；猶宜棄之，任其自存自沒，則天下粗知勸戒之綱矣。」粗，坐五翻。優詔不許。亮又欲遁逃山海，自暨陽東出，武帝太康二年，分毗陵、無錫立暨陽縣，屬毗陵郡，其地在今平江府常熟縣界。杜佑曰：江陰，晉曰暨陽。按：暨陽，今江陰軍地，秦、漢爲暨陽鄉，晉置暨陽縣城；更有暨陽湖。詔有司錄奪舟船。錄，拘也，收也。亮乃求外鎮自效，出爲都督豫州・揚州之江西・宣城諸軍事、豫州、揚州之江西，淮南、廬江、弋陽、安豐、歷陽等郡也。宣城郡，屬揚州。豫州刺史，領宣城內史，鎮蕪湖。

陶侃、溫嶠之討蘇峻也，移檄征、鎮，使各引兵入援。湘州刺史益陽侯卞敦擁兵不赴，又不給軍糧，遣督護將數百人隨大軍而已，朝野莫不怪歎。不料其如此而乃如此，故怪之；又念其平昔爲何如人而今乃爲此，故歎之。及峻平，陶侃奏敦沮軍，顧望不赴國難，請檻車收付廷尉。勤王之師，侃爲盟主；湘州又侃所督也，故侃奏收敦。沮，在呂翻。難，乃旦翻。王導以喪亂之後，宜加寬宥，轉敦安南將軍、廣州刺史；病不赴，徵爲光祿大夫、領少府。敦憂愧而卒，少，詩照翻。卒，子恤翻。追贈本官，加散騎常侍，謚曰敬。謚法：夙夜警戒曰敬；合善典法曰敬。卞敦何足以當之！

臣光曰：庾亮以外戚輔政，首發禍機，國破君危，竄身苟免；卞敦位列方鎮，兵糧俱足，朝廷顛覆，坐觀勝負；人臣之罪，孰大於此！既不能明正典刑，又以寵祿報之，晉室無政，亦可知矣。任是責者，豈非王導乎！

8 徙高密王紘爲彭城王。紘，雄之弟也。

9 夏，四月，乙未，始安忠武公溫嶠卒，葬於豫章。朝廷欲爲之造大墓於元、明二帝陵之北，爲，于僞翻。太尉侃上表曰：「嶠忠誠著於聖世，勳義感於人神，使亡而有知，豈樂今日勞費之事！樂，音洛。願陛下慈恩，停其移葬。」詔從之。

以平南軍司劉胤爲江州刺史。胤本爲溫嶠軍司。陶侃、郗鑒皆言胤非方伯才，司徒導不從。或謂導子悅曰：「今大難之後，難，乃旦翻。紀綱弛頓，自江陵至于建康三千餘里，流民萬計，布在江州。江州，國之南藩，要害之地，而胤以忲侈之性，臥而對之，忲，奢也；忲，音太，又音大。不有外變，必有內患矣。」悅曰：「此溫平南之意也。」溫嶠爲平南將軍。

10 秋，八月，趙南陽王胤帥衆數萬自上邽趣長安，帥，讀曰率。趣，七喻翻。隴東、武都、安定、新平、北地、扶風、始平諸郡戎、夏皆起兵應之。魏收地形志有隴東郡，領涇陽、祖厲、撫夷三縣，蓋後趙分安定置也。應劭曰：祖，音罝。師古曰：厲，音賴。夏，戶雅翻。胤軍于仲橋；鄭國渠逕仲山，渠上有橋，謂之仲橋，在九嵕山之東。宋白曰：雍州醴泉縣城，即仲橋城。石生嬰城自守，後趙中山公虎帥騎二萬救之。九月，虎大破趙兵於義渠，義渠，戰國時義渠戎之地，前漢爲義渠縣，後漢、晉省。胤奔還上邽。虎乘勝追擊，枕尸千里。枕，職鴆翻。上邽潰，虎執趙太子熙、南陽王胤及其將王公卿校以下三千餘人，皆殺之，載記曰：自劉淵至曜，三世二十七年而滅。將，即亮翻。校，戶教翻。徙其臺省文武、關東流民、秦、雍大族九千餘人于襄國；雍，於用翻。又阬五郡屠各五千餘人于洛陽。進攻集木且羌于河西，克之，屠各，匈奴種，前趙之族類也；五郡屠各，即匈奴五部之衆。集木且，羌種落之名。屠，直於翻。且，子於翻。俘獲數萬，秦、隴悉平。氐王蒲洪、羌酋姚弋仲俱降于虎，虎表洪監六夷軍事，酋，慈由翻。降，戶江翻。監，工銜翻。弋仲爲六夷左都督。徙氐、羌十五萬落于司、冀州。

11 初，隴西鮮卑乞伏述延居于苑川，乞伏，鮮卑部落之名，後以爲姓。苑川水，出天水勇士縣之子城南山，東流歷子城川，又北逕牧師苑，故漢牧苑之地也，有東、西苑城，相去七里，西城卽乞伏所都也。杜佑曰：苑川，在蘭州五泉縣界。侵幷鄰部，士馬強盛。及趙亡，述延懼，遷于麥田。述延卒，子傉大寒立；傉大寒卒，子司繁立。水經註：麥田山，在安定北界；山之東北，有麥田城，又北有麥田泉。傉，奴沃翻。乞伏始見于此。

12 江州刺史劉胤矜豪日甚，專務商販，殖財百萬，縱酒耽樂，不恤政事。冬，十二月，詔徵後將軍郭默爲右軍將軍。默樂爲邊將，不願宿衞，以情愬於胤。默蓋自平蘇峻，還至尋陽而被徵也。晉志云，按魏明帝時有左軍，則左軍，魏官也；武帝時，又置前軍、右軍，泰始八年，又置後軍，是爲四軍，皆宿衞兵也。樂，音洛。邊將，卽亮翻；下同。胤曰：「此非小人之所及也。」晉以後，文武之士率稱小人，今西北之人猶然。默將赴召，求資於胤，胤不與，默由是怨胤。胤長史張滿等素輕默，或倮露見之，倮，郎果翻。默常切齒。臘日，胤餉默豚酒，默對信投之水中。信，使也。會有司奏：「今朝廷空竭，百官無祿，惟資江州運漕；而胤商旅繼路，以私廢公，請免胤官。」書下，下，遐稼翻。胤不卽歸罪，方自申理。僑人蓋肫掠人女爲妻，寄寓者爲僑人。蓋，古盍翻。肫，徒昆翻。張滿使還其家，肫不從，而謂郭默曰：「劉江州不受免，謂胤不受免官之命也。密有異圖，與張滿等日夜計議，惟忌郭侯一人，欲先除之。」默以爲然，帥其徒候旦門開襲胤。帥，讀曰率。胤將吏欲拒默，默呵之曰：「我被詔有所討，被，皮義翻。動者誅三族！」遂入至內寢，牽胤下，斬之；出，取胤僚佐張滿等，誣以大逆，悉斬之。傳胤首于京師，詐作詔書，宣示內外。掠胤女及諸妾孔穎達曰：妾之言接也；聞彼有禮，走而往以得接見于君子也。幷金寶還船，初云下都，既而停胤故府。招引譙國內史桓宣，宣固守不從。桓宣自去年歸溫嶠，屯于武昌。

13 是歲，賀蘭部及諸大人共立拓拔翳槐爲代王，賀蘭部擁護翳槐，見上卷咸和二年。代王紇那奔宇文部。後周書言宇文之先出自炎帝，炎帝爲黃帝所滅，其子孫遁居朔野。後有大人普回，因狩得玉璽，文曰「皇帝璽」，普回以爲天授。其俗謂天子曰「宇文」，故國號宇文，因以爲氏。余謂此蓋宇文氏既興於關西，其臣子爲之緣飾耳。李延壽曰：宇文部出遼東塞外，其先南單于之遠屬也，世爲東部大人。此言爲得其實。翳槐遣其弟什翼犍質於趙以請和。犍，居言翻。質，音致。

14 河南王吐延，雄勇多猜忌，羌酋姜聰刺之；酋，慈由翻。刺，七亦翻。吐延不抽劍，召其將紇扢埿，紇，胡骨翻，又恨竭翻。扢，古齕翻，又胡骨翻。埿，與泥同。使輔其子葉延，保于白蘭，白蘭，在吐谷渾西南，其地險遠，羌之別種居之；西北接利摸徒，南界郙鄂；風俗物產與宕昌略同。抽劍而死。葉延孝而好學，好，呼到翻。以爲禮「公孫之子得以王父字爲氏」，乃自號其國曰吐谷渾。左傳，魯衆仲曰：「天子建德，因生以賜姓，胙之土而命之氏：諸侯以字。」杜預註曰：諸侯之子稱公子，公子之子稱公孫，公孫之子以王父字爲氏。

五年（庚寅、三三〇）

1 春，正月，劉胤首至建康。司徒導以郭默驍勇難制，己亥，大赦，梟胤首於大航，驍、梟，並音堅堯翻。以默爲江州刺史。太尉侃聞之，投袂起曰：「此必詐也。」卽將兵討之。默遣使送妓妾及絹，幷寫中詔呈侃。妓，渠綺翻。參佐多諫曰：「默不被詔，豈敢爲此！被，皮義翻。若欲進軍，宜待詔報。」侃厲色曰：「國家年幼，詔令不出胸懷。劉胤爲朝廷所禮，雖方任非才，何緣猥加極刑！郭默恃勇，所在貪暴；以大難新除，謂蘇峻新平也。難，乃旦翻。禁網寬簡，欲因際會騁其從横耳！」騁，丑郢翻。從，子容翻。發使上表言狀，使，疏吏翻。上，時掌翻。且與導書曰：「郭默殺方州卽用爲方州，害宰相便爲宰相乎？」導乃收胤首，答侃書曰：「默據上流之勢，加有船艦成資，艦，戶黯翻。故苞含隱忍，使有其地，朝廷得以潛嚴；潛，密也；潛嚴，密敕諸軍嚴裝也。俟足下軍到，風發相赴，風發，言其速也。豈非遵養時晦以定大事者邪！」侃笑曰：「是乃遵養時賊也！」

豫州刺史庾亮亦請討默。詔加亮征討都督，帥步騎二萬往與侃會。帥，讀曰率。西陽太守鄧岳、武昌太守劉詡皆疑桓宣與默同。豫州西曹王隨曰：「宣尚不附祖約，事見上卷咸和二年。豈肯同郭默邪！」岳、詡遣隨詣宣觀之，隨說宣曰：「明府心雖不爾，不爾，猶言不如此也。說，輸芮翻。無以自明，惟有以賢子付隨耳！」宣乃遣其子戎與隨俱迎陶侃。侃辟戎爲掾，掾，于眷翻。上宣爲武昌太守。上，時掌翻；上言於天臺也。

2 二月，後趙羣臣請後趙王勒即皇帝位；勒乃稱大趙天王，行皇帝事。勒，字世龍，初名匐，上黨武鄉羯人也。其先匈奴別部羌渠之冑，祖耶奕于，父周曷朱，一名乞翼加，並爲部落小帥。立妃劉氏爲王后，世子弘爲太子。以其子宏爲驃騎大將軍、都督中外諸軍事、大單于，封秦王；驃，匹妙翻。單，音蟬。斌爲左衞將軍，封太原王；斌，音彬。恢爲輔國將軍，封南陽王。以中山公虎爲太尉、尚書令，進爵爲王；虎子邃爲冀州刺史，封齊王；宣爲左將軍；挺爲侍中，封梁王。又封石生爲河東王，石堪爲彭城王。以左長史郭敖爲尚書左僕射，右長史程遐爲右僕射、領吏部尚書，左司馬夔安、右司馬郭殷、從事中郎李鳳、前郎中令裴憲，皆爲尚書，參軍事徐光爲中書令、領祕書監。自餘文武，封拜各有差。

中山王虎怒，私謂齊王邃曰：「主上自都襄國以來，懷帝永嘉六年，勒據襄國。端拱仰成，仰，牛向翻。以吾身當矢石，二十餘年，南擒劉岳，見上卷明帝太寧三年。北走索頭，見上卷咸和二年。索，昔各翻。東平齊、魯，西定秦、雍，平齊、魯，謂滅徐龕、曹嶷也，見九十二卷元帝永昌元年、明帝太寧元年。定秦、雍，謂滅劉氏，降苻、姚也。克十有三州。成大趙之業者，我也；大單于當以授我，今乃以與黄吻婢兒，吻，武粉翻。口邊曰吻。鳥雛始出巢者，口黄未褪，目之曰黄吻，言少艾也。念之令人氣塞，不能寢食！待主上晏駕之後，不足復留種也。」塞，悉則翻。復，扶又翻。種，章勇翻。程遐言於勒曰：「天下粗定，粗，坐五翻。當顯明逆順，故漢高祖赦季布，斬丁公。事見十一卷高祖五年。大王自起兵以來，見忠於其君者輒褒之，背叛不臣者輒誅之，背，蒲妹翻。此天下所以歸盛德也。今祖約猶存，臣竊惑之。」安西將軍姚弋仲亦以爲言。勒乃收約，并其親屬中外百餘人悉誅之，妻妾、兒女分賜諸胡。

初，祖逖有胡奴曰王安，逖甚愛之。在雍丘，謂安曰：「石勒是汝種類，種，章勇翻。吾亦無在爾一人。」厚資送而遣之。安以勇幹，仕趙爲左衛將軍。及約之誅，安歎曰：「豈可使祖士稚無後乎？」祖逖，字士稚。乃往就市觀刑。逖庶子道重，始十歲，安竊取以歸，匿之，變服爲沙門。及石氏亡，道重復歸江南。

3郭默欲南據豫章，欲自尋陽而南據也。會太尉侃兵至，默出戰不利，入城固守，聚米爲壘，以示有餘。侃築土山臨之。三月，庾亮兵至湓口，湓口，湓浦口也。湓，蒲奔翻。諸軍大集。夏，五月，乙卯，默將宋侯縛默父子出降。將，即亮翻。降，戶江翻。侃斬默于軍門，傳首建康，同黨死者四十人。詔以侃都督江州，領刺史；至是侃都督八州。以鄧岳督交、廣諸軍事，領廣州刺史。侃還巴陵，因移鎮武昌。庾亮還蕪湖，辭爵賞不受。

4 趙將劉徵帥衆數千，浮海抄東南諸縣，殺南沙都尉許儒。沈約志，晉陵太守有南沙令，本吳縣司鹽都尉署；吳時名沙中，吳平後，立暨陽，割屬之；晉成帝咸康七年，罷鹽署，立以爲南沙縣。今平江府常熟縣地。帥，讀曰率。抄，楚交翻。

5 張駿因前趙之亡，復收河南地，至于狄道，置五屯護軍，與趙分境。駿失河南地見上卷咸和二年。五屯護軍，武街、石門、侯和、漒川、甘松也。六月，趙遣鴻臚孟毅拜駿征西大將軍、涼州牧，加九錫。臚，陵如翻。駿恥爲之臣，不受，留毅不遣。

6 初，丁零翟斌，世居康居，後徙中國，至是入朝於趙；趙以斌爲句町王。朝，直遙翻。句，音昫。町，音挺。考異曰：晉書春秋作「翟眞」。按：秦亡後，慕容垂誅翟斌，斌兄子眞北走，故知此乃斌也。

7 趙羣臣固請正尊號，秋，九月，趙王勒卽皇帝位。考異曰：載記云：「自襄國都臨漳。」卽鄴也。按建平二年四月，勒如鄴，議營新宮；三年，勒如鄴，臨石虎第；勒疾，虎詐召石宏還襄國，至虎建武元年九月，始遷鄴。是勒未嘗都鄴也。大赦，改元建平。文武封進各有差。立其妻劉氏爲皇后，太子弘爲皇太子。弘好屬文，好，呼到翻。屬，之欲翻。親敬儒素。勒謂徐光曰：「大雅愔愔，弘，字大雅。愔愔，安和貌，音揖淫翻。殊不似將家子。」將，卽亮翻。光曰：「漢祖以馬上取天下，孝文以玄默守之。聖人之後，必有勝殘去殺者，天之道也。」論語：孔子曰：善人爲邦百年，亦可以勝殘去殺矣。王氏註曰：勝殘，能使殘暴之人不爲惡也；去殺，去刑殺也。勝，音升。去，羌呂翻。勒甚悅。光因說曰：說，輸芮翻。「皇太子仁孝溫恭，中山王雄暴多詐，陛下一旦不諱，臣恐社稷非太子所有也。宜漸奪中山王權，使太子早參朝政。」朝，直遙翻。勒心然之，而未能從。

8 趙荊州監軍郭敬寇襄陽。南中郎將周撫監沔北軍事，屯襄陽。監，工銜翻。趙主勒以驛書敕敬退屯樊城，使之偃藏旗幟，寂若無人。幟，尺志翻。曰：「彼若使人觀察，則告之曰：『汝宜自愛堅守，後七八日，大騎將至，騎，奇寄翻。相策，相策，謂相策應也，杜佑通典作「相禁」。一曰：「相策」屬下句；策，計也，猶言計汝不復得而走也。不復得走矣。』」復，扶又翻；下同。敬使人浴馬于津，周而復始，晝夜不絕。偵者還以告周撫，偵，丑鄭翻。撫以爲趙兵大至，懼，奔武昌。敬入襄陽，中州流民悉降于趙；魏該弟遐帥其部衆自石城降敬。帥，讀曰率。降，戶江翻。敬毀襄陽城，遷其民于沔北，城樊城以戍之。趙以敬爲荊州刺史。周撫坐免官。

9 休屠王羌叛趙，休屠王羌，石武之部落也。屠，直於翻。趙河東王生擊破之，羌奔涼州。西平公駿懼，遣孟毅還，使其長史馬詵稱臣入貢於趙。

10 更造新宮。蘇峻之亂，宮闕焚毀，故更造之。更，工衡翻。

11 甲辰，徙樂成王欽爲河間王，河間王顒之死也，詔以彭城王植子融爲顒嗣，改封樂成縣王，薨，無子，元帝又以彭城王釋子欽爲融嗣；今復其河間舊封。封彭城王紘子俊爲高密王。初，元帝以紘繼高密王據後，及彭城王雄以附蘇峻誅，紘還繼本宗，以俊奉高密王後。考異曰：宗室傳作「浚」。今從帝紀。

12冬，十月，成大將軍壽督征南將軍費黑等攻巴東建平，拔之。巴東太守楊謙、監軍毌丘奥退保宜都。費，扶沸翻。監，工銜翻。考異曰：帝紀作「陽謙」，今從李雄載記。

六年（辛卯、三三一）

1春，正月，趙劉徵復寇婁縣，掠武進，婁縣，前漢屬會稽郡，後漢、晉屬吳郡。吳孫權嘉禾三年，改丹徒曰武進；晉武帝太康三年，復曰丹徒，仍分丹徒、曲阿立武進縣，屬毗陵郡；晉改毗陵曰晉陵。劉昫曰：唐蘇州崑山縣，漢婁縣地。復，扶又翻；下同。郗鑒擊卻之。

2三月，壬戌朔，日有食之。

3夏，趙主勒如鄴，將營新宮；廷尉上黨續咸苦諫，勒怒，欲斬之。中書令徐光曰：「咸言不可用，亦當容之，柰何一旦以直言斬列卿乎！」勒嘆曰：「爲人君，不得自專如是乎！匹夫家貲滿百匹，猶欲市宅，況富有四海乎！此宮終當營之，且敕停作，以成吾直臣之氣。」因賜咸絹百匹，稻百斛。又詔公卿以下歲舉賢良方正，仍令舉人得更相薦引，以廣求賢之路。起明堂、辟雍、靈臺于襄國城西。史言石勒能矯其獷悍之習而脩文。

4秋，七月，成大將軍壽攻陰平、武都，楊難敵降之。降，戶江翻。

5九月，趙主勒復營鄴宮；以洛陽爲南都，置行臺。

6冬，蒸祭太廟，詔歸胙於司徒導，禮記，冬祭曰「烝」，史、漢亦作「蒸祭」。餘肉曰胙，今謂之祭福肉。

且命無下拜；晉以周之禮齊桓公者禮王導。導辭疾不敢當。初，帝卽位沖幼，每見導必拜；與導手詔則云「惶恐言」，中書作詔則曰「敬問」。有司議：「元會日，帝應敬導不？」不，讀曰否。博士郭熙、杜援議，以爲：「禮無拜臣之文，謂宜除敬。」侍中馮懷議，以爲：「天子臨辟雍，拜三老，況先帝師傅；謂宜盡敬。」侍中荀奕議，以爲：「三朝之首，元旦爲三朝，謂歲之朝、月之朝、日之朝。朝，如字。宜明君臣之體，則不應敬；若他日小會，自可盡禮。」以君拜臣，謂之盡禮，可乎？詔從之。奕，組之子也。

7 慕容廆遣使與太尉陶侃牋，勸以興兵北伐，共淸中原。僚屬宋該等共議，以「廆立功一隅，位卑任重，等差無別，不足以鎭華、夷，宜表請進廆官爵。」參軍韓恆駁曰：廆，戶罪翻。使，疏吏翻。恆，戶登翻。駁，北角翻。「夫立功者患信義不著，不患名位不高。桓、文有匡復之功，不先求禮命以令諸侯。宜繕甲兵，除羣凶，功成之後，九錫自至。比於邀君以求寵，不亦榮乎！」廆不悅，出恆爲新昌令。新昌縣，屬遼東郡。於是東夷校尉封抽等疏上侃府，上，時掌翻。請封廆爲燕王，行大將軍事。侃復書曰：「夫功成進爵，古之成制也。車騎雖未能爲官摧勒，廆加車騎將軍，故侃稱之。官，謂天子；勒，謂石勒也。騎，奇寄翻。然忠義竭誠；今騰牋上聽，騰牋以達上聽。可不、遲速，當在天臺也。」陶侃復書殊得體。天臺，尊晉室也。不，讀曰否。

資治通鑑卷第九十五

端明殿學士兼翰林侍讀學士朝散大夫右諫議大夫充集賢殿修撰權判西京留司御史臺上柱國河內郡開國侯食邑一千三百戶食實封四百戶賜紫金魚袋臣　司馬光　奉敕編集
後　學　天　台　胡三省　音　註

晉紀十七起玄黓執徐（壬辰），盡强圉作噩（丁酉），凡六年。

顯宗成皇帝中之上

咸和七年（壬辰、三三二）

1 春，正月，辛未，大赦。

2 趙主勒大饗羣臣，考異曰：晉春秋云：「陶侃遣使聘後趙，趙王勒饗之。」按侃與勒必無通使之理，今不取。載記云：「勒因饗高句麗、宇文屋孤使。」今但云饗羣臣。謂徐光曰：「朕可方自古何等主？」方，比也。對曰：「陛下神武謀略過於漢高，後世無可比者。」勒笑曰：「人豈不自知！卿言太過。朕若遇漢高祖，當北面事之，與韓、彭比肩；戴溪曰：勒豈眞知高帝者，特自視不如韓、彭故耳。若遇光武，當並驅中原，未知鹿死誰手。大丈夫行事，宜礌礌落落，如日月皎然，礌，落猥翻。終不效曹孟德、司馬仲達欺人孤兒、寡婦，狐媚以取天下也。」狐，妖獸也，能蠱媚人。石勒以此論曹、馬，使死者有知，孟德、仲達，其抱愧於地下矣！　羣臣皆頓首稱萬歲。

勒雖不學，好使諸生讀書而聽之，好，呼到翻。時以其意論古今得失，聞者莫不悅服。嘗使人讀漢書，聞酈食其勸立六國後，事見十卷漢高帝三年。驚曰：「此法當失，何以遂得天下？」及聞留侯諫，乃曰：「賴有此耳。」

3郭敬之退戍樊城也，事見上卷五年。晉人復取襄陽，夏，四月，敬復攻拔之，敬復，扶又翻。留戍而歸。

4趙右僕射程遐言於趙主勒曰：「中山王勇悍權略，羣臣莫及；觀其志，自陛下之外，視之蔑如；蔑，無也，言視之若無也。加以殘賊安忍，孟子曰：賊人者謂之賊，賊義者謂之殘。左傳，衆仲曰：安忍無親。久爲將帥，威振內外，其諸子年長，皆典兵權；虎子邃、宣，勒皆使之典兵。將，即亮翻。帥，所類翻。長，知兩翻。陛下在，自當無他，恐非少主之臣也。少，詩照翻。宜早除之，以便大計。」勒曰：「今天下未安，大雅沖幼，宜得強輔。中山王骨肉至親，有佐命之功，方當委以伊、霍之任，何至如卿所言！卿正恐不得擅帝舅之權耳；吾亦當參卿顧命，勿過憂也。」遐泣曰：「臣所慮者公家，陛下乃以私計拒之，忠言何自而入乎！中山王雖爲皇太后所養，非陛下天屬，載記曰：虎，勒之從子也，祖曰匐邪，父曰寇覓。勒父朱幼而子虎，故或稱勒弟焉。雖有微功，陛下酬其父子恩榮亦足矣，而其志願無極，謂虎有窺覦天位之志。豈將來有益者乎！若不除之，臣見宗廟不血食矣。」勒不聽。

遐退，告徐光，光曰：「中山王常切齒於吾二人，恐非但危國，亦將爲家禍也。」他日，光承間言於勒曰：間，古莧翻。「今國家無事，而陛下神色若有不怡，何也？」怡，悅也。勒曰：「吳、蜀未平，吾恐後世不以吾爲受命之王也。」光曰：「魏承漢運，劉備雖興於蜀，漢豈得爲不亡乎！以喻晉也。孫權在吳，猶今之李氏也。陛下苞括二都，平蕩八州，二都，長安、洛陽；八州，冀、幽、幷、青、兗、豫、司、雍也。帝王之統不在陛下，當復在誰！復，扶又翻；下同。且陛下不憂腹心之疾，而更憂四支乎！中山王藉陛下威略，所向輒克，而天下皆言其英武亞於陛下。且其資性不仁，見利忘義，父子並據權位，勢傾王室；而耿耿常有不滿之心；近於東宮侍宴，有輕皇太子之色。臣恐陛下萬年之後，不可復制也。」復，扶又翻。勒默然，始命太子省可尚書奏事，省，悉景翻。且以中常侍嚴震參綜可否，惟征伐斷斬大事乃呈之。斷，丁亂翻。於是嚴震之權過於主相，相，息亮翻。中山王虎之門可設雀羅矣。漢書曰：翟公爲廷尉，賓客塡門；及廢，門外可設雀羅。師古註云：言其寂靜無人行也。虎愈怏怏不悅。爲後虎殺徐光、程遐張本。怏，於兩翻。

秋，趙郭敬南掠江西，江西，謂郗城以東至歷陽也。太尉侃遣其子平西參軍斌斌，音彬。及南中郎將桓宣乘虛攻樊城，悉俘其衆。敬旋救樊，宣與戰于涅水，破之，水經註：涅水出涅陽縣西北岐棘山，東南逕涅陽縣，又東南逕安衆縣，又東南至新野縣，東入于淯。涅，奴結翻。皆得其所掠。侃兄子臻及竟陵太守李陽攻新野，拔之。敬懼，遁去；宣【章：十二行本「宣」下有「陽」字；乙十一行本同；退齋校同。】遂拔襄陽。

侃使宣鎭襄陽。宣招懷初附，簡刑罰，略威儀，勸課農桑，或載鉏耒於軺軒，鉏，立薅所用農器也。耒，盧對翻，手耕曲木也。孔穎達曰：耒以曲木爲之，長六尺六寸，底長尺有一寸，中央直者三尺有三寸，句者二尺有二寸。底，謂耒下向前曲接耜者頭而著耜。耜，金鐵爲之。鄭玄曰：耜者，耒之金也，廣五寸，田器，鎡錤之屬。軺，音遙，使者小車駕馬者也。軒，曲輈也。闌板曰軒。親帥民芸穫。帥，讀曰率。在襄陽十餘年，趙人再攻之，宣以寡弱拒守，趙人不能勝；時人以爲亞於祖逖、周訪。史終言宣守襄陽之功。

6成大將軍壽寇寧州，以其征東將軍費黑爲前鋒，出廣漢，鎭南將軍任回出越巂，以分寧州之兵。費，扶沸翻。任，音壬。巂，音髓。

7冬，十月，壽、黑至朱提，朱提太守董炳城守，朱提，音銖時。寧州刺史尹奉遣建寧太守霍彪引兵助之。壽欲逆拒彪，黑曰：「城中食少，少，詩沼翻。宜縱彪入城，共消其穀，何爲拒之！」壽從之。城久不下，壽欲急攻之。黑曰：「南中險阻難服，當以日月制之，待其智勇俱困，然後取之，溷牢之物，何足汲汲也。」溷，與圂同，胡困翻。圂，廁也，豕所居也。牢，亦犬豕所居也。言城已受圍，如犬豕在圂牢中，不患其逸出也。鄭氏曰：牢，閑也。必有閑者，防禽獸觸齧。疏曰：養馬者謂之閑，養牛羊者謂之牢。言閑，見其閑衛；言牢，見其牢固；所從言之異，其實一物也。壽不從，攻果不利，乃悉以軍事任黑。

8 十一月，壬子朔，進太尉侃爲大將軍，劍履上殿，入朝不趨，贊拜不名；上，時掌翻。朝，直遥翻。侃固辭不受。

9 十二月，庚戌，帝遷于新宮。五年作新宮，至是而成，乃遷居之。

10 是歲，涼州僚屬勸張駿稱涼王，領秦、涼二州牧，置公卿百官如魏武、晉文故事。魏武事見六十七卷漢獻帝建安二十一年，晉文事見七十九卷魏元帝咸熙元年。駿曰：「此非人臣所宜言也。敢言此者，罪不赦！」然境内皆稱之爲王。駿立次子重華爲世子。重，直龍翻。

八年（癸巳、三三三）

1 春，正月，成大將軍李壽拔朱提，董炳、霍彪皆降，降，戶江翻；下同。壽威震南中。

2 丙子，趙主勒遣使來脩好，使，疏吏翻。好，呼到翻。詔焚其幣。晉雖未能復君父之讎，而焚幣一事，猶足舒忠臣義士之氣。

3 三月，寧州刺史尹奉降于成，成盡有南中之地；大赦，以大將軍壽領寧州。

4 夏，五月，甲寅，遼東武宣公慕容廆卒。六月，世子皝以平北將軍行平州刺史，督攝部内；皝，字元眞，廆第三子。廆，戶罪翻。皝，呼廣翻。赦繫囚。以長史裴開爲軍諮祭酒，郎中令高詡爲玄菟太守。皝以帶方太守王誕爲左長史，誕以遼東太守陽騖爲才而讓之；皝從之，以誕爲右長史。國之興也，其臣推賢讓能；國之衰也，其臣矜己忌前。鶩，音務。

趙主勒寢疾，中山王虎入侍禁中，矯詔，羣臣親戚皆不得入；疾之增損，外無知者。又矯詔召秦王宏、彭城王堪還襄國。勒以宏都督中外諸軍事，蓋使之鎮鄴。堪蓋在河南。勒疾小瘳，見宏，驚曰：「吾使王處藩鎮，處，昌呂翻。正備今日，有召王者邪，將自來邪？有召者，當按誅之！」虎懼曰：「秦王思慕，暫還耳，今遣之。」仍留不遣。數日，復問之，復，扶又翻。虎曰：「受詔卽遣，今已半道矣。」廣阿有蝗，廣阿縣，前漢屬鉅鹿郡，後漢、晉省；後魏復置廣阿縣，屬南趙郡；隋改爲大陸縣；唐武德間，改爲象城縣，天寶初改爲昭慶縣，屬趙州。虎密使其子冀州刺史邃帥騎三千遊於蝗所。恐勒死有變，使邃遊于蝗所，若捕蝗者，以爲外應。帥，讀曰率。騎，奇寄翻。

秋，七月，勒疾篤，遺命曰：「大雅兄弟，宜善相保，司馬氏，汝曹之前車也。前車之覆，後車之戒；戒其兄弟自相殘也。中山王宜深思周、霍，勿爲將來口實。」謂當如周公、霍光之輔幼孤也。勒謂此言可以繫虎之手足邪！此數語亦徐光、程遐爲之耳。戊辰，勒卒。年六十。中山王虎劫太子弘使臨軒，收右光祿大夫程遐、中書令徐光，下廷尉，下，遐稼翻。召邃使將兵入宿衞，將，卽亮翻。文武皆奔散。弘大懼，自陳劣弱，讓位於虎。虎曰：「君終，太子立，禮之常也。」弘涕泣固讓，虎怒曰：「若不堪重任，天下自有大義，何足豫論！」弘乃卽位。弘，字大雅，勒第二子。大赦。殺程遐、徐光。光、遐固知禍之及己，然亦不料如是之速。夜，以勒喪潛瘞山谷，莫知其處。己卯，備儀衞，虛葬于高平陵，勒卒十二日而葬，未有如是之速者也。虎既潛葬勒，其所以爲身後之計者，亦不過如此，卒爲女子所告，果何益哉！瘞，於計翻。諡曰明帝，廟號高祖。

趙將石聰及譙郡太守彭彪，各遣使來降。聰時鎮譙城。守，式又翻。降，戶江翻。聰本晉人，冒姓石氏。朝廷遣督護喬球將兵救之，未至，聰等爲虎所誅。

6 慕容皝遣長史勃海王濟等來告喪。皝，呼廣翻。

7 八月，趙主弘以中山王虎爲丞相、魏王、大單于，加九錫，單，音蟬。以魏郡等十三郡爲國，總攝百揆。虎赦其境內，立妻鄭氏爲魏王后；子邃爲魏太子，加使持節、侍中、都督中外諸軍事、大將軍、錄尚書事；次子宣爲使持節、車騎大將軍、冀州刺史，封河間王；使，疏吏翻。韜爲前鋒將軍、司隸校尉，封樂安王；遵封齊王，鑒封代王，苞封樂平王；徙平原【嚴：「平原」改「太原」。】王斌爲章武王。斌，音彬。勒文武舊臣，皆補散任；虎之府寮親屬，悉署臺省要職。虎居鄴，子邃都督中外諸軍，宣據信都，府寮親屬分領臺省；弘處尊位，特寄坐耳。散，悉亶翻。以鎮軍將軍夔安領左僕射，尚書郭殷爲右僕射。更命太子宮曰崇訓宮，更，工衡翻。太后劉氏以下皆徙居之。選勒宮人及車馬、服玩之美者，皆入丞相府。

8 宇文乞得歸爲其東部大人逸豆歸所逐，走死于外。慕容皝引兵討之，軍于廣安；廣安，在棘城之北。逸豆歸懼而請和，遂築榆陰、安晉二城而還。榆陰城，蓋在大榆河之陰；安晉城，在威德城東南。

9 成建寧、牂柯二郡來降，李壽復擊取之。牂柯，音臧哥。降，戶江翻。復，扶又翻；下同。

10 趙劉太后謂彭城王堪曰：「先帝甫晏駕，丞相遽相陵藉如此。陵，駕也，轢也。藉，蹈也。藉，慈夜翻。帝祚之亡，殆不復久，王將若之何？」堪曰：「先帝舊臣，皆被疏斥，軍旅不復由人，謂虎諸子皆握兵權也。被，皮義翻。宮省之內，無可爲者，謂宿衞及臺省要職，皆虎之府寮、親屬，無與共謀匡正者。臣請奔兗州，挾南陽王恢爲盟主，恢，勒少子也，時鎮廩丘。據廩丘，宣太后詔於牧、守、征、鎮，使各舉兵以誅暴逆，庶幾猶有濟也。」幾，居希翻。劉氏曰：「事急矣！當速爲之。」九月，堪微服、輕騎襲兗州，不克，南奔譙城。騎，奇寄翻。丞相虎遣其將郭太追之，獲堪于城父，父，音甫。送襄國，炙而殺之。徵南陽王恢還襄國。劉氏謀泄，虎廢而殺之，尊弘母程氏爲皇太后。堪本田氏子，數有功，數，所角翻。趙主勒養以爲子。劉氏有膽略，勒每與之參決軍事，佐勒建功業，有呂后之風，而不妬忌更過之。呂后能誅韓信、彭越，劉氏不能制虎，殆不及也。

趙河東王生鎮關中，石朗鎮洛陽。劉胤之西奔也，石生自洛陽鎮長安，朗代生鎮洛陽。冬，十月，生、朗皆舉兵以討丞相虎；生自稱秦州刺史，遣使來降。降，戶江翻。氐帥蒲洪自稱雍州刺史，西附張駿。咸和四年，洪降于虎，今以趙亂而叛。帥，所類翻。

虎留太子邃守襄國，將步騎七萬攻朗于金墉；金墉潰，獲朗，刖而斬之；將，卽亮翻。騎，奇寄翻。刖，音月。進向長安，以梁王挺爲前鋒大都督。挺，虎之子也。生遣將軍郭權帥鮮卑涉璝衆二萬爲前鋒以拒之，帥，讀曰率。璝，公回翻。生將大軍繼發，軍于蒲阪。權與挺戰於潼關，大破之，挺及丞相左長史劉隗皆死，此劉隗，意卽自晉奔趙者。虎還奔澠池，澠，彌兗翻。枕尸三百餘里。枕，職任翻。鮮卑潛與虎通謀，反擊生。生不知挺已死，懼，單騎奔長安。權收餘衆，退屯渭汭。孔安國曰，水北曰汭。杜預曰，水之隈曲曰汭，音如銳翻。生遂棄長安，匿於雞頭山。張守節曰：括地志云：雞頭山在成州上祿縣東北二十里，在長安西南九百六十里。酈道元云：蓋大隴山異名也。後漢書，隗囂使王孟塞雞頭道，卽此也。按原州平高縣西百里亦有笄頭山，在長安西北八百里。將軍蔣英據長安拒守，虎進兵擊英，斬之。生麾下斬生以降；權奔隴右。

虎分命諸將屯汧、隴，汧，苦堅翻。遣將軍麻秋討蒲洪。風俗通，麻，齊大夫麻嬰之後。洪帥戶二萬降於虎，帥，讀曰率。降，戶江翻。虎迎拜洪光烈將軍、前此未有光烈將軍號，石虎創置也。護氐校尉。漢有護羌校尉，虎以此官授洪，使之監護羣氐。洪至長安，說虎徙關中豪傑及氐、羌以實東方，說，輸芮翻。曰：「諸氐皆洪家部曲，洪帥以從，誰敢違者！」虎從之，徙秦、雍民及氐、羌十餘萬戶于關東。雍，於用翻。以洪爲龍驤將軍、流民都督，使居枋頭；爲苻洪子健自枋頭入關中張本。驤，思將翻。枋，音方。以羌帥姚弋仲爲奮武將軍、西羌大都督，使帥其衆數萬徙居清河之灄頭。羌帥，所類翻。灄，日涉翻。水經註：清河過廣川縣東，水側有羌壘，姚氏之故居也。爲姚弋仲父子自灄頭起兵張本。

虎還襄國，大赦。趙主弘命虎建魏臺，一如魏武王輔漢故事。

11 慕容皝初嗣位，用法嚴峻，國人多不自安，主簿皇甫眞切諫，不聽。皝庶兄建威將軍翰、母弟征虜將軍仁，有勇略，屢立戰功，得士心；季弟昭，有才藝；皆有寵於廆。皝忌之，翰歎曰：「吾受事於先公，不敢不盡力，幸賴先公之靈，所向有功，此乃天贊吾國，非人力也。而人謂吾之所辦，以爲雄才難制，吾豈可坐而待禍邪！」乃與其子出奔段氏。段遼素聞其才，冀收其用，甚愛重之。

仁自平郭來奔喪，漢志，平郭縣屬遼東郡；晉省。晉東夷校尉治襄平，崔毖之敗，慕容廆以仁鎮遼東，治平郭。謂昭曰：「吾等素驕，多無禮於嗣君，嗣君剛嚴，無罪猶可畏，況有罪乎！」昭曰：「吾輩皆體正嫡，於國有分。昭自謂與仁皆正室之子，分可以得國也。分，扶問翻。兄素得士心，我在內未爲所疑，伺其間隙，除之不難。兄趣舉兵以來，伺，相吏翻。間，古莧翻。趣，讀曰促。我爲內應，事成之日，與我遼東。男子舉事，不克則死，不能效建威偷生異域也。」仁曰：「善！」遂還平郭。閏月，仁舉兵而西。

或以仁、昭之謀告皝，皝未之信，遣使按驗。仁兵已至黃水，黃水，卽潢水，在棘城東北，距唐營州四百里。據載記，黃水當在漢遼東郡險瀆縣。知事露，殺使者，還據平郭。皝賜昭死。遣軍祭酒封奕慰撫遼東。以高詡爲廣武將軍，將兵五千與庶弟建武將軍幼、稚、廣威將軍軍、寧遠將軍汗、司馬遼東佟壽共討仁。與仁戰於汶城北，佟，徒冬翻，姓也。汶，漢古縣，屬遼東郡；前書作

「文」。毗兵大敗，幼、稚、軍皆爲仁所獲；壽嘗爲仁司馬，遂降於仁。降，戶江翻；下同。前大農孫機等舉遼東城以應仁。孫機，蓋王官之避地遼東者。遼東城，即襄平城。封奕不得入，與汗俱還。東夷校尉封抽、護軍平原乙逸、乙，姓也；逸，名也。姓譜：商湯字天乙，支孫以爲氏。遼東相太原韓矯皆棄城走，於是仁盡有遼東之地；段遼及鮮卑諸部皆與仁遙相應援。毗追思皇甫眞之言，以眞爲平州別駕。毗領平州刺史，以眞爲別駕。

12 十二月，郭權據上邽，遣使來降；京兆、新平、扶風、馮翊、北地皆應之。

13 初，張駿欲假道於成以通表建康，成主雄不許。駿乃遣治中從事張淳稱藩於成以假道；雄僞許之，將使盜覆諸東峽。三峽在成都之東，故云東峽。蜀人橋贇密以告淳。淳謂雄曰：「寡君使小臣行無迹之地，蜀不許涼人假道，則蜀地前此無涼人之迹。萬里通誠於建康者，以陛下嘉尚忠義，能成人之美故也。若欲殺臣者，當斬之都市，宣示衆目曰：『涼州不忘舊德，通使琅邪，江左自琅邪中興，故以稱之。使，疏吏翻。主聖臣明，發覺殺之。』如此，則義聲遠播，天下畏威。今使盜殺之江中，威刑不顯，何足以示天下乎！」雄大驚曰：「安有此邪！」司隸校尉景騫蜀置司隸校尉於成都。言於雄曰：「張淳壯士，請留之。」雄曰：「壯士安肯留！且試以卿意觀之。」騫謂淳曰：「卿體豐大，天熱，可且遣下吏，小住須涼。」須，待也。淳曰：「寡君以皇輿播越，梓宮未返，謂懷、愍蒙塵，卒之見害，梓宮未返也。生民塗炭，莫之振救，振，舉也。故遣淳通誠上都。上都，謂建康也。所論事重，非下吏所能傳；使下吏可了，則淳亦不來矣。雖火山湯海，猶將赴之，豈寒暑之足憚哉！」雄謂淳曰：「貴主英名蓋世，土險兵強，何不亦稱帝自娛一方？」淳曰：「寡君祖考以來，世篤忠貞，以讎恥未雪，枕戈待旦，枕，職任翻。何自娛之有！」雄甚慙，曰：「我之祖考本亦晉臣，遭天下大亂，與六郡之民避難此州，事見八十二卷惠帝元康八年。難，乃旦翻。爲衆所推，遂有今日。琅邪若能中興大晉於中國者，亦當帥衆輔之。」帥，讀曰率。厚爲淳禮而遣之。淳卒致命於建康。卒，子恤翻。致命，致其君命也。

長安之失守也，事見八十九卷愍帝建興四年。敦煌計吏耿訪自漢中入江東，耿訪，敦煌所遣上計吏，留長安未還，而長安陷，且河、隴路絕，因南入漢中，自漢東下至建康。敦，徒門翻。屢上書請遣大使慰撫涼州。使，疏吏翻；下同。朝廷以訪守侍【章：十二行本「侍」作「持」；乙十一行本同；熊校同。嚴：「侍」改「治」。】書御史，拜張駿鎮西大將軍，選隴西賈陵等十二人配之。配，侑也。訪至梁州，道不通，以詔書付賈陵，詐爲賈客以達之。賈，音古。是歲，陵始至涼州，駿遣部曲督王豐等報謝。

九年（甲午、三三四）

1春，正月，趙改元延熙。

2詔以郭權爲鎮西將軍、雍州刺史。雍，於用翻。

3仇池王楊難敵卒，子毅立，自稱龍驤將軍、左賢王、下辨公；以叔父堅頭之子盤爲冠軍將軍、右賢王、河池公，驤，思將翻。辨，步莧翻。冠，古玩翻。遣使來稱藩。

4 二月，丁卯，詔遣耿訪、王豐齎印綬授張駿大將軍、都督陝西·雍·秦·涼州諸軍事。陝，式冉翻。自是每歲使者不絕。仇池稱藩，梁、涼之路通也。

5 慕容仁以司馬翟楷領東夷校尉，前平州別駕龐鑒領遼東相。龐，皮江翻。

6 段遼遣兵襲徒河，不克；復遣其弟蘭與慕容翰共攻柳城，柳城縣，漢屬遼西郡，晉省；唐爲營州治所。復，扶又翻。柳城都尉石琮、城大慕輿埿幷力拒守，城大，猶城主也；一城之長，故曰城大。埿，與泥同。蘭等不克而退。遼怒，切責蘭等，必令拔之。休息二旬，復益兵來攻。復，扶又翻。士皆重袍蒙楯，重，直龍翻。楯，食尹翻。作飛梯，飛梯，卽雲梯。四面俱進，晝夜不息。琮、埿拒守彌固，殺傷千餘人，卒不能拔。卒，子恤翻。慕容皝遣慕容汗及司馬封奕等共救之。皝戒汗曰：「賊氣銳，勿與爭鋒。」汗性驍果，以千餘騎爲前鋒，驍，堅堯翻。騎，奇寄翻。直進。封奕止之，汗不從。與蘭遇於牛尾谷，牛尾谷，在柳城北。汗兵大敗，死者太半；奕整陳力戰，陳，讀曰陣。故得不沒。

蘭欲乘勝窮追，慕容翰恐遂滅其國，止之曰：「夫爲將當務慎重，審己量敵，量，音良。非萬全不可動。今雖挫其偏師，未能屈其大勢。皝多權詐，好爲潛伏，好，呼到翻。若悉國中之衆自將以拒我，將，卽亮翻。我縣軍深入，縣，讀曰懸。衆寡不敵，此危道也。且受命之日，正求此捷；若違命貪進，萬一取敗，功名俱喪，喪，息浪翻。何以返面！」蘭曰：「此已成擒，無有餘理，謂以事理策之，覬必成擒，無復遺餘也。卿正慮遂滅卿國耳！今千年在東，若進而得志，吾將迎之以爲國嗣，終不負卿，使宗廟不祀也。」千年者，慕容仁小字也。翰曰：「吾投身相依，無復還理；復，扶又翻。國之存亡，於我何有！但欲爲大國之計，且相爲惜功名耳。」爲，于僞翻。乃命所部欲獨還，蘭不得已而從之。史言翰雖身在外，乃心宗國。

7 三月，成主雄分寧州置交州，成分寧州之興古、永昌、牂柯、越嶲、夜郎等郡爲交州。以霍彪爲寧州刺史，爨深爲交州刺史。

8 趙丞相虎遣其將郭敖及章武王斌帥步騎四萬西擊郭權，軍于華陰；夏，四月，上邽豪族殺權以降。斌，音彬。帥，讀曰率。騎，奇寄翻。華，戶化翻。降，戶江翻。虎徙秦州三萬餘戶于青、并二州。長安人陳良夫奔黑羌，羌之別種，有青羌、黑羌。與北羌王薄句大等侵擾北地、馮翊。句，音鉤。章武王斌、樂安王韜合擊，破之，句大奔馬蘭山。郭敖乘勝逐北，爲羌所敗，敗，補邁翻。死者什七八。斌等收軍還三城。魏收地形志：後魏太和初，分鴈門之廣武、朔方之沃野置偏城郡，治廣武縣，縣有三城、偏城。虎遣使誅郭敖。秦王宏有怨言，以其父疾而虎矯詔召之，至於失職也。虎幽之。

9 慕容仁自稱平州刺史、遼東公。

10 長沙桓公陶侃，晚年深以滿盈自懼，不預朝權，朝，直遙翻。屢欲告老歸國，欲歸長沙國也。

佐吏等苦留之。六月，侃疾篤，上表遜位。遣左長史殷羨奉送所假節、麾、幢、曲蓋、麾，大將旌旗，臨敵之際，三軍視以爲進退者也。幢，幡幢，方言曰：幢，翳也，楚曰翿，關東、西皆曰幢。文選註：幢，以羽葆爲之。釋名曰：幢，童也，其狀童童然。幢，傳江翻。曲蓋者，蓋爲曲柄。世說：謝靈運好戴曲柄笠，孔隱士曰：「何不能遺曲蓋之貌！」晉制：諸公任方面者，皆給節、麾、緹幢、曲蓋。侍中貂蟬、大尉章、章，印章也。荆、江、雍、梁、交、廣、益、寧八州刺史印傳、棨戟；自此以上，皆朝廷所授，故奉送之。雍，於用翻。傳，株戀翻。棨，音啓。軍資、器仗、牛馬、舟船，皆有定簿，封印倉庫，侃自加管鑰。以後事付右司馬王愆期，加督護統領文武。史言陶侃綜理精密，雖病不亂。甲寅，輿車出，臨津就船，將歸長沙，顧謂愆期曰：「老子婆娑，正坐諸君！」娑，桑何翻；婆娑，肢體緩縱不收之貌。侃言不得早退，至於困乏如此，正坐參佐苦留之也。乙卯，薨於樊谿。樊谿，在武昌西三里，北注大江。觀陶侃在西藩顛末，豈有非望之圖哉！晉史所記決指之事，折翼之夢，蓋庾亮之黨傳致之耳。侃在軍四十一年，惠帝太安二年，侃擊張昌，至是年凡四十一年。明毅善斷，斷，丁亂翻。識察纖密，人不能欺；自南陵迄于白帝，南陵，在宣城郡界，梁置南陵郡。陳置北江州於其地，蓋臨江渚。江州東界盡於南陵，今宣州南陵縣，非古之南陵戍也。自南陵迄于白帝，總言侃所統大界。宋白曰：南陵，本漢春穀縣地，後併于湖縣，尋又屬繁昌。梁武帝始置南陵縣屬南陵郡，臨江有城基見存，去今縣一百三十里。數千里中，路不拾遺。及薨，尚書梅陶與親人曹識書曰：親人，其所親者也。「陶公機神明鑒似魏武，忠順勤勞似孔明，陸抗諸人不能及也。」謝安每言：

「陶公雖用法而恆得法外意。」史言陶侃爲名流所推重如此。恆，戶登翻。安，鯤之從子也。謝鯤見九十二卷元帝永昌元年。從，才用翻。

11 成主雄生瘍於頭。瘍，余章翻，頭瘡曰瘍。身素多金創。矢刃所傷爲金創。創，初良翻。及病，舊痕皆膿潰，諸子皆惡而遠之；惡，烏路翻。遠，于願翻。獨太子班晝夜侍側，不脫衣冠，親爲吮膿。爲，于僞翻。吮，徂兗翻。雄召大將軍建寧王壽受遺詔輔政。丁卯，雄卒，年六十一，載記雄卒在去年。太子班卽位。班，字世文，雄兄蕩之子也。以建寧王壽錄尚書事，政事皆委於壽及司徒何點、尚書【章：十二行本「書」下有「令」字；乙十一行本同；孔本同；張校同。】王瓌，瓌，古回翻。班居中行喪禮，一無所預。李班豈可不謂之仁孝哉！然不能包周身之防，死於李越之手。末俗澆漓，固不可拘拘於古禮以啓姦非，至於殞身亂國也。

12 辛未，加平西將軍庾亮征西將軍、假節、都督江·荆·豫·益·梁·雍六州諸軍事、領江·豫·荆三州刺史，鎭武昌。陶侃旣沒，庾亮始專制上流。雍，於用翻。亮辟殷浩爲記室參軍。浩，羨之子也，與豫章太守褚裒、裒，蒲侯翻。丹陽丞杜乂，皆以識度清遠，善談老、易，老、易，老子及易也。擅名江東，而浩尤爲風流所宗。裒，䂮之孫；褚䂮見七十七卷魏元帝景元元年。䂮，離灼翻。乂，錫之子也。杜錫見八十三卷惠帝元康九年。桓彝嘗謂裒曰：「季野有皮裏春秋。」褚裒，字季野。言其外無臧否，否，音鄙。而內有褒貶也。謝安曰：「裒雖不言，而四時之氣亦備矣。」

13 秋，八月，王濟還遼東，詔遣侍御史王齊祭遼東公廆，又遣謁者徐孟策拜慕容皝鎮軍大將軍、平州刺史、大單于、遼東公，持節、【章：十二行本「節」下有「都督」二字；乙十一行本同；孔本同；張校同。】承制封拜，一如廆故事。船下馬石津，自建康出大江至于海，轉料角至登州大洋；東北行，過大謝島、龜歆島、淤島、烏湖島三百里，北渡烏湖海，至馬石山東之都里鎮；馬石津，卽此地也。皆爲慕容仁所留。

14 九月，戊寅，衞將軍江陵穆公陸曄卒。

15 成主雄之子車騎將軍越屯江陽，奔喪至成都。以太子班非雄所生，意不服，與其弟安東將軍期謀作亂。班弟玝勸班遣越還江陽，以期爲梁州刺史，鎮葭萌。葭萌，卽晉壽之地。玝，阮古翻。班以未葬，不忍遣，推心待之，無所疑間。間，古莧翻。遣玝出屯於涪。涪，音浮。冬，十月，癸亥朔，越因班夜哭，弒之於殯宮，卒如李驤之言。菆塗曰殯；將還葬，以賓遇之也。幷殺班兄領軍將軍都；矯太后任氏令，罪狀班而廢之。任，音壬。

初，期母冉氏賤，任氏母養之。期多才藝，有令名；及班死，衆欲立越，越奉期而立之。甲子，期卽皇帝位。期，字世運，雄第四子也。諡班曰戾太子。以越爲相國，封建寧王；加大將軍壽大都督，徙封漢王；皆錄尚書事。以兄霸爲中領軍、鎮南大將軍；弟保爲鎮西大將軍、汶山太守；汶，讀曰岷。從兄始爲征東大將軍，代越鎮江陽。據載記：始，特之長子，於期爲伯父，於壽爲從兄。從，才用翻。丙寅，葬雄於安都陵，諡曰武皇帝，廟號太宗。

始欲與壽共攻期，壽不敢發。始怒，反譖壽於期，請殺之。期欲藉壽以討李玝，故不許，遣壽將兵向涪。壽先遣使告玝以去就利害，開其去路，玝遂來奔。詔以玝爲巴郡太守。期以壽爲梁州刺史，屯涪。爲李壽自涪舉兵廢李期張本。

16趙主弘自齎璽綬詣魏宮，石虎爲魏王，其所居稱魏宮。璽，斯氏翻。綬，音受。請禪位於丞相虎。虎曰：「帝王大業，天下自當有議，何爲自論此邪！」弘流涕還宮，謂太后程氏曰：「先帝種眞無復遺矣！」種，章勇翻。復，扶又翻。於是尚書奏：「魏臺請依唐、虞禪讓故事，」此趙朝尚書奏也。虎曰：「弘愚暗，居喪無禮，【章：十二行本「禮」下有「不可以君萬國」六字；乙十一行本同；孔本同；退齋校同。】便當廢之，何禪讓也！」十一月，虎遣郭殷入【章：十二行本「入」上有「持節」二字；乙十一行本同；孔本同；退齋校同。】宮，廢弘爲海陽王。弘安步就車，容色自若，謂羣臣曰：「庸昧不堪纂承大統，夫復何言！」復，扶又翻。羣臣莫不流涕，宮人慟哭。羣臣詣魏臺勸進，虎曰：「皇帝者盛德之號，非所敢當，且可稱居攝趙天王。」考異曰：三十國、晉春秋：「虎卽位，改元永熙」；陳鴻大統曆云：「石虎卽位，改建平五年爲延興，明年改建武」。按，三十國、晉春秋不記弘改元延熙，虎之立，實延熙元年也，故誤云永熙。弘旣號延熙，虎安肯稱永熙！陳鴻云虎改建平五年爲延興，卽是弘踰年不改元也。恐鴻說誤。幽弘及太后程氏、秦王宏、南陽王恢于崇訓宮，尋皆殺之。虎更太子宮曰崇訓宮。弘時年二十一。

西羌大都督姚弋仲稱疾不賀，虎累召之，乃至。正色謂虎曰：「弋仲常謂大王命世英雄，柰何把臂受託而返奪之邪？」虎曰：「吾豈樂此哉！樂，音洛。顧海陽年少，少，詩照翻。恐不能了家事，故代之耳。」心雖不平，然察其誠實，亦不之罪。

虎以夔安爲侍中、太尉、守尚書令，郭殷爲司空，韓晞爲尚書左僕射，魏郡申鍾爲侍中，郎闓爲光祿大夫，闓，苦亥翻，又音開。王波爲中書令。文武封拜各有差。虎行如信都，復還襄國。載記曰：虎以讖文「天子當從東北來」，於是備法駕，行自信都而還，以應之。「天子當從東北來，」蓋謂慕容氏將從遼、碣入中國也。秦始皇東游以厭天子氣，初不能遏止漢高之興。

17 慕容皝討遼東，甲申，至襄平。遼東人王岌密信請降。師進，入城，翟楷、龐鑒單騎走，居就、新昌等縣皆降。居就、新昌，皆屬遼東郡。降，戶江翻；下同。皝欲悉阬遼東民，高詡諫曰：「遼東之叛，實非本圖，直畏仁凶威，不得不從。今元惡猶存，元惡，謂仁也。始克此城，遽加夷滅，則未下之城，無歸善之路矣。」皝乃止。分徙遼東大姓於棘城。以杜羣爲遼東相，安輯遺民。

18 十二月，趙徐州從事蘭陵朱縱斬刺史郭祥，以彭城來降，趙將王朗攻之，縱奔淮南。

19 慕容仁遣兵襲新昌，督護新興王寓擊走之，遂徙新昌入襄平。遼東治襄平。徙新昌吏民入襄平，所以杜仁闚闞掩襲之心。寓，王矩翻。

咸康元年（乙未、三三五）

1 春，正月，庚午朔，帝加元服。沈約禮志曰：古者無天子冠禮，故筮日、筮賓、冠於阼，以著代醮於客位，三加彌尊，皆士禮耳。漢順帝冠，兼用曹褒新禮。褒新禮今不存。禮儀志又云：乘輿初加緇布進賢，次爵弁、武弁，次通天；皆於高廟。江左諸帝將冠，金石宿設，百僚陪位，又豫於殿上鋪大牀，御府令奉冕幘、簪導、袞服以授侍中、常侍，太尉加幘，太保加冕。將加冕，太尉跪讀祝文曰：「令月吉日，始加元服。皇帝穆穆，思弘袞職。欽若昊天，六合是式。率遵祖考，永永無極。眉壽無期，介茲景福。」加冕訖，侍中繫玄紞，侍中脫絳紗服，加袞服。冠事畢，太保率羣臣奉觴上壽，王以下三稱萬歲乃退。鄭樵曰：用魏儀一加，既加元服，拜于太廟。大赦，改元。

2 成、趙皆大赦，成改元玉恆，恆，戶登翻。趙改元建武。

3 成主期立皇后閻氏，以衞將軍尹奉爲右丞相，驃騎將軍、尚書令王瓌爲司徒。驃，匹妙翻。瓌，古回翻。

4 趙王虎命太子邃省可尚書奏事，省，悉景翻。惟祀郊廟、選牧守、征伐、刑殺乃親之。虎好治宮室，鸛雀臺崩，鸛雀臺，在鄴，卽魏武所起銅雀臺。好，呼到翻。殺典匠少府任汪；典匠少府，卽漢將作大匠之職也。少，詩照翻。任，音壬。復使脩之，倍於其舊。邃保母劉芝封宜城君，關預朝權，受納賄賂，求仕進者多出其門。朝，直遙翻。

5 慕容皝置左、右司馬，以司馬韓矯、軍祭酒封奕爲之。

6 司徒導以羸疾，不堪朝會，羸，倫爲翻。朝，直遙翻。三月，乙酉，帝幸其府，與羣臣宴于內室，拜導幷拜其妻曹氏。侍中孔坦密表切諫，以爲帝初加元服，動宜顧禮，帝從之。坦又以帝委政於導，從容言曰：「陛下春秋已長，聖敬日躋，從，千容翻。長，知兩翻。日躋，猶日進也。宜博納朝臣，諂諛善道。」諛，遵須翻。導聞而惡之，惡，烏路翻。出坦爲廷尉。坦不得意，以疾去職。

丹陽尹桓景，爲人謟巧，導親愛之。會熒惑守南斗經旬，晉天文志：南斗六星，天廟也，丞相、太宰之位。導謂領軍將軍陶回曰：「斗，揚州之分，天文志：斗、牛、女，揚州；九江入斗一度，丹陽入斗十六度。分，扶問翻。吾當遜位以厭天譴。」厭，一葉翻。回曰：「公以明德作輔，而與桓景造膝，造，七到翻。使熒惑何以退舍！」導深愧之。

導辟太原王濛爲掾，濛，莫紅翻。掾，于絹翻。王述爲中兵屬。晉公府諸曹，有參軍，有掾，有屬。述，昶之曾孫也。王昶，仕魏鎮荆州，以功名自見。昶，丑兩翻。濛不脩小廉，而以清約見稱。與沛國劉惔齊名，友善。惔，徒甘翻。惔常稱濛性至通而自然有節。濛曰：「劉君知我，勝我自知。」當時稱風流者，以惔、濛爲首。述性沈靜，每坐客辯論蠭起，而述處之恬如也。沈，持林翻。坐，徂臥翻。處，昌呂翻。年三十，尚未知名，人謂之癡。導以門地辟之。昶之子湛，湛之子承，世有高名。述，承子也。既見，唯問在東米價，述蓋自東吳至建康。述張目不答。導曰：「王掾不癡，人何言癡也！」嘗見導每發言，一坐莫不贊美，坐，徂臥翻。述正色曰：「人非堯、舜，何得每事盡善！」導改容謝之。

7 趙王虎南遊，臨江而還。還，從宣翻，又如字。有遊騎十餘至歷陽，歷陽太守袁耽表上之，上，時掌翻。不言騎多少。朝廷震懼，司徒導請出討之。夏四月，加導大司馬、假黃鉞、都督征討諸軍事。癸丑，帝觀兵廣莫門，廣莫門，建康城北門也。分命諸將救歷陽及戍慈湖、牛渚、蕪湖；司空郗鑒使廣陵相陳光將兵入衞京師。俄聞趙騎至少，又已去，少，詩沼翻。戊午，解嚴，王導解大司馬。袁耽坐輕妄免官。

8 趙征虜將軍石遇攻桓宣於襄陽，不克。

9 大旱，會稽餘姚米斗五百。會，工外翻。

10 秋，七月，慕容皝立子儁爲世子。

11 九月，趙王虎還都于鄴，趙王勒定都襄國，虎還于鄴。大赦。

12 初，趙主勒以天竺僧佛圖澄豫言成敗，數有驗，敬事之。及虎卽位，奉之尤謹，衣以綾錦，乘以彫輦。彫輦，彫鏤以爲飾。數，所角翻。衣，於旣翻。朝會之日，太子、諸公扶翼上殿，朝，直遙翻。上，時掌翻。主者唱「大和尚」，主者，謂掌朝儀者也。衆坐皆起。使司空李農旦夕問起居，太子、諸公五日一朝。諸公，虎諸子也；虎稱天王，降諸子封王者爵爲公。國人化之，率多事佛，澄之所在，無敢向其方面涕唾者。爭造寺廟，削髮出家。虎以其眞僞雜糅，糅，汝救翻。或避賦役爲姦宄，宄，音軌。乃下詔問中書曰：「佛，國家所奉，里閭小人無爵秩者，應事佛不？」不，讀曰否。著作郎王度等晉職官志曰：著作郎，周左史之任也。漢東京，圖籍在東觀，有其名，尚未有官。魏明帝太和中，詔置著作郎，於此始有其官，隸中書省。及晉受命，制曰：「著作舊屬中書，而祕書旣典文籍，今改中書省著作爲祕書著作。」於是改隸祕書省；自後別置省，而猶隸祕書。議曰：「王者祭祀，典禮具存。佛，外國之神，非天子諸華所應祠奉。漢氏初傳其道，事見四十五卷漢明帝永平八年。唯聽西域人立寺都邑以奉之，漢人初謂官府爲寺。後漢自西域白馬駝經來，初止於鴻臚寺，遂取寺名，創置白馬寺。漢人皆不得出家；魏世亦然。今宜禁公卿以下毋得詣寺燒香、禮拜；其趙人爲沙門者，皆返初服。」謂使還服華人之服。虎詔曰：「朕生自邊鄙，忝君諸夏，夏，戶雅翻。至於饗祀，應從本俗。其夷、趙百姓樂事佛者，特聽之。」樂，音洛。

13 趙章武王斌帥精騎二萬并秦、雍二州兵以討薄句大，平之。去年斌等爲薄句大所敗。斌，音彬。帥，讀曰率。騎，奇寄翻。雍，於用翻。句，音鉤。

14 成太子班之舅羅演，與漢王相天水上官澹李壽封漢王。相，息亮翻。澹，徒覽翻。謀殺成主期，立班子。事覺，期殺演、澹及班母羅氏。

期自以得志，輕諸舊臣，信任尚書令景騫、尚書姚華、田褎、中常侍許涪等，涪，音浮。刑賞大政，皆決於數人，希復關公卿。復，扶又翻。褎無他才，嘗勸成主雄立期爲太子，故有寵。由是紀綱隳紊，紊，音問。雄業始衰。

15 冬，十月，乙未朔，日有食之。

16 慕容仁遣王齊等南還。去年齊等爲慕容仁所留。齊等自海道趣棘城，趣，七喻翻。齊遇風不至。十二月，徐孟等至棘城，慕容皝始受朝命。朝，直遥翻。

段氏、宇文氏各遣使詣慕容仁，館于平郭城外。皝帳下督張英將百餘騎間道潛行掩擊之，間，古莧翻。斬宇文氏使十餘人，生擒段氏使以歸。

17是歲，明帝母建安君荀氏卒。荀氏在禁中，尊重同於太后；詔贈豫章郡君。荀氏，元帝宮人也，生明帝。自以位卑，每懷怨望，爲帝所譴，漸見疏薄。及明帝卽位，封建安君，別立第宅。太寧元年，迎還臺內，供奉隆厚。及帝立，尊重同於太后。

18代王翳槐以賀蘭藹頭不恭，藹頭，翳槐舅，有擁護之功，事見九十三卷咸和二年。至四年，逐紇那，立翳槐。又賀蘭部也，挾親恃功，所以不恭。將召而戮之，諸部皆叛。代王紇那自宇文部入，諸部復奉之。紇那出奔見上卷咸和四年。復，扶又翻。翳槐奔鄴，趙人厚遇之。

19初，張軌及二子寔、茂，雖保據河右，而軍旅之事無歲無之。及張駿嗣位，境內漸平。駿勤脩庶政，總御文武，咸得其用，民富兵強，遠近稱之以爲賢君。駿遣將楊宣伐龜茲、鄯善，於是西域諸國焉耆、于寘之屬，皆詣姑臧朝貢。龜茲，音丘慈。鄯，上扇翻。寘，徒賢翻，又徒見翻。駿於姑臧南作五殿，駿起謙光殿，四面各起一殿：東曰宜陽青殿，以春三月居之；南曰朱陽赤殿，夏三月居之；西曰政刑白殿，秋三月居之；北曰玄武黑殿，冬三月居之。章服器物，皆依方色。官屬皆稱臣。

駿有兼秦、雍之志，雍，於用翻。遣參軍麴護上疏，以爲：「勒、雄既死，虎、期繼逆，兆庶離主，離，力智翻。漸冉經世；先老消落，後生不識，慕戀之心，日遠日忘。乞敕司空鑒、征西亮等汎舟江、沔，首尾齊舉。」郗鑒時鎮京口，庾亮時鎮武昌。沔，彌兗翻。

二【「二」原誤作「三」。章：十二行本「三」作「二」；乙十一行本同；退齋校同。】年（丙申、三三六）

1 春，正月，辛巳，彗星見于奎、婁。西方奎十六星，天之武庫也，主以兵禁暴，又主溝瀆。婁三星，爲天獄，主苑牧犧牲，供給郊祀。奎、婁，胃，魯、徐州分。彗，祥歲翻，又旋芮翻，又徐醉翻。見，賢遍翻。

2 慕容皝將討慕容仁，司馬高詡曰：「仁叛棄君親，民神共怒；前此海未嘗凍，自仁反以來，連年凍者三矣。且仁專備陸道，天其或者欲使吾乘海冰以襲之也。」皝從之。羣僚皆言涉冰危事，不若從陸道。皝曰：「吾計已決，敢沮者斬！」沮，在呂翻。

壬午，皝帥其弟軍師將軍評等自昌黎東，踐冰而進，皝，呼廣翻。帥，讀曰率；下同。凡三百餘里。至歷林口，歷林口，海浦之口。捨輜重，輕兵趣平郭。重，直用翻。趣，七喻翻；下同。去城七里，候騎以告仁，騎，奇寄翻。仁狼狽出戰。張英之俘二使也，事見上年。使，疏吏翻。仁恨不窮追；及皝至，仁以爲皝復遣偏師輕出寇抄，復，扶又翻。抄，楚交翻。不知皝自來，謂左右曰：「今茲當不使其匹馬得返矣！」乙未，仁悉衆陳於城之西北。慕容軍帥所部降於皝，咸和八年，軍爲仁所執。陳，讀曰陣。降，戶江翻。仁衆沮動；沮，在呂翻。皝從而縱擊，大破之。仁走，其帳下皆叛，遂擒之。皝先爲斬其帳下之叛者，爲，于僞翻。然後賜仁死。丁衡、游毅、孫機等，皆仁所信用也，皝執而斬之；王冰自殺。慕容幼、慕容稚、佟壽、郭充、翟楷、龐鑒，皆東走，幼中道而還；皝兵追及楷、鑒，斬之；壽、充奔高麗。麗，力知翻。自餘吏民爲仁所詿誤者，註，古賣翻。皝皆赦之。封高詡爲汝陽侯。

3 二月，尚書僕射王彬卒。

4 辛亥，帝臨軒，遣使備六禮逆故當陽侯杜乂女陵陽爲皇后，婚有六禮：一曰納采者，將爲婚，必先媒通其言，乃後使人納其采擇之禮，用鴈爲贄，取其陰陽往來之義也；二曰問名者，問名以卜其吉凶也；三曰納吉者，卜於廟得吉兆，復使往告婚姻之事也；四曰納徵，用玄纁，不用鴈；五曰請期，由夫家卜得吉日，使人往告之；六曰親迎，壻往女家，御輪三周，御者代之，壻自乘其車而先，以導婦歸。大赦；羣臣畢賀。

5 夏，六月，段遼遣中軍將軍李詠襲慕容皝。詠趣武興，武興城，在令支東。都尉張萌擊擒之。遼別遣段蘭將步騎數萬屯柳城西回水，「回水」，載記作「曲水」。水經註：陽樂水出上谷且居縣，東北流，逕女祁縣，世謂之横水，又謂之陽曲水。又濡河從塞外來，西北逕禦夷鎮城，又東北逕孤山南，又東南，水流回曲，謂之曲河鎮。又據載記，曲水當在好城西北。將，卽亮翻。騎，奇寄翻。宇文逸豆歸攻安晉以爲蘭聲援。皝帥步騎五萬向柳城，蘭不戰而遁。皝引兵北趣安晉，咸安八年，皝築安晉城。趣，七喻翻。逸豆歸棄輜重走；重，直用翻。皝遣司馬封奕帥輕騎追擊，大破之。皝謂諸將曰：「二虜恥無功，必將復至，復，扶又翻。宜於柳城左右設伏以待之。」乃遣封奕帥騎數千伏於馬兜山。三月，【張：「三月」

作「七月」。】段遼果將數千騎來寇抄。抄，楚交翻。奕縱擊，大破之，斬其將榮伯保。

6前廷尉孔坦卒。坦先以疾解廷尉，故曰前。坦疾篤，庾冰省之，流涕。省，悉景翻。坦慨然曰：「大丈夫將終，不問以濟國安民之術，乃爲兒女子相泣邪！」冰深謝之。

7九月，慕容皝遣長史劉斌、兼郎中令遼東陽景送徐孟等還建康。晉制，王國乃有郎中令。皝未爲王而僭置是官。斌，音彬。

8冬，十月，廣州刺史鄧岳遣督護王隨等擊夜郎、興古，皆克之。懷帝永嘉五年，王遜分牂柯、朱提、建寧立夜郎郡。太康地志曰：蜀劉氏分建寧、牂柯立興古郡。加岳督寧州。

9成主期以從子尚書僕射武陵公載有雋才，忌之，從，才用翻。誣以謀反，殺之。

10十一月，詔建威將軍司馬勳將兵安集漢中；成漢王壽擊敗之。敗，補邁翻。壽遂置漢中守宰，戍南鄭而還。

11索頭郁鞠帥衆三萬降於趙，索頭，鮮卑種。言索頭，以別於黑匿郁鞠；以其辮髮故謂之索頭。索，昔各翻。帥，讀曰率。降，戶江翻。趙拜郁鞠等十三人爲親趙王，散其部衆於冀、青等六州。

12趙王虎作太武殿於襄國，作東、西宮於鄴，東宮，以居太子邃；西宮，虎自居之。十二月，皆成。太武殿基高二丈八尺，縱六十五步，廣七十五步，甃以文石。高，居號翻。縱，子容翻。廣，古曠翻。甃，側救翻。下穿伏室，伏室，卽窟室也。置衞士五百人。以漆灌瓦，金璫，銀楹，司馬相如羽獵賦：

華榱璧璫。註云：璧璫，以玉爲椽頭，當卽所謂璇題者也。三輔黃圖註云：以璧飾瓦之當也。又琅璫，鐸也，杜甫詩「風動金琅璫。」此金璫，蓋以金飾瓦之當也。楹，柱也。璫，音當。珠簾，玉壁，窮極工巧。殿上施白玉牀，流蘇帳，爲金蓮華以冠帳頂。華，讀曰花。冠，古玩翻。又作九殿于顯陽殿後，選士民之女以實之，服珠玉、被綺縠者萬餘人。被，皮義翻。教宮人占星氣、馬步射。置女太史，雜伎工巧，皆與外同。與外同者，教宮人使執作如男子也。伎，渠綺翻。以女騎千人爲鹵簿，車駕法從次第曰鹵簿。騎，奇寄翻。皆著紫綸巾，著，陟略翻。陸德明曰：綸，繩也，蓋合絲爲綸，其狀如繩，染紫以織巾也。今鎭江、金壇人能織線番羅，亦合絲爲線以織之。熟錦袴，金銀鏤帶，鏤，郎豆翻。五文織成韡，五文，五色成文也。廣雅曰：天竺國出細織成。魏略曰：大秦國用水羊毛、木皮、野繭絲作織成，皆好。此以五采織成爲韡也。韡，許戈翻。執羽儀，羽儀，氅氈之屬。鳴鼓吹，鼓吹，軍樂也。吹，尺瑞翻。遊宴以自隨。於是趙大旱，金一斤直粟二斗，百姓嗷然；而虎用兵不息，百役並興。使牙門張彌徙洛陽鍾虡、九龍、翁仲、銅駝、飛廉於鄴，鍾虡、九龍、翁仲、銅駝、飛廉，皆魏明帝所鑄。虡，音巨。載以四輪纏輞車，轍廣四尺，深二尺。考之字書，無「輞」字，當作「輞」，音罔，車輮也。轍，車輪所碾跡也。廣，古曠翻。深，式禁翻。一鍾沒於河，募浮沒三百人浮沒，在水中能浮能沒者。入河，繫以竹絙，絙，居登翻，又居鄧翻。大索也。用牛百頭，鹿櫨引之，乃出。鹿櫨，形如汲水木，立兩柱，橫木貫柱，令圓滑可轉，繫絙於橫木，絞而引之。櫨，音盧。造萬斛之舟以濟之。既至鄴，虎大悅，爲之赦二歲刑，爲，于僞翻。賚百官穀帛，賜民爵一級。又用尚方令解飛之言，解，姓也；飛，名也。解，戶買翻。於鄴南投石於河，以作飛橋，功費數千萬億，橋竟不成，役夫飢甚，乃止。使令長帥民入山澤采橡及魚以佐食，復爲權豪所奪，令，力定翻。長，知兩翻。帥，讀曰率。復，扶又翻。民無所得。

13 初，日南夷帥范稚，有奴曰范文，帥，所類翻。常隨商賈往來中國；賈，音古。後至林邑，教林邑王范逸作城郭、宮室、器械，逸愛信之，林邑國，本漢象林縣，馬援鑄銅柱之處也。漢末，縣功曹子區連，殺令，自立爲王，子孫相承，其後無嗣，外孫范熊繼立。逸，熊子也。使爲將。將，卽亮翻。文遂譖逸諸子，或徙或逃。是歲，逸卒，文詐迎逸子於他國，置毒於椰酒而殺之，椰木出交趾，高數十丈，葉背面相似。瓊臺志曰：椰子無時而生，樹似檳榔，葉如鳳尾，實大如瓜，剖之，其中有酒，其皮可爲飲器。交州記曰：椰子生南海，狀如海椶；子大如椀，外有粗皮，如大腹子、豆寇之類，中有漿似酒，飲之得醉。爾雅翼：椰木似檳榔，無枝條，高十餘尋；葉在其末，如束蒲。實大如瓠，繫在樹頭。實外有皮，如胡桃。核裏有膚，白如雪，厚半寸，如豬膏，味美如胡桃。膚裏有汁升餘，清如水，美如蜜，飲之可以愈渴。核作飲器。椰，以嗟翻。文自立爲王。於是出兵攻大岐界、小岐界、式僕、徐狼、屈都、乾魯、扶單等國，皆滅之，有衆四五萬，遣使奉表入貢。使，疏吏翻。

14 趙左校令成公段作庭燎於杠末，姓譜：衞成公之後，爲成公氏。余按春秋之時，魯、晉皆有成公，豈獨衞成公之後得專以爲氏哉！杠，古雙翻。高十餘丈，上盤置燎，古之人君，昧旦視朝，故設庭燎。鄭氏云：在地曰燎，執之曰燭。又云：樹之門外曰大燭，於內曰庭燎，皆是照衆爲明。今成公段懸盤於杠以置燎，創意爲之，非有古法也。燎，力照翻；徐又力燒翻。高，居傲翻。下盤置人，趙王虎試而悅之。

三年（丁酉、三三七）

1春，正月，庚辰，趙太保夔安等文武五百餘人入上尊號，上，時掌翻。庭燎油灌下盤，死者二十餘人；考異曰：載記云「七人」，今從三十國春秋。趙王虎惡之，惡，烏路翻。腰斬成公段。辛巳，虎依殷、周之制，稱大趙天王。卽位於南郊，大赦。立其后鄭氏爲天王皇后，古者稱王，后稱王后；稱皇帝，后稱皇后；未有天王皇后之稱也。太子邃爲天王皇太子，古之王者，其嫡長曰世子；秦、漢稱皇帝，立皇太子；未有天王皇太子之稱也。諸子爲王者皆降爲郡公，宗室爲王者降爲縣侯。百官封署各有差。

2國子祭酒袁瓌、瓌，公回翻。太常馮懷，以江左寖安，請興學校，校，戶教翻。帝從之。辛卯，立太學，徵集生徒。而士大夫習尙老、莊，儒術終不振。瓌，渙之曾孫也。漢末，劉備舉袁渙茂才，後仕魏，行御史大夫事。

3三月，慕容皝於乙連城東築好城以逼乙連，乙連城，段國之東境也，在曲水之西。留折衝將軍蘭勃守之。夏，四月，段遼以車數千兩輸乙連粟，兩，力讓翻，乘也。蘭勃擊而取之。六月，遼又遣其從弟揚威將軍屈雲將精騎夜襲皝子遵於興國城，興國城，蓋慕容氏所築。從，才用翻。將，卽亮翻。騎，奇寄翻。遵擊破之。

初，北平陽裕事段疾陸眷及遼五世，疾陸眷、涉復辰、末柸、牙、遼，凡五世。皆見尊禮。遼數與皝相攻，數，所角翻。裕諫曰：「『親仁善鄰，國之寶也。』左傳陳五父之言。況慕容氏與我世婚，迭爲甥舅，廆、皝皆娶于段氏，蓋前此慕容氏亦女于段也。皝有才德，而我與之搆怨，戰無虛月，百姓彫弊，利不補害，臣恐社稷之憂將由此始。願兩追前失，通好如初，好，呼到翻；下好妝同。以安國息民。」遼不從，出裕爲北平相。相，息亮翻。

4 趙太子邃素驍勇，驍，堅堯翻。趙王虎愛之。常謂羣臣曰：「司馬氏父子兄弟自相殘滅，故使朕得至此；如朕有殺阿鐵理否？」阿鐵，邃小字也。阿，讀從安入聲。既而邃驕淫殘忍，好妝飾美姬，斬其首，洗血置盤上，與賓客傳觀之，又烹其肉共食之。好，呼到翻。河間公宣、樂安公韜皆有寵於虎，邃疾之如讎。虎荒耽酒色，喜怒無常。使邃省可尚書事，省，悉景翻。每有所關白，虎恚曰：「此小事，何足白也！」時或不聞，又恚曰：「何以不白！」恚，於避翻，恨怒也。誚責笞棰，誚，才笑翻。棰，止橤翻。月至再三。邃私謂中庶子李顏等曰：「官家難稱，稱天子爲官家，始見於此。西漢謂天子爲縣官，東漢謂天子爲國家，故兼而稱之。或曰：五帝官天下，三王家天下，故兼稱之。難稱，尺證翻。吾欲行冒頓之事，事見十一卷漢高帝六年。冒，莫北翻。卿從我乎？」顏等伏不敢對。秋，七月，邃稱疾不視事，潛帥宮臣文武五百餘騎飲於李顏別舍，帥，讀曰率。騎，奇寄翻。因謂顏等曰：「我欲至冀州冀州治信都。殺河間公，有不從者斬！」行數里，騎皆逃散。顏叩頭固諫，邃亦昏醉而歸。其母鄭氏聞之，私遣中人誚讓邃；邃怒，殺之。誚，才笑翻。佛圖澄謂虎曰：「陛下不宜數往東宮。」數，所角翻。虎將視邃疾，思澄言而還；既而瞋目大言曰：瞋，七人翻。「我爲天下主，父子不相信乎！」乃命所親信女尚書往察之。邃呼前與語，因抽劍擊之。虎怒，收李顔等詰問，顔具言其狀，殺顔等三十餘人。幽邃于東宮，既而赦之，引見太武東堂；水經註曰：魏武居鄴爲北宮，宮有文昌殿；石氏於故殿處起東、西太武二殿。見，賢遍翻。邃朝而不謝，俄頃卽出。虎使謂之曰：「太子應朝中宮，豈可遽去！」朝，直遙翻。邃徑出，不顧。虎大怒，廢邃爲庶人。其夜，殺邃考異曰：燕書文明紀云：「咸康四年四月，石虎至燕城下，會鄴使至，太子邃在後恣酒，入宮殺害，石主大恐，狼狽引還。」又云：「初，帳下吳胄使鄴還，說四月浴佛日，行像詣宮，石太子邃騎出迎像，往來馳騁，無有儲君體。王曰：『古者觀威儀以定禍福，此子虎之副貳，而輕佻無禮，將不得其死然。』及石主東歸，留邃監國，荒敗內亂，以致誅戮。」按十六國、晉春秋，殺邃皆在咸康三年，燕書恐誤。今從十六國、晉春秋。及其妃張氏，并男女二十六人同埋於一棺；誅其宮臣支黨二百餘人；廢鄭后爲東海太妃。立其子宣爲天王皇太子，宣母杜昭儀爲天王皇后。

5 安定侯子光，自稱佛太子，云從大秦國來，當王小秦國，聚衆數千人於杜南山，京兆杜陵縣之南山也。自稱大黃帝，改元龍興。石廣討斬之。

6 九月，鎮軍左長史封奕等帝拜皝鎮軍大將軍，皝以奕爲左長史。勸慕容皝稱燕王；皝從之。於是備置羣司，以封奕爲國相，相，息亮翻。韓壽爲司馬，裴開爲奉常，陽騖爲司隸，王寓爲太僕，李洪爲大理，杜羣爲納言令，宋該、劉睦、石琮爲常伯，皇甫眞、陽協爲宂騎常侍，納言令，晉之尚書令；常伯，晉之侍中；宂騎常侍，晉之散騎常侍。宂，而隴翻。騎，奇寄翻。宋晃、平熙、張泓爲將軍，封裕爲記室監。洪，臻之孫；李臻見八十七卷懷帝永嘉三年。晃，奭之子也。宋奭見八十八卷愍帝建興元年。冬，十月，丁卯，皝即燕王位，大赦。十一月，甲寅，追尊武宣公爲武宣王，廆，謚武宣公。夫人段氏曰武宣后；立夫人段氏爲王后，世子儁爲王太子，如魏武、晉文輔政故事。

7段遼數侵趙邊，數，所角翻。燕王皝遣揚烈將軍宋回稱藩於趙，乞師以討遼，自請盡帥國中之衆以會之，帥，讀曰率。并以其弟寧遠將軍汗爲質。沈約志：寧遠將軍，晉江左置。蓋始於此時。質，音致；下同。趙王虎大悅，厚加慰荅，辭其質，遣還；密期以明年。爲趙、燕攻段遼張本。

8是歲，趙將李穆納拓跋翳槐於大甯，其故部落多歸之。元年翳槐奔趙。代王紇那奔燕，國人復奉翳槐，【章：十二行本「槐」下有「爲代王翳槐」五字；乙十一行本同；孔本同；張校同；退齋校同。】城盛樂而居之。復，扶又翻。樂，音洛。

9仇池氐王楊毅族兄初，襲殺毅，并有其衆，自立爲仇池公，稱臣於趙。

資治通鑑卷第九十六

端明殿學士兼翰林侍讀學士朝散大夫右諫議大夫充集賢殿修撰權判西京留司御史臺上柱國河內郡開國侯食邑一千三百戶食實封四百戶賜紫金魚袋臣司馬光　奉敕編集

後學天台胡三省　音註

晉紀十八

起著雍閹茂（戊戌），盡重光赤奮若（辛丑），凡四年。

顯宗成皇帝中之下

咸康四年（戊戌、三三八）

1春，正月，燕王皝遣都尉趙槃如趙，聽師期。皝，呼廣翻。趙王虎將擊段遼，募驍勇者三萬人，驍，堅堯翻。悉拜龍騰中郎。據載記，咸康二年，虎改直盪爲龍騰，冠以絳幘。會遼遣段屈雲襲趙幽州，幽州刺史李孟退保易京。虎乃以桃豹爲橫海將軍，橫海將軍蓋石氏創置。王華爲渡遼將軍，帥舟師十萬出漂渝津；水經曰：清河東北過漂榆邑入于海。註云：漂榆故城，俗謂之角飛城。趙記云：石勒使王述煮鹽于角飛。魏土地記曰：勃海郡高城縣東北一百里，北盡漂榆，東臨巨海，民咸煮鹽爲業。帥，讀曰率。支雄爲龍驤大將軍，姚弋仲爲冠軍將軍，驤，思將翻。帥步騎七萬爲前鋒以伐遼。冠，古玩翻。帥，讀曰率。騎，奇寄翻。

三月，趙槃還至棘城。燕王皝引兵攻掠令支以北諸城。令，音鈴；師古郎定翻。支，音祁。段遼將追之，慕容翰曰：「今趙兵在南，當幷力禦之；而更與燕鬭。燕王自將而來，將，卽亮翻；下悉將同。其士卒精銳，若萬一失利，將何以禦南敵乎！」段蘭怒曰：「吾前爲卿所誤，事見上卷咸和八年。以成今日之患；吾不復墮卿計中矣！」乃悉將見衆追之。復，扶又翻；下同。見，賢遍翻。皝設伏以待之，大破蘭兵，斬首數千級，掠五千戶及畜產萬計以歸。

趙王虎進屯金臺。按水經註：金臺在涿郡故安縣，有金臺陂，臺在陂北十餘步，卽燕昭王築以事郭隗之臺。支雄長驅入薊，薊，音計。段遼所署漁陽、上谷、代郡守相皆降，取四十餘城。北平相陽裕帥其民數千家登燕山以自固。五代志，北平無終縣有燕山。守，手又翻。相，息亮翻。燕，於賢翻。諸將恐其爲後患，欲攻之。虎曰：「裕儒生，矜惜名節，恥於迎降耳，降，戶江翻；下同。無能爲也。」遂過之，至徐無。徐無縣，屬北平郡，其地在唐薊州玉田縣界。段遼以其弟蘭既敗，不敢復戰，帥妻子、宗族、豪大千餘家，豪大，猶言豪帥也。是時東北夷率謂主帥爲大，部帥曰部大，城主曰城大是也。棄令支，奔密雲山。水經註：密雲戍在禦夷鎮東南九十里，鮑丘水逕其西。唐檀州治密雲縣，西南去范陽二百里。又據晉紀云，遼奔于平崗。蓋密雲山在漢平岡縣界。宋白曰：檀州密雲縣，本漢虒奚縣，西南至幽州百九十里，西至嬀川二百五十里，東北至長城障塞百一十里，東南至薊州百九十里。將行，執慕容翰手泣曰：「不用卿言，自取敗亡；我固甘心，令卿失所，深以爲愧。」翰北奔宇文氏。

遼左右長史劉羣、盧諶、崔悅等封府庫請降。羣、諶、悅奔令支，見九十卷元帝大興元年。虎遣將軍郭太、麻秋帥輕騎二萬追遼，至密雲山，獲其母妻，斬首三千級。遼單騎走險，赴險以自保。走，音奏。遣其子乞特眞奉表及獻名馬於趙，虎受之。

虎入令支宮，段氏都令支，以其所居爲宮。論功封賞各有差。徙段國民二萬餘戶於司、雍、兗、豫四州；雍，於用翻。士大夫之有才行，皆擢敍之。行，下孟翻。陽裕詣軍門降。虎讓之曰：「卿昔爲奴虜走，今爲士人來，豈識知天命，將逃匿無地邪？」對曰：「臣昔事王公，不能匡濟；王公，謂王浚也。裕奔令支見八十九卷愍帝建興二年。逃于段氏，復不能全。今陛下天網高張，籠絡四海，幽、冀豪傑莫不風從，如臣比肩，無所獨愧。生死之命，惟陛下制之！」虎悅，卽拜北平太守。

2 夏，四月，癸丑，以慕容皝爲征北大將軍、幽州牧，領平州刺史。

3 成主期驕虐日甚，多所誅殺，而籍沒其資財、婦女，由是大臣多不自安。漢王壽素貴重，有威名，期及建寧王越等皆忌之。壽懼不免，每當入朝，常詐爲邊書，辭以警急。壽時鎭涪城。朝，直遙翻。

初，巴西處士龔壯，父、叔皆爲李特所殺。父及叔父也。處，昌呂翻。壯欲報仇，積年不除喪。壽數以禮辟之，數，所角翻；下同。壯不應；而往見壽，壽密問壯以自安之策。壯曰：

「巴、蜀之民本皆晉臣，節下若能發兵西取成都，稱藩於晉，誰不爭爲節下奮臂前驅者！魏、晉以來，持節、假節出當方面者，人皆稱之爲節下。爲，于僞翻。如此則福流子孫，名垂不朽，豈徒脫今日之禍而已！」壽然之。陰與長史略陽羅恆、巴西解思明謀攻成都。期頗聞之，數遣許涪至壽所，伺其動靜；涪，音浮。伺，相吏翻。又鴆殺壽養弟安北將軍攸。壽乃詐爲妹夫任調書，云期當取壽；詐言期欲取壽，以怒其衆。任，音壬；下同。其衆信之，遂帥步騎萬餘人自涪襲成都，帥，讀曰率。涪，音浮。許賞以城中財物；以其將李奕爲前鋒。將，即亮翻。期不意其至，初不設備。壽世子勢爲翊軍校尉，開門納之，遂克成都，屯兵宮門。期遣侍中勞壽。勞，力到翻。壽奏建寧王越、景騫、田褒、姚華、許涪及征西將軍李遐、將軍李西等懷姦亂政，皆收殺之。縱兵大掠，數日乃定。壽矯以太后任氏令廢期爲邛都縣公，幽之別宮。邛都縣，屬越嶲郡。邛，渠容翻。追謚戾太子曰哀皇帝。咸和九年，期、越弑其主班，謚曰戾太子。

羅恆、解思明、李奕等勸壽稱鎮西將軍、益州牧、成都王，稱藩于晉，解，戶買翻。送邛都公於建康；任調及司馬蔡興、侍中李豔等勸壽自稱帝。壽命筮之，龜爲卜，蓍爲筮。占者曰：「可數年天子。」調喜曰：「一日尚足，況數年乎！」思明曰：「數年天子，孰與百世諸侯？」壽曰：「朝聞道，夕死可矣。」引論語孔子之言。遂即皇帝位。壽，字武考，驤之子也。改國號曰漢，大赦，改元漢興。以安車束帛徵龔壯爲太師；壯誓不仕，壽所贈遺，一無所受。遺，于季翻。

壽改立宗廟，追尊父驤曰獻皇帝。驤，思將翻。母昝氏曰皇太后，昝，子感翻，姓也。立妃閻氏爲皇后，世子勢爲皇太子。更以舊廟爲大成廟，舊廟，祀李特、李雄者也；雄建國號曰成。壽改曰漢，故以特、雄廟曰大成廟。凡諸制度，多所更易。更，工衡翻。以董皎爲相國，羅恆爲尚書令，解思明爲廣漢太守，任調爲鎮北將軍、梁州刺史，李奕爲西夷校尉，從子權爲寧州刺史。從，才用翻。公、卿、州、郡，悉用其僚佐代之；成氏舊臣、近親及六郡士人，皆見疏斥。六郡士人，與李特兄弟同入蜀者。邛都公期歎曰：「天下主乃爲小縣公，不如死！」五月，縊而卒。載記，期死於三年，年二十五。縊，於賜翻，又於計翻。壽謚曰幽公，葬以王禮。

4趙王虎以燕王皝不會趙兵攻段遼而自專其利，以皝掠段氏人民、畜產，不待趙師至而北歸也。欲伐之。太史令趙攬諫曰：「歲星守燕分，師必無功。」天文志，歲星贏縮，以其舍命國；其所居久，其國有德厚，五穀豐昌，不可伐也。分，扶問翻。虎怒，鞭之。

皝聞之，嚴兵設備；罷六卿、納言、常伯、冗騎常侍官。去年皝置六卿等官。冗，而隴翻。趙戍卒數十萬，燕人震恐。皝謂內史高詡曰：「將若之何？」內史，燕國內史也。對曰：「趙兵雖強，然不足憂，但堅守以拒之，無能爲也。」

虎遣使四出，招誘民夷，誘，音酉。燕成周內史崔燾、居就令游泓、武原令常霸、東夷校尉封抽、護軍宋晃等皆應之，凡得三十六城。泓，邃之兄子也。冀陽流寓之士共殺太守宋燭以降於趙。燭，晃之從兄也。營丘內史鮮于屈亦遣使降趙；武寧令廣平孫興曉諭吏民共收屈，數其罪而殺之，閉城拒守。成周、冀陽、營丘郡，皆慕容廆所置，見八十九卷愍帝建興二年。居就縣，漢、晉屬遼東郡。武原，蓋亦慕容氏所置縣也。武寧縣，亦慕容氏所置，帶營丘郡。游邃見八十八卷愍帝建興元年。朝鮮令昌黎孫泳帥衆拒趙。帥，讀曰率。大姓王清等密謀應趙，泳收斬之；同謀數百人惶怖請罪，怖，普布翻。泳皆釋之，與同拒守。樂浪太守鞠彭以境內皆叛，選鄉里壯士二百餘人共還棘城。樂浪，非漢古郡地也，慕容廆所置，見八十八卷愍帝建興元年。以五代志考之，樂浪、冀陽、營丘郡，朝鮮、武寧等縣，當盡在隋遼西郡柳城縣界。鞠彭率鄉人歸燕，見九十卷元帝太興二年。樂浪，音洛琅。

戊子，趙兵進逼棘城。燕王皝欲出亡，帳下將慕輿根諫曰：將，卽亮翻。「趙強我弱，大王一舉足則趙之氣勢遂成，使趙人收略國民，國民，謂燕國之民也。兵強穀足，不可復敵。復，扶又翻。竊意趙人正欲大王如此耳，柰何入其計中乎！今固守堅城，其勢百倍，縱其急攻，猶足枝持，觀形察變，間出求利；謂伺間出擊趙以求利也。間，古莧翻。如事之不濟，不失於走，柰何望風委去，爲必亡之理乎！」皝乃止，然猶懼形於色。玄菟太守河間劉佩曰：「今強寇在外，衆心恟懼，菟，同都翻。守，式又翻。恟，許拱翻。事之安危，繫於一人。大王此際無所推委，推，吐雷翻。言難推此責以委人也。當自強以厲將士，不宜示弱。事急矣，臣請出擊之，縱無大捷，足以安衆。」乃將敢死數百騎出衝趙兵，所向披靡，披，普彼翻，開也，分也，散也。靡，偃也。斬獲而還，還，從宣翻，又如字。於是士氣自倍。皝問計於封奕，對曰：「石虎凶虐已甚，民神共疾，禍敗之至，其何日之有！杜預曰：言今至。今空國遠來，攻守勢異，戎馬雖強，無能爲患；頓兵積日，釁隙自生，但堅守以俟之耳。」皝意乃安。或說皝降，皝曰：「孤方取天下，何謂降也！」說，輸芮翻。降，戶江翻。

趙兵四面蟻附緣城，言肉薄附城而上，若羣蟻然。慕輿根等晝夜力戰；凡十餘日，趙兵不能克，壬辰，引退。皝遣其子恪帥二千騎追擊之，帥，讀曰率。趙兵大敗，斬獲三萬餘級。趙諸軍皆棄甲逃潰，惟游擊將軍石閔一軍獨全。閔父瞻，內黃人，內黃縣，屬魏郡；以陳留有外黃，故加「內」。本姓冉，趙主勒破陳午，獲之，命虎養以爲子。閔驍勇善戰，多策略，虎愛之，比於諸孫。冉閔始此。石勒養石虎以自滅其種，石虎養冉閔，併其種類而夷之，蓋天道也。驍，堅堯翻。

虎還鄴，以劉羣爲中書令，盧諶爲中書侍郎。諶，是壬翻。蒲洪以功拜使持節、都督六夷諸軍事、冠軍大將軍，封西平郡公。使，疏吏翻。冠，古玩翻。石閔言於虎曰：「蒲洪雄儁，得將士死力，諸子皆有非常之才，且握強兵五萬，屯據近畿，近畿，謂洪屯枋頭，距鄴爲近。宜密除之，以安社稷。」虎曰：「吾方倚其父子以取吳、蜀，柰何殺之！」待之愈厚。石虎之不能殺蒲洪，猶苻堅之不能殺慕容垂、姚萇也。

燕王皝分兵討諸叛城，皆下之。拓境至凡城，水經註：自盧龍東越青陘至凡城二百許里，自凡城東北出趣平剛故城可百八十里，向黃龍城則五百里。崔燾、常霸奔鄴，封抽、宋晃、游泓奔高句麗。虢賞鞠彭、慕輿根等而治諸叛者，誅滅甚衆；治，直之翻。功曹劉翔爲之申理，多所全活。爲，于僞翻。

趙之攻棘城也，燕右司馬李洪之弟普以爲棘城必敗，勸洪出避禍。洪曰：「天道幽遠，人事難知，且當委任，勿輕動取悔！」普固請不已。洪曰：「卿意見明審者，當自行之。吾受慕容氏大恩，義無去就，當效死於此耳。」與普流涕而訣。訣，別也。普遂降趙，降，戶江翻。從趙軍南歸，死於喪亂。喪，息浪翻。洪由是以忠篤著名。

趙王虎遣渡遼將軍曹伏將青州之衆戍海島，據載記，虎遣伏渡海戍蹋頓城，無水而還，因戍于海島。運穀三百萬斛以給之；又以船三百艘運穀三十萬斛詣高句麗，句，如字，又音駒。麗，力知翻。使典農中郎將王典帥衆萬餘屯田海濱，又令青州造船千艘，以謀擊燕。石虎忿棘城之敗，再謀擊燕而卒不能也。艘，蘇遭翻。

5 趙太子宣帥步騎二萬擊朔方鮮卑斛摩頭，破之，斬首四萬餘級。帥，讀曰率。騎，奇寄翻。

6 冀州八郡大蝗，趙司隸請坐守宰。趙都鄴，以冀州爲司部。趙王虎曰：「此朕失政所致，而欲委咎守宰，豈罪己之意邪！司隸不進讜言，佐朕不逮，而欲妄陷無辜，可白衣領職！」黜其品秩，同於民庶，而仍領司隸之職。讜，音黨。

虎使襄城公涉歸、上庸公日歸帥衆戍長安。二歸，亦石氏之族。二歸告鎮西將軍石廣私樹恩澤，潛謀不軌；虎追廣至鄴，殺之。

7 乙未，以司徒導爲太傅，都督中外諸軍事，郗鑒爲太尉，郗，丑之翻。庾亮爲司空。六月，以導爲丞相，罷司徒官以幷丞相府。東漢司徒，卽丞相之職也。沈約曰：丞，奉也；相，助也。時以王導爲丞相，罷司徒府幷丞相府。導薨，罷丞相復爲司徒府。宋世祖初以南郡王義宣爲丞相，而司徒府如故。

導性寬厚，委任諸將趙胤、賈寧等，多不奉法，大臣患之。庾亮與郗鑒牋曰：「主上自八九歲以及成人，入則在宮人之手，出則唯武官、小人，讀書無從受音句，顧問未嘗遇君子。秦政欲愚其黔首，秦始皇名政，命民曰黔首，焚詩書以愚黔首。天下猶知不可，況欲愚其主哉！人主春秋旣盛，宜復子明辟。不稽首歸政，稽，音啓。甫居師傅之尊，甫，方也，始也。多養無賴之士；公與下官並荷託付之重，言受遺先帝，付以幼孤而託之也。荷，下可翻。大姦不掃，何以見先帝於地下乎！」欲共起兵廢導，鑒不聽。南蠻校尉陶稱，南蠻校尉，武帝初置於襄陽，後治江陵。侃之子也，以亮謀語導。語，牛倨翻。或勸導密爲之備，導曰：「吾與元規休戚是同，悠悠之談，宜絕智者之口。言智者之口，不宜亦傳道悠悠之談。則如君言，元規若來，吾便角巾還第，復何懼哉！」復，扶又翻。又與稱書，以爲「庾公帝之元舅，宜善事之！」此導之識量所以爲弘遠也。征西參軍孫盛密諫亮曰：「王公常有世外之懷，言導心常欲謝事，優游於人世之外。豈肯爲凡人事邪！此必佞邪之徒欲間內外耳。」亮乃止。庾亮之謀，微郗鑒拒之於外，孫盛諫止於內，必再亂天下矣。

間，古莧翻。盛，楚之孫也。孫楚，晉初名士。是時亮雖居外鎮，而遙執朝廷之權，既據上流，擁強兵，趨勢者多歸之。趣，七喻翻。導內不能平，常遇西風塵起，常，當作嘗。舉扇自蔽，徐曰：「元規塵汚人！」汚，烏故翻。史言導不平之心不能自禁於言語之間者，惟此而已。

導以江夏李充爲丞相掾。夏，戶雅翻。掾，以絹翻。充以時俗崇尚浮虛，乃著學箴。以爲老子云，「絕仁棄義，民復孝慈，」豈仁義之道絕，然後孝慈乃生哉？蓋患乎情仁義者寡而利仁義者衆，將寄責於聖人而遺累乎陳迹也。累，力瑞翻。凡人見形者衆，及道者鮮，鮮，息淺翻。逐迹逾篤，離本逾遠。離，力智翻。故作學箴以袪其蔽袪，丘於翻，攘卻也。曰：「名之攸彰，道之攸廢；及損所隆，乃崇所替。非仁無以長物，長，丁丈翻，今知兩翻。非義無以齊恥，仁義固不可遠，去其害仁義者而已。」遠，于願翻。去，羌呂翻。

8 漢李奕從兄廣漢太守乾告大臣謀廢立。從，才用翻。秋，七月，漢主壽使其子廣與大臣盟于前殿，徙乾爲漢嘉太守；以李閎爲荆州刺史，鎮巴郡。閎，恭之子也。恭，李攀之弟，見八十四卷惠帝永寧元年。

八月，蜀中久雨，百姓饑疫。壽命羣臣極言得失。龔壯上封事稱：「陛下起兵之初，上指星辰，昭告天地，歃血盟衆，舉國稱藩，謂將稱藩于晉也。歃，色洽翻。天應人悅，大功克集；而論者未諭，權宜稱制。謂壽卽皇帝位也。今淫雨百日，饑疫並臻，天其或者將以監示陛下故也。監，古陷翻。愚謂宜遵前盟，推奉建康，彼必不愛高爵重位以報大功；雖降階一等，王降皇帝一等。而子孫無窮，永保福祚，不亦休哉！論者或言二州附晉則榮，二州，謂梁、益也。六郡人事之不便。昔公孫述在蜀，羈客用事，荆邯、王元、田戎、延岑，皆羈客也。劉備在蜀，楚士多貴。龐統、黃忠、董和、劉巴、馬良兄弟、呂乂、廖立、李嚴、楊儀、魏延、蔣琬、費禕、董允等，皆楚士也。及吳、鄧西伐，吳、鄧，吳漢、鄧艾也。舉國屠滅，寧分客主！論者不達安固之基，苟惜名位，以爲劉氏守令方仕州郡；曾不知彼乃國亡主易，豈同今日義舉，主榮臣顯哉！舉國奉晉爲義舉，晉加以寵秩，則主榮臣顯。論者又謂臣當爲法正。法正啓劉備以取成都，壯亦教壽取李期，故論者以比之。臣蒙陛下大恩，恣臣所安；至於榮祿，無問漢、晉，臣皆不處，復何爲效法正乎！」壽省書內慚，處昌呂翻。復，扶又翻。省，悉景翻。祕而不宣。

9 九月，漢僕射任顏謀反，誅。顏，任太后之弟也。漢主壽因盡誅成主雄諸子。任后，雄之正室也。壽以任顏之反，必以立諸甥爲主，故盡誅雄諸子以絕人望。任，音壬。

10 冬，十月，光祿勳顏含以老遜位。引年致事也。論者以「王導帝之師傅，名位隆重，百僚宜爲降禮；」降禮，謂拜之。爲，于僞翻；下同。太常馮懷以問含。含曰：「王公雖貴重，理無偏敬。臣子惟拜君父，施之於導則爲偏敬。偏，不正也。降禮之言，或是諸君事宜；鄙人老矣，不識時務。」既而告人曰：「吾聞伐國不問仁人，董仲舒曰：昔者魯君問柳下惠：「吾欲伐齊，何如？」柳下惠曰：「不可。」歸而有憂色，曰：「吾聞伐國不問仁人，此言何爲至於我哉！」向馮祖思問佞於我，馮懷，字祖思。我豈有邪德乎！」郭璞嘗遇含，欲爲之筮。因含請老，併及辭郭璞事，以見其有識有守。含曰：「年在天，位在人。脩己而天不與者，命也；守道而人不知者，性也；自有性命，無勞蓍龜。」蓍，升脂翻。致仕二十餘年，年九十三而卒。

11 代王翳槐之弟什翼犍質於趙，爲質見九十四卷咸和四年。犍，居言翻。質，音致。翳槐疾病，命諸大人立之。翳槐卒，諸大人梁蓋等以新有大故，有大喪謂之大故。滕文公曰：今也不幸，至於大故。什翼犍在遠，來未可必；比其至，恐有變亂，謀更立君。比，必寐翻。更，古衡翻。而翳槐次弟屈，剛猛多詐，不如屈弟孤仁厚，乃相與殺屈而立孤。孤不可，自詣鄴迎什翼犍，請身留爲質；質，音致。趙王虎義而俱遣之。十一月，什翼犍卽代王位於繁時北，繁時縣，屬鴈門郡。時，音止。改元曰建國；分國之半以與孤。

初，代王猗盧既卒，國多內難，部落離散，事見八十九卷愍帝建興四年。難，乃旦翻。拓跋氏寖衰。及什翼犍立，雄勇有智略，能脩祖業，國人附之；始置百官，分掌衆務。以代人燕鳳爲長史，許謙爲郎中令。始制反逆、殺人、姦盜之法，號令明白，政事清簡，無繫訊連逮之煩，百姓安之。於是東自濊貊，濊，音穢。貊，莫白翻。西及破落那，新唐書西域傳曰：寧遠者，本拔汗那，或曰潑汗，元魏時謂之破落那，去長安八千里，居西鞬城，在眞珠河之北。南距陰山，北盡沙漠，率皆歸服，有衆數十萬人。史言代復強。

12十二月，段遼自密雲山遣使求迎於趙；使，疏吏翻；下同。既而中悔，復遣使求迎於燕。復，扶又翻。

趙王虎遣征東將軍麻秋帥衆三萬迎之，帥，讀曰率；下同。敕秋曰：「受降如受敵，不可輕也！」降，戶江翻。以尚書左丞陽裕，遼之故臣，使爲秋司馬。

燕王皝自帥諸將迎遼，帥，讀曰率。遼密與燕謀覆趙軍。皝遣慕容恪伏精騎七千於密雲山，大敗麻秋於三藏口，水經註：安州東有武列水，其水三川派合。西源曰西藏水，西南流，而東藏水注之。水出東溪，西南流出谷，與中藏水合；水導中溪，南流出谷，南注東藏水。東藏水又南右入西藏水。故目其川曰三藏川。魏收地形志曰：皇興二年置安州，統密雲等郡。隋廢郡爲密雲縣，唐爲檀州治所。敗，補邁翻。死者什六七。秋步走得免，陽裕爲燕所執。

趙將軍范陽鮮于亮失馬，步緣山不能進，因止，端坐；燕兵環之，環，音宦。叱令起。亮曰：「身是貴人，義不爲小人所屈；汝曹能殺亟殺，不能則去！」亮儀觀豐偉，觀，古玩翻。聲氣雄厲，燕兵憚之，不敢殺，以白皝。皝以馬迎之，與語，大悅，用爲左常侍，晉制：諸王國，大國置左、右常侍。以崔毖之女妻之。妻，七細翻。

皝盡得段遼之衆。待遼以上賓之禮，以陽裕爲郎中令。

趙王虎聞麻秋敗，怒，削其官爵。

五年（己亥、三三九）

1 春，正月，辛丑，大赦。

2 三月，乙丑，廣州刺史鄧岳將兵擊漢寧州，漢建寧太守孟彥執其刺史霍彪以降。咸和八年，成取寧州，今復之。成以霍彪刺寧州，見上卷咸和九年。降，戶江翻。

3 征西將軍庾亮欲開復中原，表桓宣爲都督沔北前鋒諸軍事、司州刺史，鎮襄陽；沔，彌兗翻。又表其弟臨川太守懌爲監梁・雍二州諸軍事、梁州刺史，鎮魏興；自李矩以司州刺史退屯卒于魯陽，司州已寄治荆州界；今始以司州治襄陽。周訪領梁州，治襄陽；今司州既治襄陽，故梁州治魏興。監，工銜翻；下同。西陽太守翼爲南蠻校尉，領南郡太守，鎮江陵；皆假節。又請解豫州，以授征虜將軍毛寶。詔以寶監揚州之江西諸軍事、豫州刺史，與西陽太守樊峻帥精兵萬人戍邾城。邾城在江北，漢江夏郡邾縣之故城也。楚宣王滅邾，徙其君於此，因以爲名，今黄州城是也。杜佑曰：黄州東南百二十里，臨江與武昌相對，有邾城，此言唐黄州治所也。西陽縣，漢屬江夏郡，魏分屬弋陽郡，晉惠帝分弋陽爲西陽國，江左廢國爲郡。帥，讀曰率；下同。以建威將軍陶稱爲南中郎將、江夏相，入沔中。稱將二百人下見亮，亮鎮武昌，稱自上流下見之。相，息亮翻。將，卽亮翻。亮素惡稱輕狡，數稱前後罪惡，收而斬之。亮素怨陶侃，而稱又間亮於王導，蓋以私忿殺之。素惡，烏路翻。數，所具翻。後以魏興險遠，命庾懌徙屯半洲，半洲在江州界，康帝時，褚裒爲江州刺史，鎮半洲。更以武昌太守陳囂爲梁州刺史，趣漢中。趣，七喻翻。遣參軍李松攻漢巴郡、江陽。夏，四月，執漢荆州刺史李閎、巴郡太守黄植送建康。漢置荆州於巴郡。漢主壽以李奕爲鎮東將軍，代閎守巴郡。

庾亮上疏，言「蜀甚弱而胡尚強，欲帥大衆十萬移鎮石城，遣諸軍羅布江、沔爲伐趙之規。」帝下其議。下，遐稼翻。丞相導請許之。太尉鑒議，以爲「資用未備，不可大舉。」

太常蔡謨議，以爲「時有否泰，否，部鄙翻。道有屈伸，苟不計強弱而輕動，則亡不終日，何功之有！爲今之計，莫若養威以俟時。時之可否繫胡之強弱，胡之強弱繫石虎之能否。自石勒舉事，虎常爲爪牙，百戰百勝，遂定中原，所據之地，同於魏世。勒死之後，虎挾嗣君，誅將相；謂殺石堪、程遐、徐光諸將相也。內難既平，難，乃旦翻。翦削外寇，一舉而拔金墉，再戰而禽石生，誅石聰如拾遺，取郭權如振槁，咸和八年，虎殺石聰，又拔金墉，進殺石生，九年，取郭權，事並見上卷。四境之內，不失尺土。以是觀之，虎爲能乎，將不能也？論者以胡前攻襄陽不能拔，事見上卷咸康元年。謂之無能爲。夫百戰百勝之強而以不拔一城爲劣，譬如射者百發百中而一失，可以謂之拙乎？中，竹仲翻。

且石遇，偏師也，桓平北，邊將也，桓宣爲平北將軍。將，卽亮翻；下同。所爭者疆埸之士，【章：乙十一行本「士」作「土」；孔本同。】士，讀曰事。利則進，否則退，非所急也。今征西以重鎮名賢，自將大軍欲席卷河南，虎必自帥一國之衆來決勝負，卷，讀曰捲。帥，讀曰率。豈得以襄陽爲比哉！今征西欲與之戰，何如石生？若欲城守，何如金墉？欲阻沔水，何如大江？欲拒石虎，何如蘇峻？凡此數者，宜詳校之。

石生猛將，關中精兵，征西之戰殆不能勝也！【章：十二行本「也」下有「金墉險固，劉曜十萬衆不能拔，征西之守殆不能勝也」二十一字；乙十一行本同；退齋校同；張校同，云無註本亦脫。】又當是時，洛陽、關中皆舉兵擊虎，今此三鎮反爲其用；洛陽、關中而曰三鎮，併郭權據上邽爲三也。方之於前，倍半之勢也；石生不能敵其半，而征西欲當其倍，愚所疑也。蘇峻之強不及石虎，沔水之險不及大江；大江不能禦蘇峻而欲以沔水禦石虎，又所疑也。昔祖士稚在譙，佃於城北界，佃，亭年翻。胡【張：「胡」上脫「虜」字。】來攻，豫置軍屯以禦其外。穀將熟，胡果至，丁夫戰於外，老弱穫於內，穫，戶郭翻。多持炬火，急則燒穀而走。如此數年，竟不得其利。當是時，胡唯據河北，方之於今，四分之一耳；言祖逖與石勒對境時，勒僅有河北之地，比之今來石虎據有之地，止四分之一也。士稚不能捍其一而征西欲以禦其四，又所疑也。

然此但論征西既至之後耳，謂既至中原之後也。尚未論道路之慮也。自沔以西，水急岸高，魚貫泝流，首尾百里。言水狹而急，舟不得駢爲一列而進也。若胡無宋襄之義，左傳：宋襄公及楚人戰于泓。宋人既成列，楚人未既濟，司馬子魚請擊之，公曰：「不可」。既濟而未成列，又以告，公曰：「未可」。既陳而後擊之，宋師敗績。國人皆咎公。公曰：「古之爲軍也，不以阻隘也；寡人雖亡國之餘，不鼓不成列。」及我未陳而擊之，將若之何？今王土與胡，水陸異勢，便習不同；南便於用舟，北便於用馬。胡若送死，則敵之有餘，若棄江遠進，以我所短擊彼所長，懼非廟勝之算。」蔡謨之議，量彼量己，深切著明；後郗鑒薦之自代，蓋有見乎此也。

朝議多與謨同。朝，直遙翻。乃詔亮不聽移鎮。

4 燕前軍師慕容評、廣威將軍慕容軍、沈約志：廣威將軍，曹魏置。折衝將軍慕輿根、蕩寇將軍慕輿泥襲趙遼西，俘獲千餘家而去。趙鎮遠將軍石成、鎮遠將軍，蓋石氏所置。積弩將軍呼延晃、建威將軍張支等追之，評等與戰，斬晃、支首。

5 段遼謀反於燕，燕人殺遼及其黨與數十人，送遼首於趙。

6 五月，代王什翼犍會諸大人於參合陂，參合縣，前漢屬代郡，後漢、晉省。東魏天平二年置梁城郡，參合縣屬焉。水經註：參合陘在縣西北，俗謂之倉鶴陘。犍，居言翻。議都灅源川。其母王氏曰：「吾自先世以來，以遷徙爲業；謂逐水草爲行國，草盡水竭則徙而之他也。灅，力水翻；又作「㶟」。今國家多難，若城郭而居，一旦寇來，無所避之。」乃止。是後鍮勿崙之諫禿髮利鹿孤，其說不過如此。難，乃旦翻。

代人謂他國之民來附者皆爲烏桓，什翼犍分之爲二部，各置大人以監之。弟孤監其北，子寔君監其南。監，工銜翻。

什翼犍求昏於燕，燕王皝以其妹妻之。妻，七細翻。

7 秋，七月，趙王虎以太子宣爲大單于，建天子旌旗。單，音蟬。

8 庚申，始興文獻公王導薨，喪葬之禮視漢博陸侯及安平獻王故事，霍光事見二十五卷漢宣帝地節二年。安平王孚事見七十九卷武帝泰始八年。參用天子之禮。

導簡素寡欲，善因事就功，雖無日用之益而歲計有餘。輔相三世，莊子曰：日計之不足，歲計之有餘。向秀註云：日計之不足，無旦夕小利也；歲計之有餘，順時而大穰也。三世，元、明、成。相，息亮翻。倉無儲穀，衣不重帛。重，直龍翻。

初，導與庾亮共薦丹楊尹何充於帝，請以爲己副，且曰：「臣死之日，願引充內侍，則社稷無虞矣。」由是加吏部尚書。及導薨，徵庾亮爲丞相、揚州刺史、錄尚書事；亮固辭。辛酉，以充爲護軍將軍；亮弟會稽內史冰爲中書監、揚州刺史，參錄尚書事。會，工外翻。

冰既當重任，經綸時務，不捨晝夜，賓禮朝賢，升擢後進，由是朝野翕然稱之，以爲賢相。朝，直遙翻。相，息亮翻；下同。初，王導輔政，每從寬恕；冰頗任威刑，丹楊尹殷融諫之。冰曰：「前相之賢，猶不堪其弘，堪，任也；言過於寬弘而不任也。況如吾者哉！」范汪謂冰曰：「頃天文錯度，七曜失行爲錯度。足下宜盡消禦之道。」冰曰：「玄象豈吾所測，正當勤盡人事耳。」又隱實戶口，料出無名萬餘人，以充軍實。隱，度也。料，音聊。冰好爲糾察，近於繁細，後益矯違，謂矯前之繁細而流於寬縱，愈違於正道也。好，呼到翻。復存寬縱，復，扶又翻；下同。疏密自由，律令無用矣。

9 八月，壬午，復改丞相爲司徒。去年省司徒，并丞相府。復，扶又翻。

10 南昌文成公郗鑒疾篤，以府事付長史劉遐，此又一劉遐也。上疏乞骸骨，且曰：「臣所統錯雜，率多北人，或逼遷徙，謂中原之人有戀土不肯南渡者，以兵威逼遷之也。或是新附，百姓懷土，皆有歸本之心；臣宣國恩，示以好惡，處與田宅，漸得少安。好，呼到翻。惡，烏路翻。處，昌呂翻。少，詩沼翻。聞臣疾篤，衆情駭動，若當北渡，必啓寇心。蓋時議欲徙京口之鎮，渡江而北，故鑒云然。太常臣謨，平簡貞正，素望所歸，謂可以爲都督、徐州刺史。」詔以蔡謨爲太尉軍司，加侍中。辛酉，鑒薨，卽以謨爲征北將軍、都督徐・兗・青三州諸軍事、徐【章：十二行本「徐」上有「領」字；乙十一行本同；孔本同。】州刺史，假節。

時左衞將軍陳光請伐趙，詔遣光攻壽陽，壽陽，卽壽春，晉避簡文鄭太后諱，改曰壽陽；自祖約之敗，爲趙所據。謨上疏曰：「壽陽城小而固。自壽陽至琅邪，城壁相望，此琅邪，謂古琅邪郡。趙旣取譙郡、彭城、下邳，又得壽春，故自壽春至琅邪，城壁相望。南琅邪在江乘之蒲洲上，渡江而西，歷歷陽、合肥至壽春，皆晉境，趙未能置城壁也。一城見攻，衆城必救。又，王師在路五十餘日，前驅未至，聲息久聞，聞，音問。賊之郵驛，一日千里，河北之騎，足以來赴。郵，音尤。騎，奇寄翻；下同。夫以白起、韓信、項籍之勇，猶發梁焚舟，背水而陣。戰國策：白起曰：楚王恃其國大，城池不脩，又無守備，故起得以引兵深入，多倍城邑，發梁焚舟以專民。當是之時，秦中士卒以軍中爲家，將爲父母，不約而親，不謀而信，一心同功，死不旋踵。楚人自戰其地，咸顧其家，各有散心，莫有鬬志。是以能有功也。項羽焚舟，即湛船以救鉅鹿事也，見八卷秦二世三年。韓信背水事見九卷漢高帝三年。背，蒲昧翻。今欲停船水渚，引兵造城，造，七到翻。前對堅敵，顧臨歸路，此兵法之所誡。若進攻未拔，胡騎卒至，卒，讀曰猝。懼桓子不知所爲而舟中之指可掬也。左傳：晉中行桓子帥師與楚戰于邲，楚人車馳卒奔，乘晉師。桓子不知所爲，鼓於軍中曰：「先濟者有賞。」中軍與下軍爭舟，舟中之指可掬也。今光所將皆殿中精兵，將，即亮翻。宜令所向有征無戰。而頓之堅城之下，以國之爪士，詩曰：祈父，予王之爪士。毛萇註曰：士，事也。今謂殿中兵爲爪牙之士。擊寇之下邑，得之則利薄而不足損敵，失之則害重而足以益寇，懼非策之長者也。」乃止。

11 初，陶侃在武昌，議者以江北有邾城，宜分兵戍之；侃每不答，而言者不已。侃乃渡水獵，引將佐語之曰：「我所以設險而禦寇者，正以長江耳。邾城隔在江北，內無所倚，外接羣夷。接西陽諸蠻也。將，即亮翻。語，牛倨翻。夷中利深；晉人貪利，夷不堪命，必引虜入寇。此乃致禍之由，非以禦寇也。且吳時戍此城用三萬兵，吳都武昌，故屯重兵於邾城。今縱有兵守，亦無益於江南；若羯虜有可乘之會，此又非所資也。」羯，居謁翻。

及庾亮鎭武昌，卒使毛寶、樊峻戍邾城。趙王虎惡之，卒，子恤翻。惡，烏路翻。以夔安爲大都督，帥石鑒、石閔、李農、張貉、李菟等五將軍、帥，讀曰率。貉，音鶴。菟，同都翻。兵五萬人寇荆、揚北鄙，二萬騎攻邾城。毛寶求救於庾亮，亮以城固，不時遣兵。

九月，石閔敗晉兵於沔陰，水南爲陰，卽沔南也。敗，補邁翻；下同。殺將軍蔡懷；夔安、李農陷沔南；晉人蓋置戍於沔南以備津要。朱保敗晉兵於白石，殺鄭豹等五將軍；水經註：柵水導源巢湖，東逕南譙僑郡城南，又東左會清溪水，又東左會白石山水，水發源白石山西。張貉陷邾城，死者六千人，毛寶、樊峻突圍出走，赴江溺死。溺，奴狄翻。夔安進據胡亭，續漢志：汝南汝陰縣西北有胡城，春秋胡子之國也。寇江夏；義陽將軍黃沖、義陽太守鄭進皆降於趙。夏，戶雅翻。降，戶江翻。安進圍石城，賢曰：石城故城在今復州沔陽縣東南。水經註：沔水逕石城西，城因山爲固，晉惠帝元康九年，分江夏西部置竟陵郡，治此。竟陵太守李陽拒戰，破之，斬首五千餘級，安乃退。遂掠漢東，擁七千餘戶遷于幽、冀。

是時庾亮猶上疏欲遷鎭石城，聞邾城陷，乃止。上表陳謝，自貶三等，行安西將軍；晉方伯帶將軍，有征、鎭、安、平。亮本征西將軍，乞自貶三等，行安西將軍。上，時掌翻。有詔復位。以輔國將軍庾懌爲豫州刺史，監宣城、廬江、歷陽、安豐四郡諸軍事，假節，鎭蕪湖。監，工銜翻；下同。

12 趙王虎患貴戚豪恣，乃擢殿中御史李巨爲御史中丞，曹魏之制，蘭臺遣二御史居殿中伺察非法，此殿中御史之始也。特加親任，中外肅然。虎曰：「朕聞良臣如猛虎，高步曠野而豺狼避路；信哉！」

虎以撫軍將軍李農爲使持節、監遼西·北平諸軍事、征東將軍、營州牧，鎮令支。趙置營州，統遼西、北平二郡。使，疏吏翻。令，音鈴，又郎定翻。支，音祁。農帥衆三萬與征北大將軍張舉攻燕凡城。帥，讀曰率。燕王皝以榼盧城大悅綰爲禦難將軍，榼，苦盍翻。水經註曰：渝水南流東屈與一水會，世名之曰榼倫水。姓譜：悅姓，傅說之後。難，乃旦翻。授兵一千，使守凡城。及趙兵至，將吏皆恐，欲棄城走。綰曰：「受命禦寇，死生以之。且憑城堅守，一可敵百，敢有妄言惑衆者斬！」衆然後定。綰身先士卒，先，息薦翻。親冒矢石；舉等攻之經旬，不能克，乃退。虎以遼西迫近燕境，數遭攻襲，近，其靳翻。數，所角翻。乃悉徙其民於冀州之南。

13 漢主壽疾病，羅恆、解思明復議奉晉；壽不從。李演復上書言之；恆，戶登翻。解，戶買翻。復，扶又翻。壽怒，殺演。

壽常慕漢武、魏明之爲人，恥聞父兄時事，上書者不得言先世政教，自以爲勝之也。書無逸曰：相小人，厥父母勤勞稼穡，厥子乃不知稼穡之艱難，乃逸乃諺，既誕；否則侮厥父母曰：「昔之人無聞知。」其李壽之謂乎！舍人杜襲作詩十篇，託言應璩以諷諫。應璩，魏人，有文名。璩，求於翻。壽報曰：「省詩知意。省，悉景翻，視也。若今人所作，乃賢哲之話言；話言，善言也。若古人所作，則死鬼之常辭耳。」

14 燕王皝自以稱王未受晉命，冬，遣長史劉翔、參軍鞠運來獻捷論功，且言權假之意，獻捷，獻趙捷也。權假，謂自稱王也。皝，呼廣翻。并請刻期大舉，共平中原。

皝擊高句麗，兵及新城，新城，高句麗之西鄙，西南傍山，東北接南蘇、木底等城。句，如字，又音駒。麗，力知翻。高句麗王釗乞盟，乃還。又使其子恪、霸擊宇文別部。霸年十三，勇冠三軍。冠，古玩翻。

15 張駿立辟雍、明堂以行禮。十一月，以世子重華行涼州事。重，直龍翻。

16 十二月，丁丑，趙太保桃豹卒。

17 丙戌，以驃騎將軍琅邪王岳爲侍中、司徒。驃，匹妙翻。

18 漢李奕寇巴東，守將勞楊敗死。將，即亮翻。勞，姓；楊，名。

六年（庚子、三四〇）

1 春，正月，庚子朔，都亭文康侯庾亮薨。以護軍將軍、錄尚書何充爲中書令。錄尚書，即錄尚書事。庚戌，以南郡太守庾翼爲都督江・荆・司・雍・梁・益六州諸軍事、安西將軍、荆州刺史、假節，代亮鎮武昌。雍，於用翻。時人疑翼年少，不能繼其兄。少，詩照翻。翼悉心爲治，戎政嚴明，數年之間，公私充實，人皆稱其才。治，直吏翻。

2 辛亥，以左光祿大夫陸玩爲侍中、司空。

3 宇文逸豆歸忌慕容翰才名；翰乃陽狂酣飲，或臥自便利，便，毗連翻，溲也。利，下泄也。或被髮歌呼，拜跪乞食。被，皮義翻。宇文舉國賤之，不復省錄，省，察也，視也。錄，采也，收也，記也。省，悉景翻。以故得行來自遂，山川形便，皆默記之。行來，猶言往來也。燕王皝以翰初非叛亂，以猜嫌出奔，事見上卷咸和八年。雖在他國，常潛爲燕計；如牛尾谷之戰是也。乃遣商人王車通市於宇文部以窺翰。翰見車，無言，撫膺頷之而已。撫，擊也。膺，胸也。皝曰：「翰欲來也。」復使車迎之。復，扶又翻；下同。翰彎弓三石餘，矢尤長大，皝爲之造可手弓矢，可手，便手也；言惟翰手可用耳。爲，于僞翻。使車埋於道旁而密告之。二月，翰竊逸豆歸名馬，攜其二子過取弓矢，逃歸。逸豆歸使驍騎百餘追之。驍，堅堯翻。騎，奇寄翻。翰曰：「吾久客思歸，既得上馬，無復還理。吾曏日陽愚以誑汝，上，時掌翻。誑，居況翻。吾之故藝猶在，無爲相逼，自取死也！」追騎輕之，直突而前。翰曰：「吾居汝國久悢悢，【章：十二行本作「恨恨」；乙十一行本同；孔本同；熊校同。】李陵贈蘇武詩：悢悢不能辭。呂向註曰：悢悢，相戀之情。不欲殺汝；汝去我百步立汝刀，吾射之，一發中者汝可還，不中者可來前。」追騎解刀立之，一發，正中其環；孔穎達曰：禮，進劍者左首。首，劍拊鐶也。少儀曰：澤劍首。鄭云：澤，弄也。推尋劍刃利，不容可弄，正是劍鐶也。又云：刀卻刃授穎。鄭云：穎，鐶也。鐶，與環同。射，而亦翻。中，竹仲翻。追騎散走。皝聞翰至，大喜，恩遇甚厚。

4 庚辰，有星孛于太微。晉書天文志曰：太微，天子庭也，五帝坐也，十二諸侯府也。孛，蒲內翻。

5 三月，丁卯，大赦。

6 漢人攻拔丹川，守將孟彥、劉齊、李秋皆死。五年，孟彥以建寧降，丹川當在建寧界。

7 代王什翼犍始都雲中之盛樂宮。水經註：白渠水出雲中塞外，西北逕成樂固〔城〕北。魏土地記曰：雲中城東八十里有成樂城，今雲中郡治，一名石盧城。白渠水又西逕魏雲中宮南。魏土地記曰：雲中宮在雲中故城東四十里，魏之盛樂，即漢成樂縣也。魏書曰：猗盧城盛樂以爲北都。杜佑曰：雲州雲中郡治雲中縣，後魏道武自雲中徙都平城，即此。今馬邑郡北平城，即今郡，隋爲雲內郡恆安鎭。縣界有白登山、白登臺、高柳城、參合陂；後魏盛樂縣亦在今郡界；單于臺在今縣西北百餘里。

8 趙王虎遺漢主壽書，遺，于季翻。欲與之連兵入寇，約中分江南。壽大喜，遣散騎常侍王嘏、中常侍王廣使于趙。散，悉亶翻。騎，奇寄翻。使，疏吏翻。龔壯諫，不聽。壽大脩舟艦，繕兵聚糧。艦，戶黯翻。秋，九月，以尚書令馬當爲六軍都督，徵集士卒七萬餘人爲舟師，大閱於成都，鼓譟盈江；秦時，蜀守李冰穿二江成都中，皆可行舟。壽登城觀之，有吞噬江南之志。解思明諫曰：「我國小兵弱，吳、會險遠，圖之未易。」易，以豉翻。壽乃命羣臣大議利害。龔壯曰：「陛下與胡通，孰若與晉通？胡，豺狼也，既滅晉，不得不北面事之；若與之爭天下，則強弱不敵，危亡之勢也。虞、虢之事，已然之戒，左傳，晉獻公假道於虞以伐虢，既滅虢，遂滅虞。願陛下熟慮之！」羣臣皆以壯言爲然，【章：十二行本「然」下有「叩頭泣諫」四字；乙十一行本同；孔本同；張校同；退齋校同。】壽乃止。士卒咸稱萬歲。士無樂戰之心，驅之而赴死地，未有不敗者。使李壽不用龔壯之言，固不待李勢而蜀亡也。

龔壯以爲人之行莫大於忠孝；既報父、叔之仇，謂假手於壽以夷李特之子孫也。行，下孟翻。又欲使壽事晉，壽不從。乃詐稱耳聾，手不制物，手不制物，若病風緩然也。辭歸，以文籍自娛，終身不復至成都。復，扶又翻。

9 趙尚書令夔安卒。

10 趙王虎命司、冀、青、徐、幽、并、雍七州之民五丁取三，四丁取二，雍，於用翻。合鄴城舊兵，滿五十萬，具船萬艘，艘，蘇遭翻。自河通海，運穀千一百萬斛于樂安城。水經註：濡水東南過遼西海陽縣，又逕牧城南，分爲二水：北水謂之小濡水，東逕樂安亭北，東南入海。濡水東南流逕樂安亭南，東與新河故瀆合，魏太祖征蹋頓所導也。濡，乃官翻。徙遼西、北平、漁陽萬餘戶於兗、豫、雍、洛四州之地。石虎置司州於鄴，以晉之司州爲洛州。雍，於用翻。自幽州以東至白狼，白狼縣，漢屬北平郡，晉省。水經註：白狼水出白狼縣東南，北逕白狼山，又東北逕昌黎縣故城西，又北逕黃龍城東，又東北出，東流爲二水，右水卽渝水。地理志曰：渝水自塞南入海。一水東北出塞，爲白狼水，又東南流至房縣，注于遼。大興屯田。悉括取民馬，有敢私匿者腰斬，凡得四萬餘匹。大閱於宛陽，水經註：漳水自西門豹祠北逕趙閱馬臺西。臺高五丈，列觀其上；石虎講武於其下，列觀以望之。欲以擊燕。

燕王皝謂諸將曰：「石虎自以樂安城防守重複，重，直龍翻。薊城南北必不設備，今若詭路出其不意，可盡破也。」冬，十月，【章：十二行本無「十月」二字；乙十一行本同。】皝帥諸軍入自蠮螉塞帥，讀曰率。自龍城取西道入蠮螉塞。蠮，一結翻。螉，烏公翻。襲趙，戍將當道者皆禽之，直抵薊城。將，卽亮翻。薊，音計。趙幽州刺史石光擁兵數萬，閉城不敢出。燕兵進破武遂津，武遂縣，前漢屬河間國，後漢、晉屬安平國，時屬武邑郡。易水過其南，曰武遂津。入高陽，所至焚燒積聚，積，子賜翻。聚，才喻翻。略三萬餘家而去。考異曰：燕書云：「略燕、范陽二郡男女數千口而還。」今從後趙、燕載記。石光坐懦弱徵還。懦，乃亂翻。

11 趙王虎以秦公韜爲太尉，與太子宣迭日省可尚書奏事，迭日，更日也。省，悉景翻。專決賞刑，不復啓白。復，扶又翻。司徒申鍾諫曰：「賞刑者，人君之大柄，不可以假人，所以防微杜漸，消逆亂於未然也。太子職在視膳，不當豫政；庶人邃以豫政致敗，事見上卷咸康三年。覆車未遠也。且二政分權，鮮不階禍。左傳：辛伯諗周桓公曰：「並后匹嫡，兩政耦國，亂之本也。」兩政，即二政，此指宣、韜迭日決事。鮮，息淺翻。愛之不以道，適所以害之也。」虎不聽。爲宣殺韜張本。

中謁者令申扁中謁者令，宦官也。楊正衡曰：扁，芳蓮翻。以慧悟辯給有寵於虎；宣亦昵之，昵，尼質翻。使典機密。虎既不省事，而宣、韜皆好酣飲、畋獵，好，呼到翻；下同。由是除拜、生殺皆決於扁，自九卿已下率皆望塵而拜。

太子詹事孫珍病目，求方於侍中崔約，約戲之曰：「溺中則愈。」戲言溺目中則病愈。溺，乃弔翻。珍曰：「目何可溺？」約曰：「卿目晼晼，正耐溺中。」楊正衡曰：晼晼，目深也，音一丸翻。耐，乃代翻。珍恨之，以白宣。宣於兄弟中最胡狀目深，聞之怒，誅約父子。於是公卿以下畏珍側目。

燕公斌督邊州，斌與張賀度共事，蓋督北邊州也。斌，音彬。亦好畋獵，常懸管而入。管者，城門之管籥也；欲便於出，故常懸管。征北將軍張賀度每裁諫之，斌怒，辱賀度。虎聞之，使主書禮儀持節監之。自東漢以來，尚書諸曹各有主書，蓋吏職也；至齊、梁之間，其權任甚重。禮，姓也；儀，名也。春秋時，衞有大夫禮至。監，古銜翻。斌殺儀，又欲殺賀度，賀度嚴衞馳白之。虎遣尚書張離帥騎追斌，帥，讀曰率。鞭之三百，免官歸第，誅其親信十餘人。史言虎無令子。

12張駿遣別駕馬詵入貢于趙，表辭蹇傲；虎【章：十二行本「虎」上有「趙王」二字；乙十一本同；孔本同；退齋校同。】怒，欲斬詵。侍中石璞諫曰：「今國家所當先除者，遺晉也；河西僻陋，不足爲意。今斬馬詵，必征張駿，則兵力分而爲二，建康復延數年之命矣。」復，扶又翻。乃止。璞，苞之曾孫也。石苞事晉文帝、武帝，功參佐命。

13初，漢將李閎爲晉所獲，事見上年。逃奔于趙，漢主壽致書於趙王虎以請之，署曰「趙王石君」。虎不悅，付外議之。中書監王波曰：「今李閎以死自誓曰：『苟得歸骨於蜀，當糾帥宗族，混同王化。』帥，讀曰率。若其信也，則不煩一旅，古者行軍，五百人爲一旅。坐定梁、益；若有前却，一前一却，猶今人言心懷進退也。不過失一亡命之人，於趙何損！李壽既僭大號，今以制詔與之，彼必酬返，酬，答也。返，還也。不若復爲書與之」。會挹婁國獻楛矢石砮於趙，挹婁，古肅愼氏之國也。楛矢長尺有咫。其國東北有山出石，其利入鐵，取以爲砮。杜佑曰：挹婁國在不咸山北，夫餘東北千餘里，濱大海，南與北沃沮接，不知其北所極，廣袤數千里。人衆雖少而多勇力，處山險，善射。弓長四尺，力如弩；

矢用楛，長尺八寸；青石爲鏃，所謂石砮也。其取石也，必先祈神。楛，侯古翻，木名，似蓍。砮，音奴，矢鏃也。波因請以遺漢，遺，于季翻。曰：「使其知我能服遠方也。」虎從之，遣李閎歸，厚爲之禮。閎至成都，壽下詔曰：「羯使來庭，貢其楛矢。」羯，居謁翻。使，疏吏翻。虎聞之，怒，黜王波，以白衣領職。

七年（辛丑、三四一）

1春，正月燕王皝使唐國內史陽裕等慕容廆置唐國郡。築城於柳城之北，龍山之西，立宗廟、宮闕，命曰龍城。由此改柳城爲龍城縣。

2二月，甲子朔，日有食之。

3劉翔至建康，帝引見，見，賢遍翻。問慕容鎮軍平安。對曰：「臣受遣之日，朝服拜章。」言朝服南向拜發章表於庭。朝，直遙翻；下同。翔爲燕王皝求大將軍、燕王章璽。璽，斯氏翻。朝議以爲：「故事：大將軍不處邊；處，昌呂翻。自漢、魏以來，不封異姓爲王；所求不可許。」翔曰：「自劉、石構亂，長江以北，翦爲戎藪，藪，蘇口翻。周禮註曰：澤無水曰藪。爾雅曰：翦，齊也。未聞中華公卿之冑有一人能攘臂揮戈，摧破凶逆者也。獨慕容鎮軍父子竭力，心存本朝，以寡擊衆，屢殄強敵，使石虎畏懼，悉徙邊陲之民散居三魏，謂徙遼西之民也。魏郡、陽平、廣平爲三魏。蹙國千里，以薊城爲北境。功烈如此，而惜海北之地不以爲封邑，何哉？昔漢高祖不愛王爵於韓、彭，故能成其帝業；

項羽刓印不忍授，卒用危亡。事見漢高祖紀。卒，子恤翻。吾之至心，非苟欲尊其所事，竊惜聖朝疏忠義之國，使四海無所勸慕耳。」

尚書諸葛恢，翔之姊夫也，獨主異議，以爲：「夷狄相攻，中國之利；惟器與名，不可輕許。」乃謂翔曰：「借使慕容鎮軍能除石虎，乃是復得一石虎也，復，扶又翻。朝廷何賴焉！」翔曰：「嫠婦猶知恤宗周之隕。左傳：鄭子太叔見范獻子曰：「嫠不恤緯而憂宗周之隕，王室之不寧，晉之恥也。」嫠，陵之翻。今晉室阽危，阽，余廉翻。君位侔元、凱，曾無憂國之心邪？嚮使靡、鬲之功不立，則少康何以祀夏！桓、文之戰不捷，則周人皆爲左衽矣。左傳：夏之方衰也，后羿因夏民以代夏政；其臣寒浞殺羿而滅夏后相。后緍逃歸有仍，生少康焉。靡奔有鬲氏，自有鬲收衆以滅浞而立少康，祀夏配天，不失舊物。齊桓公北伐山戎，南伐楚，晉文公勝楚於城濮，皆率諸侯以尊周室。孔子曰：微管仲，吾其被髮左衽矣。慕容鎮軍枕戈待旦，志殄凶逆，而君更唱邪惑之言，忌間忠臣。間，古莧翻。四海所以未壹，良由君輩耳！」翔留建康歲餘，衆議終不決。

翔乃說中常侍彧弘曰：「彧」，通作「郁」，郁，姓也。姓譜有魯相郁貢。說，輸芮翻。「石虎苞八州之地，帶甲百萬，志吞江、漢，自索頭、宇文暨諸小國，無不臣服；索，昔各翻。惟慕容鎮軍翼戴天子，精貫白日，而更不獲殊禮之命，竊恐天下移心解體，無復南向者矣。復，扶又翻。公孫淵無尺寸之益於吳，吳主封爲燕王，加以九錫。事見七十二卷魏明帝青龍元年。今慕容鎮軍屢摧賊鋒，威震秦、隴，虎比遣重使，比，毗寐翻。甘言厚幣，欲授以曜威大將軍、遼西王；劉翔詭爲是言耳，然當時將軍必有曜威之號。慕容鎮軍惡其非正，卻而不受。惡，烏路翻。今朝廷乃矜惜虛名，沮抑忠順，豈社稷之長計乎！沮，在呂翻。後雖悔之，恐無及已。」弘爲之入言於帝，爲，于僞翻；下同。帝意亦欲許之。會皝上表，稱「庾氏兄弟擅權召亂，以庾亮召蘇峻、祖約之變，復據上流；庾亮死，弟翼握兵於外，弟冰專政於內也。上，時掌翻。宜加斥退，以安社稷；」又與庾冰書，責其當國秉權，不能爲國雪恥。冰甚懼，以其絕遠，非所能制，乃與何充奏從其請。乙卯，以慕容皝爲使持節、大將軍、都督河北諸軍事、幽州牧、大單于、燕王，單，音蟬。備物、典策，皆從殊禮。師古曰：既有備物而加之策書也。杜預云：典策，春秋之制也。余謂車輅、旂章、弓矢、斧鉞，皆可以言備物。周成王分魯公以大路、大旂、封父之繁弱、夏后氏之璜，備物典策。典者，典法也；策者，策書也。又以其世子儁爲假節、安北將軍、東夷校尉、左賢王；賜軍資器械以千萬計。又封諸功臣百餘人，以劉翔爲代郡太守，封臨泉鄉侯，加員外散騎常侍；晉志曰：員外散騎常侍，魏末置。翔固辭不受。

翔疾江南士大夫以驕奢酣縱相尚，嘗因朝貴宴集，酣，戶甘翻。朝，直遙翻。謂何充等曰：「四海板蕩，奄踰三紀，板、蕩，刺周厲王之詩也。板板，反也；言厲王爲政反先王與天之道，天下之民盡病也。蕩蕩，法度廢壞之貌；言天下蕩蕩無綱紀文章也。惠帝永興元年，劉淵肇亂，至是三十六年矣。宗社爲墟，黎民塗炭，斯乃廟堂焦慮之時，忠臣畢命之秋也。而諸君宴安江沱，沱，徒河翻。江水別爲沱。肆情縱欲，以奢靡爲榮，以傲誕爲賢；謇諤之言不聞，征伐之功不立，將何以尊主濟民乎！」充等甚慚。詔遣兼大鴻臚郭悕持節詣棘城册命燕王，臚，陵如翻。悕，香衣翻。與翔等偕北。公卿餞于江上，翔謂諸公曰：「昔少康資一旅以滅有窮，左傳：少康邑於綸，有田一成，有衆一旅，能布其德而兆其謀，以收夏衆，遂滅有窮。少，詩照翻。句踐憑會稽以報強吳；越王句踐棲于會稽，臥薪嘗膽，卒以滅吳。句，音鉤。蔓草猶宜早除，左傳鄭祭仲曰：「無使滋蔓，蔓難圖也，蔓草猶不可除。」蔓，音萬。況寇讎乎！今石虎、李壽，志相吞噬，王師縱未能澄清北方，且當從事巴、蜀。一旦石虎先人舉事，先，悉薦翻。併壽而有之，據形便之地以臨東南，雖有智者，不能善其後矣。」中護軍謝廣曰：「是吾心也！」

4 三月，戊戌，皇后杜氏崩。夏，四月，丁卯，葬恭皇后于興平陵。

5 詔實王公以下至庶人皆正土斷、白籍。時王公庶人多自北來，僑寓江左；今皆以土著爲斷，著之白籍也。白籍者，戶口版籍也。宋、齊以下有黃籍。斷，丁亂翻。

6 秋，七月，郭悕、劉翔等至燕，燕王皝以翔爲東夷護軍、領大將軍長史，以唐國內史陽裕爲左司馬，典書令李洪爲右司馬，晉制：王國置典書、典祠、典衞、學官令各一人。典書令，天朝吏部尚書之職。中朝制：典書令在常侍、侍郎上，及渡江則侍郎次常侍，而典書令居三軍下。中尉鄭林爲軍諮祭酒。

7 八月，辛酉，東海哀王沖薨。沖後東海王越，事見八十七卷懷帝永嘉五年。

8 九月，代王什翼犍築盛樂城於故城南八里。犍，居言翻。樂，音洛。

9 代王妃慕容氏卒。

10 冬，十月，匈奴劉虎寇代西部，代王什翼犍遣軍逆擊，大破之。虎卒，子務桓立，遣使求和於代，什翼犍以女妻之。妻，七細翻。務桓又朝貢於趙，朝，直遙翻。趙以務桓爲平北將軍、左賢王。

11 趙橫海將軍王華帥舟師自海道襲燕安平，破之。此遼東郡之西安平也。四年，華以青州之衆戍海島，故得襲破之。帥，讀曰率。

12 燕王皝以慕容恪爲渡遼將軍，鎮平郭。自慕容翰、慕容仁之後，諸將無能繼者。及恪至平郭，撫舊懷新，屢破高句麗兵，高句麗畏之，不敢入境。

13 十二月，興平康伯陸玩薨。

14 漢主壽以其太子勢領大將軍、錄尚書事。初，成主雄以儉約寬惠得蜀人心。及李閎、王嘏還自鄴，王嘏去年聘趙，與李閎俱歸。盛稱鄴中繁庶，宮殿壯麗；且言趙王虎以刑殺御下，故能控制境內。壽慕之，徙旁郡民三丁以上者以實成都，大脩宮室，治器玩；人有小過，輒殺以立威。治，直之翻。左僕射蔡興、右僕射李嶷皆坐直諫死。嶷，魚力翻。民疲於賦役，吁嗟滿道，思亂者衆矣。史言漢將亡。

鄭天挺標點王崇武聶崇岐覆校

資治通鑑卷第九十七

端明殿學士兼翰林侍讀學士朝散大夫右諫議大夫充集賢殿修撰權判西京留司御史臺上柱國河内郡開國侯食邑一千三百户食實封四百户賜紫金魚袋臣司馬光 奉敕編集

後學天台胡三省 音註

晉紀十九 起玄黓攝提格（壬寅），盡彊圉協洽（丁未），凡六年。

顯宗成皇帝下

咸康八年（壬寅、三四二）

1 春，正月，己未朔，日有食之。考異曰：天文志作「乙未」。今從帝紀及長曆。

2 乙丑，大赦。

3 豫州刺史庾懌以酒餉江州刺史王允之；允之覺其毒，飲犬，飲，於禁翻。犬斃，密奏之。帝曰：「大舅已亂天下，謂庾亮也。小舅復欲爾邪！」復，扶又翻。二月，懌飲鴆而卒。卒，子恤翻。

4 三月，初以武悼后配食武帝廟。楊皇后，惠帝永康元年幽廢而死，今乃得配食武帝。

5 庾翼在武昌，數有妖怪，數，所角翻。妖，於驕翻。欲移鎮樂鄉。征虜長史王述與庾冰牋曰：「樂鄉去武昌千有餘里，數萬之衆，一旦移徙，興立城壁，公私勞擾。又江州當泝流數千里供給軍府，力役增倍。且武昌實江東鎭戍之中，非但扞禦上流而已；緩急赴告，駿奔不難。書武成曰：駿奔走。駿，音峻；註云：駿，大也，言皆奔走也。若移樂鄉，遠在西陲，一朝江渚有虞，不相接救。方嶽重將，將，即亮翻。固當居要害之地，爲內外形勢，使闚鬬之心不知所向。昔秦忌亡胡之讖，卒爲劉、項之資；秦盧生奏錄圖書曰，亡秦者胡也。於是始皇使蒙恬北伐胡，不知立子胡亥以兆亂。卒，子恤翻。周惡檿弧之謠，而成褒姒之亂。國語曰：宣王之時，有童謠曰：「檿弧萁服，實亡周國。」宣王聞之，有夫婦鬻是器者，使執而戮之。府之小妾生子，而非王子也，懼而棄之，此人也收以奔褒。褒人有獄，而以爲人於幽王，王嬖是女而生伯服，是爲褒姒，欲廢太子宜臼而立伯服，卒以成申侯、西戎之亂。惡，烏路翻。檿，於琰翻。是以達人君子，直道而行，禳避之道，皆所不取；正當擇人事之勝理，思社稷之長計耳。」朝議亦以爲然。朝，直遙翻。翼乃止。

6 夏，五月，乙卯，帝不豫；豫，順也；不豫，言有疾而氣體不能順適也。六月，庚寅，疾篤。或詐爲尚書符，敕宮門無得內宰相；衆皆失色。庾冰曰：「此必詐也。」推問，果然。推，考也，究也。帝二子丕、奕，皆在襁褓。襁，居兩翻。褓，音保。庾冰自以兄弟秉權日久，恐易世之後，親屬愈疏，爲他人所間，間，古莧翻。每說帝以國有強敵，強敵，謂漢、趙也。說，輸芮翻。宜立長君；長，知兩翻。請以母弟琅邪王岳爲嗣，帝許之。中書令何充曰：「父子相傳，先王舊典，易之者鮮不致亂。鮮，息淺翻。故武王不授聖弟，聖弟，謂周公。非不愛也。今琅邪踐阼，將如孺子何！」冰不聽。下詔，以岳爲嗣，幷以奕繼琅邪哀王。元帝以子哀奉琅邪恭王後，薨，謚曰孝；子哀王安國立，未踰年薨；元帝復以皇子煥嗣封，其日薨；復以皇子昱爲琅邪王。咸和之初，昱徙封會稽，以岳爲琅邪王。今岳入繼大宗，故以奕繼哀王後。壬辰，冰、充及武陵王晞、會稽王昱、尚書令諸葛恢並受顧命。會，工外翻。癸巳，帝崩。年二十二。帝幼沖嗣位，不親庶政；及長，頗有勤儉之德。長，知兩翻。

7 甲午，琅邪王即皇帝位，大赦。

8 己亥，封成帝子丕爲琅邪王，奕爲東海王。

9 康帝亮陰不言，委政於庾冰、何充。秋，七月，丙辰，葬成帝于興平陵。帝徒行送喪，至閶闔門，乃升素輿至陵所。既葬，帝臨軒，庾冰、何充侍坐。坐，徂臥翻。帝曰：「朕嗣鴻業，二君之力也。」充曰：「陛下龍飛，臣冰之力也；若如臣議，不覩升平之世。」帝有慚色。己未，以充爲驃騎將軍、驃，匹妙翻。都督徐州、揚州之晉陵諸軍事、領徐州刺史，鎮京口，晉永嘉大亂，徐州、淮北流民相率過淮，亦有過江居晉陵郡界者。咸和四年，司徒郗鑒又徙流民之在淮南者於晉陵諸縣，其徙過江南及留在江北者，並立僑郡以司牧之。徐州實郡在江北者，實有廣陵、堂邑、鍾離三郡，而揚州之境以晉陵郡屬徐州，所謂都督徐州、揚州之晉陵諸軍事者此也。晉陵郡，吳之毗陵郡也。吳分吳郡無錫以西爲毗陵郡；晉東海王越世子名毗，而東海國故食毗陵，永嘉五年改爲晉陵。避諸庾也。

10冬，十月，燕王皝遷都龍城，慕容廆先居徒河之青山，後徙棘城，今自棘城徙都龍城。杜佑曰：營州柳城郡，古孤竹國也，春秋爲山戎、肥子二國地。漢徒河之青山，在郡城東百九十里。棘城，卽顓頊之虛，在郡城東南百七十里。慕容皝以柳城之北、龍山之南，福德之地，遂遷都龍城，號新宮爲和龍宮。柳城縣有白狼山、白狼水，又有漢扶犂縣故城在東南。其龍山，卽慕容皝祭龍所也；有饒樂水，漢徒河縣城。赦其境內。

建威將軍翰言於皝曰：「宇文強盛日久，屢爲國患。今逸豆歸篡竊得國，逸豆歸逐乙得歸，見九十五卷咸和八年。羣情不附；加之性識庸闇，將帥非才，將，卽亮翻。帥，所類翻。國無防衞，軍無部伍。臣久在其國，悉其地形；雖遠附強羯，強羯，謂趙也。羯，居謁翻。聲勢不接，無益救援；今若擊之，百舉百克。然高句麗去國密邇，常有闚𨵦之志；句，如字，又音駒。麗，力知翻。闚，缺規翻，門中視也。𨵦，從門旁竇中視也，音俞。韻釋：闚𨵦，私視也。彼知宇文既亡，禍將及己，必乘虛深入，掩吾不備。若少留兵則不足以守，多留兵則不足以行。此心腹之患也，宜先除之；觀其勢力，一舉可克。宇文自守之虜，必不能遠來爭利。既取高句麗，還取宇文，如返手耳。返，當作反；下同。二國既平，利盡東海，國富兵強，無返顧之憂，然後中原可圖也。」皝曰：「善！」

將擊高句麗。高句麗有二道，其北道平闊，南道險狹，北道從北置而進，南道從南陜入木底城。衆欲從北道。翰曰：「虜以常情料之，必謂大軍從北道，當重北而輕南。王宜帥銳兵從南道擊之，出其不意，丸都不足取也。高句麗王居丸都。帥，讀曰率；下同。別遣偏師從北道；縱有蹉跌，蹉，倉何翻。跌，徒結翻。蹉跌，失足而踣也。其腹心已潰，四支無能爲也。」皝從之。

十一月，皝自將勁兵四萬出南道，將，卽亮翻；下同。以慕容翰、慕容霸爲前鋒；別遣長史王寓等將兵萬五千出北道以伐高句麗。高句麗王釗果遣弟武帥精兵五萬拒北道，自帥羸兵以備南道。羸，倫爲翻。慕容翰等先至，與釗合戰，皝以大衆繼之。左常侍鮮于亮曰：「臣以俘虜蒙王國士之恩，事見上卷咸康四年。不可以不報；今日，臣死日也。」獨與數騎先犯高句麗陳，所嚮摧陷。高句麗陳動，騎，奇寄翻；下同。陳，讀曰陣。大衆因而乘之，高句麗兵大敗。左長史韓壽斬高句麗將阿佛和度加，高句麗置官，有相加、大加、小加。諸軍乘勝追之，遂入丸都。釗單騎走，輕車將軍慕輿埿追獲其母周氏及妻而還。會王寓等戰於北道，皆敗沒，由是皝不復窮追。復，扶又翻；下同。遣使招釗，釗不出。

皝將還，韓壽曰：「高句麗之地，不可戍守。今其主亡民散，潛伏山谷；大軍既去，必復鳩聚，鳩，亦聚也。收其餘燼，火餘曰燼，猶能復然。猶足爲患。請載其父尸、囚其生母而歸，俟其束身自歸，然後返之，撫以恩信，策之上也。」皝從之。發釗父乙弗利墓，載其尸，收其府庫累世之寶，虜男女五萬餘口，燒其宮室，毀丸都城而還。還，從宣翻，又如字。

11 十二月，壬子，立妃褚氏爲皇后。徵豫章太守褚裒爲侍中、尚書。裒自以后父，不願居中任事，裒，薄侯翻。苦求外出，乃除建威將軍、江州刺史，鎮半洲。

12 趙王虎作臺觀四十餘所於鄴，觀，古玩翻。又營洛陽、長安二宮，作者四十餘萬人；又欲自鄴起閣道至襄國，敕河南四州治南伐之備，河南四州，洛、豫、徐、兗也。治，直之翻。并、朔、秦、雍嚴西討之資，晉地理志曰：石勒平朔方，置朔州。西討，欲攻河西也。雍，於用翻。青、冀、幽州爲東征之計，東征，欲伐燕也。皆三五發卒。三丁發二，五丁發三也。諸州軍造甲者五十餘萬人，船夫十七萬人，爲水所沒、虎狼所食者三分居一。加之公侯、牧宰競營私利，百姓失業愁困。貝丘人李弘貝丘縣，自漢以來屬清河郡，北齊併入清河縣。因衆心之怨，自言姓名應讖，連結黨與，署置百寮；事發，誅之，連坐者數千家。

虎畋獵無度，晨出夜歸，又多微行，躬察作役。侍中京兆韋謏諫曰：謏，蘇了翻。「陛下忽天下之重，輕行斤斧之閒，猝有狂夫之變，雖有智勇，將安所施！又興役無時，廢民耘穫，穫，戶郭翻。吁嗟盈路，殆非仁聖之所忍爲也。」虎賜謏穀帛，而興繕滋繁，游察自若。

秦公韜有寵於虎，太子宣惡之。惡，烏路翻。右僕射張離領五兵尚書，曹魏置五兵尚書。沈約志：五兵尚書領中兵、外兵、騎兵、別兵、都兵，故謂之五兵。欲求媚於宣，說之曰：說，輸芮翻。「今諸侯吏兵過限，宜漸裁省，以壯本根。」宣使離爲奏：「秦、燕、義陽、樂平四公，秦公韜，燕公斌，義陽公鑒，樂平公苞。聽置吏一百九十七人，帳下兵二百人；自是以下，三分置一，餘兵五萬，悉配東宮。」配，隸也。於是諸公咸怨，嫌釁益深矣。

青州上言：「濟南平陵城北石虎一夕移於城東南，漢濟南郡有東平陵縣，晉省，後復置爲平陵縣；唐爲齊州全節縣。濟，子禮翻。有狼狐千餘迹隨之，迹皆成蹊。」虎喜曰：「石虎者，朕也；自西北徙而東南者，天意欲使朕平蕩江南也。其敕諸州兵明年悉集，朕當親董六師，以奉天命。」羣臣皆賀，上皇德頌者一百七人。上，時掌翻。制：「征士五人出車一乘，牛二頭，米十五斛，絹十匹，調不辦者斬。」乘，繩證翻。調，徒釣翻。民至鬻子以供軍須，行軍所須以爲用，故曰軍須。猶不能給，自經於道樹者相望。人之自經，必於溝瀆隱蔽之地；死亡計迫，自經於道旁之樹，蓋甚不獲已也。相望，言其多也。目錄書「是年代王還雲中」。

康皇帝諱岳，字世同，成帝母弟也；咸和元年，封吳王，二年，徙封琅邪王。謚法：溫柔好樂曰康。

建元元年（癸卯、三四三）

1 春，二月，高句麗王釗遣其弟稱臣入朝於燕，朝，直遙翻。貢珍異以千數。燕王皝乃還其父尸，猶留其母爲質。質，音致。

2 宇文逸豆歸遣其相莫淺渾將兵擊燕；諸將爭欲擊之，相，息亮翻。將，卽亮翻。燕王皝不許。莫淺渾以爲皝畏之，酣飲縱獵，不復設備。酣，戶甘翻。復，扶又翻。皝使慕容翰出擊之，莫淺渾大敗，僅以身免，盡俘其衆。

3 庾翼爲人忼慨，慷，忼同，音口黨翻。喜功名。【章：十二行本「名」下有「不尙浮華」四字；乙十一行本同；孔本同；張校同；退齋校同。】喜，許記翻。琅邪內史桓溫，彝之子也，桓彝死於蘇峻之難。尙南康公主，公主，明帝女。豪爽有風概，言其有風力、氣概。翼與之友善，相期以寧濟海內。翼嘗薦溫於成帝曰：「桓溫有英雄之才，願陛下勿以常人遇之，常壻畜之；畜，呼玉翻，又許竹翻。宜委以方、邵之任，方叔、邵虎，周宣王用之以中興。必有弘濟艱難之勳。」時杜乂、殷浩並才名冠世，冠，古玩翻。翼獨弗之重也，曰：「此輩宜束之高閣，俟天下太平，然後徐議其任耳。」浩累辭徵辟，屛居墓所，屛，必郢翻。幾將十年，幾，居希翻。時人擬之管、葛。管仲、諸葛孔明也。江夏相謝尙、長山令王濛漢獻帝初平二年，分烏傷立長山縣，屬會稽郡，吳分屬東陽郡；隋改長山爲金華縣；今屬婺州。常伺其出處，伺，相吏翻。處，昌呂翻；下同。以卜江左興亡。嘗相與省之，省，悉井翻。知浩有確然之志，確然者，守志堅固不移也。旣返，相謂曰：「深源不起，當如蒼生何！」殷浩，字深源。尙，鯤之子也。翼請浩爲司馬；詔除侍中、安西軍司，軍司，卽軍司馬。浩不應。翼遺浩書曰：「王夷甫立名非眞，雖云談道，實長華競。遺，于季翻。長，知兩翻。明德君子，遇會處際，言遇風雲之會，處功名之際也。寧可然乎！」浩猶不起。

殷羨爲長沙相，相，息亮翻。在郡貪殘，庾冰與翼書屬之。屬，之欲翻。翼報曰：「殷君驕豪，亦似由有佳兒，佳兒，謂浩也。弟故小令物情容之。翼，冰弟也。大較江東之政，以嫗煦豪強，常爲民蠹；嫗，於具翻。煦，許具翻。鄭玄曰：體曰嫗，氣曰煦。時有行法，輒施之寒劣。寒者，衰冷無氣燄也。劣者，卑弱在人下也。如往年偷石頭倉米一百萬斛，皆是豪將輩，而直殺倉督監以塞責。倉督監，筦倉之官。將，卽亮翻。塞，悉則翻。山遐爲餘姚長，爲官出豪強所藏二千戶，餘姚縣，屬會稽郡。長，知兩翻。爲，于僞翻。而衆共驅之，令遐不得安席。雖皆前宰之惛謬，前宰，指王導。惛，音昏。庾翼，察舉小才耳；當江東草創之時，非王導之弘致遠識，不能濟也；謂之惛謬，談何容易！江東事去，實此之由。兄弟不幸，橫陷此中，橫，戶孟翻。自不能拔足於風塵之外，當共明目而治之。治，直之翻。荆州所統二十餘郡，太康地志：荆州統郡二十有二，惠帝至元帝又立隨、新野、竟陵、新興、南河等郡。唯長沙最惡；惡而不黜，與殺督監復何異邪！」復，扶又翻。遐，簡之子也。永嘉中，山簡鎭襄陽。

翼以滅胡取蜀爲己任，遣使東約燕王皝，西約張駿，刻期大舉。朝議多以爲難，使，疏吏翻。朝，直遙翻。唯庾冰意與之同，而桓溫、譙王無忌皆贊成之。無忌，承之子也。譙王承死於王敦之難。「承」，當作「丞」，音拯。

秋，七月，趙汝南太守戴開帥數千人詣翼降。帥，讀曰率。降，戶江翻。丁巳，下詔議經略中原。翼欲悉所部之衆北伐，表桓宣爲都督司・雍・梁三州・荆州之四郡諸軍事、梁州刺史，荆州四郡，南陽、新野、襄陽、南鄉也。雍，於用翻。前趣丹水；丹水縣，前漢屬弘農郡，後漢屬南陽郡，晉屬順陽郡。賢曰：丹水故城，在今鄧州内鄉縣西南，臨丹水。趣，七喻翻。桓溫爲前鋒小【嚴：「小」改「都」。】督、假節，帥衆入臨淮；考異曰：帝紀，溫入臨淮，下云「庾翼爲征討大都督，遷鎮襄陽」。按翼傳，翼先表移鎮安陸，至夏口上表云：「九月十九日發武昌，二十四日達夏口。」始請徙鎮襄陽，始詔加都督征討諸軍事，故知不在此月。並發所統六州奴及車牛驢馬，百姓嗟怨。六州，江、荆、司、雍、梁、益也。

4代王什翼犍復求婚於燕，犍，居言翻。復，扶又翻。燕王皝使納馬千匹爲禮；什翼犍不與，又倨慢無子壻禮。八月，皝遣世子儁帥前軍師評等擊代。帥，讀曰率；下同。考異曰：後魏序紀：「八月，慕容元眞遣使請薦女。」無用兵事。今從燕書。什翼犍帥衆避去，燕人無所見而還。還，從宣翻，又如字。

5漢主壽卒，年四十四。謚曰昭文，廟號中宗；太子勢即位，大赦。勢，字子仁，壽之長子也。

6趙太子宣擊鮮卑斛穀提，大破之，斬首三萬級。

7宇文逸豆歸執段遼弟蘭，送於趙，段遼之敗，其弟蘭奔宇文部，逸豆歸今執以送趙。并獻駿馬萬匹。趙王虎命蘭帥所從鮮卑五千人屯令支。令，音鈴，又郎定翻。支，音祁。

8庾翼欲移鎮襄陽，恐朝廷不許，乃奏云移鎮安陸。安陸縣，自漢以來屬江夏郡，唐爲安州治所。帝及朝士皆遣使譬止翼，翼遂違詔北行；至夏口，復上表請鎮襄陽。朝，直遙翻。使，疏吏翻。夏，戶雅翻。復，扶又翻。上，時掌翻。翼時有衆四萬，詔加翼都督征討諸軍事。先是車騎將軍、揚州刺史庾冰屢求出外，先，悉薦翻。辛巳，以冰都督荆·江·寧·益·梁·交·廣七州·豫州之四郡諸軍事、豫州四郡，宣城、歷陽、廬江、安豐也。領江州刺史、假節，鎮武昌，以爲翼繼援。徵徐州刺史何充爲都督揚·豫·徐州之琅邪諸軍事，永嘉之亂，琅邪國人隨元帝過江者千餘戶，太興三年立懷德縣。丹楊雖有琅邪相，而無其地。是年桓溫爲內史，鎮江乘之蒲洲金城上，求割丹楊之江乘縣境立郡，所謂「徐州之琅邪」，此也。領揚州刺史，錄尚書事，輔政。以琅邪內史桓溫爲都督青·徐·兗三州諸軍事、徐州刺史，褚【章：十二行本「褚」上有「徵江州刺史」五字；乙十一行本同；孔本同；張校同；退齋校同。】裒爲衞將軍，領中書令。

9 冬十一月，己巳，大赦。

二年（甲辰、三四四）

1 春，正月，趙王虎享羣臣於太武殿，有白鴈百餘集馬道之南，馬道者，築道可以馳馬往來。虎命射之，皆不獲。射，而亦翻。時諸州兵集者百餘萬，太史令趙攬密言於虎曰：「白鴈集庭，宮室將空之象，不宜南行。」虎信之，乃臨宣武觀大閱而罷。石虎倣洛都之制，築宣武觀於鄴。觀，古玩翻。

2 漢主勢改元太和；尊母閻氏爲皇太后，立妻李氏爲皇后。

3 燕王皝與左司馬高詡謀伐宇文逸豆歸，詡曰：「宇文強盛，今不取，必爲國患，伐之必克；然不利於將。」將，卽亮翻。出而告人曰：「吾往必不返，然忠臣不避也。」於是皝自將伐逸豆歸。將，即亮翻；下同。以慕容翰爲前鋒將軍，劉佩副之；分命慕容軍、慕容恪、慕容霸及折衝將軍慕輿根將兵，三道並進。高詡將發，不見其妻，使人語以家事而行。語，牛倨翻。逸豆歸遣南羅大涉夜干將精兵逆戰，南羅，城名。大，城大也。慕容既克宇文，改南羅城爲威德城。考異曰：慕容皝載記作「涉弈干」。今從燕書。皝遣人馳謂慕容翰曰：「涉夜干勇冠三軍，冠，古玩翻。宜小避之。」翰曰：「逸豆歸掃其國內精兵以屬涉夜干，屬，之欲翻。涉夜干素有勇名，一國所賴也；今我克之，其國不攻自潰矣。且吾孰知涉夜干之爲人，孰，與熟同。雖有虛名，實易與耳，不宜避之以挫吾兵氣。」遂進戰。翰自出衝陳，易，以豉翻。陳，讀曰陣。涉夜干出應之；慕容霸從傍邀擊，遂斬涉夜干。宇文士卒見涉夜干死，不戰而潰；燕軍乘勝逐之，遂克其都城。宇文國，都遼西紫蒙川。逸豆歸走死漠北，宇文氏由是散亡。皝悉收其畜產、資貨，徙其部衆五千餘落於昌黎，闢地千餘里。更命涉夜干所居城曰威德城，使弟彪戍之而還。高詡、劉佩皆中流矢卒。還，音旋。中，竹仲翻。卒，子恤翻。

詡善天文，皝嘗謂曰：「卿有佳書而不見與，何以爲忠盡！」詡曰：「臣聞人君執要，人臣執職。執要者逸，執職者勞。是以后稷播種，堯不預焉。占候、天文，晨夜甚苦，非至尊之所宜親，殿下將焉用之！」焉，於虔翻。皝默然。

初，逸豆歸事趙甚謹，貢獻屬路。屬，之欲翻。及燕人伐逸豆歸，趙王虎使右將軍白勝、并州刺史王霸自甘松出救之，甘松在濡源之東，突門嶺之西。比至，比，必寐翻。宇文氏已亡，因攻威德城，不克而還；慕容彪追擊，破之。

慕容翰之與宇文氏戰也，爲流矢所中，臥病積時不出。後漸差，差，楚懈翻，疾瘳也。於其家試騁馬。或告翰稱病而私習騎乘，疑欲爲變。燕王皝雖藉翰勇略，然中心終忌之，乃賜翰死。翰曰：「吾負罪出奔，既而復還，翰出奔見九十五卷成帝咸和八年；還見上卷咸康六年。復，扶又翻。今日死已晚矣。然羯賊跨據中原，吾不自量，量，音良。欲爲國家蕩壹區夏；爲，于僞翻。夏，戶雅翻。此志不遂，沒有遺恨，命矣夫！」飲藥而卒。考異曰：三十國春秋云：「永和二年，九月，殺翰。」燕書翰傳，「翰嘗臨陳，爲流矢所中，病臥，歲時不出入；後漸差，試馬。」按自討宇文後，翰未嘗預攻戰。自建元二年正月至永和二年九月，已踰年矣，三十國春秋恐誤。今從載記翰傳。

4 代王什翼犍遣其大人長孫秩迎婦於燕。拓跋鄰之統國也，以次兄爲拔拔氏，厥後孝文帝用夏變夷，改爲長孫氏。史以華言書其後所改姓。

5 夏，四月，涼州將張瓘敗趙將王擢于三交城。三交城在朔方之西。宋白曰：三交土堠在綏州東北七十五里。將，卽亮翻。敗，補邁翻。

6 初，趙領軍王朗言於趙王虎曰：「盛冬雪寒，而皇太子使人伐宮材，引於漳水，役者數萬，吁嗟滿道，陛下宜因出游罷之。」虎從之。太子宣怒。會熒惑守房，天文志：房四星爲明堂，天子布政之宮也，亦四輔也。下第一星，上將也；次，次將也；次，次相也；上星，上相也。熒惑守房、心，王者惡之。熒惑，天子理也；故曰，雖有明天子，必謹視熒惑所在。宣使太史令趙攬言於虎曰：「房爲天王，今熒惑守之，其殃不細。宜以貴臣王姓者當之。」虎曰：「誰可者？」攬曰：「無貴於王領軍。」虎意惜朗，使攬更言其次。攬無以對，因曰：「其次唯中書監王波耳。」虎乃下詔，追罪波前議楛矢事，見上卷成帝咸康六年。腰斬之，及其四子，投尸漳水；既而愍其無罪，追贈司空，封其孫爲侯。

7趙平北將軍尹農攻燕凡城，不克而還。

8漢太史令韓皓上言：「熒惑守心，乃宗廟不脩之譴。」以七曜所經周天三百六十五度四分度之一考之，房六度太，心三度太。五星入之，久而不去，謂之守。時趙太史以爲熒惑守房，漢太史以爲熒惑守心，是則躔度之難知也。漢主勢命羣臣議之。相國董皎、侍中王嘏以爲：「景、武創業，獻、文承基，至親不遠，無宜疏絕。」乃更命祀成始祖、太宗，皆謂之漢。李特謚景武皇帝，廟號始祖；雄謚武皇帝，廟號太宗；驤謚獻皇帝；壽謚文皇帝。特、驤，兄弟也；雄、壽，從兄弟也，故曰至親不遠。李壽改立宗廟，見上卷成帝咸康四年。

9征西將軍庾翼使梁州刺史桓宣擊趙將李羆於丹水，爲羆所敗，敗，補邁翻。翼貶宣爲建威將軍。宣慚憤成疾，秋，八月，庚辰，卒。翼以長子方之爲義城太守，沈約曰：義成郡，晉孝武立，治襄陽。五代志曰：襄陽郡穀城縣，舊曰義城，置義城郡。又按晉書桓宣傳，陶侃使宣鎮襄陽，以其淮南部曲立義成郡；則此郡立於咸和中明矣。「城」，當作「成」。代領宣衆；又以司馬應誕爲襄陽太守，參軍司馬勳爲梁州刺史，戍西城。西城縣，時屬魏興郡。

10 中書令褚裒固辭樞要；閏月，丁巳，以裒爲左將軍、都督兗州・徐州之琅邪諸軍事、兗州刺史，鎮金城。金城在江乘之蒲洲，琅邪僑郡亦以爲治所。

11 帝疾篤，庾冰、庾翼欲立會稽王昱爲嗣；會，工外翻。中書監何充建議立皇子聃，聃，他含翻。帝從之。九月，丙申，立聃爲皇太子。戊戌，帝崩于式乾殿。年二十三。建康宮殿皆用洛都舊名。己亥，何充以遺旨奉太子卽位，大赦。由是冰、翼深恨充。尊皇后褚氏爲皇太后。時穆帝方二歲，太后臨朝稱制。朝，直遙翻；下同。何充加中書監，錄尚書事。充自陳既錄尚書，不宜復監中書；中書監之「監」，古陷翻；監中書之「監」，古銜翻。復，扶又翻；下同。許之，復加侍中。

充以左將軍褚裒，太后之父，宜綜朝政，上疏薦裒參錄尚書；乃以裒爲侍中、衞將軍、錄尚書事，持節、督、刺史如故。裒，蒲侯翻。裒以近戚，懼獲譏嫌，上疏固請居藩；改授都督徐・兗・青三州・揚州之二郡諸軍事、衞將軍、徐・兗二州刺史，鎮京口。揚州之二郡，晉陵、義興也。尚書奏：「裒見太后，在公庭則如臣禮，私覿則嚴父；」朱熹曰：私覿，以私禮見也；嚴，尊也。從之。

12 冬，十月，乙丑，葬康帝于崇平陵。

13 江州刺史庾冰有疾；太后徵冰輔政，冰辭，十一月，庚辰，卒。庾翼以家國情事，言以兄弟之情，則當赴冰之喪；以國事，則當治兵以圖收復。留子方之爲建武將軍，戍襄陽；方之年少，少，詩照翻。以參軍毛穆之爲建武司馬以輔之。穆之，寶之子也。毛寶豫有平蘇峻之功，邾城之陷，寶死焉。翼還鎮夏口。夏，戶雅翻。詔翼復督江州，又領豫州刺史。翼辭豫州，復欲移鎮樂鄉，詔不許。翼仍繕脩軍器，大佃積穀，以圖後舉。佃，亭年翻。

14 趙王虎作河橋於靈昌津，采石爲中濟，滑臺故鄭之廩延也，城下有延津；又西爲靈昌津；石勒攻劉曜，途出於此，以河冰泮爲神靈之助，號是處爲靈昌津。大河深廣，必下石爲中濟，兩岸繫巨絙以維船，然後可以立橋，如河陽橋、蒲津橋之中潬是也。采石，採取石也。濟，如字。石下，輒隨流，河流漂急，故石下輒隨流而去。用功五百餘萬而橋不成，虎怒，斬匠而罷。

孝宗穆皇帝上之上

諱聃，字彭子，康帝子也。謚法：中情見貌曰穆。

永和元年（乙巳、三四五）

1 春，正月，甲戌朔，皇太后設白紗帷於太極殿，抱帝臨軒。

2 趙義陽公鑒鎮關中，役煩賦重；文武有長髮者，輒拔爲冠纓，纓，冠系也。餘以給宮人。長史取髮白趙王虎，虎徵鑒還鄴，以樂平公苞代鎮長安。發雍、洛、秦、并州十六萬人石虎分司州之河南、弘農、滎陽，兗州之陳留、東燕置洛州。雍，於用翻。治長安未央宮。治，直之翻。虎好獵，晚歲，體重不能跨馬，乃造獵車千乘，好，呼到翻。乘，繩證翻。刻期校獵。自靈昌津南至滎陽東極陽都爲獵場，陽都縣，前漢屬城陽國，後漢、晉屬琅邪國。賢曰：陽都故城在今沂州沂水縣南；又曰，在承縣南。使御史監察監，工銜翻。其中禽獸，有犯者罪至大辟。辟，毗亦翻。民有美女、佳牛馬，御史求之不得，皆誣以犯獸，論死者百餘人。發諸州二十六萬人脩洛陽宮。發百姓牛二萬頭配朔州牧官。趙置牧官於朔方。增置女官二十四等，東宮十二等，公侯七十餘國皆九等，大發民女三萬餘人，料爲三等以配之；太子、諸公私令采發者又將萬人。郡縣務求美色，多強奪人妻，殺其夫及夫自殺者三千餘人。至鄴，虎臨軒簡第，以使者爲能，封侯者十二人。荆楚、揚、徐之民流叛略盡；荆楚，以國言，揚、徐，以州言。趙之壤地，南陽、汝南則故荆楚之地也，壽陽則揚州之地也，彭城、下邳、東海、琅邪、東莞則徐州之地也。一曰，荆楚、揚、徐之民先被掠及流入北界者，今流叛略盡。守令坐不能綏懷，下獄誅者五十餘人。下，遐稼翻。金紫光祿大夫逯明金紫光祿大夫，卽光祿大夫之加金章紫綬者，自此遂以爲官稱。逯，盧谷翻。因侍切諫，因侍見而切諫也。虎大怒，使龍騰拉殺之。虎募驍勇，拜爲龍騰中郎。拉，落合翻。

3 燕王皝以牛假貧民，使佃苑中，佃，亭年翻。稅其什之八，自有牛者稅其七。記室參軍封裕上書諫，以爲「古者什一而稅，天下之中正也。降及魏、晉，仁政衰薄，假官田官牛者不過稅其什六，自有牛者中分之，猶不取其七八也。自永嘉以來，海內蕩析，武宣王綏之以德，慕容廆謚武宣王。華夷之民，萬里輻湊，襁負而歸之者，若赤子之歸父母，是以戶口十倍於舊，無田者什有三四。及殿下繼統，南摧強趙，東兼高句麗，北取宇文，民歸慕容廆事見八十八卷愍帝建興元年；皝破趙事見上卷成帝咸康四年；破高麗見上卷咸康八年；取宇文見上康帝建元二年。拓地三千里，增民十萬戶；是宜悉罷苑囿以賦新民，無牛者官賜之牛，不當更收重稅也。且以殿下之民用殿下之牛，牛非殿下之有，將何在哉！如此，則戎旗南指之日，民誰不簞食壺漿以迎王師，用孟子語。食，祥吏翻。石虎誰與處矣！處，昌呂翻；下同。川瀆溝渠有廢塞者，塞，悉則翻；下同。皆應通利，旱則灌漑，潦則疏泄。一夫不耕，或受之飢，況游食數萬，何以得家給人足乎！今官司猥多，虛費廩祿，苟才不周用，皆宜澄汰。以用水爲諭，澄之使清而汰去其沙泥也。工商末利，宜立常員。學生三年無成，徒塞英儁之路，皆當歸之於農。塞，悉則翻。殿下聖德寬明，博察芻蕘，文王詢于芻蕘。刈草曰芻，采薪曰蕘。蕘，如招翻。參軍王憲、大夫劉明並以言事忤旨，主者處以大辟，主者，謂其時主斷憲、明之獄者。忤，五故翻。處，昌呂翻。辟，毗亦翻。殿下雖恕其死，猶免官禁錮。夫求諫諍而罪直言，是猶適越而北行，必不獲其所志矣。右長史宋該等阿媚苟容，輕劾諫士，劾，戶概翻，又戶得翻。己無骨鯁，骨鯁，以喻剛強正直者。毛晃曰：鯁，魚骨；又骨不下咽爲鯁。以其謇諤難受，如魚骨之咈咽也。嫉人有之，掩蔽耳目，不忠之甚者也。」皝乃下令，稱：「覽封記室之諫，孤實懼焉。國以民爲本，民以穀爲命，可悉罷苑囿以給民之無田者。實貧者，官與之牛；力有餘願得官牛者，並依魏、晉舊法。溝瀆各【章：十二行本「各」作「果」；乙十一行本同；孔本同。】有益者，令以時修治。治，直之翻。今戎事方興，勳伐既多，王功曰勳；積功曰伐。官未可減，俟中原平壹，徐更議之。工商、學生皆當裁擇。夫人臣關言於人主，至難也，關，白也。王褒聖主得賢臣頌曰：進退得關其忠。雖有狂妄，當擇其善者而從之。王憲、劉明，雖罪應廢黜，亦由孤之無大量也，可悉復本官，仍居諫司。封生蹇蹇，深得王臣之體，易曰：王臣蹇蹇，匪躬之故。其賜錢五萬。宣示内外，有欲陳孤過者，不拘貴賤，勿有所諱！」皝雅好文學，好，呼到翻。常親臨庠序講授，考校學徒至千餘人，頗有妄濫者，故封裕及之。

4 詔徵衞將軍褚裒，欲以爲揚州刺史、錄尚書事。吏部尚書劉遐、長史王胡之說裒曰：說，輸芮翻。「會稽王令德雅望，國之周公也，足下宜以大政授之。」裒乃固辭，歸藩。壬戌，以會稽王昱爲撫軍大將軍，錄尚書六條事。劉聰以其子粲爲丞相，領大將軍，錄尚書事；劉延年錄尚書六條事。錄六條事，在錄尚書事之下，是必魏晉之間先有是官，聰承而置之也。註又見前。會，工外翻。

昱清虛寡欲，尤善玄言，常以劉惔、王濛及潁川韓伯爲談客，惔，徒甘翻。又辟郗超爲撫軍掾，謝萬爲從事中郎。超，鑒之孫也，郗鑒，南渡初名臣。掾，以絹翻。少卓犖不羈。少，詩照翻。犖，呂角翻。卓犖不羈，卓，高也，犖，有力也；言其氣韻甚高，且有才力，譬之馬駒逸羣，不可得而羈縶也。父愔，簡默沖退而嗇於財，積錢至數千萬，愔，於今翻。嘗開庫任超所取；超散施親故，一日都盡。史言郗超才具足以用世，晉朝不能用，惜其爲桓溫用也。施，式豉翻。萬，安之弟也，清曠秀邁，亦有時名。

5 燕有黑龍、白龍見于龍山，龍山在龍城之東。見，賢遍翻。交首遊戲，解角而去。燕王皝親祀以太牢，赦其境內，命所居新宮曰和龍。

6 都亭肅侯庾翼疽發于背，謚法：剛克爲伐曰肅；執心決斷曰肅。疽，千余翻。表子爰之行輔國將軍、荊州刺史，委以後任；司馬義陽朱燾爲南蠻校尉，以千人守巴陵。秋，七月，庚午，卒。翼部將干瓚等作亂，干，姓也。左傳，宋有干犫。瓚，藏旱翻。殺冠軍將軍曹據。冠，古玩翻。朱燾與安西長史江虨、虨，逋閑翻。建武司馬毛穆之、庾翼以子方之爲建武將軍，守襄陽，以穆之爲司馬。穆之卽虎生也。穆之，字憲祖，小字虎生，名犯王靖后諱，故改行字；後又以桓溫母諱憲，乃更稱小字。按晉書后妃傳，哀靖王皇后，諱穆之。將軍袁眞共誅之。虨，統之子也。

7 八月，豫州刺史路永叛奔趙，趙王虎使永屯壽春。路永，蘇峻降將也。

8 庾翼旣卒，朝議皆以諸庾世在西藩，人情所安，宜依翼所請，以庾爰之代其任。何充曰：「荊楚，國之西門，戶口百萬，北帶強胡，西鄰勁蜀，地勢險阻，周旋萬里；得人則中原可定，失人則社稷可憂，陸抗所謂『存則吳存，亡則吳亡』者也，陸抗垂沒之疏，見八十卷武帝泰始十年。豈可以白面少年當之哉！少，詩照翻。桓溫英略過人，有文武器幹，西夏之任，無出溫者。」夏，戶雅翻。議者又曰：「庾爰之肯避溫乎？如令阻兵，恥懼不淺。」言不能制爰之，將爲國恥，又有可懼者。蓋以王敦、蘇峻待爰之也。充曰：「溫足以制之，諸君勿憂。」

丹楊尹劉惔每奇溫才，然知其有不臣之志，謂會稽王昱曰：「溫不可使居形勝之地，其位號常宜抑之。」勸昱自鎮上流，以己爲軍司，昱不聽；又請自行，亦不聽。劉惔，談客耳；其言桓溫無不中，蓋深知溫之才者。設使昱鎮上流，惔爲司馬，未足以敵燕、秦。揚子曰：非苟知之，亦允蹈之；非知之難，行之爲難也。惔，徒甘翻。

庚辰，以徐州刺史桓溫爲安西將軍、持節、都督荆・司・雍・益・梁・寧六州諸軍事、領護南蠻校尉、荆州刺史，爲桓溫專制晉朝張本。雍，於用翻。爰之果不敢爭。又以劉惔監沔中諸軍事，領義成太守，監，工銜翻。代庾方之。徙方之、爰之于豫章。

桓溫嘗乘雪欲獵，先過劉惔，惔見其裝束甚嚴，謂之曰：「老賊欲持此何爲？」溫笑曰：「我不爲此，卿安得坐談乎！」溫以此語答惔，盡之矣；溫亦知惔之悉其才，故發是言。

9 漢主勢之弟大將軍廣，以勢無子，求爲太弟；勢不許。馬當、解思明諫曰：「陛下兄弟不多，若復有所廢，復，扶又翻。將益孤危。」固請許之。勢疑其與廣有謀，收當、思明斬之，夷其三族。儲君不可求，使馬當、解思明爲國計，固當從容言之，使其主自悟，安可固以爲請也！相從而就死，宜矣。解，戶買翻。遣太保李奕襲廣於涪城，貶廣爲臨邛侯，廣自殺。思明被收，歎曰：「國之不亡，以我數人在也，涪，音浮。邛，渠容翻。被，皮義翻。今其殆矣！」言笑自若而死。思明有智略，敢諫諍；馬當素得人心；及其死，士民無不哀之。

而還。還，從宣翻，又如字。

10冬，十月，燕王皝使慕容恪攻高句麗，拔南蘇，南蘇城在南陝之東，唐平高麗，置南蘇州。置戍而還。

11十二月，張駿伐焉耆，降之。降，戶江翻。是歲，駿分武威等十一郡爲涼州，駿分武威、武興、西平、張掖、酒泉、建康、西郡、湟河、晉興、須武、安故合十一郡爲涼州。以世子重華爲刺史；分興晉等八郡爲河州，駿分興晉、金城、武始、南安、永晉、大夏、武成、漢中八郡爲河州。以寧戎校尉張瓘爲刺史；分敦煌等三郡及西域都護三營爲沙州，晉志惟載敦煌、晉昌二郡，西域都護；張茂以校尉、玉門大護軍三郡、三營爲沙州，而一郡不見于史，蓋缺文也。敦，徒門翻。以西胡校尉楊宣爲刺史。駿自稱大都督、大將軍、假涼王，督攝三州；始置祭酒、郎中、大夫、舍人、謁者等官，官號皆倣天朝朝，直遙翻；下同。而微變其名；車服旌旗擬於王者。

12趙王虎以冠軍將軍姚弋仲爲持節、十郡六夷大都督、冠軍大將軍。冠，古玩翻。弋仲清儉鯁直，不治威儀，言無畏避，虎之篡，弋仲正色責之，可以見其言無畏避矣。治，直之翻；下同。虎甚重之；朝之大議，每與參決，公卿皆憚而下之。朝，直遙翻。下，遐稼翻。武城左尉，虎寵姬之弟也，東武城縣屬清河郡，唐屬貝州。嘗入弋仲營，侵擾其部衆。弋仲營於廣川清河之灄頭。弋仲執而數之曰：數，所具翻。「爾爲禁尉，禁尉者，言尉職所以禁止姦非也。迫脅小民；我爲大臣，目所親見，不可縱也。」命左右斬之；尉叩頭流血，左右固諫，乃止。

13燕王皝以爲古者諸侯卽位，各稱元年，於是始不用晉年號，自稱十二年。燕自是不復稟命於晉矣。

14趙王虎使征東將軍鄧恆將兵數萬屯樂安，治攻具，爲取燕之計。恆，戶登翻。燕王皝以慕容霸爲平狄將軍，平狄將軍，始於漢光武以命龐萌。戍徒河；恆畏之，不敢犯。

二年（丙午、三四六）

1春，正月，丙寅，大赦。

2己卯，都鄉文穆公【章：十二行本「公」作「侯」；乙十一行本同；孔本同。】何充卒。充有器局，臨朝正色，以社稷爲己任，所選用皆以功效，不私親舊。

3初，夫餘居于鹿山，夫餘在玄菟北千餘里，鹿山蓋直其地。杜佑曰：夫餘國有印，文曰「濊王之印」，國有故城，名濊城，蓋本濊貊之地。其國在長城之北，去玄菟千里，南與高麗、東與挹婁、西與鮮卑接。爲百濟所侵，東夷有三韓國：一曰馬韓，二曰辰韓，三曰弁韓。馬韓有五十四國，百濟其一也，後漸強大，兼諸小國；其國本與句麗俱在遼東之東千餘里。隋書曰：百濟出自東明，其後有仇台者，始立其國，漸以強盛，初以百家濟海，因號百濟。杜佑曰：百濟南接新羅，北拒高麗千餘里，西限大海，處小海之南。部落衰散，西徙近燕，而不設備。近，其靳翻。燕王皝遣世子儁帥慕容軍、慕容恪、慕輿根三將軍、萬七千騎襲夫餘。帥，讀曰率。儁居中指授，軍事皆以任恪，遂拔夫餘，虜其王玄及部落五萬餘口而還。皝以玄爲鎭軍將軍，妻以女。妻，千細翻。

4 二月，癸丑，以左光祿大夫蔡謨領司徒，與會稽王昱同輔政。

5 褚裒薦前光祿大夫顧和、前司徒左長史殷浩；三月，丙子，以和爲尚書令，浩爲建武將軍、揚州刺史。和有母喪，固辭不起，謂所親曰：「古人有釋衰絰從王事者，衰，倉回翻。以其才足幹時故也；如和者，正足以虧孝道，傷風俗耳。」識者美之。浩亦固辭。會稽王昱與浩書曰：「屬當厄運，屬，之欲翻。危弊理極，足下沈識淹長，沈，持林翻。足以經濟。若復深存挹退，復，扶又翻。苟遂本懷，吾恐天下之事於此去矣。足下去就，卽時之廢興，則家國不異，言國興則家亦與之俱興，國廢則家亦與之俱廢也。足下宜深思之！」浩乃就職。

6 夏，四月，己酉朔，日有食之。

7 五月，丙戌，西平忠成公張駿薨。官屬上世子重華爲使持節、大都督、太尉、護羌校尉、涼州牧、西平公、假涼王；上，時掌翻。赦其境內；尊嫡母嚴氏爲大王太后，母馬氏爲王太后。

8 趙中黃門嚴生惡尚書朱軌，惡，烏路翻。會久雨，生譖軌不脩道路，又謗訕朝政，朝，直遙翻；下同。趙王虎囚之。蒲洪諫曰：「陛下既有襄國、鄴宮，又脩長安、洛陽宮殿，將以何用！作獵車千乘，環數千里以養禽獸，環，音宦。奪人妻女十餘萬口以實後宮，事並見上年。聖帝明王之所爲，固若是乎！今又以道路不脩，欲殺尚書。陛下德政不脩，天降淫雨，七旬乃霽。霽方二日，雖有鬼兵百萬，亦未能去道路之塗潦，去，羌呂翻。而況人乎！政刑如此，其如四海何，其如後代何！言天下後世，必將貶議其失也。願止作徒，罷苑囿，出宮女，赦朱軌，以副衆望。」虎雖不悅，亦不之罪，爲之罷長安、洛陽作役，爲，于僞翻。而竟誅朱軌。又立私論朝政之法，聽吏告其君，奴告其主。公卿以下，朝覲以目相顧，不敢復相過從談語。復，扶又翻。過，古禾翻，經過也。石虎之法，雖周厲王之監謗，秦始皇之禁耦語，不如是之甚也。

9 趙將軍王擢擊張重華，襲武街，執護軍曹權、胡宣，張駿置五屯護軍，武街其一也，在隴西。水經註曰：狄道縣西南有武街城。晉志，惠帝分隴西立狄道郡，又立武街縣屬焉。徙七千餘戶于雍州。雍，於用翻。涼州刺史麻秋、趙使麻秋攻涼州，故授以刺史。將軍孫伏都攻金城，太守張沖請降，涼州震恐。

重華悉發境內兵，使征南將軍裴恆將之以禦趙；恆壁於廣武，張寔分金城之令居、枝陽二縣，又立永登縣，合三縣立廣武郡。水經註，廣武城在枝陽縣西。五代志，武威郡允吾縣，後魏置，曰廣武。劉昫曰：唐蘭州廣武縣，漢枝陽縣地。恆，戶登翻。久而不戰。涼州司馬張耽言於重華曰：「國之存亡在兵，兵之勝敗在將。今議者舉將，多推宿舊。將，息亮翻。夫韓信之舉，非舊德也。舉韓信事見九卷漢高帝元年。蓋明主之舉，舉無常人，才之所堪，則授以大事。今強寇在境，諸將不進，人情危懼。主簿謝艾，兼資文武，可用以禦趙。」重華召艾，問以方略；艾願請兵七千人，必破趙以報。重華拜艾中堅將軍，給步騎五千，使擊秋。艾引兵出振武，夜有二梟鳴于牙中，艾曰：「六博得梟者勝；爾雅翼：博之采有梟。博兼行惡道，故以梟爲采。今梟鳴牙中，克敵之兆也。」進與趙戰，大破之，斬首五千級。重華封艾爲福祿伯。福祿縣，自漢以來屬酒泉郡。宋白曰：肅州福祿縣，周、隋爲樂涫縣；武德改爲福祿，取漢舊名也。

麻秋之克金城也，縣令敦煌車濟不降，伏劍而死。縣令，謂金城縣令也。敦，徒門翻。秋又攻大夏，大夏縣，漢屬隴西郡；張軌分屬晉興郡，後又分置大夏郡。水經註，大夏縣故城，在枹罕縣西南，北臨洮水。劉昫曰：河州大夏縣，漢古縣也，取縣西大夏水以名之。護軍梁式執太守宋晏，以城應秋，秋遣晏以書誘致宛戍都尉敦煌宋矩，誘，音酉。敦，徒門翻。矩曰：「爲人臣，功既不成，唯有死節耳。」先殺妻子而後自刎。刎，扶粉翻。秋曰：「皆義士也，」收而葬之。

10 冬，漢太保李奕自晉壽舉兵反，蜀人多從之，衆至數萬。漢主勢登城拒戰，時奕兵進逼成都。奕單騎突門，門者射而殺之，騎，奇寄翻。射，而亦翻。其衆皆潰。勢大赦境內，改元嘉寧。

勢驕淫，不恤國事，多居禁中，罕接公卿，疏忌舊臣，信任左右，讒諂並進，刑罰苛濫，由是中外離心。蜀土先無獠，獠，魯皓翻，西南夷名。北史曰：獠蓋南蠻之別種，邛、筰川洞之間，散居山谷，種類甚多。略無氏族之別，又無名字，所生男女，唯以長幼次第呼之，其丈夫稱「阿謩」「阿段」，婦人「阿夷」「阿等」之類，皆語之次第稱謂也。至是始從山出，自巴西至犍爲、梓潼，犍，居言翻。布滿山谷十餘萬落，不可禁制，大爲民患；加以饑饉，四境之內，遂至蕭條。

11 安西將軍桓溫將伐漢，將佐皆以爲不可。江夏相袁喬勸之曰：「夫經略大事，固非常情所及，智者了於胸中，不必待衆言皆合也。今爲天下之患者，胡、蜀二寇而已，蜀雖險固，比胡爲弱，將欲除之，宜先其易者。易，以豉翻。李勢無道，臣民不附，且恃其險遠，不脩戰備。宜以精卒萬人輕齎疾趨，比其覺之，比，必寐翻。我已出其險要，已出其險要，謂已踰險而出平地也。可一戰擒也。蜀地富饒，戶口繁庶，諸葛武侯用之抗衡中夏，諸葛亮謚忠武侯。夏，戶雅翻。若得而有之，國家之大利也。論者恐大軍既西，胡必闚覦，此似是而非。胡聞我萬里遠征，以爲內有重備，必不敢動；縱有侵軼，軼，直結翻，又音逸。杜預曰：軼，突也。緣江諸軍足以拒守，必無憂也。」溫從之。喬，瓌之子也。袁瓌見九十五卷成帝咸康三年。瓌，工回翻。

十一月，辛未，溫帥益州刺史周撫、南郡太守譙王無忌伐漢，帥，讀曰率；下同。拜表卽行；委安西長史范汪以留事，加撫都督梁州之四郡諸軍事；梁州四郡，涪陵、巴東、巴西、巴郡也。使袁喬帥二千人爲前鋒。

朝廷以蜀道險遠，溫衆少而深入，少，詩沼翻。皆以爲憂，惟劉惔以爲必克。或問其故，惔曰：「以博知之。溫，善博者也，不必得則不爲。但恐克蜀之後，溫終專制朝廷耳。」

三年（丁未、三四七）

1 春，二月，桓溫軍至青衣。青衣縣，漢屬蜀郡；後漢順帝陽嘉二年，更名漢嘉；蜀立爲漢嘉郡。劉昫曰：眉州青神縣臨青衣江，西魏置青衣縣。青衣水出盧山徼外，東北流至武陽而合于江。杜佑曰：嘉州故夜郎國，漢武開置犍爲郡，治龍游縣，漢之青衣道也，在大江、青衣二水之會。漢主勢大發兵，遣叔父右衞將軍福、從兄鎮南將軍權、前將軍昝堅等將之，自山陽趣合水。山陽之地，蓋在岷江之北，峨眉山之陽。水經註：江水東南過犍爲武陽縣，青衣水、沫水從西南來合注之。所謂合水，當是此地。從，才用翻。昝，子感翻。將，即亮翻。趣，七喻翻。諸將欲設伏於江南以待晉兵，昝堅不從，引兵自江北鴛鴦碕渡向犍爲。碕，渠宜翻，曲岸也。犍爲，唐嘉州犍爲縣即其地，在州東南。

三月，溫至彭模；彭模，即漢犍爲郡武陽縣之彭亡聚也，岑彭死處。水經註：江水自武陽東至彭亡聚，謂之平模水，亦曰外水。平模去成都二百里，在今眉州彭山縣。議者欲分爲兩軍，異道俱進，以分漢兵之勢。袁喬曰：「今懸軍深入萬里之外，勝則大功可立，不勝則噍類無遺，噍，才肖翻。當合勢齊力，以取一戰之捷。若分兩軍，則衆心不一，萬一偏敗，偏敗，謂兩道並進，或一軍爲蜀所敗。大事去矣。不如全軍而進，棄去釜甑，齎三日糧，以示無還心，勝可必也。」溫從之。留參軍孫盛、周楚將羸兵守輜重，將，即亮翻；下同。重，直用翻。溫自將步卒直指成都。楚，撫之子也。

李福進攻彭模，孫盛等奮擊，走之。溫進，遇李權，三戰三捷，漢兵散走歸成都，鎮軍【章：十二行本「軍」作「東」；乙十一行本同；孔本同。】將軍李位都迎詣溫降。降，戶江翻；下同。昝堅至犍爲，犍，居言翻。乃知與溫異道，還，自沙頭津濟，比至，比，必寐翻。溫已軍於成都之十里陌，堅衆自潰。

勢悉衆出戰于成都之笮橋，水經註：萬里橋西，上曰夷橋，亦曰笮橋。笮，疾各翻。溫前鋒不利，參軍龔護戰死，矢及溫馬首。衆懼，欲退，而鼓吏誤鳴進鼓；雷鼓以進衆曰進鼓。袁喬拔劍督士卒力戰，遂大破之。溫乘勝長驅至成都，縱火燒其城門。漢人惶懼，無復鬬志。復，扶又翻。勢夜開東門走，至葭萌，葭，音家。使散騎常侍王幼送降文於溫，散，悉亶翻。騎，奇寄翻。自稱「略陽李勢叩頭死罪，」李氏，其先自巴西遷略陽。尋輿櫬面縛詣軍門。溫解縛焚櫬，送勢及宗室十餘人於建康；櫬，初覲翻。引漢司空譙獻之等以爲參佐，舉賢旌善，蜀人悅之。

2 日南太守夏侯覽貪縱，侵刻胡商，又科調船材，夏，戶雅翻。調，徒弔翻。云欲有所討，由是諸國恚憤。恚，於避翻。林邑王文攻陷日南，將士死者五六千，將，卽亮翻。殺覽，以尸祭天；檄交州刺史朱蕃，請以郡北橫山爲界。今邕州南界有橫山，其山橫截江河，我朝置橫山寨及買馬場。按劉昫舊唐志，漢武帝開百越，於交趾郡南三千里置日南郡，治於朱吾。林邑，卽漢日南郡之象林縣，在郡南界四百里。後漢時中原喪亂，象林縣人區連，殺縣令，自稱林邑王，遂爲林邑國。邕州渡海乃至交趾，交趾三千里乃至日南。此橫山自在日南郡北界，非今邕州之橫山。文既去，蕃使督護劉雄戍日南。

3 漢故尚書僕射王誓、鎭東將軍鄧定、平南將軍王潤、將軍隗文等皆舉兵反，隗，五猥翻。衆各萬餘。桓溫自擊定，使袁喬擊文，皆破之。溫命益州刺史周撫鎭彭模，斬王誓、王潤。

溫留成都三十日，振旅還江陵。傳曰：入而振旅。杜預註：振，整也；旅，衆也。李勢至建康，封歸義侯。夏，四月，丁巳，鄧定、隗文等入據成都，征虜將軍楊謙棄涪城，退保德陽。涪，音浮。

4 趙涼州刺史麻秋攻枹罕。晉昌太守郎坦以城大難守，惠帝分敦煌、酒泉爲晉昌郡。枹罕縣，前漢屬金城郡，後漢屬隴西郡，張軌分屬晉興郡。水經註，晉昌川在湟中浩亹縣西南。劉昫曰：晉昌郡，漢寘安縣地；唐爲晉昌縣，瓜州治所。枹，音膚。欲棄外城。武成太守張悛曰：武成郡，亦張氏置。悛，丑緣翻，又七倫翻。「棄外城則動衆心，大事去矣。」寧戎校尉張璩從悛言，固守大城。寧戎校尉，亦張氏所置。郎坦、張悛蓋以各郡太守從張璩守枹罕。璩，求於翻。秋帥衆八萬圍塹數重，帥，讀曰率；下同。重，直龍翻。塹，七豔翻。雲梯地突，百道皆進；地突者，爲地道突出於城中。城中禦之，秋衆死傷數萬。趙王虎復遣其將劉渾等帥步騎二萬會之。復，扶又翻。將，卽亮翻；下除將軍外並同。郎坦恨言不用，教軍士李嘉潛引趙兵千餘人登城；璩督諸將力戰，殺二百餘人，趙兵乃退。璩燒其攻具，秋退保大夏。夏，戶雅翻。

虎以中書監石寧爲征西將軍，帥幷、司州兵二萬餘人爲秋等後繼。張重華將宋秦等帥戶二萬降于趙。降，戶江翻。重華以謝艾爲使持節、軍師將軍，使，疏吏翻。帥步騎三萬進軍臨河。艾乘軺車，戴白帢，軺，音遙。帢，古洽翻。鳴鼓而行。秋望見，怒曰：「艾年少書生，冠服如此，輕我也，」命黑矟龍驤三千人馳擊之；矟，音朔。驤，思將翻。艾左右大擾。或勸艾宜乘馬，艾不從，下車，踞胡牀，胡牀蓋今交椅之類。孔穎達曰：今之交牀，制本自虜來，隋以讖有胡，改名交牀。指麾處分，處，昌呂翻。分，扶問翻。趙人以爲有伏兵，懼不敢進。別將張瑁自間道引兵截趙軍後，瑁，莫報翻。間，古莧翻。趙軍退，艾乘勢進擊，大破之，斬其將杜勳、汲魚，獲首虜萬三千級，秋單馬奔大夏。

五月，秋與石寧復帥衆十二萬進屯河南，復，扶又翻。劉寧、王擢略地晉興、廣武、武街，張軌分西平界置晉興郡。至于曲柳。曲柳，地名，在洪池嶺北。張重華使將軍牛旋拒之，退守枹罕，姑臧大震。重華欲親出拒之，謝艾固諫。索【章：十二行本「索」上有「別駕從事」四字；乙十一行本同；孔本同；張校同；退齋校同。】遐曰：索，昔各翻。「君者，一國之鎮，不可輕動。」乃以艾爲使持節、都督征討諸軍事、行衞將軍，遐爲軍正將軍，古有軍正。黄帝法曰，正無屬將軍，將軍有罪以聞。蓋軍中執法者也。張氏遂以爲將軍之號。帥步騎二萬拒之。別將楊康敗劉寧于沙阜，敗，補邁翻。寧退屯金城。

5 六月，辛酉，大赦。

6 秋，七月，林邑復陷日南，復，扶又翻；下同。殺督護劉雄。

7 隗文、鄧定等立故國師范長生之子賁爲帝而奉之，李雄以范長生爲國師。以妖異惑衆，蜀人多歸之。妖，於驕翻。

8 趙王虎復遣征西將軍孫伏都、將軍劉渾帥步騎二萬會麻秋軍，長驅濟河，擊張重華，遂城長最。長最，地名，在金城河北。考異曰：晉春秋作「上最」。今從重華傳。謝艾建牙誓衆，有風吹旌旗東南指，索遐曰：「風爲號令，今旌旗指敵，天所贊也。」風雲氣候雜占曰：風不旁教，旌旗暈暈隨風而揚舉，或向敵，終日軍行有功，勝候也。艾軍于神鳥，王擢與艾前鋒戰，敗，走還河南。八月，戊午，艾進擊秋，大破之，秋遁歸金城。虎聞之，歎曰：「吾以偏師定九州，今以九州之力困於枹罕，彼有人焉，未可圖也！」艾還，討叛虜斯骨眞等萬餘落，皆破平之。

9 趙王虎據十州之地，幽、并、冀、司、豫、兗、青、徐、雍、秦十州。聚斂金帛，斂，力贍翻。及外國所獻珍異，府庫財物，不可勝紀；勝，音升。猶自以爲不足，悉發前代陵墓，取其金寶。

沙門吳進言於虎曰：袁宏漢記曰：沙門，漢言息也，蓋息欲以歸於無爲也。「胡運將衰，晉當復興，宜苦役晉人以厭其氣。」厭，一葉翻，厭勝也。虎使尚書張羣發近郡男女十六萬人，車十萬乘，運土築華林苑及長牆于鄴北，廣袤數十里。乘，繩證翻。華，如字。袤，音茂。申鍾、石璞、趙攬等上疏陳天文錯亂，百姓彫弊。虎大怒曰：「使苑牆朝成，吾夕沒，無恨矣。」促張羣使然燭夜作；暴風大雨，死者數萬人。郡國前後送蒼麟十六，白鹿七，虎命司虞張曷柱調之以駕芝蓋，晉職官志，太僕之屬有典虞都尉，趙之司虞，卽是官也。張曷柱，人姓名。芝蓋者，蓋爲瑞芝之形。大朝會列於殿庭。朝，直遙翻。

九月，命太子宣出祈福于山川，因行遊獵。宣乘大輅，羽葆華蓋，建天子旌旗，十有六軍戎卒十八萬出自金明門，水經註，鄴城有七門：南曰鳳陽門，中曰中陽門，次曰廣陽門，東曰建春門，北曰廣德門，次曰廄門，西曰西明門，蓋卽金明門也。虎從其後宮升陵霄觀望之，觀，古玩翻。笑曰：「我家父子如此，自非天崩地陷，當復何愁！但抱子弄孫，日爲樂耳。」復，扶又翻。樂，音洛。

宣所舍，輒列人爲長圍，四面各百里，驅禽獸，至暮皆集其所，使文武皆跪立，重行圍守，重，直龍翻。行，戶剛翻。炬火如晝，命勁騎百餘馳射其中，宣與姬妾乘輦臨觀，獸盡而止。或獸有迸逸，迸，北孟翻。當圍守者，有爵則奪馬，步驅一日，無爵則鞭之一百。士卒飢凍死者萬有餘人，所過三州十五郡，資儲皆無孑遺。以下韜所出徵之，宣所過三州，蓋司、兗、豫也。

虎復命【章：十二行本「命」下有「秦公」二字；乙十一行本同；孔本同；退齋校同。】韜繼出，自幷州至于秦、雍亦如之。復，扶又翻。雍，於用翻。宣怒其與己鈞敵，愈嫉之。宦者趙生得幸於宣，無寵於韜，微勸宣除之，於是始有殺韜之謀矣。

10 趙麻秋又襲張重華將張瑁，敗之，據載記，瑁時屯河陝。敗，補邁翻。斬首三千餘級。枹罕護軍李逵帥衆七千降于趙，自河以南，氐、羌皆附於趙。趙強涼弱，涼戰雖數勝，人心隨強弱而爲向背，況復有張瑁之敗乎！帥，讀曰率。降，戶江翻。

11 冬，十月，乙丑，遣侍御史俞歸至涼州，授張重華侍中、大都督、督隴右·關中諸軍事、大將軍、涼州刺史、西平公。歸至姑臧，重華欲稱涼王，未肯受詔，使所親沈猛私謂歸曰：

「主公奕世爲晉忠臣，奕世，累葉也。今曾不如鮮卑，何也？朝廷封慕容皝爲燕王，而主公纔爲大將軍，何以褒勸忠賢乎！明臺宜移河右，共勸州主爲涼王。歸爲侍御史，以將命故，謂之明臺。移，謂移文。人臣出使，苟利社稷，專之可也。」使，疏吏翻。歸曰：「吾子失言！古者，列國之大夫率相謂曰吾子。儀禮註曰：子者，男子之美稱。言吾子，相親之辭。昔三代之王也，爵之貴者莫若上公；三代封建，列爵五等，曰公、侯、伯、子、男；上公九命作伯。及周之衰，吳、楚始僭號稱王，而諸侯不之非，蓋以蠻夷畜之也；借使齊、魯稱王，諸侯豈不四面攻之乎！漢高祖封韓、彭爲王，尋皆誅滅，蓋權時之宜，非厚之也。聖上以貴公忠賢，故爵以上公，任以方伯，寵榮極矣，豈鮮卑夷狄所可比哉！且吾聞之，功有大小，賞有重輕。今貴公始繼世而爲王，言重華始繼父位，未有功於晉而求爲王也。若帥河右之衆，帥，讀曰率。東平胡、羯，脩復陵廟，迎天子返洛陽，將何以加之乎？」重華乃止。

12 武都氐王楊初遣使來稱藩，詔以初爲使持節、征南將軍、雍州刺史、仇池公。使，疏吏翻。雍，於用翻。

13 十二月，振威護軍蕭敬文殺征虜將軍楊謙，攻涪城，陷之，自稱益州牧；遂取巴西，通于漢中。振威護軍，晉官也。蕭敬文以晉新并蜀，又有范賁之亂，故亦乘之而反。涪，音浮。

鄭天挺標點王崇武聶崇岐覆校

資治通鑑卷第九十八

端明殿學士兼翰林侍讀學士朝散大夫右諫議大夫充集賢殿修撰權判西京留司御史臺上柱國河內郡開國侯食邑一千三百戶食實封四百戶賜紫金魚袋臣 司馬光 奉敕編集

後學天台 胡三省 音註

晉紀二十 起著雍涒灘（戊申），盡上章閹茂（庚戌），凡三年。

孝宗穆皇帝上之下

永和四年（戊申、三四八）

1 夏，四月，林邑寇九真，既再破日南，故進寇九真。九真郡，唐愛州。殺士民什八九。

2 趙秦公韜有寵於趙王虎，欲立之，以太子宣長，長，知兩翻。猶豫未決。宣嘗忤旨，忤，五故翻。虎怒曰：「悔不立韜也！」韜由是益驕，造堂於太尉府，號曰宣光殿，梁長九丈。長，直亮翻。宣見之，大怒，斬匠，截梁而去；以犯其名也。韜怒，增之至十丈。宣聞之，謂所幸楊杯、【章：十二行本「杯」作「柸」；乙十一行本同；孔本同。】牟成、趙生曰：「凶豎傲愎乃敢爾！愎，弼力翻。汝能殺之，吾入西宮，虎居西宮。當盡以韜之國邑分封汝等。韜死，主上必臨喪，吾因行大事，蔑不濟矣。」左傳：潘崇謂楚商臣曰：「能行大事乎？」杜預註曰：大事，謂弑君。杯等許諾。

秋，八月，韜夜與僚屬宴於東明觀，水經註：石氏立東明觀於鄴東城上。因宿於佛精舍。佛精舍，佛寺也。僧徒專精修行之地，故謂之精舍。事物紀原曰：漢明帝於東都門外立精舍，以處攝摩騰、竺法蘭。宣使楊杯等緣獼猴梯而入，梯小而長，人如獼猴攀緣而上，故曰獼猴梯。殺韜，置其刀箭而去。旦日，宣奏之，虎哀驚氣絕，久之方蘇。將出臨其喪，司空李農諫曰：「害秦公者未知何人，賊在京師，鑾輿不宜輕出。」虎乃止，嚴兵發哀於太武殿。宣往臨韜喪，不哭，直言「呵呵」，呵，虎何翻。呵呵，笑聲。使舉衾觀尸，大笑而去。大被曰衾。收大將軍記室參軍鄭靖、尹武等，將委之以罪。

虎疑宣殺韜，欲召之，恐其不入，乃詐言其母杜后哀過危惙；惙，陟劣翻；類篇丑例翻，困劣也；言其氣息惙然，僅相屬也。宣不謂見疑，入朝中宮，因留之。朝，直遙翻。建興人史科知其謀，告之；魏土地記曰：建興郡治陽阿縣；陽阿縣，漢屬上黨郡。魏收志曰：慕容永分上黨置建興郡。則其地非石趙所置建興郡也。水經註曰：田融言趙立建興郡於廣宗城內，斯其是矣。虎使收楊杯、牟成，皆亡去；獲趙生，詰之，具服。詰，去吉翻。虎悲怒彌甚，囚宣於席庫，席庫，藏席之所。以鐵環穿其頷而鏁之，取殺韜刀箭舐其血，哀號震動宮殿。鏁，蘇果翻。舐，直氏翻。號，戶高翻。佛圖澄曰：「宣、韜皆陛下之子，今爲韜殺宣，是重禍也。爲，于僞翻。陛下若加慈恕，福祚猶長；若必誅之，宣當爲彗星下掃鄴宮。」彗，祥歲翻，又旋芮翻，又徐醉翻。虎不從。積柴於鄴北，樹標其上，標末置鹿盧，穿之以繩，鹿盧卽轆轤。倚梯柴積，送宣其下，使韜所幸宦者郝稚、劉霸拔其髮，抽其舌，牽之登梯；郝稚以繩貫其頷，鹿盧絞上。上，時掌翻。劉霸斷其手足，斷，丁管翻。斫眼潰腸，如韜之傷。四面縱火，煙炎際天。炎，讀曰焰。虎從昭儀已下數千人登中臺以觀之。中臺者，三臺之中臺，卽銅爵臺也。火滅，取灰分置諸門交道中。交道，午道也；一縱一横爲午道。殺其妻子九人。宣少子纔數歲，少，詩照翻。虎素愛之，抱之而泣，欲赦之，其大臣不聽，就抱中取而殺之；兒挽虎衣大叫，至於絕帶，虎因此發病。又廢其后杜氏爲庶人。誅其四率已下三百人，宦者五十人，皆車裂節解，棄之漳水。東宮有左、右、前、後四率。率，所律翻。支解者，解其四支；節解者，凡骨節節節解之也。洿其東宮以養猪牛。洿，汪乎翻。東宮衞士十餘萬人皆謫戍涼州。趙未得涼州，置涼州於金城，謫使戍涼州之邊也。爲下高力叛張本。先是【章：十二行本「是」下有「散騎常侍」四字；乙十一行本同；退齋校同；張校同，云無註本亦脫。】趙攬言於虎曰：「宮中將有變，宜備之。」及宣殺韜，虎疑其知而不告，亦誅之。史言趙攬談天於猜暴之朝以自禍。先，悉薦翻。

3朝廷論平蜀之功，欲以豫章郡封桓溫。尚書左丞荀蕤曰：「溫若復平河、洛，復，扶又翻。將何以賞之？」乃加溫征西大將軍、開府儀同三司，封臨賀郡公；加譙王無忌前將軍；袁喬龍驤將軍，封湘西伯。驤，思將翻。蕤，崧之子也。荀崧，荀藩之弟；永嘉之禍，相與建行臺於密；建興之初，又嘗鎭宛。

溫既滅蜀，威名大振，朝廷憚之。會稽王昱以揚州刺史殷浩有盛名，朝野推服，引爲心膂，與參綜朝權，欲以抗溫；由是與溫寖相疑貳。爲溫廢浩、脅制朝廷張本。朝，直遙翻。會，工外翻。浩以征北長史荀羨、前江州刺史王羲之，夙有令名，擢羨爲吳國內史，江左郡國，以吳爲甲。羲之爲護軍將軍，以爲羽翼。羨，蕤之弟；羲之，導之從子也。從，才用翻。羲之以爲內外協和，然後國家可安，勸浩【章：十二行本「浩」下有「及羨」二字；乙十一行本同；張校同，云無註本亦脫。】不宜與溫構隙；浩不從。

4 燕王皝有疾，召世子儁屬之曰：屬，之欲翻。「今中原未平，方資賢傑以經世務。恪智勇兼濟，才堪任重，汝其委之，以成吾志！」又曰：「陽士秋士行高潔，忠幹貞固，陽騖，字士秋。行，下孟翻。可託大事，汝善待之！」九月，丙申，薨。年五十二。

5 趙王虎議立太子；太尉張舉曰：「燕公斌有武略，斌，音彬。彭城公遵有文德，惟陛下所擇。」虎曰：「卿言正起吾意。」戎昭將軍張豺曰：載記曰：虎置左右戎昭、曜武將軍，位在左右衞上。「燕公母賤，又嘗有過；謂欲殺張賀度也，事見九十六卷成帝咸康六年。彭城公母前以太子事廢，遵與邃同母。鄭氏廢見九十五卷咸康三年。今立之，臣恐不能無微恨，陛下宜審思之！」初，虎之拔上邽也，見九十四卷成帝咸和四年。張豺獲前趙主曜幼女安定公主，有殊色，納於虎，虎嬖之，嬖，卑義翻，又博計翻。生齊公世。豺以虎老病，欲立世爲嗣，冀劉氏爲太后，己得輔政，乃說虎曰：「陛下再立太子，其母皆出於倡賤，說，輸芮翻。倡，音昌。故禍亂相尋；今宜擇母貴子孝者立之。」虎曰：「卿勿言，吾知太子處矣。」虎再與羣臣議於東堂，虎曰：「吾欲以純灰三斛自滌其腸，何爲專生惡子，年踰二十輒欲殺父！今世方十歲，比其二十，吾已老矣。」比，必寐翻。乃與張舉、李農定議，令公卿上書請立世爲太子。大司農曹莫不肯署名，虎使張豺問其故，莫頓首曰：「天下重器，不宜立少，少，詩照翻。故不敢署。」虎曰：「莫，忠臣也，然未達朕意；張舉、李農知朕意矣，可令諭之。」遂立世爲太子，以劉昭儀爲后。虎父子相殘，廢長立少，天將假手於冉閔以夷其種類也。

6 冬，十一月，甲辰，葬燕文明王；皝謚曰文明。世子儁卽位，儁，字宣英，皝之第二子。赦境內；遣使詣建康告喪。使，疏吏翻。以弟交爲左賢王，左長史陽騖爲郎中令。

7 十二月，以左光祿大夫、領司徒、錄尚書事蔡謨爲侍中、司徒。謨上疏固讓，謂所親曰：「我若爲司徒，將爲後代所哂，哂，式忍翻。義不敢拜也。」

五年（己酉、三四九）

1 春，正月，辛未朔，大赦。

2 趙王虎卽皇帝位，虎以成帝咸康三年卽天王位，今卽皇帝位。大赦，改元太寧；諸子皆進爵爲王。

故東宮高力等萬餘人謫戍涼州，石宣簡多力之士以衞東宮，號曰高力，置督將以領之。行達雍城，扶風雍縣城也。雍，於用翻；下同。既不在赦例，又敕雍州刺史張茂送之，茂皆奪其馬，使之步推鹿車，致糧戍所。推，吐雷翻。風俗通曰：鹿車窄小，裁容一鹿。高力督定陽梁犢定陽縣，漢屬上郡，晉省。後魏太安中置定陽郡；唐爲延州臨眞縣。因衆心之怨，謀作亂東歸，衆聞之，皆踊抃大呼。踊，跳躍也。抃，拊手也。呼，火故翻。犢乃自稱晉征東大將軍，帥衆攻拔下辨；辨，步莧翻。安西將軍劉寧自安定擊之，爲犢所敗。敗，補邁翻。高力皆多力善射，一當十餘人，雖無兵甲，掠民斧，施一丈柯，攻戰若神，柯，斧柄也。所向崩潰；戍卒皆隨之，攻陷郡縣，殺長吏、二千石，長，知兩翻。長驅而東，比至長安，比，必寐翻。衆已十萬。樂平王苞盡銳拒之，一戰而敗。犢遂東出潼關，進趣洛陽。趣，七喻翻。趙主虎以李農爲大都督、行大將軍事，統衛軍將軍張賀度等步騎十萬討之，戰于新安，新安縣，漢屬弘農郡，自晉以後屬河南郡。騎，奇寄翻；下同。農等大敗；戰于洛陽，又敗，退壁成皋。

犢遂東掠滎陽、陳留諸郡，武帝泰始二年，分河南置滎陽郡。虎大懼，以燕王斌爲大都督，督中外諸軍事，統冠軍大將軍姚弋仲、車騎將軍蒲洪等討之。斌，音彬。冠，古玩翻。弋仲將其衆八千餘人至鄴，自灄頭至鄴。將，卽亮翻。求見虎。虎病，未之見，引入領軍省，領軍省，領軍將軍視事之所。賜以己所御食。弋仲怒，不食，曰：「主上召我來擊賊，當面見授方略，我豈爲食來邪！爲，于僞翻；下羌爲同。且主上不見我，我何以知其存亡邪？」虎力疾見之，弋仲讓虎曰：「兒死，愁邪，何爲而病？兒幼時不擇善人教之，使至於爲逆；既爲逆而誅之，又何愁焉！且汝久病，所立兒幼，謂太子世也。汝若不愈，天下必亂，當先憂此，勿憂賊也！犢等窮困思歸，相聚爲盜，所過殘暴，何所能至！老羌爲汝一舉了之！」了，決也。弋仲性狷直，人無貴賤皆汝之，虎亦不之責。狷，吉掾翻。以石虎之狷暴而能容姚弋仲之狷直者，以其當理而切於事情也；苟徒狷直而不切當，殆難以免矣。於坐授使持節、征【章：十二行本「征」上有「侍中」二字；乙十一行本同；退齋校同。】西大將軍，賜以鎧馬。坐，徂臥翻。使，疏吏翻。鎧，可亥翻。弋仲曰：「汝看老羌堪破賊否？」乃被鎧跨馬于庭中，被，皮義翻。因策馬南馳，不辭而出。遂與斌等擊犢於滎陽，大破之，斬犢首而還，討其餘黨，盡滅之。虎命弋仲劍履上殿，入朝不趨，上，時掌翻。進封西平郡公；蒲洪爲車【章：十二行本「車」上有「侍中」二字；乙十一行本同；退齋校同。】騎大將軍、開府儀同三司、都督雍·秦州諸軍事、雍州刺史，雍，於用翻。進封略陽郡公。

3 始平人馬勗聚兵，自稱將軍，杜佑曰：漢平陵，晉改爲始平，有馬嵬故城。趙樂平王苞討滅之，誅三千餘家。

4 夏，四月，益州刺史周撫、龍驤將軍朱燾擊范賁，斬之，益州平。范賁亂始上卷三年。驤，始將翻。

5 詔遣謁者陳沈如燕，沈，持林翻。拜慕容儁爲使持節、侍中、大都督、督河北諸軍事、幽·平二州牧、使，疏吏翻。考異曰：儁載記云，「幽、冀、幷、平四州牧。」今從帝紀。大將軍、大單于、燕王。單，音蟬。

6 桓溫遣督護滕畯帥交、廣之兵擊林邑王文於盧容，畯，祖峻翻。盧容縣，自漢以來屬日南郡，有盧容浦，去郡二百里。帥，讀曰率。爲文所敗，敗，補邁翻。退屯九真。

7 乙卯，趙王虎病甚，以彭城王遵爲大將軍，鎮關右；燕王斌爲丞相，錄尚書事；張豺爲鎮衛大將軍、領軍將軍、吏部尚書；劉聰置十六大將軍，鎮衛其一也。石虎置鎮衛將軍，在車騎將軍上；今以張豺爲鎮衛大將軍，崇其號也。領軍將軍則掌兵柄，吏部尚書則典選事，是文武二柄悉以付豺矣。並受遺詔輔政。

劉后惡斌輔政，恐不利於太子，與張豺謀去之。惡，烏路翻。去，羌呂翻。斌時在襄國，遣使詐謂斌曰：「主上疾已漸愈，王須獵者，可少停也。」斌素好獵、嗜酒，少，詩沼翻。好，呼到翻。遂留獵，且縱酒。劉氏與豺因矯詔稱斌無忠孝之心，免官歸第，使豺弟雄帥龍騰五百人守之。此石虎幽石宏之故智也，張豺踵而用之，非虎教之邪！石斌亦庸人耳，君父疾篤，徵之受遺輔政，就使虎疾少愈，亦當夜衣而行；乃酣酒縱獵，其無智識如此！就使得權，諸弟亦將紾其臂而奪之。張舉謂有武略，妄矣！

乙丑，遵自幽州至鄴，敕朝堂受拜，朝，直遙翻。配禁兵三萬遣之，遵涕泣而去。是日，虎疾小瘳，問：「遵至未？」左右對曰：「去已久矣。」虎曰：「恨不見之！」

虎臨西閣，太武殿之西閣也。龍騰中郎二百餘人列拜於前，虎問：「何求？」皆曰：「聖體不安，宜令燕王入宿衛，典兵馬。」或言：「乞以爲皇太子。」虎曰：「燕王不在内邪？召以來！」左右言：「王酒病，不能入。」虎曰：「促持輦迎之，當付璽綬。」亦竟無行者。左右皆爲劉后母子，故竟無行者。璽，斯氏翻。綬，音受。尋惛眩而入。惛，迷忘也。眩，目視亂也。張豺使張雄矯詔殺斌。殺斌欲以一衆心，豈知已有從臾石遵入立者。

戊辰，劉氏復矯詔以豺爲太保、都督中外諸軍，錄尚書事，如霍光故事。復，扶又翻。侍中徐統歎曰：「亂將作矣，吾無爲預之。」仰藥而死。

己巳，虎卒，太子世卽位，尊劉氏爲皇太后。劉氏臨朝稱制，朝，直遙翻。以張豺爲丞相；豺辭不受，請以彭城王遵、義陽王鑒爲左右丞相，以慰其心，劉氏從之。

豺與太尉張舉謀誅司空李農，舉素與農善，密告之；農奔廣宗，帥乞活數萬家保上白，乞活，李惲、田徽之餘衆也，自永嘉以來，屯聚於上白。帥，讀曰率；下同。劉氏使張舉統宿衞諸軍圍之。豺以張離爲鎭軍大將軍，監中外諸軍事，以爲己副。監，工銜翻。

彭城王遵至河內，聞喪；姚弋仲、蒲洪、劉寧及征虜將軍石閔、武衞將軍王鸞等討梁犢還，遇遵於李城，續漢志，河內平睪縣有李城。史記，邯鄲李同卻秦兵，趙封其父李侯，卽此城。共說遵曰：「殿下長且賢，先帝亦有意以殿下爲嗣；謂虎欲從張舉之言也。說，輸芮翻。長，知兩翻。正以末年惛惑，爲張豺所誤。今女主臨朝，姦臣用事，上白相持未下，京師宿衞空虛，殿下若聲張豺之罪，鼓行而討之，其誰不開門倒戈而迎殿下者！」遵從之。

遵【章：十二行本「遵」上有「五月」二字；乙十一行本同；退齋校同；張校同，云無註本亦脫。】自李城舉兵，還趣鄴，趣，七喻翻。洛州刺史劉國帥洛陽之衆往會之。檄至鄴，張犲大懼，馳召上白之軍。丙戌，遵軍于蕩陰，蕩，音湯。戎卒九萬，石閔爲前鋒。【章：十二行本「鋒」下有「犲將出拒之」五字；乙十一行本同；張校同；退齋校同。】耆舊、羯士皆曰：「彭城王來奔喪，吾當出迎之，不能爲張犲守城也！」方言曰：耆，長也；說文曰：老也；左傳註曰：強也；禮記音義曰：至也，言至老境也。羯士，石氏之種類也。爲，于僞翻。踰城而出，犲斬之，不能止。張離亦帥龍騰二千，斬關迎遵。劉氏懼，召張犲入，對之悲哭曰：「先帝梓宮未殯，而禍難至此！難，乃旦翻。今嗣子沖幼，託之將軍；將軍將若之何？欲加遵重位，能弭之乎？」犲惶怖不知所出，怖，普布翻。但云「唯唯」。唯，于癸翻。乃下詔，以遵爲丞相，領大司馬、大都督、督中外諸軍，錄尚書事，加黃鉞、九錫。己丑，遵至安陽亭，安陽縣，屬魏郡。此蓋安陽縣都亭也。張犲懼而出迎，遵命執之。庚寅，遵擐甲曜兵，入自鳳陽門，升太武前殿，擗踊盡哀，擐，音宦。擗，毗亦翻，拊心也。踊，跳也。退如東閤。太武殿之東閤也。斬張犲于平樂市，鄴都有平樂市。樂，音洛。夷其三族。假劉氏令曰：「嗣子幼沖，先帝私恩所授，皇業至重，非所克堪；其以遵嗣位。」於是遵卽位，大赦，罷上白之圍。辛卯，封世爲譙王，載記曰：世凡立三十三日。廢劉氏爲太妃；考異曰：晉春秋及十六國春秋鈔，皆云廢太后爲昭儀。今從載記。十六國春秋及載記，又云世立三十三日。按四月己巳至五月庚寅，凡二十二日。尋皆殺之。

李農來歸罪，使復其位。尊母鄭氏爲皇太后，鄭氏卽邃母。鄭后被廢見九十五卷成帝咸康三年。

立妃張氏爲皇后，故燕王斌子衍爲皇太子。以義陽王鑒爲侍中、太傅，沛王沖爲太保，樂平公【章：十二行本「公」作「王」；乙十一行本同；張校同，云無註本亦作「公」。】苞爲大司馬，汝陰王琨爲大將軍，武興公閔爲都督中外諸軍事、輔國大將軍。爲石閔得兵柄以夷胡羯張本。

甲午，鄴中暴風拔樹，震電，雨雹大如盂升。如盂及升也。雨，于具翻。太武暉華殿災，及諸門觀閣蕩然無餘，乘輿服御，燒者太半，觀，古玩翻。乘，繩證翻。金石皆盡，火月餘乃滅。

時沛王沖鎮薊，沖蓋代遵鎮薊。薊，音計。聞遵殺世自立，謂其僚佐曰：「世受先帝之命，遵輒廢而殺之，罪莫大焉！其敕內外戒嚴，孤將親討之。」於是留寧北將軍沭堅戍幽州，沭，食律翻，姓也。帥衆五萬自薊南下，傳檄燕、趙，所在雲集；比至常山，帥，讀曰率。比，必寐翻。衆十餘萬，軍于苑鄉；遇遵赦書，沖曰：「皆吾弟也；死者不可復追，何爲復相殘乎！復，扶又翻；下同。吾將歸矣。」欲歸薊也。其將陳暹曰：「彭城篡弑自尊，爲罪大矣！王雖北旆，臣將南轅，俟平京師，擒彭城，然後奉迎大駕。」沖乃復進。遵馳遣王擢以書喻沖，沖弗聽。遵使武興公閔及李農帥精卒十萬討之，戰于平棘，平棘縣，漢屬常山郡，晉屬趙國，唐爲趙州治所。沖兵大敗；獲沖于元氏，元氏縣，漢屬常山郡，晉屬趙國。闞駰曰：趙公子元之封邑，故曰元氏。唐元氏縣屬趙州。劉昫曰：元氏，漢常山郡所治，故城在今趙州元氏縣南。賜死；阬其士卒三萬餘人。

武興公閔言於遵曰：「蒲洪，人傑也；今以洪鎮關中，臣恐秦、雍之地非國家之有。

雍，於用翻。此雖先帝臨終之命，然陛下踐阼，自宜改圖。」遵從之，罷洪都督，餘如前制。洪怒，歸枋頭，遣使來降。洪屯枋頭，見八十五卷成帝咸和八年。降，戶江翻。

燕平狄將軍慕容霸上書於燕王儁曰：「石虎窮凶極暴，天之所棄，餘燼僅存，自相魚肉。今中國倒懸，企望仁恤，若大軍一振，勢必投戈。」北平太守孫興亦表言：「石氏大亂，宜以時進取中原。」儁以新遭大喪，弗許。以去年皝薨也。霸馳詣龍城，言於儁曰：「難得而易失者，時也。萬一石氏衰而復興，易，以豉翻。復，扶又翻；下同。或有英雄據其成資，謂中原或有英雄乘亂而取趙，據有其已成之資也。豈惟失此大利，亦恐更爲後患。」儁曰：「鄴中雖亂，鄧恆據安樂，以前參考，「安樂」當作「樂安」。兵強糧足，今若伐趙，東道不可由也，當由盧龍；盧龍山徑險狹，水經註：濡水東南逕盧龍塞。塞道自無終縣東出，渡濡水向林蘭陘，東至清陘。盧龍之險，峻阪縈折，故有九崢之名。虜乘高斷要，斷，丁管翻。首尾爲患，將若之何？」霸曰：「恆雖欲爲石氏拒守，其將士顧家，人懷歸志，若大軍臨之，自然瓦解。臣請爲殿下前驅，東出徒河，潛趣令支，出其不意，爲，于僞翻。趣，七喻翻。令，音鈴，又郎定翻。支，音祁。彼聞之，勢必震駭，上不過閉門自守，下不免棄城逃潰，何暇禦我哉！然則殿下可以安步而前，無復留難矣。」儁猶豫未決，以問五材將軍封奕，燕置五材將軍，蓋取宋子罕所謂「天生五材誰能去兵」之義。對曰：「用兵之道，敵強則用智，敵弱則用勢。是故以大吞小，猶狼之食豚也；以治易亂，猶日之消雪也。大王自上世以來，積德累仁，兵強士練。石虎極其殘暴，死未瞑目，瞑，莫定翻。子孫爭國，上下乖亂。中國之民，墜於塗炭，延頸企踵以待振拔。大王若揚兵南邁，先取薊城，次指鄴都，宣燿威德，懷撫遺民，彼孰不扶老提幼以迎大王；凶黨將望旗冰碎，安能爲害乎！」從事中郎黃泓曰：泓，烏宏翻。「今太白經天，歲集畢北，陰【章：十二行本「陰」上有「天下易主」四字；乙十一行本同；孔本同；張校同；退齋校同。】國受命，此必然之驗也，漢書天文志：太白經天，天下革民更王。孟康註曰：謂出東入西，出西入東也。太白，陰星，出東當伏東，出西當伏西，過午爲經天。晉灼曰：日，陽也；日出則星亡。晝見午上爲經天。歲星所在，國不可伐，可以伐人。昴、畢間爲天街，其陰陰國。歲集畢北，明陰國當受命而王。宜速出師，以承天意。」折衝將軍慕輿根曰：「中國之民困於石氏之亂，咸思易主以救湯火之急，此千載一時，不可失也。載，子亥翻。自武宣王以來，慕容廆謚武宣王。招賢養民，務農訓兵，正俟今日。今時至不取，更復顧慮，復，扶又翻。豈天意未欲使海內平定邪，將大王不欲取天下也？」儁笑而從之。以慕容恪爲輔國將軍，慕容評爲輔弼將軍，左長史陽騖爲輔義將軍，謂之「三輔」。輔弼、輔義二將軍號，亦一時創置。慕容霸爲前鋒都督、建鋒將軍，建鋒將軍，亦創置也。選精兵二十餘萬，講武戒嚴，爲進取之計。考異曰：燕景昭紀，集兵在四月。時石虎方死，諸子未爭；十六國春秋在五月，故從之。而燕書載封奕、慕輿根言，俱指冉閔。按是時閔未篡趙，蓋撰史者附會耳，故削去。

8 六月，葬趙王虎於顯原陵，廟【章：十二行本「廟」上有「謚曰武帝」四字；乙十一行本同；孔本同；張校同；退齋校同。】號太祖。

9 桓溫聞趙亂，出屯安陸，安陸縣自漢以來屬江夏郡，唐爲安州治所。溫自江陵出屯安陸。遣諸將經營北方。將，卽亮翻。趙揚州刺史王浹舉壽春降；浹，卽協翻。降，戶江翻；下同。西中郎將陳逵進據壽春。征北大將軍褚裒上表請伐趙，褚裒時鎭京口。裒，蒲侯翻。卽日戒嚴，直指泗口。朝議以裒事任貴重，宜【章：十二行本「宜」上有「不宜深入」四字；乙十一行本同；孔本同；張校同；退齋校同。】先遣偏師。裒，太后之父，又當方面，故云事任貴重。裒奏言：「前已遣【章：十二行本「遣」下有「前鋒」二字；乙十一行本同；孔本同；張校同；退齋校同。】督護王頤之等徑造彭城，造，七到翻。後遣督護麋嶷進據下邳，嶷，魚力翻。今宜速發，以成聲勢。」秋，七月，加裒征討大都督，督徐、兗、青、揚、豫五州諸軍事。裒帥衆三萬，徑赴彭城，帥，讀曰率。北方士民降附者日以千計。

朝野皆以爲中原指期可復，光祿大夫蔡謨獨謂所親曰：「胡滅誠爲大慶，然恐更貽朝廷之憂。」其人曰：「何謂也？」謨曰：「夫能順天乘時濟羣生於艱難者，非上聖與英雄不能爲也，自餘則莫若度德量力。度，徒洛翻。量，音良。觀今日之事，殆非時賢所及，必將經營分表，疲民以逞；言必不能長驅以定中原，勢須隨所得之地分列屯戍，畫境而守，疲民以逞其志也。一說，分，音扶問翻，言人之才具各有分量，收復中原非當時人才所能辦也。經之營之過於其分量之外，則不能成功；丁壯苦征戰，老弱困轉輸，疲民以逞而不能濟也。既而才略疏短，不能副心，財殫力竭，智勇俱困，安得不憂及朝廷乎！」其後殷浩之敗，卒如蔡謨所料。

魯郡民五百餘家相與起兵附晉，求援於褚裒，裒遣部將王龕、李邁將銳卒三千迎之。龕，苦含翻。將，卽亮翻。趙南討大都督李農帥騎二萬與龕等戰于代陂，騎，奇寄翻。龕等大敗，皆沒於趙。八月，裒退屯廣陵。陳逵聞之，焚壽春積聚，毀城遁還。積，子賜翻。聚，慈諭翻。裒上疏乞自貶，詔不許；命裒還鎭京口，解征討都督。時河北大亂，遺民二十餘萬口渡河欲來歸附，會裒已還，威勢不接，皆不能自拔，死亡略盡。考異曰：裒傳云：「爲慕容皝及苻健所掠，死亡咸盡。」按是時慕容皝卒已踰年矣。永和六年，慕容儁始率衆南征；石鑒卽位後，蒲洪始有衆十萬。永和六年洪死，健始嗣位。皆與裒不相接，今不取。

10 趙樂平王苞謀帥關右之衆攻鄴，帥，讀曰率，下同。左長史石光、司馬曹曜等固諫，苞怒，殺光等百餘人。苞性貪而無謀，雍州豪傑知其無成，並遣使告晉，梁州刺史司馬勳帥衆赴之。勳，宣帝弟子濟南王遂之曾孫。雍，於用翻。使，疏吏翻。

11 楊初襲趙西城，破之。楊初，武都氐王也。此西城蓋卽漢隗囂奔處。

12 九月，涼州官屬共上張重華爲丞相、涼王、雍·秦·涼三州牧。上，時掌翻。重華屢以錢帛賜左右寵臣，又喜博弈，博，樗蒲；弈，弈棋。喜，許記翻。頗廢政事。徵事索振諫曰：「先王夙夜勤儉以實府庫，正以讎恥未雪，志平海內故也。殿下嗣位之初，強寇侵逼，徵事，涼所置官。謂趙來攻也，事見上卷二年、三年。索，昔各翻。賴重餌之故，得戰士死力，謂以錢帛厚賞戰士，得其出力致死。僅保社稷。今蓄積已虛而寇讎尚在，豈可輕有耗散，以與無功之人乎！昔漢光武躬親萬機，章奏詣闕，報不終日，故能隆中興之業。今章奏停滯，動經時月，三月爲一時，三旬爲一月。下情不得上通，沈冤困於囹圄，沈，持林翻。囹，盧經翻，獄也。圄，偶許翻，守也。殆非明主之事也。」重華謝之。

13 司馬勳出駱谷，破趙長城戍，長城戍卽魏司馬望、鄧艾據之以拒姜維之地。壁于懸鉤，去長安二百里，使治中劉煥攻長安，斬京兆太守劉秀離，劉秀離蓋迎戰而敗死，煥未能至長安城下也。又拔賀城；三輔豪傑多殺守令以應勳，凡三十餘壁，衆五萬人。趙樂平王苞乃輟攻鄴之謀，使其將麻秋、姚國等將兵拒勳。趙主遵遣車騎將軍王朗帥精騎二萬以討勳爲名，因劫苞送鄴。勳兵少，畏朗不敢進；使桓溫於是時攻關中，關中可取也。少，詩沼翻。冬，十月，釋懸鉤，拔宛城，殺趙南陽太守袁景，復還梁州。宛，於元翻。復，扶又翻。

14 初，趙主遵之發李城也，謂武興公閔曰：「努力！事成，以爾爲太子。」既而立太子衍。閔恃功，欲專朝政，朝，直遙翻。遵不聽。閔素驍勇，屢立戰功，夷、夏宿將皆憚之。驍，堅堯翻。既爲都督，總內外兵權，乃撫循殿中將士，皆奏爲殿中員外將軍，爵關外侯。殿中將軍，晉初置；殿中員外將軍，又後來所置也。關外侯，漢獻帝建安二十年魏武王置，所謂名號侯也。余按秦、漢列侯則有國邑；關內侯無國邑，列位於朝，無官位者，居京師，故謂之關內侯，列侯就國者，多出關外。後曹操置關外侯於關內侯之下，非秦、漢列爵意也。遵弗之疑，而更題名善惡以挫抑之，衆咸怨怒。中書令孟準、左衛將軍王鸞勸遵稍奪閔兵權，閔益恨望，恨望，猶怨望也。準等咸勸誅之。

十一月，遵召義陽王鑒、樂平王苞、汝陰王琨、淮南王昭等入議於鄭太后前，曰：「閔不臣之迹漸著，今欲誅之，如何？」鑒等皆曰：「宜然！」鄭氏曰：「李城還兵，無棘奴，豈有今日；冉閔，小字棘奴。小驕縱之，謂閔恃功頗驕，宜寬縱之。何可遽殺！」鑒出，遣宦者楊環馳以告閔。閔遂劫李農及右衛將軍王基密謀廢遵，使將軍蘇彥、周成帥甲士三千人執遵於南臺。三臺之南臺也。水經註：銅雀臺之南則金雀臺，高八丈，有屋百九十間。帥，讀曰率。遵方與婦人彈棊，藝經曰：彈棊，兩人對局，白黑棊各六枚。先列棊相當，更先彈也。其局以石爲之，局形四隤而中高。魏文帝善彈棊，能用手巾角。時一書生又能低頭以所冠葛巾撇棊。劉貢父詩云：「漢皇初厭蹴鞠勞，侍臣始作彈棊戲。」彈棊蓋始於漢也。世說曰：彈棊始自魏，內宮妝匳之戲。此說誤也。按西京雜記，漢成帝好蹴鞠，言事者以爲勞體，非至尊所宜。帝命擇似而不勞者，家君作彈棊奏之，帝大悅。問成曰：「反者誰也？」成曰：「義陽王鑒當立。」遵曰：「我尚如是，鑒能幾時！」遂殺之於琨華殿，載記曰：遵在位凡一百八十三日。幷殺鄭太后、張后、太子衍、孟準、王鸞及上光祿張斐。載記曰：石虎置上、中光祿大夫，位在左、右光祿大夫上。

鑒卽位，大赦。以武興公閔爲大將軍，封武德王；司空李農爲大司馬，並錄尚書事。

郎闓爲司空，闓，苦亥翻，又音開。秦州刺史劉羣爲尚書左僕射，侍中盧諶爲中書監。諶，是壬翻。

15秦、雍流民相帥西歸，成帝咸和四年，石虎破殺劉胤，徙氐、羌十五萬落于司、冀州；八年，破石生，徙秦、雍民及氐、羌十餘萬戶于關東；今因趙亂，故相帥西歸。雍，於用翻。帥，讀曰率。路由枋頭，共推蒲洪爲主，衆至十餘萬。蒲洪勸石虎徙秦、雍民夷以實關東，而身委質於趙，及趙之亂，得因以爲資；姦雄伺時而動也。洪子健在鄴，斬關出奔枋頭。鑒懼洪之逼，欲以計遣之，乃以洪爲都督關中諸軍事、征西大將軍、雍州牧、領秦州刺史。洪會官屬，議應受與不；不，讀曰否。主簿程朴請且與趙連和，如列國分境而治。洪怒曰：「吾不堪爲天子邪，而云列國乎！」引朴斬之。姚弋仲猶知盡忠於石氏，蒲洪則直欲奪取之而後已。

16都鄉元【章：十二行本「元」下有「穆」字；乙十一行本同；退齋校同。】侯褚裒漢志，常山郡有都鄉侯國，晉志不見。此特以漢舊侯國名封褚裒耳，非必有實土也。還至京口，聞哭聲甚多，以問左右，對曰：「皆代陂死者之家也。」裒慚憤發疾；十二月，己酉，卒。以吳國內史荀羨爲使持節、監徐兗二州·揚州之晉陵諸軍事、徐州刺史，時年二十八，中興方伯未有如羨之少者。少，詩照翻。

17趙主鑒使樂平王苞、中書令李松、殿中將軍張才夜攻石閔、李農於琨華殿，不克，禁中擾亂。鑒懼，僞若不知者，夜斬松、才於西中華門，并殺苞。

新興王祗，虎之子也，時鎮襄國，與姚弋仲、蒲洪等連兵，祗北連姚弋仲，南連蒲洪，以討閔、農。

移檄中外，欲共誅閔、農；閔、農以汝陰王琨爲大都督，與張舉及侍中呼延盛帥步騎七萬分討祗等。帥，讀曰率。騎，奇寄翻。

中領軍石成、侍中石啓、前河東太守石暉謀誅閔、農；閔、農皆殺之。龍驤將軍孫伏都、劉銖等帥羯士三千伏於胡天，胡天蓋石氏禁中署舍之名。驤，思將翻。亦欲誅閔、農。鑒在中臺，伏都帥三十餘人將升臺挾鑒以攻之。鑒見伏都毁閣道，臨問其故。伏都曰：「李農等反，已在東掖門，臣欲帥衞士討之，謹先啓知。」鑒曰：「卿是功臣，好爲官陳力，魏、晉以下率謂天子爲官，天子亦時自言之。陳，展也。爲，于僞翻。朕從臺上觀，卿勿慮無報也。」言若能誅閔、農，將厚賞以報之。於是伏都、銖帥衆攻閔、農，不克，屯於鳳陽門。閔、農帥衆數千毁金明門而入。鑒懼閔之殺己，馳招閔、農，開門內之，謂曰：「孫伏都反，卿宜速討之。」閔、農攻斬伏都等，自鳳陽至琨華，橫尸相枕，枕，職任翻。流血成渠。宣令內外六夷，敢稱兵仗者斬！稱，舉也。胡人或斬關、或踰城而出者，不可勝數。閔既誅孫伏都等，又禁胡人稱兵仗，胡人知禍之將及，故去。勝，音升。

閔使尚書王簡、少府王鬱帥衆數千守鑒於御龍觀，觀，古玩翻。懸食以給之。下令城中曰：「近日孫、劉構逆，支黨伏誅，良善一無預也。今日已後，與官同心者留，不同者各任所之。」敕城門不復相禁。復，扶又翻。於是趙人百里內悉入城，趙人，謂中國人也。胡、羯去者塡門。閔知胡之不爲己用，班令內外：「趙人斬一胡首送鳳陽門者，文官進位三等，武官悉拜牙門。」一日之中，斬首數萬。閔親帥趙人以誅胡、羯，無貴賤、男女、少長皆斬之，少，詩照翻。長，知兩翻。死者二十餘萬，尸諸城外，悉爲野犬豺狼所食。其屯戍四方者，閔皆以書命趙人爲將帥者誅之，或高鼻多須濫死者半。高鼻多鬚，其狀似羯、胡，故亦見殺。將，卽亮翻。帥，所類翻。

18 燕王儁遣使至涼州，使，疏吏翻。約張重華共擊趙。

19 高句麗王釗送前東夷護軍宋晃于燕，燕王儁赦之，更名曰活，更，工衡翻；下同。拜爲中尉。晃奔高麗，見九十六卷成帝咸康四年。

六年（庚戌、三五〇）

1 春，正月，趙大將軍閔欲滅去石氏之迹，去，羌呂翻。託以讖文有「繼趙李」，更國號曰衞，易姓李氏，大赦，改元靑龍。太宰趙庶、太尉張舉、中軍將軍張春、光祿大夫石岳、撫軍石寧、「撫軍」之下當有「將軍」字。武衞將軍張季及公侯、卿、校、龍騰等萬餘人，出奔襄國，從石祗也。校，戶教翻。汝陰王琨奔冀州。趙之冀州治信都。撫軍將軍張沈據滏口，滏口，滏水之口也。唐代宗永泰元年，薛嵩奏於滏口之右故臨水縣城置昭義縣，以屬磁州。沈，持林翻。滏，音釜。張賀度據石瀆，魏收地形志，鄴縣有石竇堰。建義將軍段勤據黎陽，建義將軍，蓋亦後趙所置。寧南將軍楊羣據桑壁，後趙蓋於征、鎭、安、平之外又置四寧。括地志：易州遂城縣界有桑丘城。又水經註：常山蒲吾縣東南有桑中縣故城，俗謂之石勒城。劉國據陽城，續漢志，中山蒲陰縣有陽城。據後劉國自繁陽引兵會石琨擊冉閔，則此陽城乃繁陽城也。段龕據陳留，姚弋仲據灄頭，龕，苦含翻。灄，書涉翻。蒲洪據枋頭，衆各數萬，皆不附於閔。勤，末柸之子；龕，蘭之子也。段末柸先據令支。段蘭自宇文入趙。

王朗、麻秋自長安赴洛陽。秋承閔書，誅朗部胡千餘人。朗所部有胡兵千餘人，閔命秋誅之。朗奔襄國。秋帥衆歸鄴，帥，讀曰率；下同。蒲洪使其子龍驤將軍雄迎擊，獲之，驤，思將翻。以爲軍師將軍。

汝陰王琨及張舉、王朗帥衆七萬伐鄴，大將軍閔帥騎千餘與戰於城北；閔操兩刃矛，馳騎擊之，兩刃矛者，鋏之兩旁皆利其刃。騎，奇寄翻。操，千高翻。所向摧陷，斬首三千級，琨等大敗而去。閔與李農帥騎三萬討張賀度于石瀆。

閏月，考異曰：帝紀後云閏月；三十國、晉春秋皆云閏正月。按長曆，閏二月。帝紀，閏月有丁丑、己丑。按是歲正月癸酉朔，若閏正月，卽無丁丑、己丑。今以長曆爲據。衛主鑒密遣宦者齎書召張沈等，使乘虛襲鄴。宦者以告閔、農，閔、農馳還，廢鑒，殺之，載記曰：鑒立一百三日。幷殺趙主虎二十八孫，盡滅石氏。載記曰：始勒以成帝咸和三年僭立，二主四子，凡二十三年。姚弋仲子曜武將軍益、曜武、曜威，蓋皆石氏所置。武衛將軍若帥禁兵數千斬關奔灄頭。弋仲帥衆討閔军于混桥。

司徒申鍾等上尊號於閔，閔以讓李農，農固辭。閔曰：「吾屬故晉人也，今晉室猶存，請與諸君分割州郡，各稱牧、守、公、侯，守，式又翻。奉表迎晉天子還都洛陽。」【章：十二行本

「陽」下有「何如」二字；乙十一行本同；孔本同；張校同；退齋校同。】尚書胡睦進曰：「陛下聖德應天，宜登大位，晉氏衰微，遠竄江表，豈能總馭英雄，混壹四海乎！」閔曰：「胡尚書之言，可謂識機知命矣。」乃卽皇帝位，冉閔，字永曾，小字棘奴，石虎之養孫也。父瞻，本姓冉，名良，魏郡內黃人。勒破陳午，獲瞻，時年十二，命虎子之。大赦，改元永興，國號大魏。

2朝廷聞中原大亂，復謀進取。復，扶又翻。己丑，以揚州刺史殷浩爲中軍將軍、假節、都督揚、豫、徐、兗、青五州諸軍事；爲殷浩喪師張本。以蒲洪爲氐王、使持節、征北大將軍、都督河北諸軍事、冀州刺史、廣川郡公；蒲健爲假節、右將軍、監河北征討前鋒諸軍事、襄國公。去年蒲洪遣使來降，今經略中原，故授任以懷來之。使，疏吏翻。監，工銜翻。

3姚弋仲、蒲洪各有據關右之志。弋仲遣其子襄帥衆五萬擊洪，洪迎擊，破之，斬獲三萬餘級。洪自稱大都督、大將軍、大單于、三秦王，改姓苻氏。洪以讖文「草付應王」，又其孫堅背有「艸付」字，遂改姓苻氏。符，上從「竹」者非。單，音蟬。以南安雷弱兒爲輔國將軍；安定梁楞爲前將軍，領左長史；楞，盧登翻。馮翊魚遵爲右【章：十二行本「右」作「後」；乙十一行本同；孔本同。】將軍，領右長史；風俗通，宋公子魚之後，以王父字爲氏。京兆段陵爲左將軍，領左司馬；【章：十二行本「馬」下有「王墮爲右將軍，領右司馬」十字；乙十一行本同；孔本同；張校同；退齋校同。】天水趙俱、隴西牛夷、北地辛牢皆爲從事中郎，玄酋毛貴爲單于輔相。「玄」，卽「氐」字。

4 二月，燕王儁使慕容霸將兵二萬自東道出徒河，慕輿于自西道出蠮螉塞，儁自中道出盧龍塞以伐趙。杜佑曰：盧龍塞在今平州城西北二百里。以慕容恪、鮮于亮爲前驅，命慕輿埿槎山通道。槎，仕下翻。邪斫木曰槎。留世子曄守龍城，以內史劉斌爲大司農，斌，音彬。與典書令皇甫眞留統後事。

霸軍至三陘，樂安城在遼西遼陽縣東。魏收地形志：海陽縣有橫山，蓋卽三陘之地。陘，音形。趙征東將軍鄧恆惶怖，焚倉庫，棄安樂遁去，「安樂」，當作「樂安」。果如慕容霸所料。怖，普布翻。與幽州刺史王午共保薊。薊，音計。徒河南部都尉孫泳急入安樂，撲滅餘火，籍其穀帛。霸收安樂、北平兵糧，「安樂」，並當作「樂安」。與儁會臨渠。臨渠城臨泃渠。泃水出右北平無終縣西山，東南至雍奴縣，入鮑丘水；魏武征蹋頓，從泃口鑿渠，逕雍奴、泉州以通河海者也。泃，古侯翻。

三月，燕兵至無終，王午留其將王佗以數千人守薊，佗，徒河翻。與鄧恆走保魯口。魏收地形志：博陵郡饒陽縣有魯口城。博陵郡，唐爲定州。乙巳，儁拔薊，執王佗，斬之。儁欲悉阬其士卒千餘人，慕容霸諫曰：「趙爲暴虐，王興師伐之，將以拯民於塗炭而撫有中州也；今始得薊而阬其士卒，恐不可以爲王師之先聲也。」【章：十二行本「也」下有「乃釋之」三字；乙十一行本同；退齋校同。】儁入都于薊，中州士女降者相繼。降，戶江翻。

燕兵至范陽，范陽太守李產欲爲石氏拒燕，爲，于僞翻。衆莫爲用，乃帥八城令長出降；

范陽郡統涿、良鄉、方城、長鄉、遒、故安、范陽、容城八縣。帥，讀曰率。儁復以產爲太守。產子績爲幽州別駕，棄其家從王午在魯口。鄧恆謂午曰：「績鄉里在北，績，范陽人。范陽在魯口之北。父已降燕，今雖在此，恐終難相保，徒爲人累，不如去之。」累，力瑞翻。去，羌呂翻，謂殺之也。午曰：「此何言也！夫以當今喪亂，喪，息浪翻。而績乃能立義捐家，情節之重，雖古烈士無以過；乃欲以猜嫌害之，燕、趙之士聞之，謂我直相聚爲賊，了無意識。衆情一散，不可復集，復，扶又翻。此爲坐自屠潰也。」恆乃止。午猶慮諸將不與己同心，或致非意，謂諸將殺之，非午之意。乃遣績歸。績始辭午往見燕王儁，儁讓之曰：「卿不識天命，棄父邀名，今日乃始來邪！」對曰：「臣眷戀舊主，志存微節，官身所在，何事非君。績謂其身爲官身，言委質事君，身非我有也。殿下方以義取天下，臣未謂得見之晚也。」儁悅，善待之。

儁以弟宜爲代郡城郎，此秦、漢以來之代郡，非後魏之代都。此代郡治代；後魏代都，乃秦、漢之平城也。城郎、城大，皆鮮卑所置，付以城郭之任。郎，主也。孫泳爲廣寧太守，悉置幽州郡縣守宰。

甲子，儁使中部俟釐慕輿句督薊中留事，俟釐，蓋亦鮮卑部帥之稱。俟，渠之翻。自將擊鄧恆於魯口。軍至清梁，魏收地形志：高陽蠡吾縣有清涼城。水經註：中山蒲陰縣東南有清梁亭。恆將鹿勃早將數千人夜襲燕營，鹿，姓也。風俗通，後漢有巴郡太守鹿旗。半已得入，先犯前鋒都督慕容霸，突入幕下，霸起奮擊，手殺十餘人，早不能進，由是燕軍得嚴。謂得以嚴備也。儁謂慕輿根曰：「賊鋒甚銳，宜且避之。」根正色曰：「我衆彼寡，力不相敵，故乘夜來戰，冀萬一獲利。今求賊得賊，正當擊之，復何所疑！」復，扶又翻。王但安臥，臣等自爲王破之！」爲，于僞翻。儁不能自安，內史李洪從儁出營外，屯高冢上。根帥左右精勇數百人從中牙直前擊早，中牙，儁所居也。李洪徐整騎隊還助之，騎，亦寄翻。早乃退走。衆軍追擊四十餘里，早僅以身免，所從士卒死亡略盡。儁引兵還薊。儁之還薊，亦鹿勃早有以挫其銳，否則進攻魯口矣。

5 魏主閔復姓冉氏，尊母王氏爲皇太后，立妻董氏爲皇后，子智爲皇太子，胤、明、裕皆爲王。胤、明、裕，閔之三子。以李農爲太宰、領太尉、錄尚書事，封齊王，其子皆封縣公。遣使者持節赦諸軍屯，皆不從。諸軍屯，張沈及蒲洪等也。

6 麻秋說苻洪曰：說，輸芮翻。「冉閔、石祗方相持，中原之亂未可平也。不如先取關中，基業已固，然後東爭天下，誰敢敵之。」洪深然之。既而秋因宴鴆洪，欲并其衆；世子健收秋斬之。洪謂健曰：「吾所以未入關者，以爲中州可定；今不幸爲豎子所困。中州非汝兄弟所能辦，我死，汝急入關！」言終而卒。健代統其衆，乃去大都督、大將軍、三秦王之號，去，羌呂翻。稱晉官爵，遣其叔父安來告喪，且請朝命。朝，直遙翻。

7 趙新興王祗即皇帝位于襄國，考異曰：晉帝紀，祗即位在閏月；三十國、晉春秋皆在三月。按十六國春秋，祗稱帝，拜姚弋仲、苻健官，而不言苻洪。洪三月死，故疑祗以三月即位。改元永寧。以汝陰王琨爲相國，六夷據州郡【章：十二行本「郡」下有「擁兵」二字；乙十一行本同；退齋校同。】者皆應之。六夷，胡、羯、氐、羌、段氏及巴蠻也。祗以姚弋仲爲右丞相、親趙王，待以殊禮。弋仲子襄，雄勇多才略，士民多愛之，請弋仲以爲嗣，弋仲以襄非長子，不許；襄，弋仲之第五子。長，知兩翻。請者日以千數，弋仲乃使之將兵。將，卽亮翻。祗以襄爲驃騎將軍、豫州刺史、新昌公。又以苻健爲都督河南諸軍事、鎮南大將軍、開府儀同三司、兗州牧、略陽郡公。

8 夏，四月，趙主祗遣汝陰王琨將兵十萬伐魏。

9 魏主閔殺李農及其三子，幷尚書令王謨、侍中王衍、中常侍嚴震、趙昇。閔遣使臨江告晉曰：使，疏吏翻。「逆胡亂中原，今已誅之；能共討者，可遣軍來也。」朝廷不應。

10 五月，廬江太守袁眞攻魏合肥，克之，虜其居民而還。還，從宣翻，又如字。

11 六月，趙汝陰王琨進據邯鄲，邯鄲，音寒丹。鎮南將軍劉國自繁陽會之。繁陽縣，漢屬魏郡，晉屬頓丘郡；隋廢繁陽入相州內黃縣。魏衞將軍王泰擊琨，大破之，死者萬餘人。劉國還繁陽。

12 初，段蘭卒於令支，段蘭屯令支，見上卷康帝建元元年。令，音鈴，又郎定翻。支，音祁。段龕代領其衆，因石氏之亂，擁部落南徙。秋，七月，龕引兵東據廣固，龕自陳留而東據廣固。自稱齊王。

13 八月，代郡人趙榼帥三百餘家叛燕歸趙幷州刺史張平。榼，苦合翻。帥，讀曰率。燕王儁徙廣寧、上谷二郡民於徐無，徐無縣，漢、晉屬右北平郡，後周廢，入無終縣，唐改無終爲玉田縣，屬薊州。代郡民於凡城。恐其復叛歸趙，故徙之。

14王朗之去長安也，朗司馬杜【章：十二行本「杜」上有「京兆」二字；乙十一行本同；退齋校同；張校同，云無註本亦脫。】洪據長安，自稱晉征北將軍、雍州刺史，以馮翊張琚爲司馬；關西夷、夏皆應之。雍，於用翻。夏，戶雅翻。苻健欲取之，恐洪知之，乃受趙官爵。趙主祗所授者也。以趙俱爲河內太守，戍溫；牛夷爲安集將軍，戍懷；安集將軍，苻氏置，以安集民夷爲號。溫縣、懷縣並屬河內郡。溫縣，唐屬孟州。懷縣故城在懷州武陟縣西。治宮室於枋頭，治，直之翻。課民種麥，示無西意，有知而不種者，健殺之以徇。既而自稱晉征西大將軍、都督關中諸軍事、雍州刺史；以武威賈玄碩爲左長史，洛【章：十二行本「洛」作「略」；乙十一行本同；熊校同。】陽梁安爲右長史，段純爲左司馬，辛牢爲右司馬，京兆王魚、安定程肱、胡文等爲軍諮祭酒，悉衆而西。以魚遵爲前鋒，行至盟津，盟，讀曰孟。爲浮梁以濟。遣弟輔國將軍雄帥衆五千自潼關入，兄子揚武將軍菁帥衆七千自軹關入。從河南入潼關至華陰，從河北入軹關，自蒲津西渡河至渭北，合兵以攻長安。帥，讀曰率；下同。臨別，執菁手曰：「若事不捷，汝死河北，我死河南，不復相見。」復，扶又翻。既濟，焚橋，自帥大衆隨雄而進。

杜洪聞之，與健書，侮嫚之。以張琚弟先爲征虜將軍，帥衆萬三千逆戰于潼關之北。先兵大敗，走還長安。洪悉召關中之衆以拒健。洪弟郁勸洪迎健，洪不從；郁帥所部降於健。降，戶江翻；下同。健遣苻雄徇渭北。氐酋毛受屯高陵，高陵縣，漢屬馮翊；晉改曰高陸，屬京兆。徐磋屯好時，磋，倉何翻。好時縣，前漢屬右扶風，後漢、晉省。時，音止。羌酋白犢屯黃白，即黃白城。酋，慈由翻。衆各數萬，皆斬洪使，使，疏吏翻。遣子降於健。苻菁、魚遵所過城邑，無不降附。洪懼，固守長安。

15張賀度、段勤、劉國、靳豚會于昌城，魏收地形志：魏郡昌樂縣有昌城。昌樂縣，後魏太和二十一年分魏縣置。靳，居焮翻。將攻鄴。魏主閔自將擊之，戰于蒼亭，蒼亭在河上，西南至東阿六十里。自將，即亮翻。賀度等大敗，死者二萬八千人，追斬靳豚於陰安，陰安縣，漢屬魏郡，晉屬頓丘郡。劉昫曰：陰安城在澶州頓丘縣北。盡俘其衆而歸。閔戎卒三十餘萬，旌旗、鉦鼓綿亙百餘里，雖石氏之盛，無以過也。

故晉散騎常侍隴西辛謐，有高名，散，悉亶翻。騎，奇寄翻。歷劉、石之世，徵辟皆不就；閔備禮徵爲太常。謐遺閔書，遺，于季翻。以爲「物極則反，致至則危。戰國策曰：物至而反，冬夏是也。致至則危，累碁是也。高誘註曰：冬至生，夏至殺，故曰反。致，極也。君王功已成矣，宜因茲大捷，歸身晉朝，朝，直遙翻。必有由、夷之廉，享松、喬之壽矣。」由、夷，許由、伯夷也。松、喬，赤松子、王子喬也。因不食而卒。

16九月，燕王儁南徇冀州，取章武、河間。晉武帝泰始元年，分勃海置章武國。五代志：後魏以河間置瀛州，統內有平舒縣，舊置章武郡。初，勃海賈堅，少尚氣節，少，詩照翻；下同。仕趙爲殿中督。趙亡，堅棄魏主閔還鄉里，擁部曲數千家。燕慕容評徇勃海，遣使招之，堅終不降；使，疏吏翻。降，戶江翻。評與戰，擒之。儁以評爲章武太守，封裕爲河間太守。儁與慕容恪皆愛賈堅之材，堅時年六十餘，恪聞其善射，置牛百步上以試之。堅曰：「少之時能令不中，今老矣，往往中之。」乃射再發，少，詩照翻。中，竹仲翻。射，而亦翻。一矢拂脊，一矢磨腹，皆附膚落毛，上下如一，觀者咸服其妙。儁以堅爲樂陵太守，治高城。高城縣，自漢以來屬勃海郡。賢曰：高城故城，在今滄州鹽山縣南。

17 苻菁與張先戰于渭北，擒之，三輔郡縣堡壁皆降。冬，十月，苻健長驅至長安，杜洪、張琚奔司竹。扶風盩厔縣有司竹園。宋白曰：竹在鄠、盩厔之間。漢官有竹丞，魏置司守之官，後魏有司竹都尉。

18 燕王儁還薊，留諸將守之；儁還至龍城，謁陵廟。

19 十一月，魏主閔帥步騎十萬攻襄國。帥，讀曰率。騎，奇寄翻；下同。署其子太原王胤爲大單于、驃騎大將軍，以降胡一千配之爲麾下。單，音蟬。驃，匹妙翻。降，戶江翻。光祿大夫韋謏諫曰：「胡、羯皆我之仇敵，謏，蘇鳥翻。閔先誅胡、羯，故謏云然。今來歸附，苟存性命耳；萬一爲變，悔之何及。請誅屏降胡，去單于之號，屏，必郢翻。去，羌呂翻。以防微杜漸。」閔方欲撫納羣胡，大怒，誅謏及其子伯陽。爲下降胡執胤降趙張本。

[20]甲午，苻健入長安，以民心思晉，乃遣參軍杜山伯詣建康獻捷，并修好於桓溫。於是秦、雍夷夏皆附之，夷夏皆附健，以其歸晉也。好，呼到翻。雍，於用翻。夏，戶雅翻。趙涼州刺史石寧獨據上邽不下，十二月，苻雄擊斬之。

[21]蔡謨除司徒，三年不就職；四年，謨除司徒。詔書屢下，太后遣使諭意，使，疏吏翻。謨終不受。於是帝臨軒，遣侍中紀據、黃門郎丁纂徵謨；謨陳疾篤，使主簿謝攸陳讓。自旦至申，使者十餘返，而謨不至。時帝方八歲，甚倦，問左右曰：「所召人何以至今不來？臨軒何時當竟？」太后以君臣俱疲，乃詔：「必不來者，宜罷朝。」朝，直遙翻；下同。中軍將軍殷浩奏免吏部尚書江虨官。虨，逋閑翻。會稽王昱令曹曰：下令於尚書曹也。昱時錄尚書六條事。會，工外翻。「蔡公傲違上命，無人臣之禮。若人主卑屈於上，大義不行於下，亦不知所以為政矣。」公卿乃奏「謨悖慢傲上，罪同不臣，悖，蒲內翻。請送廷尉以正刑書。」謨懼，帥子弟詣【章：十二行本「詣」上有「素服」二字；乙十一行本同；孔本同；張校同。】闕稽顙，自到廷尉待罪。帥，讀曰率。稽，音啓。殷浩欲加謨大辟；辟，毗亦翻。會徐州刺史荀羨入朝，羨自京口朝建康。浩以問羨，羨曰：「蔡公今日事危，謂謨死也。明日必有桓、文之舉，」言將舉兵以問其罪。浩乃止。下詔免謨為庶人。

資治通鑑卷第九十九

端明殿學士兼翰林侍讀學士朝散大夫右諫議大夫充集賢殿修撰權判西京留司御史臺上柱國河內郡開國侯食邑一千三百戶食實封四百戶賜紫金魚袋臣　司馬光　奉敕編集

後學天台　胡三省　音註

晉紀二十一

起重光大淵獻（辛亥），盡閼逢攝提格（甲寅），凡四年。

孝宗穆皇帝中之上

永和七年（辛亥、三五一）

1 春，正月，丁酉，日有食之。

2 苻健左長史賈玄碩等請依劉備稱漢中王故事，事見六十八卷漢獻帝建安二十四年。表健爲都督關中諸軍事、大將軍、大單于、秦王。玄碩欲表言之於晉朝。單，音蟬。健怒曰：「吾豈堪爲秦王邪！且晉使未返，使，疏吏翻。我之官爵，非汝曹所知也。」既而密使梁安諷玄碩等上尊號，上，時掌翻。健辭讓再三，然後許之。丙辰，健卽天王、大單于位，苻健，字建業，洪第三子。國號大秦，大赦，改元皇始。追尊父洪爲武惠皇帝，廟號太祖；立妻強氏爲天王后，強，其兩翻，氏姓也。子萇爲太子，靚爲平原公，萇，仲良翻。靚，疾正翻。生爲淮南公，覲爲長樂公，樂，音洛。方爲高陽公，碩爲北平公，騰爲淮陽公，柳爲晉公，桐爲汝南公，廋爲魏公，廋，所鳩翻。武爲燕公，幼爲趙公。以苻雄爲都督中外諸軍事、丞相、領車騎大將軍、雍州牧、東海公；雍，於用翻。苻菁爲衞大將軍、平昌公，宿衞二宮；二宮，健所居及子萇所居也。雷弱兒爲太尉，毛貴爲司空，略陽姜伯周爲尚書令，梁楞爲左僕射，楞，盧登翻。王墮爲右僕射，魚遵爲太子太師，強平爲太傅，段純爲太保，呂婆樓爲散騎常侍。散，悉亶翻。騎，奇寄翻。伯周，健之舅；平，王后之弟；婆樓，本略陽氐酋也。酋，慈由翻。

3 段龕請以青州內附；二月，戊寅，以龕爲鎮北將軍，封齊公。段龕據廣固，始上卷上年。龕，苦含翻。

4 魏主閔攻圍襄國百餘日。去年十一月，閔攻襄國。趙主祗危急，乃去皇帝之號，稱趙王，去，羌呂翻。遣太尉張舉乞師於燕，許送傳國璽；璽，斯氏翻。中軍將軍張春乞師於姚弋仲。弋仲遣其子襄帥騎二萬八千救趙，帥，讀曰率。誡之曰：「冉閔棄仁背義，屠滅石氏。事見上卷五年、六年。背，蒲妹翻。我受人厚遇，謂石虎遇之厚也。當爲復讎，老病不能自行；汝才十倍於閔，若不梟擒以來，不必復見我也！」爲，于僞翻。梟，堅堯翻。復，扶又翻。弋仲亦遣使告於燕；使，疏吏翻；下同。燕主儁遣禦難將軍悅綰禦難將軍，蓋慕容氏創置。難，乃旦翻。將兵三萬往會之。

冉閔聞儁欲救趙，遣大司馬從事中郎廣寧常煒使於燕。儁使封裕詰之曰：「冉閔，石氏養息，息，子也。詰，去吉翻。負恩作逆，何敢輒稱大號？」煒曰：「湯放桀，武王伐紂，以興商、周之業；曹孟德養於宦官，莫知所出，卒立魏氏之基；曹操事見六十八卷漢靈帝中平元年。操，字孟德。卒，子恤翻。苟非天命，安能成功！推此而言，何必致問！」裕曰：「人言冉閔初立，鑄金爲己像以卜成敗，而像不成，信乎？」煒曰：「不聞。」裕曰：「南來者皆云如是，何故隱之？」煒曰：「姦僞之人欲矯天命以惑人者，乃假符瑞、託蓍龜以自重。蓍，升脂翻。魏主握符璽，據中州，受命何疑；而更反眞爲僞，取決於金像乎！」裕曰：「傳國璽果安在？」煒曰：「在鄴。」裕曰：「張舉言在襄國。」煒曰：「殺胡之日，在鄴者殆無孑遺；孑，吉列翻，孤也，單也；言無孤單得遺者。時有迸漏者，皆潛伏溝瀆中耳，爾雅：水注谷曰溝，水注澮曰瀆。迸，比諍翻。彼安知璽之所在乎！彼求救者，爲妄誕之辭，無所不可，況一璽乎！」

儁猶以張舉之言爲信，乃積柴其旁，使裕以其私誘之，曰：「君更熟思，無爲徒取灰滅！」誘，音酉。煒正色曰：「石氏貪暴，親帥大兵攻燕國都，雖不克而返，事見九十六卷成帝咸康四年。帥，讀曰率。然志在必取。故運資糧、聚器械於東北者，非以相資，乃欲相滅也。事見九十六卷咸康四年、六年。魏主誅翦石氏，雖不爲燕，臣子之心，聞仇讎之滅，義當如何？而更爲彼責我，不亦異乎！異，猶言可怪也。爲，于僞翻。吾聞死者骨肉下于土，下，戶嫁翻。精魂升于天。蒙君之惠，速益薪縱火，使僕得上訴於帝足矣！」左右請殺之。儁曰：「彼不憚殺身以徇其主，忠臣也。且冉閔有罪，使臣何預焉！」使，疏吏翻。使出就館。夜，使其鄉人趙瞻往勞之，勞，力到翻。且曰：「君何不以實言？王怒，欲處君於遼、碣之表，遼海及碣石爲遼、碣。杜佑曰：盧龍，漢肥如縣，有碣石山，碣然而立在海旁。秦築長城所起自碣石，在今高麗舊界，非此碣石也。趙瞻所謂遼、碣，蓋即杜佑所言者也。處，昌呂翻。柰何？」煒曰：「吾結髮以來，尚不欺布衣，況人主乎！曲意苟合，性所不能；直情盡言，雖沈東海，不敢避也！」沈，持林翻。遂臥向壁，不復與瞻言。復，扶又翻。瞻具以白儁，儁乃囚煒於龍城。

5趙并州刺史張平遣使降秦，使，疏吏翻。降，戶江翻。秦王以平爲大將軍、冀州牧。

6燕王儁還薊。自龍城還薊。薊，音計。

7三月，姚襄及趙汝陰王琨各引兵救襄國。琨自信都進兵救襄國。冉閔遣車騎將軍胡睦拒襄於長蘆，水經註：漳水過堂陽縣西，分爲二水，其右水東北注出石門，謂之長蘆水。長蘆水西逕堂陽縣故城南，又東逕九門陂，又東逕扶都縣。五代志：隋置長蘆縣，屬河間郡。劉昫曰：長蘆，漢參戶縣地。將軍孫威拒琨於黃丘，魏收地形志：鉅鹿郡鄡縣有黃丘。鄡，苦幺翻。皆敗還，士卒略盡。

閔欲自出擊之，衞將軍王泰諫曰：「今襄國未下，外救雲集，若我出戰，必覆背受敵，「覆」，當作「腹」。【章：孔本正作「腹」。十二行本、乙十一行本仍作「覆」。】此危道也。不若固壘以挫其銳，徐觀其釁而擊之。釁，隙也。且陛下親臨行陳，行，戶剛翻。陳，讀曰陣。如失萬全，則大事去矣。」閔將止，道士法饒進曰：「陛下圍襄國經年，無尺寸之功；今賊至，又避不擊，將何以使將士乎！將，卽亮翻。且太白入昴，當殺胡王，晉天文志：昴七星，爲旄頭，胡星也。百戰百克，不可失也！」閔攘袂大言曰：「吾戰決矣，敢沮衆者斬！」攘，如羊翻。沮，在呂翻。乃悉衆出，與襄、琨戰。悅綰適以燕兵至，去魏兵數里，疏布騎卒，曳柴揚塵，疏，讀與疎同。騎，奇寄翻；下同。魏人望之恟懼，自棘城之敗，趙人固畏燕兵，見其至而勢盛，故恟懼。恟，許拱翻。襄、琨、綰三面擊之，趙王祇自後衝之，魏兵大敗，果如王泰之言，腹背受敵而敗。閔與十餘騎走還鄴。降胡栗特康等執大單于胤及左僕射劉琦以降趙，趙王祇殺之。果如韋謏之言。史言冉閔不能用羣策以取敗。降，戶江翻。單，音蟬。胡睦及司空石璞、尙書令徐機、中書監盧諶等幷將士死者凡十餘萬人。劉隗、盧諶不能爲晉死而卒死於兵。人誰不死，貴得其死所耳！諶，是壬翻。閔潛還，人無知者。鄴中震恐，訛言閔已沒。射聲校尉張艾請閔親郊以安衆心，親郊，親出郊祀也。閔從之，訛言乃息。閔支解法饒父子，解剔其支體而殺之。贈韋謏大司徒。謏死，見上卷上年。謏，蘇鳥翻。姚襄還灄頭，灄，書涉翻。姚弋仲怒其不擒閔，杖之一百。

初，閔之爲趙相也，相，息亮翻。悉散倉庫以樹私恩，與羌、胡相攻，無月不戰。趙所徙青、雍、幽、荊四州之民石虎破曹嶷，徙青州之民；破劉胤、石生，再徙雍州之民；破段匹磾及爲燕所敗，徙幽州之民；石勒南掠江、漢，徙荊州之民。雍，於用翻。及氐、羌、胡、蠻數百萬口，以趙法禁不行，各還本土；道路交錯，互相殺掠，其能達者什有二、三。中原大亂，因以饑疫，人相食，無復耕者。復，扶又翻。

趙王祗使其將劉顯帥衆七萬攻鄴，帥，讀曰率。軍于明光宮，此明光宮，石氏所建也。去鄴二十三里。魏主閔恐，召王泰，欲與之謀；泰恚前言之不從，辭以瘡甚。戰敗被傷，故因以瘡甚辭。恚，於避翻。閔親臨問之，泰固稱疾篤。閔怒，還宮，謂左右曰：「巴奴，乃公豈假汝爲命邪！王泰蓋巴蠻也。乃公，冉閔自謂也；自漢高祖已有是語。要將先滅羣胡，卻斬王泰。」乃悉衆出戰，大破顯軍，追奔至陽平，陽平縣，漢屬東郡，魏、晉分屬陽平郡，而陽平郡治在魏郡東北。宋白曰：魏州莘縣，漢爲陽平縣，後趙移陽平理館陶縣。斬首三萬餘級。顯懼，密使請降，使，疏吏翻。降，戶江翻。求殺祗以自效，閔乃引歸。有告王泰欲叛入秦者，閔殺之，夷其三族。

8秦王健分遣使者問民疾苦，搜羅儁異，寬重斂之稅，弛離宮之禁，趙修長安宮殿，亦有離宮之禁。斂，力贍翻。罷無用之器，去侈靡之服，去，羌呂翻。凡趙之苛政不便於民者，皆除之。史言苻健所以能據有關中。

9杜洪、張琚遣使召梁州刺史司馬勳；夏，四月，勳帥步騎三萬赴之，帥，讀曰率。騎，奇寄翻。秦王健禦之於五丈原。勳屢戰皆敗，退歸南鄭。健以中書令賈玄碩始者不上尊號，銜之，上，時掌翻。使人告玄碩與司馬勳通，幷其諸子皆殺之。

10 渤海人逄約逄，皮江翻。因趙亂，擁衆數千家，附於魏，魏以約爲渤海太守。故太守【嚴：「守」改「尉」。】劉準，隗之兄子也；土豪封放，奕之從弟也；從，才用翻。別聚衆自守。閔以準爲幽州刺史，與約中分渤海。燕王儁使封奕討約，使昌黎太守高開討準、放。開，瞻之子也。高瞻，見九十一卷元帝太興二年。

奕引兵直抵約壘，遣人謂約曰：「相與鄉里，隔絕日久，封奕本渤海人，懷帝永嘉五年，託於慕容廆，見八十七卷。會遇甚難。時事利害，人皆有心，非所論也。願單出一相見，以寫佇結之情。」久立而待之曰佇；企望之情鬱積而不散曰結。約素信重奕，卽出，見奕於門外；各屏騎卒，屏，必郢翻。騎，奇寄翻。單馬交語。奕與論敘平生畢，因說之曰：「與君累世同鄉，情相愛重，誠欲君享祚無窮；今既獲展奉，展，省視也。奉，承也，事也。說，輸芮翻。不可不盡所懷。冉閔乘石氏之亂，奄有成資，是宜天下服其強矣，而禍亂方始，固知天命不可力爭也。燕王奕世載德，「奕世載德」，班彪王命論之言。師古曰：載，乘也，言相因不絕。奉義討亂，所征無敵。今已都薊，南臨趙、魏，遠近之民，襁負歸之。民厭荼毒，孔安國曰：荼毒，苦也。襁，居兩翻。咸思有道。冉閔之亡，匪朝伊夕，成敗之形，昭然易見。易，以豉翻。且燕王肇開王業，虛心賢儁；君能翻然改圖，則功參絳、灌，慶流苗裔，孰與爲亡國將，守孤城以待必至之禍哉！」將，卽亮翻。約聞之，悵然不言。奕給使張安，有勇力；給使，在左右給使令者也。奕豫戒之，俟約氣下，安突前持其馬鞚，鞚，空貢翻。因挾之而馳。至營，奕與坐，謂曰：「君計不能自決，故相爲決之，爲，于僞翻。非欲取君以邀功，乃欲全君以安民也。」

高開至渤海，準、放迎降。降，戶江翻。儁以放爲渤海太守，準爲左司馬，約參軍事。以約誘於人而遇獲，誘，音酉。更其名曰釣。更，工衡翻。

11 劉顯弒趙王祗及其丞相樂安王炳、太宰趙庶等十餘人，傳首于鄴。驃騎將軍石寧奔柏人。柏人縣，自漢以來屬趙國。劉昫曰：唐邢州堯山縣，古之柏人城。驃，匹妙翻。騎，奇寄翻。魏主閔焚祗首于通衢，拜顯上大將軍、大單于、冀州牧。單，音蟬。

12 五月，趙兗州刺史劉啓自鄄城來奔。鄄城縣，漢屬濟陰郡，晉屬濮陽國，唐爲濮州治所。鄄，吉縣翻。

13 秋，七月，劉顯復引兵攻鄴，復，扶又翻。魏主閔擊敗之。敗，蒲邁翻。顯還，稱帝於襄國。

14 八月，魏徐州刺史周成、兗州刺史魏統、荆州刺史樂弘、豫州牧張遇以廩丘、許昌等諸城來降；時周成據廩丘，張遇據許昌。降，戶江翻；下同。平南將軍高崇、征虜將軍呂護執洛州刺史鄭系，以其地來降。時崇、護以三河之地來降。

15 燕王儁遣慕容恪攻中山，慕容評攻王午于魯口，魏中山太守上谷侯龕閉城拒守。龕，苦含翻。恪南徇常山，軍于九門，九門縣，自漢以來屬常山郡。魏趙郡太守遼西李邽舉郡降，恪厚撫之，將郅還圍中山，侯龕乃降。恪入中山，遷其將帥、土豪數十家詣薊，將，卽亮翻。帥，所類翻。薊，音計。餘皆安堵，軍令嚴明，秋豪不犯。慕容評至南安，王午遣其將鄭生拒戰，評擊斬之。

悅綰還自襄國，儁乃知張舉之妄而殺之。常煒有四男二女在中山，儁釋煒之囚，使諸子就見之。煒上疏謝恩，儁手令答曰：「卿本不爲生計，孤以州里相存耳。儁居昌黎，煒居廣寧，二郡皆屬幽州。今大亂之中，諸子盡至，豈非天所念邪！天且念卿，況於孤乎！」賜妾一人，穀三百斛，使居凡城。以北平太守孫興爲中山太守；興善於綏撫，中山遂安。

16庫傉官偉帥部衆自上黨降燕。傉，奴沃翻。庫傉官，漁陽烏桓大人庫傉之餘種。按溫公與劉道原書，以爲「庫」當作「厙」。詳見前例。厙，音舍。

17姚弋仲遣使來請降。趙亡，弋仲乃降。晉史言其盡忠於石氏。使，疏吏翻；下同。冬，十【章：十二行本「十」下有「一」字；乙十一行本同；孔本同。】月，以弋仲爲使持節、六夷大都督、督江【嚴：「江」改「淮」。】北諸軍事、「江北」，恐當作「河北」。車騎大將軍、開府儀同三司、大單于、高陵郡公；騎，奇寄翻。單，音蟬。又以其子襄爲持節、平北將軍、都督并州諸軍事、并州刺史、平鄉縣公。

18逄釣亡歸渤海，招集舊衆以叛燕。樂陵太守賈堅考異曰：燕書賈堅傳：「烈祖問堅年，對以受新命始及三載。烈祖悅其言，拜樂陵太守。」按堅以去年九月獲於燕，至明年始三年。若未爲樂陵太守，豈能安集諸縣，告諭逄釣！故知堅先已爲樂陵太守，非因問年而授。使人告諭鄉人，示以成敗，釣部衆稍散，遂來奔。

19 吐谷渾葉延卒，子碎奚立。晉書作「辟奚」。按一百三卷簡文帝咸安元年鍾惡地殺三弟事，亦當作「辟奚」。

20 初，桓溫聞石氏亂，上疏請出師經略中原；溫蓋上疏於五年出屯安陸之時。事久不報。溫知朝廷杖殷浩以抗己，甚忿之；然素知浩之爲人，亦不之憚也。以國無他釁，遂得相持彌年，【章：十二行本「年」下有「雖有君臣之跡」六字；乙十一行本同；孔本同；張校同；退齋校同。】羈縻而已，八州士衆資調殆不爲國家用。永和元年，溫都督荆、司、雍、益、梁、寧六州；五年，遣滕畯帥交、廣之兵伐林邑，蓋是時已加督交、廣二州矣。資，財也。調，賦也。調，徒釣翻。屢求北伐，詔書不聽。十二月，辛未，溫拜表輒行，帥衆四五萬順流而下，軍於武昌。帥，讀曰率。朝廷大懼。

殷浩欲去位以避溫，又欲以騶虞幡駐溫軍。吏部尚書王彪之言於會稽王昱曰：「此屬皆自爲計，非能保社稷，爲殿下計也。會，工外翻。若殷浩去職，人情離駭，天子獨坐，當此之際，必有任其責者，非殿下而誰乎！」又謂浩曰：「彼若抗表問罪，卿爲之首。事任如此，謂浩當朝政也。猜釁已成，謂浩與溫有隙也。欲作匹夫，豈有全地邪！且當靜以待之。令相王與手書，相，息亮翻。示以款誠，爲陳成敗，彼必旋師；若不從，則遣中詔；又不從，乃當以正義相裁。謂正溫舉兵向闕之罪。奈何無故怱怱，先自猖獗乎！」怱，倉紅翻。浩曰：「決大事正自難，頃日來欲使人悶。聞卿此謀，意始得了。」了，決也。彪之，彬之子也。王敦之亂，彬能守正，彪之可謂克紹矣。

撫軍司馬高崧昱爲撫軍大將軍，以崧爲司馬。言於昱曰：「王宜致書，諭以禍福，自當返旆。如其不爾，便六軍整駕，逆順於茲判矣！」言溫若不還，則當整六師奉順討逆也。乃於坐爲昱草書曰：「寇難宜平，時會宜接。謂是時中原豪傑相繼來降，有恢復之會，宜應接之也。難，乃旦翻。坐，徂卧翻。爲，于僞翻；下同。此實爲國遠圖，經略大算，能弘斯會，非足下而誰！但以比興師動衆，要當以資實爲本；比，毗寐翻。運轉之艱，古人所難，不可易之於始而不熟慮。易，以豉翻。頃所以深用爲疑，惟在此耳。然異常之舉，衆之所駭，遊聲噂嗒，噂，祖本翻。嗒，徒合翻。噂嗒，聚語也。想足下亦少聞之。少，詩沼翻。苟患失之，無所不至，論語孔子之言。或能望風振擾，一時崩散。如此則望實並喪，喪，息浪翻。社稷之事去矣。皆由吾闇弱，德信不著，不能鎮靜羣庶，保固維城，詩曰：宗子維城。所以內愧於心，外慚良友。吾與足下，雖職有內外，安社稷，保國家，其致一也。致，極也，言事理詣極之地則一也。天下安危，繫之明德；當先思寧國而後圖其外，使王基克隆，大義弘著，所望於足下。區區誠懷，豈可復顧嫌而不盡哉！」復，扶又翻。溫卽上疏惶恐致謝，回軍還鎮。

21 朝廷將行郊祀。會稽王昱問於王彪之曰：「郊祀應有赦否？」彪之曰：「自中興以來，郊祀往往有赦，愚意常謂非宜；凶愚之人，以爲郊必有赦，將生心於徼幸矣！」徼，堅堯翻。

昱從之。

22 燕王儁如龍城。

23 丁零翟鼠帥所部降燕，封爲歸義王。丁零居中山，其後翟斌等皆其種類也。帥，讀曰率。

八年（壬子、三五二）

1 春，正月，辛卯，日有食之。

2 秦丞相雄等請秦王健正尊號，依漢、晉之舊，不必效石氏之初。謂石虎兄弟皆先稱天王，後即皇帝位。健從之，即皇帝位，大赦。諸公皆進爵爲王。且言單于所以統壹百蠻，非天子所宜領，此亦雄等之言也。單，音蟬。以授太子萇。

3 司馬勳既還漢中，杜洪、張琚屯宜秋。水經註：鄭渠自中山西瓠口東流，逕宜秋城北，又東逕中山南，又東逕池陽縣故城北。洪自以右族輕琚，琚遂殺洪，自立爲秦王，改元建昌。

4 劉顯攻常山，魏主閔留大將軍蔣幹使輔太子智守鄴，自將八千騎救之。顯大司馬清河王寧以棗強降魏。棗強縣，前漢屬清河郡，後漢、晉省，尋復置，屬信都郡。閔擊顯，敗之，敗，補邁翻。追奔至襄國。顯大將軍曹伏駒開門納閔，閔殺顯及其公卿已下百餘人，考異曰：閔殺顯，晉帝紀在正月，十六國春秋鈔在二月，燕書在三月己酉，未知孰是。今從帝紀。焚襄國宮室，遷其民於鄴。趙汝陰王琨以其妻妾來奔，斬於建康市，石氏遂絕。自古無不亡之國，宗族誅夷，固亦有之，未有至於絕姓者。

石氏窮凶極暴，而子孫無遺種，足以見天道之不爽矣。

5 尚書左丞孔嚴言於殷浩曰：「比來衆情，良可寒心，比，毗至翻。不知使君當何以鎮之。愚謂宜明受任之方，韓、彭專征伐，蕭、曹守管籥，事見漢高帝紀。曹參當高帝時，從韓信用兵，其後相齊，未嘗守管籥。嚴以蕭、曹相繼爲相而言之。內外之任，各有攸司；深思廉、藺屈身之義，事見四卷周赧王三十六年。平、勃交歡之謀，事見十三卷漢高后七年。令穆然無間，穆然，和而靜之貌。間，古莧翻。然後可以保大定功也。嚴欲浩與桓溫兩釋猜嫌，降心相從，以圖國事也。「保大定功」，左傳楚莊王所謂武有七德，此其二也。觀近日降附之徒，皆人面獸心，貪而無親，恐難以義感也。」段龕、張遇、姚襄之徒，孔嚴固見其肺肝矣。降，戶江翻。浩不從。嚴，愉之從子也。從，才用翻。

浩上疏請北出許、洛，詔許之，以安西將軍謝尚、北中郎將荀羨爲督統，晉志曰：四中郎將，並後漢置，歷魏及晉並有其職，江左彌重。時謝尚鎮壽春，荀羨鎮京口，浩欲兩道俱進，故使二人並爲督統，各統其方之兵。進屯壽春。謝尚不能撫尉張遇，尉，與慰同。遇怒，據許昌叛，使其將上官恩據洛陽，樂弘攻督護戴施於倉垣，浩軍不能進。三月，命荀羨鎮淮陰，尋加監青州諸軍事，監，工銜翻。又領兗州刺史，鎮下邳。

6 乙巳，燕王儁還薊，稍徙軍中文武兵民家屬於薊。自北徙其家屬而南，又恐其懷居而無樂遷之心，故稍徙之。

7 姚弋仲有子四十二人，及病，謂諸子曰：「石氏待吾厚，吾本欲爲之盡力。爲，于僞翻。今石氏已滅，中原無主；我死，汝亟自歸於晉，當固執臣節，無爲不義也！」弋仲卒，子襄祕不發喪，帥戶六萬南攻陽平、元城、發干，破之，屯于碻磝津；帥，讀曰率；下同。襄自灄頭而南也。元城縣，漢屬魏郡，晉屬陽平郡。發干縣，漢屬東郡，晉屬陽平郡。劉昫曰：唐魏州莘縣，漢陽平縣地。碻磝城，即漢東郡茌平縣故城，其西南即河津，謂之碻磝津。後魏置濟州於碻磝城。杜佑曰：碻磝，即今濟陽郡城。碻，口交翻；磝，音敖。楊正衡曰：碻，口勞翻；磝，五勞翻。毛晃曰：碻，丘交翻；磝，牛交翻。或曰：碻，音確；磝，音爻。以太原王亮爲長史，天水尹赤爲司馬，太原薛瓚、略陽權翼爲參軍。姓譜：權本顓頊之後。楚武王使鬭緡尹權，因以爲氏。韓愈權德輿墓碑曰：殷武丁之子降封於權；權，江、漢間國也，周衰，入楚，爲權氏。瓚，藏旱翻。

襄與秦兵戰，敗，亡三萬餘戶，南至滎陽，始發喪。又與秦將高昌、李歷戰于麻田，高昌、李歷，本趙將也，時附於秦，故稱秦將。滎、洛之間，地名有豆田、麻田，各因人所種藝而名之。馬中流矢而斃。中，竹仲翻。弟萇以馬授襄，萇，仲良翻。襄曰：「汝何以自免？」萇曰：「但令兄濟，豎子必不敢害萇！」會救至，俱免。尹赤奔秦，秦以赤爲幷州刺史，鎭蒲阪。

襄遂帥衆歸晉，送其五弟爲質。質，音致。詔襄屯譙城。襄單騎渡淮，見謝尚于壽春。尚聞其名，命去仗衞，幅巾待之，騎，奇寄翻。去，丘呂翻。歡若平生。襄博學，善談論，江東人士皆重之。

8魏主閔既克襄國，因遊食常山、中山諸郡。趙立義將軍段勤聚胡、羯萬餘人保據繹幕，繹幕縣，自漢以來屬清河郡。自稱趙帝。夏，四月，甲子，燕王儁遣慕容恪等擊魏，慕容霸等擊勤。

魏主閔將與燕戰，大將軍董閏、車騎將軍張溫諫曰：騎，奇寄翻；下同。「鮮卑乘勝鋒銳，且彼衆我寡，宜且避之；俟其驕惰，然後益兵以擊之。」閔怒曰：「吾欲以此衆平幽州，斬慕容儁；今遇恪而避之，人謂我何！」司徒劉茂、特進郎闓相謂曰：「吾君此行，必不還矣，吾等何爲坐待戮辱！」皆自殺。闓，苦亥翻，又音開。

閔軍于安喜，安喜縣，前漢曰安險，屬中山郡，後漢章帝更名；唐復爲安險縣，屬定州。而定州所治之安喜縣，漢盧奴縣也。慕容恪引兵從之。閔趣常山，趣，七喻翻；下同。恪追之，及【章：十二行本「及」上有「丙子」二字；乙十一行本同；孔本同；張校同。】于魏昌之廉臺。魏昌縣，屬中山郡，本苦陘，漢章帝改爲漢昌，魏文帝改爲魏昌，唐爲定州唐昌縣。魏收地形志：中山毋極縣有廉臺。蓋晉省無極縣，廉臺遂在魏昌界。閔與燕兵十戰，燕兵皆不勝。閔素有勇名，所將兵精銳，將，即亮翻。燕人憚之。慕容恪巡陳，陳，讀曰陣。謂將士曰：「冉閔勇而無謀，一夫敵耳！其士卒飢疲，甲兵雖精，其實難用，不足破也！」閔以所將多步卒，將，即亮翻。而燕皆騎兵，引兵將趣林中。恪參軍高開曰：「吾騎兵利平地，若閔得入林，不可復制。復，扶又翻。宜亟遣輕騎邀之，既合而陽走，誘致平地，然後可擊也。」誘，音酉。恪從之。魏兵還就平地，恪分軍爲三部，謂諸將曰：「閔性輕銳，又自以衆少，必致死於我。我厚集中軍之陳以待之，少，詩沼翻。陳，讀曰陣；下同。俟其合戰，卿等從旁擊之，無不克矣。」乃擇鮮卑善射者五千人，以鐵鎖連其馬，爲方陳而前。閔所乘駿馬曰朱龍，日行千里。閔左操兩刃矛，右執鉤戟，以擊燕兵，斬首三百餘級。望見大幢，知其爲中軍，直衝之；燕兩軍從旁夾擊，大破之。恪以鐵鎖連馬，則閔兵雖致死而陳不可破，兩軍從旁夾擊，則閔兵三面受敵，不敗何待！操，千刀翻。幢，直江翻。圍閔數重，重，直龍翻。閔潰圍東走二十餘里，朱龍忽斃，爲燕兵所執。燕人殺魏僕射劉羣，執董閔、張溫及閔，皆送於薊。「董閔」當作「董閏」。【章：孔本正作「閏」。】冉閔自立事始上卷六年，至是而滅。閔子操奔魯口。高開被創而卒。創，初良翻。慕容恪進屯常山，儁命恪鎮中山。

己卯，冉閔至薊。儁大赦。立閔而責之曰：「汝奴僕下才，何得妄稱帝？」閔曰：「天下大亂，爾曹夷狄禽獸之類猶稱帝，況我中土英雄，何得不【章：十二行本「何得不」作「何爲不得」四字；乙十一行本同；孔本同；張校同。】稱帝邪！」儁怒，鞭之三百，送於龍城。

慕容霸軍至繹幕，段勤與弟思聰舉城降。降，戶江翻；下同。

甲申，儁遣慕容評及中尉侯龕帥精騎萬人攻鄴。龕，苦含翻。癸巳，至鄴，魏蔣幹及太子智閉城拒守，城外皆降於燕，劉寧及弟崇帥胡騎三千奔晉陽。劉寧，劉顯將也，以棗強降閔。帥，讀曰率。

9 秦以張遇爲征東大將軍、豫州牧。

10 五月，秦主健攻張琚於宜秋，斬之。

11 鄴中大饑，人相食，故趙時宮人被食略盡。被，皮義翻。蔣幹使侍中繆嵩、詹事劉猗奉表請降，且求救於謝尚。繆，靡幼翻。庚寅，燕王儁遣廣威將軍慕容軍、殿中將軍慕輿根、右司馬皇甫眞等帥步騎二萬助慕容評攻鄴。

12 辛卯，燕人斬冉閔於龍城。會大旱、蝗，燕王儁謂閔爲祟，祟，雖遂翻。神禍曰祟。遣使祀之，謚曰悼武天王。

13 初，謝尚使戴施據枋頭，遣施之時，指令據枋頭。施聞蔣幹求救，乃自倉垣徙屯棘津，棘津，即石濟南津，有棘津亭。止幹使者求傳國璽。璽，斯氏翻。劉猗使繆嵩還鄴白幹，幹疑尚不能救，沈吟未決。沈，持林翻。六月，施帥壯士百餘人入鄴，助守三臺，紿之曰：「今燕寇在外，道路不通，璽未敢送也。卿且出以付我，我當馳白天子。天子聞璽在吾所，信卿至誠，必多發兵糧以相救餉。」幹以爲然，出璽付之。施宣言使督護何融迎糧，陰令懷璽送于枋頭。江南之未得璽也，中原謂之「白版天子」。傳國璽至此歸晉。藺相如全璧歸趙，趙王擢之，自繆賢舍人爲上大夫。戴施能復致累代傳國之寶，未聞晉朝以顯賞甄之也，何居！甲子，蔣幹帥鋭卒五千及晉兵出戰，慕容評大破之，斬首四千級，幹脫走入城。

14 甲申，秦主健還長安。自宜秋還長安也。

15 謝尚、姚襄共攻張遇于許昌。秦主健遣丞相東海王雄、衞大將軍平昌王菁略地關東，帥步騎二萬救之。丁亥，戰于潁水之誠橋，據晉紀，誠橋，在許昌。尚等大敗，死者萬五千人。尚奔還淮南，襄棄輜重，送尚于芍陂；重，直用翻。尚悉以後事付襄。謝尚既敗，姚襄知晉之不足恃，固有去晉之心，矧殷浩又從而速之乎！殷浩聞尚敗，退屯壽春。秋，七月，秦丞相雄徙張遇及陳、潁、許、洛之民五萬餘戶於關中，張遇據有許、潁，豈肯斂手受羈制於人乎！苻雄乘勝以兵威徙之，自此遇之死命制於苻氏矣！以右衞將軍楊羣爲豫州刺史，鎭許昌。謝尚降號建威將軍。

16 趙故西中郎將王擢遣使請降，拜擢秦州刺史。王擢自石虎時當秦、隴之任。降，戶江翻；下同。

17 丁酉，以武陵王晞爲太宰。

18 丙辰，燕王儁如中山。

19 王午聞魏敗，時鄧恆已死，恆，戶登翻。午自稱安國王。八月，戊辰，燕王儁遣慕容恪、封奕、陽鶩攻之，午閉城自守，送冉操詣燕軍，燕人掠其禾稼而還。慕容恪善用兵，知魯口之未可取，徒久攻以斃士卒，故掠其禾稼，全師而退。金城湯池，非粟不守，孤城之外，春取其麥而秋取其禾，彼將焉仰哉！還，從宣翻，又如字。

20 庚午，魏長水校尉馬願等開鄴城納燕兵，戴施、蔣幹懸縋而下，縋，直僞翻。奔于倉垣。

慕容評送魏后董氏、太子智、太尉申鍾、司空條枚【嚴：「枚」改「攸」。】等條，姓也。周亞夫封條侯，其後以爲氏。及乘輿服御于薊。乘，繩證翻。尚書令王簡、左僕射張乾、右僕射郎肅皆自殺。燕王儁詐云董氏得傳國璽獻之，賜號奉璽君，賜冉智爵海賓侯。以申鍾爲大將軍右長史；命慕容評鎮鄴。

21 桓溫使司馬勳助周撫討蕭敬文於涪城，斬之。蕭敬文據涪城，始九十七卷永和三年。涪，音浮。

22 謝尚自枋頭迎傳國璽至建康，百僚畢賀。

23 秦以雷弱兒爲大司馬，毛貴爲太尉，張遇爲司空。

24 殷浩之北伐也，中軍將軍王羲之以書止之，不聽。既而無功，復謀再舉。復，扶又翻；下所復、故復同。羲之遺浩書曰：「今以區區江左，天下寒心，固已久矣，寒心者，恐不能自保。遺，于季翻。力爭武功，非所當作。作，爲也。自頃處內外之任者，處，昌呂翻；下而處同。未有深謀遠慮，而疲竭根本，各從所志，竟無一功可論，遂令天下將有土崩之勢；任其事者，豈得辭四海之責哉！言殷浩不得辭其責也。今軍破於外，資竭於內，保淮之志，非所復及，莫若還保長江，督將各復舊鎮；將，即亮翻。自長江以外，羈縻而已。引咎責躬，更爲善治，治，直吏翻。省其賦役，與民更始，庶可以救倒懸之急也！保江之說，此王導佐元帝之規摹。世之議者，譏其忘讎忍恥，置中原於度外。若以量時度力、保固本根言之，此策未爲非也。至於引咎責躬，省民賦役，所謂善敗不亡；諸葛孔明街亭喪師之後，正亦如是而已。使君起於布衣，任天下之重，當董統之任，而敗喪至此，喪，息浪翻。恐闔朝羣賢未有與人分其謗者。朝，直遥翻。若猶以前事爲未工，故復求之分外，分，扶問翻。宇宙雖廣，自容何所！此愚智所不解也。」解，胡買翻，曉也。其後殷浩廢黜，卒如羲之之言。又與會稽王昱牋曰：「爲人臣誰不願尊其主，比隆前世；況遇難得之運哉！顧力有所不及，豈可不權輕重而處之也！處，昌呂翻。今雖有可喜之會，內求諸己，而所憂乃重於所喜。功未可期，遺黎殲盡，勞役無時，徵求日重，以區區吳、越經緯天下十分之九，不亡何待！而不度德量力，度，徒洛翻。量，音良。不弊不已，此封內所痛心歎悼而莫敢吐誠者也。『往者不可諫，來者猶可追。』論語載楚狂接輿之言。願殿下更垂三思，先爲不可勝之基，須根立勢舉，謀之未晚。兵法曰：先爲不可勝以待敵之可勝。若不行，此處文意短蹙，恐有脫文。恐麋鹿之游，將不止林藪而已！吳伍子胥曰：「臣恐麋鹿游於姑蘇。」此祖其意而微其言。澤無水曰藪。願殿下蹔廢虛遠之懷，羲之此言，蓋譏昱好談清虛玄遠也。蹔，與暫同。以救倒懸之急，可謂以亡爲存，轉禍爲福也。」不從。

九月，浩屯泗口，遣河南太守戴施據石門，滎陽太守劉遯據倉垣。浩以軍興，罷遣太學生徒，學校由此遂廢。元帝建武元年，始立太學，今復以軍興廢。校，戶教翻。

冬，十月，謝尚遣冠軍將軍王俠攻許昌，克之。冠，古玩翻。俠，戶頰翻。秦豫州刺史楊羣退屯弘農。徵尙爲給事中，戍石頭。

25丁卯，燕王儁還薊。

26故趙將擁兵據州郡者，各遣使降燕；將，卽亮翻。使，疏吏翻。降，戶江翻。燕王儁以王擢爲益州刺史，夔逸爲秦州刺史，張平爲幷州刺史，李歷爲兗州刺史，高昌爲安西將軍，劉寧爲車騎將軍。

27慕容恪屯安平，安平縣，前漢屬涿郡，後漢屬安平國，晉屬博陵郡，唐屬深州。積糧，治攻具，將討王午。治，直之翻。丙戌，中山蘇林起兵於無極，無極縣，漢屬中山國，晉省。「無」，本作「毋」。唐武后萬歲通天二年，始改「毋」字爲「無」；此當作「毋」。自稱天子；恪自魯口還討林。閏月，戊子，燕王儁遣廣威將軍慕輿根助恪攻林，斬之。王午爲其將秦興所殺。呂護殺興，復自稱安國王。復，扶又翻。

燕羣僚共上尊號於燕王儁，儁許之。上，時掌翻。十一月，丁卯，始置百官，以國相封奕爲太尉，左長史陽騖爲尙書令，右司馬皇甫眞爲尙書左僕射，典書令張悕爲右僕射；悕，香衣翻。其餘文武，拜授有差。戊辰，儁卽皇帝位，大赦；自謂獲傳國璽，改元元璽。追尊武宣王爲高祖武宣皇帝，文明王爲太祖文明皇帝。廆謚武宣王，皝謚文明王。時晉使適至燕，使，疏吏翻。儁謂曰：「汝還白汝天子，我承人乏，爲中國所推，已爲帝矣！」謂中國無主，己爲士民所推，遂承人乏而即尊位也。改司州爲中州；建留臺於龍都。趙置司州於鄴。燕初都龍城，時遷于薊，故建留臺於龍城，謂之龍都。以玄菟太守乙逸爲尚書，專委留務。菟，同都翻。

28秦丞相雄攻王擢于隴西，擢奔涼州，雄還屯隴東。隴東，漢汧縣地。張重華以擢爲征虜將軍、秦州刺史，特寵待之。重華寵待王擢以圖秦、隴，豈知擢非苻雄之敵也。

九年（癸丑、三五三）

1春，正月，乙卯朔，大赦。

2二月，庚子，燕主儁立其妃可足渾氏爲皇后，爲可足渾后亂燕張本。可足渾，北方三字姓。世子曄爲皇太子，皆自龍城遷于薊宮。

3張重華遣將軍張弘、宋修會王擢帥步騎萬五千伐秦；帥，讀曰率。騎，奇寄翻。秦丞相雄、衞將軍菁拒之，大敗涼兵於龍黎，新唐書地理志：隴州吳山縣有龍盤府、龍盤城。吳山，後魏之南由縣地。疑龍黎即龍盤也。敗，補邁翻；下所敗同。斬首萬二千級，虜張弘、宋修；王擢棄秦州，奔姑臧。秦主健以領軍將軍苻願爲秦州刺史，鎮上邽。

4三月，交州刺史阮敷討林邑，破五十餘壘。

5趙故衞尉常山李犢聚衆數千人叛燕。

6西域胡劉康詐稱劉曜子，聚衆於平陽，自稱晉王；夏，四月，秦左衞將軍苻飛討擒之。

7以安西將軍謝尙爲尙書僕射。

8五月，張重華復使王擢帥衆二萬伐上邽，復，扶又翻。秦州郡縣多應之；苻願戰敗，奔長安。重華因上疏請伐秦，詔進重華涼州牧。

9燕主儁遣衞將軍恪討李犢，犢降，降，戶江翻；下同。遂東擊呂護於魯口。

10六月，秦苻飛攻氐王楊初於仇池，爲初所敗。楊初據險以拒秦，秦兵雖强，故爲初所敗。敗，補邁翻。丞相雄、平昌王菁帥步騎四萬屯于隴東。

秦主健納張遇繼母韓氏爲昭儀，數於衆中謂遇曰：數，所角翻。「卿，吾假子也。」遇恥之，因雄等精兵在外，陰結關中豪傑，欲滅苻氏，以其地來降。秋，七月，遇與黃門劉晃謀夜襲健，晃約開門以待之。會健使晃出外，晃固辭，不得已而行。遇不知，引兵至門，門不開；事覺，伏誅。於是孔持【嚴：「持」改「特」。】起池陽，劉珍、夏侯顯起鄠，喬秉起雍，胡陽赤起司竹，呼延毒起灞城，池陽縣，漢屬馮翊，晉屬扶風，唐爲雲陽縣，屬京兆。鄠縣，漢屬扶風，晉屬始平郡，唐屬京兆。雍縣，漢屬扶風，唐改爲天興縣，爲鳳翔府治所。霸陵縣，漢屬京兆，晉改曰霸城。「喬秉」，載記作「喬景」，避唐諱也。「孔持」，作「孔特」。鄠，音戶。雍，於用翻。衆數萬人，各遣使來請兵。使，疏吏翻；下同。

11秦以左僕射魚遵爲司空。

12九月，秦丞相雄帥衆二萬還長安，帥，讀曰率；下同。遣平昌王菁略定上洛，置荆州于豐陽川，上洛縣，漢西都屬弘農郡，東漢屬京兆；武帝泰始二年，分置上洛郡，豐陽川在郡界。續漢志，南陽郡析縣有豐陽城，後魏太安二年，置豐陽縣，左傳所謂「司馬起豐析」，卽其地。劉昫曰：唐商州豐陽縣，漢商縣地，晉分商縣置豐陽縣，因豐陽川爲名。以步兵校尉金城郭敬爲刺史。雄與淸河王法、苻飛分討孔持等。

13 姚襄屯歷陽，以燕、秦方強，未有北伐之志，乃夾淮廣興屯田，訓厲將士。將，卽亮翻。殷浩在壽春，惡其強盛，惡，烏路翻；下同。囚襄諸弟，屢遣刺客刺之，刺之，七亦翻。刺客皆以情告襄。安北將軍魏統卒，魏統來降，見上七年。弟憬代領部曲。浩潛遣憬帥衆五千襲之，襄斬憬，并其衆。憬，古迴翻。浩愈惡之，使龍驤將軍劉啓守譙，驤，思將翻。遷襄于梁國蠡臺，司馬彪郡國志，睢陽縣有盧門亭，城內有高臺，甚秀廣，巍然介立，超焉獨上，謂之蠡臺。杜預曰：盧門，宋城南門也。續述征記曰：迴道似蠡，故謂之蠡臺。蠡，如字；若如述征記之說，音盧戈翻。表授梁國內史。

魏憬子弟數往來壽春，數，所角翻。襄益疑懼，遣參軍權翼使於浩，浩曰：「身與姚平北共爲王臣，休戚同之；平北每舉動自專，甚失輔車之理，豈所望也！」左傳曰：輔車相依。杜預註曰：輔，頰；輔車，牙車。車，尺奢翻。翼曰：「平北英姿絕世，擁兵數萬遠歸晉室者，以朝廷有道，宰輔明哲故也。今將軍輕信讒慝之言，與平北有隙，愚謂猜嫌之端，在此不在彼也。」浩曰：「平北姿性豪邁，生殺自由，又縱小人掠奪吾馬；王臣之體，固若是乎？」翼曰：「平北歸命聖朝，朝，直遙翻。豈肯妄殺無辜！姦宄之人，亦王法所不容也，殺之何害！」浩曰：

「然則掠馬何也？」翼曰：「將軍謂平北雄武難制，終將討之，故取馬欲以自衞耳。」浩笑曰：「何至是也！」權翼之言，得浩之情，故笑。史言浩不能綏御新附。

初，浩陰遣人誘梁安、雷弱兒，使殺秦主健，許以關右之任；弱兒僞許之，且請兵應接。浩聞張遇作亂，健兄子輔國將軍黃眉自洛陽西奔，以爲安等事已成。冬，十月，浩自壽春帥衆七萬北伐，帥，讀曰率。欲進據洛陽，修復園陵。吏部尚書王彪之上會稽王昱牋，上，時掌翻。以爲：「弱兒等容有詐僞，浩未應輕進。」不從。藉使梁、雷果受浩間而殺健，浩亦未能越關、陝以取長安；其欲乘苻黃眉之去而據洛陽，不過欲以修復園陵爲功耳。昱遂以爲眞可立功，而不聽王彪之之言，宜桓溫得因以廢浩而制昱也。

浩以姚襄爲前驅。襄引兵北行，度浩將至，度，徒洛翻。許令部衆夜遁，陰伏甲以邀之。浩聞而追襄至山桑；山桑縣，前漢屬沛郡，後漢屬汝南郡，晉屬譙郡。按山桑，六朝兵爭，爲渦陽之地，唐爲亳州蒙城縣地。襄縱兵擊之，浩大敗，棄輜重，走保譙城。重，直龍翻。襄俘斬萬餘，悉收其資仗，使兄益守山桑，襄復如淮南。復，扶又翻。會稽王昱謂王彪之曰：「君言無不中，中，竹仲翻。張、陳無以過也！」張、陳，謂張良、陳平。

14西平敬烈公張重華有疾，子曜靈纔十歲，立爲世子，赦其境內。重華庶兄長寧侯祚，有勇力、吏幹，水經註：金城西平西北四十里有長寧亭。晉室西平郡有長寧縣。而傾巧善事內外，與重華嬖臣趙長、尉緝等結異姓兄弟。尉，姓也。左傳有鄭大夫尉止。嬖，卑義翻，又博計翻。都尉常據請出之，重華曰：「吾方以祚爲周公，使輔幼子，君是何言也！」託孤之難尚矣，況張重華乎！謝艾以枹罕之功事見九十七卷永和三年。枹，音膚。有寵於重華，左右疾之，譖艾，出爲酒泉太守。艾上疏言：「權倖用事，公室將危，乞聽臣入侍。」且言「長寧侯祚及趙長等將爲亂，宜盡逐之。」十一月，己未，重華疾甚，手令徵艾爲衞將軍，監中外諸軍事，輔政；監，工銜翻。祚、長等匿而不宣。

丁卯，重華卒，世子曜靈立，稱大司馬、涼州刺史、西平公。趙長等矯重華遺令，以長寧侯祚爲都督中外諸軍事、撫軍大將軍，輔政。史言張氏之亂。

15殷浩使部將劉啓、王彬之攻姚益于山桑，姚襄自淮南擊之，啓、彬之皆敗死。啓，劉輿之孫也。襄進據芍陂。

16趙末，樂陵朱禿、平原杜能、清河丁嬈、嬈，乃了翻，又如紹翻。陽平孫元各擁兵分據城邑，至是皆請降於燕；降，戶江翻。燕主儁以禿爲青州刺史，能爲平原太守，嬈爲立節將軍，元爲兗州刺史，各留撫其營。

17秦丞相雄克池陽，斬孔持。十二月，清河王法、苻飛克鄠，斬劉珍、夏侯顯。

18姚襄濟淮，屯盱眙，盱眙，音吁怡。招掠流民，衆至七萬，分置守宰，勸課農桑；姚襄所爲僅如此，而晉人已爲之震懼，蓋姦雄所竊笑也。遣使詣建康罪狀殷浩，并自陳謝。使，疏吏翻。詔以謝尚都督江西・淮南諸軍事、豫州刺史，鎭歷陽。以尚得襄之歡心，既以招撫之，又以備之。

19 涼右長史趙長等建議，以爲「時難未夷，宜立長君，難，乃旦翻。長，知兩翻。曜靈沖幼，請立長寧侯祚。」張祚先得幸於重華之母馬氏，馬氏許之，乃廢張曜靈爲涼寧侯，立祚爲大都督、大將軍、涼州牧、涼公。祚既得志，恣爲淫虐，殺重華妃裴氏及謝艾。淫者，烝其君母；虐者，殺裴妃、謝艾。卽此二端，他所淫虐又其餘毒也。

20 燕衞將軍恪、撫軍將軍軍、左將軍彪【嚴：「彪」改「彭」。】等屢薦給事黃門侍郎霸有命世之才，宜總大任。是歲，燕主儁以霸爲使持節、安東將軍、北冀州刺史，鎭常山。冀州刺史鎭信都，今置北冀州於常山。

十年（甲寅、三五四）

1 春，正月，張祚自稱涼王，改建興四十二年爲和平元年；河西張氏，乃心晉室，奉建興年號至四十餘年。張祚凶淫，改元僭擬，祖父之所不相也。立妻辛氏爲王后，子太和爲太子；封弟天錫爲長寧侯，子庭堅爲建康侯，建康郡，蓋張氏所置，張茂分屬涼州。曜靈弟玄靚爲涼武侯；靚，疾正翻。置百官，郊祀天地，用天子禮樂。尚書馬岌切諫，坐免官。岌，魚及翻。郎中丁琪復諫曰：「我自武公以來，張軌謚武公。復，扶又翻。世守臣節，抱忠履謙五十餘年，履謙，謂未嘗建國自王也。惠帝永寧元年，張軌鎮涼土，至是五十四年。故能以一州之衆，抗舉世之虜，師徒歲起，民不告疲，殿下勳德未高於先公，而亟謀革命，臣未見其可也。彼士民所以用命，四遠所以歸嚮者，以吾能奉晉室故也。今而自尊，則中外離心，安能以一隅之地拒天下之強敵乎！」祚大怒，斬之於闕下。自古戮諫臣，未有不亡者也。

2 故魏降將周成反，周成降見上七年。降，戶江翻。將，即亮翻。自宛襲洛陽。宛，於兄翻。辛酉，河南太守戴施奔鮪渚。水經註：河水過河南鞏縣，北有山臨河，謂之崟原丘；其下有穴，謂之鞏穴，言（？）潛通浦北，達于河；直穴有渚，謂之鮪渚。鮪，于軌翻。

3 秦丞相雄克司竹；胡陽赤奔霸城，依呼延毒。

4 中軍將軍、揚州刺史殷浩連年北伐，師徒屢敗，糧械都盡；征西將軍桓溫因朝野之怨，上疏數浩之罪，請廢之。數，所具翻。朝廷不得已，免浩爲庶人，徙東陽之信安。東陽郡本會稽西部都尉，吳孫晧寶鼎元年立郡。信安縣，漢獻帝初平三年，分太末立新安縣，武帝太康元年，更名信安。東陽郡，唐爲婺州。信安縣，唐爲衢州治所。自此內外大權一歸於溫矣。史言晉氏失權，由用殷浩違其才。

浩少與溫齊名，少，詩照翻。而心競不相下，溫常輕之。浩既廢黜，雖愁怨不形辭色，常書空作「咄咄怪事」字。咄，當沒翻。咄咄，嗟咨語也。久之，溫謂掾郗超曰：掾，于絹翻。郗，丑之翻。「浩有德有言，嚮爲令僕，足以儀刑百揆，朝廷用違其才耳。」將以浩爲尚書令，以書告之。

浩欣然許焉，將答書，慮有謬誤，開閉者十數，竟達空函。溫大怒，由是遂絕，卒於徙所。以前會稽內史王述爲揚州刺史。卒，子恤翻。會，工外翻。

5 二月，乙丑，桓溫統步騎四萬發江陵；水軍自襄陽入均口，至南鄉；水經註：順陽郡筑陽縣有涉都城，沔水逕東北；均水於縣入沔，謂之均口。筑陽與南鄉縣，漢皆屬南陽郡；漢建安中，分南陽右壤立南鄉郡，二縣屬焉；武帝更名順陽郡，成帝咸康四年，復曰南鄉郡。步兵自淅川趣武關；析縣，前漢屬弘農郡，後漢屬南陽郡，春秋之白羽也。武關在其西。文穎曰：武關去析縣百七十里。賢曰：析，即今鄧州內鄉縣。後魏置淅川縣，有淅水；後周併入內鄉縣。命司馬勳出子午道以伐秦。命勳從梁州出師。

6 燕衞將軍恪圍魯口，三月，拔之。呂護奔野王，遣弟奉表謝罪於燕，燕以護爲河內太守。

7 姚襄遣使降燕。使，疏吏翻。降，戶江翻。

8 燕王儁以慕容評爲鎮南將軍，都督秦、雍、益、梁、江、揚、荆、徐、兗、豫十州諸軍事，權鎮洛水；雍，於用翻。以慕容強爲前鋒都督，督荆、徐二州、緣淮諸軍事，進據河南。此河南，謂大河之南。

9 桓溫別將攻上洛，獲秦荆州刺史郭敬；進擊青泥，破之。青泥城在藍田縣南。司馬勳掠秦西鄙，涼秦州刺史王擢攻陳倉以應溫。趙亡，王擢歸張氏，故以涼繫之。秦主健遣太子萇、萇，仲良翻。丞相雄、淮南王生、平昌王菁、北平王碩帥衆五萬軍于嶢柳以拒溫。土地記曰：藍田縣南有嶢關，地名嶢柳，道通荆州。晉地道記曰：關當上洛縣西北。帥，讀曰率；下同。嶢，五聊翻。夏，四月，己亥，溫與秦兵戰于藍田。秦淮南王生單騎突陳，騎，奇寄翻；下同。陳，讀曰陣。出入以十數，殺傷晉將士甚衆。溫督衆力戰，秦兵大敗；將軍桓沖又敗秦丞相雄于白鹿原。水經註：霸川之西有白鹿原。三秦記曰：麗山西有白鹿原。魏收地形志，京兆藍田縣有白鹿原。又敗，補邁翻。沖，溫之弟也。溫轉戰而前，壬寅，進至灞上。秦太子萇等退屯城南，秦主健與老弱六千固守長安小城，悉發精兵三萬，遣大司馬雷弱兒等與萇合兵以拒溫。三輔郡縣皆來降。降，戶江翻。溫撫諭居民，使安堵復業。民爭持牛酒迎勞，勞，力到翻。男女夾路觀之，耆老有垂泣者，曰：「不圖今日復覩官軍！」復，扶又翻。

秦丞相雄帥騎七千襲司馬勳於子午谷，破之，勳退屯女媧堡。

戊申，燕主儁封撫軍將軍軍爲襄陽王，左將軍彭爲武昌王；以衞將軍恪爲大司馬、侍中、大都督、錄尚書事，封太原王；鎭南將軍評爲司徒、驃騎將軍，封上庸王；驃，匹妙翻。封安東將軍霸爲吳王；左賢王友爲范陽王，散騎常侍厲爲下邳王，散騎常侍宜爲廬江王，散，悉亶翻。寧北將軍度爲樂浪王；樂浪，音洛琅。又封弟桓爲宜都王，逮爲臨賀王，徽爲河間王，龍爲歷陽王，納爲北海王，秀爲蘭陵王，嶽爲安豐王，德爲梁公，默爲始安公，僂爲南康公；

僂，隴主翻。子咸【嚴：「咸」改「臧」。】參考後卷，「咸」，當作「臧」。爲樂安王，亮爲勃海王，溫爲帶方王，涉爲漁陽王，暐爲中山王；以尚書令陽騖爲司空，仍守尚書令。

命冀州刺史吳王霸徙治信都。去年霸治常山。初，燕王皝奇霸之才，故名之曰霸，將以爲世子；羣臣諫而止，然寵遇猶踰於世子。由是儁惡之，惡，烏路翻；下同。以其嘗墜馬折齒，更名曰䡈；更，工衡翻；下同。䡈，傾雪翻。尋以其應讖文，更名曰垂；遷侍中，錄留臺事，徙鎭龍城。垂大得東北之和，儁愈惡之，復召還。儁雖忌垂，卒之復燕祚者垂也。天之所置，其可廢乎！

11 五月，江西流民郭敞等【章：十二行本「等」下有「千餘人」三字；乙十一行本同；孔本同。】執陳留內史劉仕，降于姚襄。晉南渡後，陳留郡寄治譙郡長垣縣界。按載記，劉仕時在堂邑。建康震駭，以吏部尚書周閔爲中軍將軍，屯中堂，豫州刺史謝尚自歷陽還衞京師，固江備守。

12 王擢拔陳倉，殺秦扶風內史毛難。

13 北海王猛，少好學，少，詩照翻。好，呼到翻。倜儻有大志，不屑細務，人皆輕之。猛悠然自得，隱居華陰。王猛傳：猛，北海劇人，家于魏郡，徐統召而不應，遂隱于華陰山。華陰縣，前漢屬京兆，後漢、晉屬弘農郡。倜，他狄翻。華，戶化翻。聞桓溫入關，披褐詣之，捫蝨而談當世之務，褐，毛布。蝨，色櫛翻。旁若無人。溫異之，問曰：「吾奉天子之命，將銳兵十萬爲百姓除殘賊，將，卽亮翻。爲，于僞翻。而三秦豪傑未有至者，何也？」猛曰：「公不遠數千里，深入敵境，今長安咫尺而不渡灞水，百姓未知公心，所以不至。」溫嘿然無以應，徐曰：「江東無卿比也！」猛蓋指出溫之心事，以爲溫之伐秦，但欲以功名鎮服江東，非真有心於伐罪弔民，恢復境土；不然，何以不渡灞水，徑攻長安？此溫所以無以應也。然余觀桓溫用兵，伐秦至灞上，伐燕至枋頭，皆乘勝進兵，逼其國都，乃持重觀望，卒以取敗。蓋溫，姦雄也，乘勝進兵，逼其國都，冀其望風畏威，有內潰之變也。逼其國都而敵無內變，故持重以待之；情見勢屈，敵因而乘之，故至於敗。蘇子由所謂以智遇智，則其智不足恃者此也。乃署猛軍謀祭酒。

溫與秦丞相雄等戰于白鹿原，溫兵不利，死者萬餘人。初，溫指秦麥以爲糧，既而秦人悉芟麥，清野以待之，溫軍乏食。六月，丁丑，徙關中三千餘戶而歸。以王猛爲高官督護，職爲督護，而加之以高官也。魏、晉之間，凡居節鎮者，其部將有督護，其後又置高官督護。王敦鎮武昌，有高官督護繆坦。欲與俱還，猛辭不就。猛不肯從溫，溫豈不欲殺之邪！蓋溫軍已敗，怱怱退師，不暇殺之也。

呼延毒帥衆一萬從溫還。帥，讀曰率。秦太子萇等隨溫擊之，比至潼關，比，必寐翻。溫軍屢敗，失亡以萬數。

溫之屯灞上也，順陽太守薛珍勸溫徑進逼長安；成帝改順陽曰南鄉郡，既而復舊。溫弗從。珍以偏師獨濟，頗有所獲。及溫退，乃還，顯言於衆，自矜其勇而咎溫之持重；溫殺之。

14 秦丞相雄擊司馬勳、王擢於陳倉，勳自女媧堡會擢攻陳倉。勳奔漢中，擢奔略陽。

15 秦以光祿大夫趙俱爲洛陽【章：十二行本「陽」作「州」；乙十一行本同；孔本同；張校同。】刺史，鎮宜陽。

16 秦東海敬武王雄攻喬秉于雍；雍，於用翻。丙申，卒。秦主健哭之嘔血，曰：「天不欲吾平四海邪！何奪吾元才之速也？」苻雄，字元才。贈魏王，葬禮依晉安平獻王故事。雄以佐命元勳，【章：十二行本「勳」下有「位兼將相」四字；乙十一行本同；退齋校同。】權侔人主，而謙恭汎愛，遵奉法度，故健重之，常曰：「元才，吾之周公也。」

子堅襲爵。堅襲爵東海王。堅性至孝，幼有志度，博學多能，交結英豪，呂婆樓、強汪及略陽梁平老皆與之善。苻堅事始此。

17 燕樂陵太守慕容鉤，翰之子也，慕容翰有破高句麗滅宇文之功。與青州刺史朱禿共治厭次。爲厭，於琰翻。鉤自恃宗室，每陵侮禿。禿不勝忿，勝，音升。秋，七月，襲鉤，殺之，南奔段龕。爲後燕主誅禿張本。

18 秦太子萇攻喬秉于雍，八月，斬之，關中悉平。秦主健賞拒桓溫之功，以雷弱兒爲丞相，毛貴爲太傅，魚遵爲太尉，淮南王生爲中軍大將軍，平昌王菁爲司空。健勤於政事，數延公卿數，所角翻。咨講治道；治，直吏翻。承趙人苛虐奢侈之後，易以寬簡、節儉，崇禮儒士，由是秦人悅之。

19 燕大調兵衆，調，徒釣翻，發也。因發詔之日，號曰「丙戌舉」。

20 九月，桓溫還自伐秦，帝遣侍中、黄門勞溫于襄陽。侍中、黄門侍郎，自魏以來爲要近之職。勞，力到翻。

21 或告燕黄門侍郎宋斌等謀奉冉智爲主而反，皆伏誅。斌，燭之子也。宋燭見九十六卷成帝咸康四年。斌，音彬。

22 秦太子萇之拒桓溫也，爲流矢所中，中，竹仲翻。冬，十月，卒，謚曰獻哀。

23 燕王儁如龍城。

24 桓溫之入關也，王擢遣使告涼王祚，使，疏吏翻。言溫善用兵，其志難測。祚懼，且畏擢之叛己，遣人刺之。刺，七亦翻。事泄，祚益懼，大發兵，聲言東伐，實欲西保敦煌，敦，徒門翻。會溫還而止。既而遣秦州刺史牛霸等帥兵三千擊擢，破之。十一月，擢帥衆降秦，帥，讀曰率。降，戶江翻。秦以擢爲尚書，以上將軍啖鐵爲秦州刺史。啖，氐姓也。毛晃曰：音徒覽翻。

25 秦王健叔父武都王安自晉還，健遣安來請朝命，見上卷六年。爲姚襄所虜，以爲洛州刺史。十二月，安亡歸秦，健以安爲大司馬、驃騎大將軍、并州刺史，鎮蒲阪。驃，匹妙翻。

26 是歲，秦大饑，米一升直布一匹。

王崇武標點容肇祖聶崇岐覆校

資治通鑑卷第一百

端明殿學士兼翰林侍讀學士朝散大夫右諫議大夫充集賢殿修撰權判西京留司御史臺上柱國河內郡開國侯食邑一千三百戶食實封四百戶賜紫金魚袋臣 司馬光 奉敕編集

後學天台 胡三省 音註

晉紀二十二起旃蒙單閼（乙卯），盡屠維協洽（己未），凡五年。

孝宗穆皇帝中之下

永和十一年（乙卯、三五五）

1 春，正月，故仇池公楊毅弟宋奴使其姑子梁式王刺殺楊初；初子國誅式王及宋奴，自立爲仇池公。桓溫表國爲鎮北將軍、秦州刺史。

2 二月，秦大蝗，百草無遺，牛馬相噉毛。無草可食，故相噉毛。噉，徒濫翻，又徒覽翻。

3 夏，四月，燕主儁自和龍還薊。燕主如龍城，見上卷上年。薊，音計。先是，幽、冀之人以儁爲東遷，和龍直薊之東。先，悉薦翻。互相驚擾，所在屯結。羣臣請討之，儁曰：「羣小以朕東巡，故相惑爲亂耳；今朕既至，尋當自定，不足討也。」

4 蘭陵太守孫黑、濟北太守高柱、守，式又翻。濟，子禮翻。建興太守高瓮瓮，蒲奔翻。及秦河內太守王會、黎陽太守韓高皆以郡降燕。史言燕強，諸反側子皆附之。降，戶江翻。

5 秦淮南王生幼無一目，性麤暴。其祖父洪嘗戲之曰：「吾聞瞎兒一淚，信乎？」瞎，許轄翻，一目盲也。生怒，引佩刀自刺出血，曰：「此亦一淚也。」洪大驚，鞭之。生曰：「性耐刀槊，不堪鞭棰！」槊，色角翻。棰，止蘂翻。洪謂其父健曰：「此兒狂悖，悖，蒲內翻，又蒲沒翻。宜早除之；不然，必破人家。」健將殺之，健弟雄止之曰：「兒長自應改，何可遽爾！」及長，力舉千鈞，手格猛獸，格，擊也。長，知兩翻。走及奔馬，擊刺騎射，冠絕一時。騎，奇寄翻。冠，古玩翻；下同。獻哀太子卒，秦太子萇，謚曰獻哀。強后欲立少子晉王柳；強，其兩翻。少，詩照翻。秦主健以讖文有「三羊五眼，」乃立生爲太子。爲苻生以凶暴不克紹張本。以司空、平昌王菁爲太尉，尚書令王墮爲司空，司隸校尉梁楞爲尚書令。楞，盧登翻。

6 姚襄所部多勸襄北還，襄從之。五月，襄攻冠軍將軍高季於外黃，外黃縣，自漢以來屬陳留郡。賢曰：外黃故城在今汴州雍丘縣東。冠，古玩翻。會季卒，襄進據許昌。

7 六月，丙子，秦主健寢疾。庚辰，平昌公【章：十二行本「公」作「王」；乙十一行本同；孔本同。】菁勒兵入東宮，將殺太子生而自立。時生侍疾西宮，秦主所居爲西宮。菁以爲健已卒，卒，子恤翻。攻東掖門。健聞變，登端門，陳兵自衞。衆見健惶懼，皆捨仗逃散。健執菁，數而殺之，數，所具翻。餘無所問。

壬午，以大司馬、武都王安都督中外諸軍事。苻雄死，健以菁都督中外諸軍；菁以逆誅，以安代之。甲申，健引太師魚遵、丞相雷弱兒、太傅毛貴、司空王墮、尚書令梁楞、左僕射梁安、右僕射段純、吏部尚書辛牢等受遺詔輔政。健謂太子生曰：「六夷酋帥及大臣執權者，若不從汝命，宜漸除之。」爲苻生虐殺大臣張本。酋，慈由翻。帥，所類翻。

臣光曰：顧命大臣，所以輔導嗣子，爲之羽翼也。爲之羽翼而教使翦之，能無斃乎！知其不忠，則勿任而已矣；任以大柄，又從而猜之，鮮有不召亂者也。鮮，息淺翻。

8 乙酉，健卒；年三十九。謚曰景明皇帝，廟號高祖。丙戌，太子生卽位，苻生，字長生，健第三子也。大赦，改元壽光。羣臣奏曰：「未踰年而改元，非禮也。」古禮，君薨，世子卽位，既踰年而後稱元年。生怒，窮推議主，得右僕射段純，殺之。

9 秋，七月，以吏部尚書周閔爲左僕射。

10 或告會稽王昱曰：會，工外翻。「武陵王第中大脩器仗，將謀非常。」武陵王晞也。昱以告太常王彪之，彪之曰：「武陵王之志，盡於馳騁畋獵而已耳，騁，丑郢翻。深願靜之，以安異同之論，勿復以爲言！」昱善之。爲武陵終以此得禍、彪之所不能救張本。復，扶又翻。

11 秦主生尊母強氏曰皇太后，立妃梁氏爲皇后。梁氏，安之女也。以其嬖臣太子門大夫南安趙韶爲右僕射，續漢志：太子門大夫二人，職比郎將。嬖，卑義翻，又博計翻。太子舍人趙誨爲中護軍，著作郎董榮爲尚書。

12涼王祚淫虐無道，上下怨憤。祚惡河州刺史張瓘之強，張駿置河州，治枹罕。惡，烏路翻。遣張掖太守索孚代瓘守枹罕，索，昔各翻。枹，音膚。使瓘討叛胡，又遣其將易揣、張玲帥步騎萬三千以襲瓘。將，卽亮翻。易，讀如字，姓也。揣，初委翻。玲，盧經翻。帥，讀曰率。騎，奇寄翻。張掖人王鸞知術數，言於祚曰：「此軍出，必不還，涼國將危；」幷陳祚三不道。祚大怒，以鸞爲訞言，訞，於驕翻。斬以徇。鸞臨刑曰：「我死，軍敗於外，王死於內，必矣！」祚族滅之。瓘聞之，斬孚，起兵擊祚，傳檄州郡，廢祚，以侯還第，復立涼寧侯曜靈。曜靈廢見上卷上年。易揣、張玲軍始濟河，瓘擊破之。揣等單騎奔還，瓘軍躡之，姑臧振恐。驍騎將軍敦煌宋混兄脩，與祚有隙，懼禍。驍，堅堯翻。敦，徒門翻。八月，混與弟澄西走，合衆萬餘人以應瓘，還向姑臧。祚遣楊秋胡將曜靈於東苑，拉其腰而殺之，將，如字。拉，盧合翻。埋於沙阬，諡曰哀公。

13秦主生封衞大將軍黃眉爲廣平王，前將軍飛爲新興王，皆素所善也。徵大司馬武都王安領太尉。健臨沒，以安督中外諸軍，然尚在蒲阪，今生乃召之。以晉王柳爲征東大將軍、幷州牧，鎭蒲阪；阪，音反。魏王廋爲鎭東大將軍、豫州牧，鎭陝城。廋，疏鳩翻。陝，失冉翻。

中書監胡文、中書令王魚言於生曰：「比有星孛于大角，熒惑入東井。大角，帝坐；東井，秦分；天文志：大角在攝提間。大角者，天王坐也。東井，八星。東井、輿鬼，秦、雍州分。比，毗至翻。孛，蒲內翻。坐，徂臥翻。分，扶問翻。於占不出三年，國有大喪，大臣戮死；願陛下脩德以禳之！」生曰：「皇后與朕對臨天下，可以應大喪矣。毛太傅、梁車騎、梁僕射受遺輔政，可以應大臣矣。」九月，生殺梁后及毛貴、梁楞、梁安。貴，后之舅也。

右僕射趙韶、中護軍趙誨，皆洛州刺史俱之從弟也，趙俱鎮宜陽，事見上卷上年。從，才用翻。有寵於生，乃以俱爲尚書令。俱固辭以疾，謂韶、誨曰：「汝等不復顧祖宗，復，扶又翻。欲爲滅門之事！毛、梁何罪，而誅之？吾何功，而代之？汝等可自爲，吾其死矣！」遂以憂卒。卒，子恤翻。

14 涼宋混軍于武始大澤，張駿分狄道縣，立武始郡。宋混西走，起兵必不東向狄道。水經：都野澤在武威縣東北。註云：在姑臧城北三百里。都野卽禹貢之豬野，其水上承姑臧武始澤，澤在姑臧西。爲曜靈發哀。爲，于僞翻。閏月，混軍至姑臧，涼王祚收張瓘弟琚及子嵩，將殺之。琚、嵩聞之，募市人數百，揚言：「張祚無道，我兄大軍已至城東，敢舉手者誅三族！」遂開西門納混兵。領軍將軍趙長等懼罪，趙長，請立祚者也，故懼罪。入閤呼張重華母馬氏出殿，立涼武侯玄靚爲主。靚，疾郢翻，又疾正翻。易揣等引兵入殿，收長等，殺之。祚按劍殿上，大呼，叱左右力戰。呼，火故翻。祚素失衆心，莫肯爲之鬭者，爲，于僞翻。遂爲兵人所殺。混等梟其首，梟，堅堯翻。宣示中外，暴尸道左，城內咸稱萬歲。以庶人禮葬之，幷殺其二子。混、琚上玄靚爲大將軍、涼州牧、西平公，上，時掌翻。赦境內，復稱建興四十三年。張祚改建興年號，見上卷上年。時玄靚始七歲。

張瓘至姑臧，推玄靚爲涼王，自爲使持節、都督中外諸軍事、尚書令、涼州牧、張掖郡公，使，疏吏翻。以宋混爲尚書僕射。隴西人李儼據郡，不受瓘命，用江東年號，用永和年號也。衆多歸之。爲李儼歸秦張本。瓘遣其將牛霸討之，將，卽亮翻。未至，西平人衞綝亦據郡叛，綝，丑林翻。霸兵潰，奔還。瓘遣弟琚擊綝，敗之。敗，補邁翻。酒泉太守馬基起兵以應綝，瓘遣司馬張姚、王國擊斬之。

15 冬，十月，以豫州刺史謝尚督幷、冀、幽三州，時江左僑立青、冀、幷、幽四州於江北。鎭壽春。南渡初，祖逖以豫州刺史治譙城。永昌元年，祖約退屯壽春。成帝咸和四年，庾亮以豫州刺史治蕪湖。咸康四年，毛寶以豫州刺史治邾城。六年，庾翼以豫州刺史治蕪湖。永和元年，趙胤以豫州刺史治牛渚。二年，尙以豫州刺史治蕪湖，今進壽春，皆建康西藩也。進取則屯壽春，守江則多在歷陽、蕪湖二處。

16 鎭北將軍段龕與燕主儁書，抗中表之儀，儁，段氏出也，故龕與之抗中表之儀。龕，苦含翻；下同。非其稱帝。儁怒，十一月，以太原王恪爲大都督、撫軍將軍，陽鶩副之，以擊龕。鶩，音務。

17 秦以辛牢守尚書令，趙韶爲左僕射，尚書董榮爲右僕射，中護軍趙誨爲司隸校尉。

18 十二月，高句麗王釗遣使詣燕納質修貢，以請其母。句，如字，又音駒。麗，力知翻。燕囚釗母，見九十七卷成帝咸康八年。質，音致。燕主儁許之，遣殿中將軍刁龕送釗母周氏歸其國；以釗爲征東大將軍、營州刺史，封樂浪公，樂浪，音洛琅。王如故。使爲高句麗王如故。

19 上黨人馮鴦逐燕太守段剛，據安民城，魏收地形志：燕上黨太守治安民城。安民城在襄垣縣，蓋永嘉中，劉琨遣張倚所築，以安上黨之民，因以爲名。自稱太守，遣使來降。使，疏吏翻。降，戶江翻。

20 秦丞相雷弱兒性剛直，以趙韶、董榮亂政，每公言於朝，朝，直遙翻。見之常切齒。韶、榮譖之於秦主生，生殺弱兒及其九子、二十七孫。於是諸羌皆有離心。雷弱兒，南安羌酋也，以非罪而死，故諸羌皆有離心。

生雖諒陰，遊飲自若，彎弓露刃，以見朝臣，錘鉗鋸鑿，錘，傳追翻。鉗，其廉翻。鋸，居御翻。可以害人之具，備置左右。即位未幾，幾，居豈翻。后妃、公卿已下至于僕隸，凡殺五百餘人，截脛、拉脅、鋸項、刳胎者，比比有之。脛，形定翻，膝下骨直而長者。拉，盧合翻。比，簿計翻。

21 燕主儁以段龕方強，謂太原王恪曰：「若龕遣軍拒河，不得渡者，可直取呂護而還。」呂護時據野王。恪分遣輕軍先至河上，具舟楫以觀龕志趣。龕弟羆，驍勇有智謀，驍，堅堯翻。言於龕曰：「慕容恪善用兵，加之衆盛，若聽其濟河，進至城下，恐雖乞降，不可得也。降，戶江翻；下同。請兄固守，羆帥精鋭拒之於河，幸而戰捷，兄帥大衆繼之，帥，讀曰率；下同。必有大功。若其不捷，不若早降，猶不失爲千戶侯也。」龕不從。羆固請不已，龕怒，殺之。

十二年（丙辰、三五六）

1 春，正月，燕太原王恪引兵濟河，未至廣固百餘里，段龕帥衆三萬逆戰。丙申，恪大破龕於淄水，據載記，恪破龕於濟水之南。今言未至廣固百餘里，蓋至淄水而會戰也。水經，濁水逕廣固城西，東流至廣饒，入巨淀，又北合于淄水。執其弟欽，斬右長史袁範等。齊王友辟閭蔚被創，段龕自稱齊王，故置王友之官。蔚，紆勿翻。創，初良翻。恪聞其賢，遣人求之，蔚已死，士卒降者數千人。龕脫走，還城固守，恪進軍圍之。

2 秦司空王墮性剛峻，右僕射董榮、侍中強國皆以佞幸進，墮疾之如讎，每朝，見榮未嘗與之言。每朝句絕。朝，直遙翻。見，如字。或謂墮曰：「董君貴幸無比，公宜小降意接之。」墮曰：「董龍是何雞狗，龍，董榮小字。而令國士與之言乎！」會有天變，榮與強國言於秦主生曰：強，其兩翻，姓也。「今天譴甚重，宜以貴臣應之。」生曰：「貴臣惟有大司馬及司空耳。」榮【章：十二行本「榮」下有「國」字；乙十一行本同；孔本同。】曰：「大司馬國之懿親，不可殺也。」大司馬謂武都王安，生叔父也。乃殺王墮。將刑，榮謂之曰：「今日復敢比董龍於雞狗乎？」復，扶又翻。墮瞋目叱之。瞋，七人翻。洛州刺史杜郁，墮之甥也，左僕射趙韶惡之，惡，烏路翻。譖於生，以爲貳於晉而殺之。

壬戌，生宴羣臣於太極殿，以尚書令辛牢爲酒監，酒酣，生怒曰：「何不強人酒而猶有坐者！」監，古暫翻。強，其兩翻。引弓射牢，殺之。射，而亦翻。羣臣懼，莫敢不醉，偃仆失冠，生乃悅。

3 匈奴大人劉務桓卒，弟閼頭立，將貳於代。二月，代王什翼犍引兵西巡臨河，閼頭懼，請降。犍，居言翻。閼，於葛翻。降，戶江翻；下同。

4 燕太原王恪招撫段龕諸城。恪圍廣固未下，故先招撫其統內諸城。己丑，龕所署徐州刺史陽都公王騰舉衆降，恪命騰以故職還屯陽都。段龕置徐州於琅邪陽都縣。杜佑曰：漢陽都縣故城在沂州沂水縣南。

5 秦征東大將軍晉王柳遣參軍閻負、梁殊使於涼，以書說涼王玄靚。使，疏吏翻；下同。說，輸芮翻。負、殊至姑臧，張瓘見之曰：「我，晉臣也；臣無境外之交，二君何以來辱？」負、殊曰：「晉王與君鄰藩，雖山河阻絕，風通道會，秦使苻柳鎮蒲阪，非與涼州鄰也，故以風通道會爲言。故來脩好，好，呼到翻；下同。君何怪焉！」瓘曰：「吾盡忠事晉，於今六世矣。軌、寔、茂、駿、重華、曜靈、祚爲七世，今言六世，斥祚不以爲世數。若與苻征東通使，是上違先君之志，下隳士民之節，其可乎！」負、殊曰：「晉室衰微，墜失天命，固已久矣；是以涼之二王北面二趙，唯知機也。張茂稱藩於前趙，張駿稱藩於後趙。今大秦威德方盛，涼王若欲自帝河右，則非秦之敵；欲以小事大，則曷若捨晉事秦，長保福祿乎！」瓘曰：「中州好食言，好，呼到翻。嚮者石氏使車適返，而戎騎已至，使，疏吏翻。永和二年，張重華嗣位，遣使奉章於石虎，虎繼遣王擢來寇。騎，奇寄翻。吾不敢信也。」負、殊曰：「自古帝王居中州者，政化各殊，趙爲姦詐，秦敦信義，豈得一概待之乎！概所以平斗斛，一概待之，言無所高下也。張先、楊初皆阻兵不服，先帝討而擒之，擒張先見九十八卷六年，未嘗擒楊初也，負、殊姑爲是言耳。赦其罪戾，寵以爵秩，固非石氏之比也。」瓘曰：「必如君言，秦之威德無敵，何不先取江南，則天下盡爲秦有，征東何辱命焉！」負、殊曰：「江南文身之俗，古者荆蠻之俗，斷髮文身以避蛟龍之害。負、殊以此斥言之耳。是時衣冠文物，皆在江南，且正朔所在也。負、殊吠堯刺由，知各爲其主而已！道汚先叛，化隆後服。鄭玄曰：汚，猶殺也。易曰：高宗伐鬼方，三年克之。世之說者以爲荆、楚輕悍，道汚先叛，化隆後服，故負、殊亦以此斥言江南。主上以爲江南必須兵服，河右可以義懷，故遣行人先申大好。好，呼到翻。若君不達天命，則江南得延數年之命，而河右恐非君之土也。」瓘曰：「我跨據三州，三州謂涼、河、沙，張茂及張駿所分置者也。帶甲十萬，西苞葱嶺，東距大河，伐人有餘，況於自守，何畏於秦！」負、殊曰：「貴州山河之固，孰若殽、函？民物之饒，孰若秦、雍？雍，於用翻。杜洪、張琚，因趙氏成資，兵強財富，有囊括關中、席卷四海之志，先帝戎旗西指，冰消雲散，旬月之間，不覺易主。事見九十八卷六年。主上若以貴州不服，赫然奮怒，控弦百萬，鼓行而西，未知貴州將何以待之？」瓘笑曰：「茲事當決之於王，非身所了。」了，決也。負、殊曰：「涼王雖英睿夙成，然年在幼沖；君居伊、霍之任，國家安危，繫君一舉耳。」瓘懼，乃以玄靚之命遣使稱藩於秦，秦因玄靚所稱官爵而授之。

6 將軍劉度攻秦青州刺史王朗於盧氏；盧氏縣，漢屬弘農郡，晉屬上洛郡，唐屬虢州。燕將軍慕輿長卿入軹關，攻秦幽州刺史強哲于裴氏堡。永嘉之亂，裴氏舉宗據險築堡以自守，後人因而置屯戍，故堡猶有裴氏之名，蓋在河東界。長，知兩翻。秦主生遣前將軍新興王飛拒度，建節將軍鄧羌拒長卿。飛未至而度退。羌與長卿戰，大破之，獲長卿及甲首二千餘級。

7 桓溫請移都洛陽，修復園陵，章十餘上；上，時掌翻。不許。拜溫征討大都督，督司、冀二州諸軍事，以討姚襄。

8 三月，秦主生發三輔民治渭橋，治，直之翻。金紫光祿大夫程肱諫，以爲妨農；生殺之。

9 夏，四月，長安大風，發屋拔木。風捲屋瓦，掀簷桷爲發屋。秦宮中驚擾，或稱賊至，宮門晝閉，五日乃止。秦主生推告賊者，刳出其心。左光祿大夫強平諫曰：「天降災異，陛下當愛民事神，緩刑崇德以應之，乃可弭也。」弭，止也。生怒，鑿其頂而殺之。衞將軍廣平王黃眉、前將軍新興王飛、建節將軍鄧羌，以平，太后之弟，叩頭固諫；生弗聽，出黃眉爲左馮翊、飛爲右扶風、羌行咸陽太守，前漢扶風渭城縣，秦之咸陽也，後漢、晉省。魏收地形志：咸陽郡治石安縣，卽漢渭城也，石勒更名。是郡蓋永嘉之後羣胡所置也。猶惜其驍勇，故皆弗殺。驍，堅堯翻。五月，太后強氏以憂恨卒，諡曰明德。

10 姚襄自許昌攻周成于洛陽。周成襲據洛陽，見上卷十年。

11 六月，秦主生下詔曰：「朕受皇天之命，君臨萬邦；嗣統以來，有何不善，而謗讟之音，扇滿天下！杜預曰：讟，誹也。讟，徒木翻。殺不過千，而謂之殘虐！行者比肩，未足爲希。希，少也。方當峻刑極罰，復如朕何！」復，扶又翻。

自去春以來，潼關之西，至于長安，虎狼爲暴，晝則繼道，言虎狼相繼於路也。「繼」，蜀本作「斷」。夜則發屋，不食六畜，畜，許又翻。專務食人，凡殺七百餘人。民廢耕桑，相聚邑居，而爲害不息。秋，七月，秦羣臣奏請禳災，禳，如羊翻，除殃祭也。生曰：「野獸飢則食人，飽當自止，何禳之有！且天豈不愛民哉，正以犯罪者多，故助朕殺之耳！」史言苻生之虐甚於桀、紂。

12 丙子，燕獻懷太子曄卒。

13 姚襄攻洛陽，踰月不克。長史王亮諫曰：「明公英名蓋世，兵強民附。今頓兵堅城之下，力屈威挫，或爲他寇所乘，此危亡之道也！」襄不從。

桓溫自江陵北伐，遣督護高武據魯陽，輔國將軍戴施屯河上，自帥大兵繼進。帥，讀曰率；下同。與寮屬登平乘樓平乘樓，大船之樓。望中原，歎曰：「遂使神州陸沈，百年丘墟，王夷甫諸人不得不任其責！」以王衍等尚清談而不恤王事，以致夷狄亂華也。記室陳郡袁宏曰：晉諸公、諸從公府皆有記室，掌表疏、牋記、書檄。「運有興廢，豈必諸人之過！」溫作色曰：「昔劉景升有千斤大牛，噉芻豆十倍於常牛，負重致遠，曾不若一羸㹀，溫意以牛況宏，徒能糜俸祿而無經世之用。

劉表字景升。噉，徒濫翻，又徒覽翻。羸，倫爲翻。㹀，疾置翻，牝牛也。魏武入荊州，漢獻帝建安十三年，曹操入荊州。殺以享軍。」

八月，己亥，溫至伊水，伊水在洛陽城南。姚襄撤圍拒之，匿精銳於水北林中，遣使謂溫曰：「承親帥王師以來，襄今奉身歸命，願敕三軍小卻，當拜伏道左。」溫曰：「我自開復中原，展敬山陵，無豫君事。欲來者便前，相見在近，無煩使人。」使，疏吏翻。襄拒水而戰，溫結陳而前，陳，讀曰陣。親被甲督戰，被，皮義翻。襄衆大敗，死者數千人。襄帥麾下數千騎奔于洛陽北山，洛陽北山，北芒山也。騎，奇寄翻。其夜，民棄妻子隨襄者五千餘人。襄勇而愛人，雖戰屢敗，民知襄所在，輒扶老攜幼，奔馳而赴之。溫軍中傳言襄病創已死，創，初良翻。許、洛士女爲溫所得者，無不北望而泣。史言姚襄得人心。襄西走，溫追之不及。弘農楊亮自襄所來奔，溫問襄之爲人，亮曰：「襄神明器宇，孫策之儔，而雄武過之。」儔，等也，類也。

周成帥衆出降，降，戶江翻；下同。溫屯故太極殿前，既而徙屯金墉城。己丑，謁諸陵，有毀壞者修復之，各置陵令。漢起陵邑，邑各置令，後遂因之，諸陵各置陵令，屬太常。表鎮西將軍謝尚都督司州諸軍事，鎮洛陽。以尚未至，留潁川太守毛穆之、督護陳午、河南太守戴施以二千人戍洛陽，衞山陵，徙降民三千餘家於江、漢之間，執周成以歸。

姚襄奔平陽，秦并州刺史尹赤復以衆降襄，尹赤叛襄見上卷八年。襄遂據襄陵。襄陵縣，漢屬河東郡，晉屬平陽郡；後魏改襄陵爲禽昌縣，隋、唐復曰襄陵。秦大將軍張平擊之，永和七年，張平降秦，已而貳於燕。通鑑以秦所授官繫之。襄爲平所敗，敗，補邁翻。乃與平約爲兄弟，各罷兵。

14 段龕遣其屬段薀【嚴：「薀」改「蘊」。】來求救，薀，紆粉翻。詔徐州刺史荀羨將兵隨薀救之。羨至琅邪，此古琅邪也。憚燕兵之強不敢進。王騰寇鄄城，鄄城縣，漢屬東郡，晉屬濮陽。此非古鄄城縣，蓋僑縣也。羨進攻陽都，會霖雨，城壞，獲騰，斬之。段龕署王騰爲徐州刺史，屯陽都，時降于燕，爲燕來寇。

15 冬，十月，癸巳朔，日有食之。

16 秦主生夜食棗多，旦而有疾，召太醫令程延，使診之，診，止尹翻，候脈也。延曰：「陛下無他疾，食棗多耳。」生怒曰：「汝非聖人，安知吾食棗！」遂斬之。

17 燕大司馬恪圍段龕於廣固，諸將請急攻之，恪曰：「用兵之勢，有宜緩者，有宜急者，不可不察。若彼我勢敵，外有強援，恐有腹背之患，則攻之不可不急。若我強彼弱，無援於外，力足制之者，當羈縻守之，以待其斃；兵法十圍五攻，正謂此也。孫子曰：用兵之法，十則圍之，五則攻之。龕兵尚衆，未有離心；濟南之戰，即淄水之戰。曰濟南者，以濟水南北大界言之。非不銳也，但龕用之無術，以取敗耳。今憑阻堅城，上下戮力，我盡銳攻之，計數日【章：十二行本「日」作「旬」；乙十一行本同；孔本同。】可拔，然殺吾士卒必多矣。自有事中原，兵不蹔息，蹔，與暫同。吾每念之，夜而忘寐，柰何輕用其死乎！要在取之，不必求功之速也！」諸將皆曰：「非所及也。」軍中聞之，人人感悅。於是爲高牆深塹以守之。塹，七豔翻。齊人爭運糧以饋燕軍。

龕嬰城自守，樵采路絕，城中人相食。龕悉衆出戰，恪破之於圍裏，時外築長圍，故戰於圍裏。先分騎屯諸門，屯廣固城諸門也。騎，奇寄翻。龕身自衝盪，盪，徒朗翻，又他浪翻。僅而得入，餘兵皆沒。於是城中氣沮，莫有固志。沮，在呂翻。十一月，丙子，龕面縛出降，并執朱禿送薊。降，戶江翻。薊，音計。恪撫安新民，悉定齊地，徙鮮卑、胡、羯三千餘戶于薊。燕王儁具朱禿五刑，朱禿殺慕容鉤而奔龕，見上卷十年。以段龕爲伏順將軍。恪留慕容塵鎮廣固，以尚書左丞鞠殷爲東萊太守，章武太守鮮于亮爲齊郡太守，乃還。

殷，彭之子也。彭時爲燕大長秋，以書戒殷曰：「王彌、曹嶷，必有子孫，嶷，魚力翻。汝善招撫，勿尋舊怨，以長亂源！」長，知兩翻。殷推求，得彌從子立、嶷孫巖於山中，請與相見，深結意分，從，才用翻；下同。分，扶問翻。彭復遺使遺以車馬衣服，復，扶又翻。遺，于季翻。郡民由是大和。鞠彭自東萊歸燕，見九十一卷元帝大興二年。

荀羡聞龕已敗，退還下邳，留將軍諸葛攸、高平太守劉莊將三千人守琅邪，參軍譙國戴逯等將二千人守泰山。楊正衡曰：逯，音遁。燕將慕容蘭屯汴城，汴城，即浚儀城。余謂「汴」當作

「下」。魯國卞縣城也。劉昫曰：兗州泗水縣，卞縣古城也。羡擊斬之。

18 詔遣兼司空、散騎常侍車灌等持節如洛陽，脩五陵。宣帝陵在河陰首陽山；景帝陵曰峻平，文帝陵曰崇陽，武帝陵曰峻陽，惠帝陵曰太陽。散，悉亶翻。騎，奇寄翻。車，尺奢翻。十二月，庚戌，帝及羣臣皆服緦，臨於太極殿三日。緦，十五升布，抽去其半。臨，力鴆翻。

19 司州都督謝尙以疾不行，以丹陽尹王胡之代之。【章：十二行本「之」下有「未行而卒」四字；乙十一行本同；孔本同；張校同；退齋校同。】胡之，廙之子也。王廙，王敦之從弟，見八十九卷愍帝建興三年。廙，羊至翻，又逸職翻。

20 是歲，仇池公楊國從父俊殺國自立；以俊爲仇池公。國子安奔秦。其後秦用楊安以取仇池，豈卽國之子邪？

升平元年（丁巳、三五七）

1 春，正月，壬戌朔，帝加元服；太后詔歸政，大赦，改元，太后徙居崇德宮。

2 燕主儁徵幽州刺史乙逸爲左光祿大夫。逸夫婦共載鹿車；子璋從數十騎，服飾甚麗，奉迎於道。逸大怒，閉車不與言，到城，深責之，到城，謂到薊城也。永和八年，燕王都薊，於龍城置留臺，以乙逸領留務，蓋以幽州刺史鎭龍城也。騎，奇寄翻。璋猶不悛。悛，丑緣翻；下同。逸常憂其敗，而璋更被擢任，歷中書令、御史中丞。被，皮義翻。逸乃歎曰：「吾少自脩立，少，詩照翻。克己守道，僅能免罪。璋不治節檢，專爲奢縱，治，直之翻。而更居清顯，此豈惟璋之忝幸，實時世之陵夷也。」

3 二月，癸丑，燕主儁立其子中山王暐爲太子，大赦，改元光壽。

4 太白入東井。秦有司奏：「太白罰星，東井秦分，分，扶問翻。必有暴兵起京師。」秦主生曰：「太白入井，自爲渴耳，爲，于僞翻。何所怪乎！」

5 姚襄將圖關中，夏，四月，自北屈進屯杏城，北屈縣，漢屬河東郡，晉屬平陽郡。師古曰：屈，居勿翻。晉公子夷吾所居。班志，禹貢壺口山在北屈縣東南。水經註：北屈西距河十里，孟門山在河上。襄蓋自北屈渡河而屯杏城。五代志：汾州昌寧縣有壺口山。宋白曰：慈州吉鄉縣，漢北屈縣；今縣北二十一里古城，卽漢理。魏收地形志，澄城縣有杏城。師古曰：澄城，漢馮翊之徵縣也。徵，音懲。據載記，杏城在馬蘭山北。杜佑曰：姚萇置杏城鎭，在今坊州西七里。遣輔國將軍姚蘭略地敷城，敷城，唐坊州鄜城縣是也；後魏置敷城縣，隋改曰鄜城。曜武將軍姚益生、曜武將軍，蓋趙石氏所署置。左將軍王欽盧各將兵招納諸羌、胡。蘭，襄之從兄；從，才用翻。益生，襄之兄也。羌、胡及秦民歸之者五萬餘戶。秦將苻飛龍擊蘭，擒之。襄引兵進據黃落；秦主生遣衞大將軍廣平王黃眉、平北將軍苻道、龍驤將軍東海王堅、驤，思將翻。建節將軍鄧羌漢、魏之間置建節中郎將，後以爲將軍號。將步騎萬五千以禦之。襄堅壁不戰。羌謂黃眉曰：「襄爲桓溫、張平所敗，銳氣喪矣。敗，補邁翻。喪，息浪翻。然其爲人強狠，狠，戶墾翻。若鼓譟揚旗，直壓其壘，彼必忿恚而出，恚，於避翻。可一戰擒也。」五月，羌帥騎三千壓其壘門而陳，帥，讀曰率。騎，奇寄翻。陳，讀曰陣。襄怒，悉衆出戰。羌陽不勝而走，襄追之至于三原，三原在漢馮翊池陽縣界。宋白曰：苻堅於巀嶭北置三原護軍，後周置三原縣。羌迴騎擊之，黃眉等以大衆繼至，襄兵大敗。襄所乘駿馬曰黧眉騧，黧，音黎，又音良脂翻。黑而黄色曰黧。騧，古瓜翻。黃馬黑喙曰騧。馬倒，秦兵擒而斬之，弟萇帥其衆降。萇，仲良翻。降，戶江翻。襄載其父弋仲之柩在軍中，柩，巨救翻。在牀曰尸，在棺曰柩。秦主生以王禮葬弋仲於孤磐，孤磐，在天水冀縣界。亦以公禮葬襄。【章：十二行本「襄」下有「廣平王」三字；乙十一行本同；孔本同。】黃眉等還長安，生不之賞，數衆辱黃眉。數，所角翻。黃眉怒，謀弒生；發覺，伏誅；事連王公親戚，死者甚衆。

6戊寅，燕主儁遣撫軍將軍垂、中軍將軍虔、護軍將軍平熙帥步騎八萬攻敕勒於塞北，新唐書曰：敕勒，其先匈奴也，元魏時號高車部，其後訛爲「鐵勒」，唐之鐵勒十五種是也。載記作「丁零勑勤〔勒〕」。大破之，俘斬十餘萬，獲馬十三萬匹，牛羊億萬頭。

7匈奴單于賀賴頭帥部落三萬五千口降燕，自東漢以來，匈奴入居塞內者凡十九種，賀賴其一也。單，音蟬。燕人處之代郡平舒城。漢代郡有平舒縣，勃海有東平舒縣。東平舒，後漢屬河間國，晉屬章武國。代郡之平舒，未嘗改屬；書代郡以別章武之平舒。代郡之平舒，當在唐蔚之北界。處，昌呂翻。

8秦主生夢大魚食蒲，苻氏，本蒲家也，故以夢魚食蒲爲異。又長安謠曰：「東海大魚化爲龍，男皆爲王女爲公。」生乃誅太師、録尚書事、廣寧公魚遵并其七子、十孫。金紫光禄大夫牛夷懼禍，求爲荆州；秦荆州治豐陽川。生不許，以爲中軍將軍，引見，調之曰：調，徒彫翻。調，戲也。「牛性遲重，善持轅軛；轅，輈也。轅前曰軛，加之牛項。軛，音厄。雖無驥足，動負百石。」夷曰：「雖服大車，未經峻壁；願試重載，乃知勳績。」載，才再翻。生笑曰：「何其快也！公嫌所載輕乎？朕將以魚公爵位處公。」處，昌呂翻。夷懼，歸而自殺。

生飲酒無晝夜，或連月不出。奏事不省，往往寢落，省，悉景翻。「落」，當作「格」，音閣。留止不下曰格。或醉中決事；左右因以爲姦，賞罰無準。或至申酉乃出視朝，朝，直遥翻。乘醉多所殺戮。自以眇目，諱言「殘、缺、偏、隻、少、無、不具」之類，誤犯而死者，不可勝數。勝，音升。數，所具翻。好生剝牛、羊、驢、馬，燖雞、豚、鵝、鴨，好，呼到翻。燖，徐廉翻。湯瀹去其毛曰燖。縱之殿前，數十爲羣。或剝人面皮，使之歌舞，臨觀以爲樂。樂，音洛。嘗問左右曰：「自吾臨天下，汝外間何所聞？」或對曰：「聖明宰世，賞罰明當，當，丁浪翻。天下唯歌太平。」怒曰：「汝媚我也！」引而斬之。他日又問，或對曰：「陛下刑罰微過。」又怒曰：「汝謗我也！」亦斬之。勳舊親戚，誅之殆盡，羣臣得保一日，如度十年。

東海王堅，素有時譽，時譽者，爲時人所稱美也。與故姚襄參軍薛讚、權翼善。讚、翼密説堅曰：説，輸芮翻。「主上猜忍暴虐，中外離心，方今宜主秦祀者，非殿下而誰！願早爲計，勿使他姓得之！」堅以問尚書呂婆樓，婆樓曰：「僕，刀鐶上人耳，魏、晉之間，率以刀鐶築殺人；言將爲生所殺也。或曰：刀以鋒刃爲用，刀鐶以上無所用之；婆樓以自喻。鐶，戶關翻。不足以辦大事。僕里舍有王猛，其人謀略不世出，不世出者，言世間不常生此人。殿下宜請而咨之。」堅因婆樓以招猛，一見如舊友；語及時事，堅大悅，自謂如劉玄德之遇諸葛孔明也。見六十五卷漢獻帝建安十二年。

六月，太史令康權言於秦主生曰：姓譜曰：康，衞康叔之後，亦西胡姓。「昨夜三月並出，孛星入太微，連東井，孛，蒲內翻。自去月上旬，沈陰不雨，以至于今，將有下人謀上之禍。」此亦據洪範五行傳言之也。沈，持林翻。生怒，以爲妖言，撲殺之。妖，於驕翻。撲，弼角翻。

特進、領御史中丞梁平老等謂堅曰：「主上失德，上下嗷嗷，嗷嗷，衆口愁聲。人懷異志，燕、晉二方，伺隙而動，伺，相吏翻。恐禍發之日，家國俱亡。此殿下之事也，宜早圖之！」堅心然之，畏生趫勇，未敢發。趫，丘妖翻，捷也。

生夜對侍婢言曰：「阿法兄弟亦不可信，阿，傳讀從安入聲。明當除之。」明，謂明旦，猶言明日也。婢以告堅及堅兄清河王法。法與梁平老及特進光祿大夫強汪帥壯士數百潛入雲龍門，魏明帝起洛陽宮，宮城正南門曰雲龍門。苻氏據長安，亦以宮城正南門爲雲龍門。帥，讀曰率；下同。堅與呂婆樓帥麾下三百人鼓譟繼進，宿衞將士皆舍仗歸堅。舍，讀曰捨。生猶醉寐，堅兵至，生驚問左右曰：「此輩何人？」左右曰：「賊也！」生曰：「何不拜之！」堅兵皆笑。生又大言：「何不速拜，不拜者斬之！」堅兵引生置別室，廢爲越王，尋殺之，謚曰厲王。年二十三。

堅以位讓法，法曰：「汝嫡嗣，且賢，宜立。」堅母苟氏，雄之元妃，故謂堅爲嫡嗣。堅曰：「兄年長，宜立。」長，知兩翻。堅母苟氏泣謂羣臣曰：「社稷事重，小兒自知不能，他日有悔，失在諸君。」羣臣皆頓首請立堅。堅乃去皇帝之號，去，羌呂翻。稱大秦天王，卽位於太極殿；苻堅，字永固，雄之子也。誅生倖臣中書監董榮、左僕射趙韶等二十餘人。大赦，改元永興。追尊父雄爲文桓皇帝，母苟氏爲皇太后，妃苟氏爲皇后，世子宏爲皇太子，以清河王法爲都督中外諸軍事、丞相、錄尚書事、東海公，諸王皆降爵爲公。以從祖右光祿大夫、永安公侯爲太尉，晉公柳爲車騎大將軍、尚書令。從，才用翻。騎，奇寄翻。封弟融爲陽平公，雙爲河南公，子丕爲長樂公，樂，音洛。暉爲平原公，熙爲廣平公，叡爲鉅鹿公。以漢陽李威爲左僕射，李威於堅母有辟陽之寵，故擢用之。梁平老爲右僕射，強汪爲領軍將軍，呂婆樓爲司隸校尉，王猛爲中書侍郎。

融好文學，好，呼到翻。明辨過人，耳聞則誦，過目不忘；力敵百夫，善騎射擊刺，少有令譽；少，詩照翻。堅愛重之，常與共議國事。融經綜內外，刑政修明，薦才揚滯，補益弘多。弘，大也。丕亦有文武才幹，治民斷獄，皆亞於融。史言堅有弟有子如此而無救於敗亡，明天之所棄，非人之所能支也。治，直之翻。斷，丁亂翻。

威，苟太后之姑子也，素與魏王雄友善，生屢欲殺堅，賴威營救得免。威得幸於苟太后，堅事之如父。威知王猛之賢，常勸堅以國事任之；堅謂猛曰：「李公知君，猶鮑叔牙之知管仲也。」管仲少與鮑叔牙遊，鮑叔知其賢，善遇之。管仲曰：「吾始困時，與鮑叔賈，分財多自與，鮑叔不以我爲貪，知我貧也。吾嘗爲鮑叔謀事，而更窮困，鮑叔不以我爲愚，知時有利不利也。吾嘗三仕三見逐，鮑叔不以我爲不肖，知我不遭時也。吾嘗三戰三北，鮑叔不以我爲怯，知我有老母也。公子糾敗，召忽死之，吾幽囚受辱，鮑叔不以我爲無恥，知我不羞小節而恥功名不顯於天下也。生我者父母，知我者鮑子也。」猛以兄事之。

9 燕主儁殺段龕，阬其徒三千餘人。龕，苦含翻。

10 秋，七月，秦大將軍冀州牧張平遣使請降，降，戶江翻。拜幷州刺史。

11 八月，丁未，立皇后何氏。后，故散騎侍郎廬江何準之女也。散，悉亶翻。騎，奇寄翻。禮如咸康而不賀。成帝咸康二年，立杜后。

12 秦王堅以權翼爲給事黃門侍郎，權翼仕秦，久當事任，而卒歸姚氏。料其受苻堅信用，雖不爲莊舄之越吟，固隱之於心也。薛讚爲中書侍郎，與王猛並掌機密。九月，追復太師魚遵等官，以禮改葬，子孫存者皆隨才擢敍。

13 張平據新興、鴈門、西河、太原、上黨、上郡之地，壁壘三百餘，夷、夏十餘萬戶，壁壘，蓋時遭亂離，豪望自相保聚所築者。石氏用張平爲幷州，故得有其地，有其民。夏，戶雅翻。拜置征鎮，欲與燕、秦爲敵國。石氏之敗，平兩附燕、秦，今恃其強，欲與燕、秦爲敵國。冬，十月，平寇略秦境，平蓋間秦之有內難也，安知由是而敗亡乎！秦王堅以晉公柳都督并、冀州諸軍事，加并州牧，鎮蒲阪以禦之。

14 十一月，癸酉，燕主儁自薊徙都鄴。薊，音計。

15 秦太后苟氏遊宣明臺，見東海公法之第門車馬輻湊，恐終不利於秦王堅，乃與李威謀，賜法死。堅與法訣於東堂，慟哭歐血；謚曰獻哀公，封其子陽爲東海公，敷爲清河公。爲後陽謀復讎張本。

16 十二月，乙巳，燕主儁入鄴宮，大赦。復作銅雀臺。魏武建國於鄴，作銅雀臺，石氏增修之，兵亂圮毀，慕容都鄴復作，使如舊。

17 以太常王彪之爲左僕射。

18 秦王堅行至尚書，以文案不治，治，直之翻。免左丞程卓官，以王猛代之。堅舉異材，脩廢職，課農桑，恤困窮，禮百神，立學校，旌節義，繼絕世；秦民大悅。史言苻堅能用王猛以治秦。校，戶教翻。

二年（戊午、三五八）

1 春，正月，司徒昱稽首歸政；稽，音啓。帝不許。

2 初，馮鴦既以上黨來降，見上永和十一年。又附於張平，又自歸於燕，既而復叛燕。復，扶又翻。二月，燕司徒上庸王評討之，不克。

3 秦王堅自將討張平，將，即亮翻。以鄧羌爲前鋒督護，帥騎五千，軍于汾上；汾水之上也。帥，讀曰率。騎，奇寄翻。平使養子蚝禦之。蚝，七吏翻。蚝多力趫捷，趫，丘妖翻。能曳牛卻走；城無高下，皆可超越。與羌相持旬餘，莫能相勝。三月，堅至銅壁，河、汾之間有銅川，其民遇亂，築銅壁以自守，因曰銅壁。平盡衆出戰，蚝單馬大呼，出入秦陳者四、五。呼，火故翻。陳，讀曰陣。堅募人生致之，鷹揚將軍呂光刺蚝，中之，刺，七亦翻。中，竹仲翻。鄧羌擒蚝以獻，平衆大潰。平懼，請降。降，戶江翻；下同。堅拜平右將軍，以蚝爲虎賁中郎將。賁，音奔。將，即亮翻；下同。蚝，本姓弓，姓譜：弓姓，魯叔弓之後。上黨人也；堅寵待甚厚，常置左右。秦人稱鄧羌、張蚝皆萬人敵。光，婆樓之子也。堅徙張平部民三千餘戶于長安。

4 甲戌，燕主儁遣領軍將軍慕輿根將兵助司徒評攻馮鴦。根欲急攻之，評曰：「鴦壁堅，不如緩之。」根曰：「不然。公至城下經月，未嘗交鋒。賊謂國家力止於此，遂相固結，冀幸萬一。言鴦心僥倖於萬一可以保城也。今根兵初至，形勢方振，賊衆恐懼，皆有離心，計慮未定，從而攻之，無不克者。」遂急攻之。鴦與其黨果相猜忌，鴦奔野王依呂護，其衆盡降。

5 夏，四月，秦王堅如雍，祠五畤；六月，如河東，祠后土。用漢禮也。雍，於用翻。畤，音止。

6 秋，八月，豫州刺史謝奕卒。奕，安之兄也。司徒昱以建武將軍桓雲代之。雲，溫之弟也。訪於僕射王彪之，彪之曰：「雲非不才，然溫居上流，已割天下之半，其弟復處西藩；東晉豫州鎮江西，建康在江東，故以豫州爲西藩。復，扶又翻。處，昌呂翻；下同。兵權萃於一門，非深根固蔕之宜。人才非可豫量，量，音良。但當令不與殿下作異者耳。」昱頷之曰：「君言是也。」壬申，以吳興太守謝萬爲西中郎將，監司・豫・冀・幷四州諸軍事、豫州刺史。司、豫、冀、幷所統，皆僑郡也。監，工銜翻。

王羲之與桓溫牋曰：「謝萬才流經通，言其才具可以經世，於時人流輩中爲通達也。使之處廊廟，固是後來之秀；今以之俯順荒餘，近是違才易務矣。」言邊郡兵民皆兵荒之餘，彫瘵未蘇而獷悍難調，當俯就而柔順之；今萬非其才而用之，則爲違才。務，事也；以萬之才可以處廊廟，而使之處邊鄙，則爲易事。處，昌呂翻。近，其靳翻。又遺萬書曰：遺，于季翻。「以君邁往不屑之韻，而俯同羣碎，誠難爲意也。言其矜高不屑軍中之細務也。然所謂通識，正當隨事行藏耳。願君每與士卒之下者同甘苦，則盡善矣。」萬不能用。

徐、兗二州刺史荀羨有疾，以御史中丞郗曇爲軍【章：十二行本「軍」上有「羨」字；乙十一行本同；孔本「羨軍」二字並刊一格；張校同。】司。曇，徒含翻。爲萬、曇皆不勝其任張本。考異曰：帝紀：「謝萬爲豫州，」下云：「郗曇爲北中郎將，督五州軍事、徐・兗二州刺史。」曇傳云：「荀羨有疾，以曇爲軍司。頃之，羨徵還，除曇北中郎將、都督、刺史。」按帝紀，「十二月，北中郎將荀羨及慕容儁戰于山荏，王師敗績。」燕書：「十二月，荀羨寇泰山，殺太守賈堅。」載記：「苟羨殺賈堅，」下云：「敗羨，復陷山茌。」故知八月曇未爲徐、兗二州，恐始爲軍司耳。曇，鑒之子也。

7 九月，庚辰，秦王堅還長安，以太尉侯守尚書令。永安公苻侯。於是秦大旱；堅減膳徹樂，命后妃以下悉去羅紈；師古曰：紈素，今之絹也。去，羌呂翻。開山澤之利，公私共之，息兵養民；旱不爲災。

王猛日親幸用事，宗親勳舊多疾之，特進、姑臧侯樊世，本氐豪，佐秦主健定關中，謂猛曰：「吾輩耕之，君食之邪？」猛曰：「非徒使君耕之，又將使君炊之！」世大怒曰：「要當懸汝頭於長安城門；不然，吾不處世！」處，昌呂翻。猛以白堅，堅曰：「必殺此老氐，然後百寮可肅。」會世入言事，與猛爭論於堅前，世欲起擊猛；堅怒，斬之。於是羣臣見猛皆屛息。屛氣，不敢息也。氣一出入爲息。屛，必郢翻。

8 趙之亡也，其將張平、李歷、高昌皆遣使降燕，已而降晉，又降秦，各受爵位，欲中立以自固。李歷、高昌初降晉，張平降秦，永和七年也。八年，歷、昌降秦，是年又與張平俱降燕。苻生死後，張平又降晉，各受爵位。將，卽亮翻。使，疏吏翻。降，戶江翻。燕主儁使司徒評討張平於幷州，司空陽騖討高昌於東燕，樂安王臧討李歷於濮。陽騖攻昌別將於黎陽，不拔。歷奔滎陽，其衆皆降。幷州壁壘百餘降於燕，儁以右僕射悅綰爲幷州刺史以撫之。平所署征西將軍諸葛驤等帥壁壘百三十八降於燕，驤，思將翻。帥，讀曰率；下同。儁皆復其官爵。平帥衆三千奔平陽，復請降於燕。復，扶又翻。

9 冬，十月，泰山太守諸葛攸攻燕東郡，入武陽，後漢東郡治東武陽。武帝咸康二年，封子允，以「東」不可爲國名，而東郡有濮陽縣，改曰濮陽國。允改封淮南，還曰東郡。趙王倫篡位，廢太孫臧爲濮陽王，東郡遂名濮陽。此，蓋燕復名東郡。晉志：武陽縣分屬陽平郡。劉昫曰：魏州朝城縣，隋武陽縣地，天寶七年更名。燕主儁遣大司馬恪統陽鶩及樂安王臧之兵以擊之。攸敗走，還泰山，恪遂渡河，略地河南，分置守宰。

10 燕主儁欲經營秦、晉，十二月，令州郡校實見丁，校實，檢校其實數也。見，賢遍翻。戶留一丁，餘悉發爲兵，欲使步卒滿一百五十萬，期來春大集洛陽。武邑劉貴上書，極陳「百姓彫弊，發兵非法，法未有戶留一丁而悉發爲兵者。必致土崩之變。」儁善之，乃更令三五發兵，寬其期日，以來冬集鄴。

時燕調發繁數，調，徒弔翻。數，所角翻。官司各遣使者，道路旁午，郡縣苦之。太尉、領中書監封奕請「自今非軍期嚴急，不得遣使，使，疏吏翻。自餘賦發皆責成州郡，其羣司所遣彈督在外者，一切攝還。」攝，收也，追也。儁從之。

11 燕泰山太守賈堅屯山茌，山茌，即前漢之茌縣，屬泰山郡，後漢改曰山茌。茌，仕疑翻。荀羨引兵擊之；堅所將纔七百餘人，將，卽亮翻。羨兵十倍於堅。堅將出戰，諸將皆曰：「衆少，不如固守。」少，詩沼翻。堅曰：「固守亦不能免，不如戰也。」遂出戰，身先士卒，先，悉薦翻。殺羨兵千餘人，復還入城。復，扶又翻；下同。羨進攻之，堅歎曰：「吾自結髮，志立功名，而每值窮阨，豈非命乎！堅欲折其鋒，使羨懼而退耳。羨進攻之，堅計窮矣。與其屈辱而生，不若守節而死。」乃謂將士曰：「今危困，計無所設，卿等可去，吾將止死。」將士皆泣曰：「府君不出，衆亦俱死耳。」乃扶堅上馬，堅曰：「我如欲逃，必不相遣。今當爲卿曹決鬬，爲，于爲翻。若勢不能支，卿等可趣去，趣，讀曰促。勿復顧我也！」乃開門直出。羨兵四集，堅立馬橋上，左右射之，射，而亦翻。皆應弦而倒。羨兵衆多，從塹下斫橋，堅人馬俱陷，生擒之，遂拔山茌。塹，七豔翻。羨謂堅曰：「君父、祖世爲晉臣，奈何背本不降？」背，蒲妹翻。降，戶江翻；下同。堅曰：「晉自棄中華，非吾叛也。堅發此言，江東將相其愧多矣。民既無主，強則託命。既已事人，安可改節！吾束脩自立，謂從師就學，便有志於自立。朱子曰：脩，脯也。十脡爲束。古者從師必以束脩爲禮。涉趙歷燕，未嘗易志，堅不降燕，見九十八卷永和七年。君何怱怱相謂降乎！」羨復責之，復，扶又翻。堅怒曰：「豎子，兒女御乃公！」自稱爲乃公，慢羨而孩視之也。曰御者，言若駕御兒女然。羨怒，執置雨中；數日，堅憤惋而卒。惋，烏貫翻。

燕青州刺史慕容塵遣司馬悅明救泰山，羨兵大敗，燕復取山茌。燕主儁以賈堅子活爲任城太守。任，音壬。

苟羡疾篤，徵還，以郗曇爲北中郎將、都督徐・兗・青・冀・幽五州諸軍事、五州，惟徐州有實土。郗，丑之翻。曇，徒含翻。徐・兗二州刺史，鎮下邳。

12 燕吳王垂娶段末柸女，生子令、寶。段氏才高性烈，自以貴姓，段與慕容本抗衡之國，故自以爲貴姓。不尊事可足渾后，可足渾氏銜之。燕主儁素不快於垂，事見上卷永和十年。中常侍涅皓涅，乃結翻，姓也。因希旨告段氏及吳國典書令遼東高弼爲巫蠱，欲以連汙垂，晉制：王國置典書、典祠、學官令。慕容氏因之。典書令，天朝吏部尚書之職。齊王攸傳，「國相上長吏缺典書令，請求差選」是也。西晉，典書令在常侍、侍郎上；及渡江，則侍郎次常侍，而典書令居三卿下。汙，烏姑翻。儁收段氏及弼下大長秋、廷尉考驗，下，遐稼翻。段氏及弼志氣確然，終無撓辭。掠治日急，撓，奴教翻。掠，音亮。治，直之翻。垂愍之，私使人謂段氏曰：「人生會當一死，何堪楚毒如此！不若引服。」引服，自引而誣服也。段氏歎曰：「吾豈愛死者耶！若自誣以惡逆，上辱祖宗，下累於王，累，力瑞翻。固不爲也！」辯答益明；故垂得免禍，而段氏竟死於獄中。出垂爲平州刺史，鎮遼東。垂以段氏女弟爲繼室；可足渾氏黜之，以其妹長安君妻垂；垂不悅，由是益惡之。爲慕容垂出奔張本。妻，七細翻。惡，烏路翻。

13 匈奴劉閼頭部落多叛，懼而東走，乘冰渡河，半渡而冰解，後衆悉歸劉悉勿祈，閼頭奔代。代在北河之東。閼，於焉翻，又於葛翻。悉勿祈，務桓之子也。務桓卒，見上卷永和十二年。

三年（己未、三五九）

1春，二月，燕主儁立子泓爲濟北王，濟，子禮翻。沖爲中山王。

2燕人殺段勤，勤弟思來奔。段勤降燕，見上卷永和八年。

3燕主儁宴羣臣于蒲池，蒲池在鄴。語及周太子晉，周靈王之太子曰晉，慧而早卒。國語諫壅穀、洛者，卽晉也。晉既卒，弟貴立，是爲景王。景王崩，而子朝、子丐爭立，周遂以亂。潸然流涕曰：潸，所姦翻。「才子難得。自景先之亡，燕太子曄，字景先。吾鬢髮中白。毛晃曰：中，直衆翻，半也。卿等謂景先何如？」司徒左長史李績對曰：「獻懷太子之在東宮，曄謚曰獻懷。臣爲中庶子，晉志曰：太子中庶子職如侍中。太子志業，敢不知之！太子大德有八：至孝，一也；聰敏，二也；沈毅，三也；沈，持林翻。疾諛喜直，四也；喜，許記翻。好學，五也；多藝，六也；謙恭，七也；好施，八也。」好，呼到翻。施，式豉翻。儁曰：「卿譽之雖過，譽，音余。然此兒在，吾死無憂矣。景茂何如？」燕太子暐，字景茂。時太子暐侍側，績曰：「皇太子天資岐嶷，嶷，魚力翻。毛萇曰：岐，智意也；嶷，識也。雖八德已聞，而二闕未補，好遊畋而樂絲竹，樂，五教翻。此其所以損也。」儁顧謂暐曰：「伯陽之言，藥石之惠也，李績，字伯陽。汝宜誡之！」暐甚不平。爲李績以憂卒張本。

儁夢趙王虎齧其臂，齧，魚結翻。乃發虎墓，求尸不獲，購以百金；鄴女子李菟知而告之，菟，同都翻。得尸於東明觀下，水經註：洹水東北流逕鄴城南，又東分爲二水，北逕東明觀下。觀，古玩翻。僵而不腐。儁蹋而罵之曰：僵，居良翻。蹋，與踏同。「死胡，何敢怖生天子！」數其殘暴之罪而鞭之，投於漳水，尸倚橋柱不流。水經註：漳水逕紫陌西。趙建武十一年，造紫陌浮橋，慕容儁投石虎尸處也。怖，普布翻。數，所具翻。及秦滅燕，王猛爲之誅李菟，收而葬之。史終言之。爲，于僞翻。

4 秦平羌護軍高離據略陽叛，永安威公侯討之，未克而卒。夏，四月，驍騎將軍鄧羌、驍，堅堯翻。秦州刺史啖鐵討平之。啖，徒覽翻，氏姓也。

5 匈奴劉悉勿祈卒，弟衞辰殺其子而代之。

6 五月，秦王堅如河東；六月，大赦，改元甘露。

7 涼州牧張瓘，猜忌苛虐，專以愛憎爲賞罰。郎中殷郇諫之，郇，須倫翻。瓘曰：「虎生三日，自能食肉，不須人教也。」由是人情不附。輔國將軍宋混，性忠鯁，瓘憚之，欲殺混及弟澄，因廢涼王玄靚而代之；靚，疾正翻，又疾郢翻。徵兵數萬，集姑臧。混知之，與澄帥壯士楊和等四十餘騎奄入南城，王隱晉書曰：涼州城有龍形，故曰臥龍城，南北七里，東西二里，本匈奴所築。後張氏世居之，又增築四城，箱各千步，幷舊城爲五。又據張駿傳：駿於姑臧城南築作五殿，四面各依方色，四時遞居之。則南城張氏所居也。帥，讀曰率。騎，奇寄翻。宣告諸營曰：「張瓘謀逆，被太后令誅之。」被，皮義翻。俄而衆至二千，瓘帥衆出戰，混擊破之。瓘麾下玄臚刺混，不能穿甲，玄，姓也。風俗通：古諸侯有玄都國。臚，陵如翻。刺，七亦翻；下同。混擒之，瓘衆悉降。降，戶江翻。瓘與弟琚皆自殺，混夷其宗族。玄靚以混爲使持節、都督中外諸軍事、驃騎大將軍、酒泉郡侯，代瓘輔政。驃，匹妙翻。混乃請玄靚去涼王之號，張祚始稱涼王，見九十九卷永和十年。張瓘推玄靚爲涼王，見上十一年。去，羌呂翻。復稱涼州牧。混謂玄朧曰：「卿刺我，幸而不傷，今我輔政，卿其懼乎？」朧曰：「朧受瓘恩，唯恨刺節下不深耳，竊無所懼！」混義之，任爲心膂。

8 高昌不能拒燕，秋，七月，自白馬奔滎陽。

9 秦王堅自河東還，以驍騎將軍鄧羌爲御史中丞。驍，堅堯翻。八月，以咸陽內史王猛爲侍中、中書令，領京兆尹。特進、光祿大夫強德，太后之弟也，強太后，秦主健之后也。酗酒，豪橫，酗，于句翻。孔安國曰：以酒爲凶曰酗。賈公彥曰：據字，酒旁爲凶，是因酒爲凶者也。橫，戶孟翻。掠人財貨、子女，爲百姓患。猛下車收德，奏未及報，已陳尸於市；堅馳使赦之，不及。與鄧羌同志，疾惡糾案，無所顧忌，數旬之間，權豪、貴戚，殺戮、刑免者二十餘人，朝廷震栗，姦猾屏氣，屏，必郢翻。路不拾遺。堅歎曰：「吾始今知天下之有法也！」

10 泰山太守諸葛攸將水陸二萬擊燕，將，卽亮翻；下同。入自石門，屯于河渚。燕上庸王評、長樂太守傅顏帥步騎五萬與攸戰于東阿，攸兵大敗。樂，音洛。帥，讀曰率。騎，奇寄翻。

冬，十月，詔謝萬軍下蔡，郗曇軍高平以擊燕。萬矜豪傲物，但以嘯詠自高，未嘗撫衆。兄安深憂之，謂萬曰：「汝爲元帥，帥，所類翻；下同。宜數接對諸將以悅其心，數，所角翻。豈有傲誕如此而能濟事也！」萬乃召集諸將，一無所言，直以如意指四坐云：「諸將皆勁卒。」諸將益恨之。如意，鐵如意也。坐，徂臥翻。凡奮身行伍者，以兵與卒爲諱；既爲將矣，而稱之爲卒，所以益恨也。安慮萬不免，乃自隊帥以下，無不親造，厚相親託。造，七到翻。晉史言安性遲緩，而爲其弟慮乃周密如此，宜其能爲晉室內消桓溫之變，外破苻秦之師也。既而萬帥衆入渦、潁以援洛陽。渦水至山桑入淮，潁水至下蔡入淮。謝尚之兵，自下蔡而入渦、潁之間。郗曇以病退屯彭城。萬以爲燕兵大盛，故曇退，卽引兵還，衆遂驚潰。進師易，退師難。是以善將者欲退師，必廣爲方略而後引退，不唯防敵人之追截，亦慮己衆之驚潰也。萬狼狽單歸，軍士欲因其敗而圖之，以安故而止。既至，詔廢萬爲庶人，降曇號建武將軍。於是許昌、潁川、譙、沛諸城相次皆沒於燕。

11 秦王堅以王猛爲吏部尚書，尋遷太子詹事，十一月，爲左僕射，餘官如故。

12 十二月，封武陵王晞子遵爲梁王。遵，與璡同，音津。

13 大旱。

14 辛酉，燕主儁寢疾，謂大司馬太原王恪曰：「吾病必不濟。今二方未平，二方，謂晉、秦也。景茂沖幼，國家多難，吾欲效宋宣公，以社稷屬汝，難，乃旦翻。宋宣公舍其子與夷而立其弟穆公。屬，之欲翻。何如？」恪曰：「太子雖幼，勝殘致治之主也。勝，音升。治，直之翻。臣實何人，敢干正統！」儁怒曰：「兄弟之間，豈虛飾邪！」恪曰：「陛下若以臣能荷天下之任者，豈不能輔少主乎！」荷，下可翻。少，詩照翻。儁喜曰：「汝能爲周公，吾復何憂！」復，扶又翻。李績清方忠亮，汝善遇之。」召吳王垂還鄴。自遼東召還也。

15秦王堅以王猛爲輔國將軍、司隸校尉，居中宿衛，僕射、詹事、侍中、中書令、領選如故。選，須絹翻。猛上疏辭讓，因薦散騎常侍陽平公融、光祿・散騎西河任羣、光祿、散騎，以光祿大夫爲散騎常侍也。散，悉亶翻。騎，奇寄翻。任，音壬。處士京兆朱彤自代。處，昌呂翻。堅不許，而以融爲侍中、中書監、左僕射，任羣爲光祿大夫、領太子家令，晉志曰：太子家令，主刑獄、穀貨、飲食，職比司農、少府。朱彤爲尚書侍郎、領太子庶子。漢制：尚書有侍郎三十六人。尚書郎初從三署詣臺，試守尚書郎中，歲滿稱尚書郎，三年稱侍郎。晉志曰：庶子職比散騎常侍、中書監令。「朱彤」，當作「朱肜」。猛時年三十六，歲中五遷，猛自尚書左丞遷咸陽內史；又遷侍中、中書令，領京兆尹；又遷吏部尚書；尋遷太子詹事，爲左僕射；及今凡五遷。權傾內外；人有毀之者，堅輒罪之，於是羣臣莫敢復言。復，扶又翻。以左僕射李威領護軍；右僕射梁平老爲使持節、都督北垂諸軍事、鎮北大將軍，戍朔方之西；使，疏吏翻。丞相司馬賈雍爲雲中護軍，戍雲中之南。

16燕所徵郡國兵悉集鄴城。去年所徵，今乃悉集。

資治通鑑卷第一百一

端明殿學士兼翰林侍讀學士朝散大夫右諫議大夫充集賢殿修撰判西京留司御史臺上柱國河内郡開國侯食邑一千三百戶食實封四百戶賜紫金魚袋臣　司馬光　奉敕編集

後　學　天　台　胡三省　音　註

晉紀二十三起上章涒灘（庚申），盡著雍執徐（戊辰），凡九年。

孝宗穆皇帝下

升平四年（庚申、三六〇）

1 春，正月，癸巳，燕主儁大閱于鄴，欲使大司馬恪、司空陽鶩將之入寇；鶩，音務。將，卽亮翻。會疾篤，乃召恪、鶩及司徒評、領軍將軍慕輿根等受遺詔輔政。甲午，卒。年四十二。戊子，太子暐卽皇帝位。暐，字景茂，儁第三子。按長曆，是年正月，甲戌朔。今儁以甲午卒，則戊子在甲午前，卽位恐是戊戌。年十一；大赦，改元建熙。

2 秦王堅分司、隸置雍州，雍，於用翻。以河南公雙爲都督雍·河·涼三州諸軍事、征西大將軍、雍州刺史，改封趙公，鎭安定。河、涼三州非秦土也。雙所督實土，惟安定五郡耳。爲雙以安定叛張本。封弟忠爲河南公。

3 仇池公楊俊卒，子世立。

4 二月，燕人尊可足渾后爲皇太后。以太原王恪爲太宰，專錄朝政；錄，總也。朝，直遥翻。上庸王評爲太傅，陽騖爲太保，慕輿根爲太師，參輔朝政。朝，直遥翻；下同。根性木強，師古曰：木謂質直。強，音其兩翻。自恃先朝勳舊，自皝以來，根屢有戰功。心不服恪，舉動倨傲。時太后可足渾氏頗預外事，根欲爲亂，乃言於恪曰：「今主上幼沖，母后干政，殿下宜防意外之變，思有以自全。且定天下者，殿下之功也。兄亡弟及，古今成法，此殷法也，非周法也。俟畢山陵，宜廢主上爲王，殿下自踐尊位，以爲大燕無窮之福。」恪曰：「公醉邪？何言之悖也！悖，蒲内翻，又蒲沒翻。吾與公受先帝遺詔，云何而遽有此議？」根愧謝而退。恪以告吳王垂，垂勸恪誅之。恪曰：「今新遭大喪，二鄰觀釁，二鄰，謂晉、秦也。而宰輔自相誅夷，恐乖遠近之望，且可忍之。」祕書監皇甫眞言於恪曰：「根本庸豎，過蒙先帝厚恩，引參顧命。而小人無識，自國哀已來，驕很日甚，將成禍亂。很，戶墾翻。明公今日居周公之地，當爲社稷深謀，早爲之所。」恪不聽。

根又言於可足渾氏及燕主暐曰：「太宰、太傅將謀不軌，臣請帥禁兵以誅之。」帥，讀曰率。可足渾氏將從之，暐曰：「二公，國之親賢，先帝選之，託以孤嫠，嫠，陵之翻。無夫曰嫠。必不肯爾；安知非太師欲爲亂也！」乃止。根又思戀東土，龍城在鄴城東北，故曰東土。言於可足渾氏及暐曰：「今天下蕭條，外寇非一，國大憂深，不如還東。」恪聞之，乃與太傅評謀，密奏根罪狀；使右衛將軍傅顏就內省誅根，并其妻子、黨與。大赦。既誅根及其妻子黨與，恐衆心反側，故肆赦以安之。是時新遭大喪，誅夷狼籍，內外恟懼，恟，許拱翻。太宰恪舉止如常，人不見其有憂色，每出入，一人步從。從，才用翻。或說以宜自嚴備，說，輸芮翻。恪曰：「人情方懼，當安重以鎮之，柰何復自驚擾，衆將何仰！」復，扶又翻。由是人心稍定。

恪雖綜大任，而朝廷之禮，兢兢嚴謹，每事必與司徒評議之，未嘗專決。虛心待士，諮詢善道，量才授任，量，音良。人不踰位；官屬、朝臣或有過失，朝，直遙翻。不顯其狀，隨宜他敍，不令失倫，以敍遷爲他官，不令失其倫等也。唯以此爲貶；時人以爲大愧，莫敢犯者。或有小過，自相責曰：「爾復欲望宰公遷官邪！」恪爲太宰，故稱之爲宰公。復，扶又翻。朝廷初聞燕主儁卒，皆以爲中原可圖。桓溫曰：「慕容恪尚在，憂方大耳。」史言慕容恪能輔幼主，桓溫能料敵。

三月，己卯，葬燕主儁於龍陵，陵在龍城，因以爲名。諡曰景昭皇帝，廟號烈祖。所徵郡國兵，以燕朝多難，難，乃旦翻。互相驚動，往往擅自散歸，自鄴以南，道路斷塞。塞，悉則翻。太宰恪以吳王垂爲使持節、征南將軍、都督河南諸軍事、兗州牧、荊州刺史，鎮梁國之蠡臺，使，疏吏翻；下同。孫希爲并州刺史，傅顏爲護軍將軍，帥騎二萬，觀兵河南，臨淮而還；境內乃安。史言恪當國有大憂、衆心危疑之際，處之有方。帥，讀曰率。騎，奇寄翻。觀，古玩翻，示之也。觀兵，曜兵以示之也。希，泳之弟也。孫泳拒趙，見九十六卷成帝咸康四年。史書孫泳、鞠彭、宋燭之子弟，皆貴顯於燕，所以勸委質者能守死而不貳，子孫必獲其福也。

5 匈奴劉衛辰遣使降秦，降，戶江翻。請田內地，春來秋返；秦王堅許之。夏，四月，雲中護軍賈雍遣司馬徐贇帥騎襲之，贇，於倫翻。大獲而還。堅怒曰：「朕方以恩信懷戎狄，而汝貪小利以敗之，何也！」敗，補邁翻。黜雍以白衣領職，遣使還其所獲，慰撫之。衛辰於是入居塞內，貢獻相尋。

夏，六月，代王什翼犍妃慕容氏卒。犍，居言翻。秋，七月，劉衛辰如代會葬，因求婚，什翼犍以女妻之。妻，七細翻。

6 八月，辛丑朔，日有食之，既。

7 謝安少有重名，少，詩照翻。前後徵辟，皆不就；寓居會稽，會，工外翻。以山水、文籍自娛。雖爲布衣，時人皆以公輔期之，士大夫至相謂曰：「安石不出，當如蒼生何！」謝安，字安石。江東人士始焉所期望者殷浩，浩既無以滿衆望矣，繼而所望者謝安，而安卒能匡輔晉室。世之論者，皆優安而劣浩。余謂盛名之下，其實難副。浩之所以敗，正以與桓溫齊名，其心易溫；又値石氏之亂，以爲可以立功，敗於輕率也。謝安當桓溫擅政之時，又身嘗爲之僚屬，而懲浩之所以失，戒溫而爲之備；溫既死而値秦之強，兢兢焉爲自保之謀，常持懼心，此其所以濟也。史氏謂其能矯情鎮物，蓋因屐齒之折、白雞之夢而知之耳。安每遊東山，東山，在今紹興府上虞縣西南四十五里。安故居今爲國慶禪寺。常以妓女自隨。妓，渠綺翻。司徒昱聞之，曰：「安石既與人同樂，樂，音洛。必不得不與人同憂，召之必至。」安妻，劉惔之妹也，見家門貴盛劉惔以清談貴顯；而謝尚、謝奕、謝萬皆爲方伯，盛於一時。惔，徒甘翻。而安獨靜退，謂曰：「丈夫不如此也！」安掩鼻曰：「恐不免耳。」言恐亦不免如諸兄弟也。及弟萬廢黜，安始有仕進之志，時已年四十餘。征西大將軍桓溫請爲司馬，安乃赴召，溫大喜，深禮重之。

8 冬，十月，烏桓獨孤部、鮮卑沒奕干各帥衆數萬降秦，秦王堅處之塞南。帥，讀曰率。降，戶江翻。處，昌呂翻；下同。陽平公融諫曰：「戎狄人面獸心，不知仁義。其稽顙內附，實貪地利，非懷德也；稽，音啓。不敢犯邊，實憚兵威，非感恩也。今處之塞內，與民雜居，彼窺郡縣虛實，必爲邊患，不如徙之塞外以防未然。」堅從之。

9 十一月，封桓溫爲南郡公，溫弟沖爲豐城縣公，子濟爲臨賀縣公。

10 燕太宰恪欲以李績爲右僕射，燕主暐不許。恪屢以爲請，暐曰：「萬機之事，皆委之叔父；伯陽一人，暐請獨裁。」出爲章武太守，以憂卒。暐不平李績事見上卷上年。

五年（辛酉、三六一）

1 春，正月，戊戌，大赦。

2 劉衞辰掠秦邊民五十餘口爲奴婢以獻於秦；秦王堅責之，使歸所掠。衞辰由是叛秦，專附於代。史言夷狄反覆難保。

3 東安簡伯郗曇卒。郗，丑之翻。曇，徒含翻。二月，以東陽太守范汪都督徐、兗、冀、青、幽五州諸軍事，兼徐、兗二州刺史。

4 平陽人舉郡降燕；平陽時屬張平。燕以建威將軍段剛爲太守，遣督護韓苞將兵共守平陽。

5 方士丁進有寵於燕主暐，【章：十二行本「暐」作「儁」；乙十一行本同。】欲求媚於太宰恪，說恪令殺太傅評；說，輸芮翻。恪大怒，奏收斬之。

6 高昌卒，三年，高昌奔滎陽。燕河內太守呂護幷其衆，遣使來降；拜護冀州刺史。護欲引晉兵以襲鄴。三月，燕太宰恪將兵五萬，冠軍將軍皇甫眞將兵萬人，共討之。將，卽亮翻。冠，古玩翻。燕兵至野王，護嬰城自守。護軍將軍傅顏請急攻之，以省大費。恪曰：「老賊經變多矣，觀其守備，未易猝攻，易，以豉翻。而多殺士卒。頃攻黎陽，多殺精銳，卒不能拔，事見上卷二年。自取困辱。護內無蓄積，外無救援，我深溝高壘，坐而守之，休兵養士，離間其黨，間，古莧翻。於我不勞而賊勢日蹙，不過十旬，取之必矣，何爲多殺士卒以求旦夕之功乎！」乃築長圍守之。

7 夏，四月，桓溫以其弟黃門郎豁都【章：十二行本無「都」字；乙十一行本同。】督沔中七郡諸軍事，魏置中書監、令，又置通事郎、黃門郎。沔中七郡，魏興、新城、上庸、襄陽、義成、竟陵、江夏也。兼新野、義城二郡太守，城，當作成。將兵取許昌，破燕將慕容塵。

8 涼驃騎大將軍宋混疾甚，驃，匹妙翻。騎，奇寄翻。張玄靚及其祖母馬氏往省之，靚，疾正翻，又疾郢翻。省，悉景翻。曰：「將軍萬一不幸，寡婦孤兒將何所託！欲以林宗繼將軍，可乎？」混曰：「臣子林宗幼弱，不堪大任。殿下儻未棄臣門，臣弟澄政事愈於臣，但恐其儒緩，機事不稱耳。凡儒者多務爲舒緩，而不能應機以趨事赴功。稱，尺證翻。殿下策勵而使之，可也。」混戒澄及諸子曰：「吾家受國大恩，當以死報，無恃勢位以驕人。」又見朝臣，皆戒之以忠貞。朝，直遙翻。及卒，行路爲之揮涕。卒，子恤翻。爲，于類翻。玄靚以澄爲領軍將軍，輔政。

9 五月，丁巳，帝崩，年十九。無嗣。皇太后令曰：「琅邪王丕，中興正統，元帝、明帝、成帝皆正統相傳。琅邪王丕，成帝長子也，故曰中興正統。義望情地，莫與爲比，其以王奉大統！」於是百官備法駕迎于琅邪第。庚申，即皇帝位，大赦。壬戌，改封東海王奕爲琅邪王。秋，七月，戊午，葬穆帝于永平陵，廟號孝宗。

10 燕人圍野王數月，呂護遣其將張興出戰，傅顏擊斬之，城中日蹙。皇甫眞戒部將曰：「護勢窮奔突，必擇虛隙而投之；吾所部士卒多羸，器甲不精，宜深爲之備。」乃多課櫓楯，親察行夜者。將，即亮翻。羸，倫爲翻。楯，食尹翻。行，下孟翻。護食盡，果夜悉精鋭趨眞所部，趨，七喻翻。突圍，不得出；太宰恪引兵擊之，護衆死傷殆盡，棄妻子奔滎陽。恪存撫降民，給其廩食；降，戶江翻。徙士人、將帥於鄴，自餘各隨所樂；帥，所類翻。樂，音洛。以護參軍廣平梁琛爲中書著作郎。晉武帝以祕書幷中書省，故曰中書著作郎。琛，丑林翻。

11 九月，戊申，立妃王氏爲皇后。后，濛之女也。穆帝何皇后稱穆皇后，居永安宮。

12 涼右司馬張邕惡宋澄專政，惡，烏路翻；下同。起兵攻澄，殺之，幷滅其族。宋澄豈特機事不稱哉，遂赤其族！以此知經世非儒緩者所能爲也。張玄靚以邕爲中護軍，叔父天錫爲中領軍，同輔政。

13 張平襲燕平陽，殺段剛、韓苞；又攻鴈門，殺太守單男。單，音善，姓也。既而爲秦所攻，平復謝罪於燕以求救。復，扶又翻。燕人以平反覆，弗救也，平遂爲秦所滅。

14 乙亥，秦大赦。

15 徐、兗二州刺史范汪，素爲桓溫所惡，桓溫初以安西鎭上流，汪爲上佐；蓋惡其異己也。若汪於此時能立異，必知溫之心迹矣。惡，烏路翻。溫將北伐，命汪帥衆出梁國。帥，讀曰率。冬，十月，坐失期，免爲庶人，遂廢，卒於家。卒，子恤翻。

子寧，好儒學，好，呼到翻。性質直，常謂王弼、何晏之罪深於桀、紂。或以爲貶之太過，寧曰：「王、何蔑棄典文，幽沈仁義，沈，持林翻。游辭浮說，波蕩後生，使搢紳之徒翻然改轍，以至禮壞樂崩，中原傾覆，遺風餘俗，至今爲患。桀、紂縱暴一時，適足以喪身覆國，喪，息浪翻。爲後世戒，豈能迴百姓之視聽哉！故吾以爲一世之禍輕，歷代之患重；自喪之惡小，迷衆之罪大也！」喪，息浪翻。

16 呂護復叛，奔燕，燕人赦之，以爲廣州刺史。燕無廣州，以刺史之名授護耳。

17 涼張邕驕矜淫縱，樹黨專權，多所刑殺，國人患之。張天錫所親敦煌劉肅謂天錫曰：敦，徒門翻。「國家事欲未靜！」天錫曰：「何謂也？」肅曰：「今護軍出入，有似長寧。」長寧侯張祚也。天錫驚曰：「我固疑之，未敢出口。計將安出？」肅曰：「正當速除之耳！」天錫曰：「安得其人？」肅曰：「肅卽其人也！」肅時年未二十。天錫曰：「汝年少，少，詩照翻。更求其助。」肅曰：「趙白駒與肅二人足矣。」十一月，天錫與邕俱入朝，朝，直遙翻。肅與白駒從天錫，【章：十二行本「錫」下有「値邕於門下」五字；乙十一行本同；孔本同；張校同；退齋校同。】肅斫之不中，中，竹仲翻。白駒繼之，又不克，二人與天錫俱入宮中，邕得逸走，帥甲士三百餘人攻宮門。天錫登屋大呼曰：帥，讀曰率。呼，火故翻。「張邕凶逆無道，既滅宋氏，又欲傾覆我家。汝將士世爲涼臣，何忍以兵相向邪！將，卽亮翻。今所取者，止張邕耳，他無所問！」於是邕兵悉散走，邕自刎死，盡滅其族黨。刎，扶粉翻。玄靚以天錫爲使持節、冠軍大將軍、都督中外諸軍事，輔政。自張重華沒後，張祚、張瓘、宋混、宋澄以及張邕、張天錫，遞相屠滅，涼浸衰矣。使，疏吏翻。冠，古玩翻。十二月，始改建興四十九年，奉升平年號。涼至是方奉建康年號。詔以玄靚爲大都督、督隴右諸軍事、涼州刺史、護羌校尉、西平公。

18 燕大赦。

19 秦王堅命牧伯守宰各舉孝悌、廉直、文學、政事，察其所舉，得人者賞之，非其人者罪之。由是人莫敢妄舉，而請託不行，士皆自勵；雖宗室外戚，無才能者皆棄不用。當是之時，內外之官，率皆稱職；稱，尺證翻。田疇修闢，倉庫充實，盜賊屏息。屏，必郢翻。

20 是歲，歸義侯李勢卒。永和三年，李勢降，至是而卒。

哀皇帝

諱丕，成帝長子也，字千齡；咸康八年，封琅邪王。謚法：恭仁短折曰哀。

隆和元年（壬戌、三六二）

1 春，正月，壬子，大赦，改元。

2 甲寅，減田租，畝收二升。成帝咸和五年，始度百姓田，畝取十分有一，率畝稅米三升；今減之，畝收二升。

3 燕豫州刺史孫興請攻洛陽，曰：「晉將陳祐弊卒千餘，介守孤城，不足取也！」將，卽亮翻。介，如字，獨也；又音戛。燕人從其言，遣寧南將軍呂護屯河陰。

4 二月，辛未，以吳國內史庾希爲北中郎將、徐·兗二州刺史，鎭下邳，龍驤將軍袁眞爲西中郎將、監護豫·司·幷·冀四州諸軍事、豫州刺史，鎭汝南；希、眞既並假節，職任宜同；疑希亦當帶監護之職，史逸之也。驤，思將翻。監，工銜翻。並假節。希，冰之子也。庾冰秉政於咸康。

5 丙子，拜帝母周貴人爲皇太妃，儀服擬於太后。

6 燕呂護攻洛陽。三月，乙酉，河南太守戴施奔宛，永和十二年，桓溫留戴施戍洛陽。宛，於元翻。陳祐告急。五月，丁巳，桓溫遣庾希及竟陵太守鄧遐帥舟師三千人助祐守洛陽。帥，讀曰率。遐，嶽之子也。鄧嶽，王敦將也。敦敗後自歸，著功交、廣。

溫上疏請遷都洛陽，自永嘉之亂播流江表者，一切北徙，以實河南。朝廷畏溫，不敢爲異；而北土蕭條，人情疑懼，雖並知不可，莫敢先諫。散騎常侍領著作郎孫綽上疏曰：晉志曰：著作郎，周左史之任也。漢東京，圖籍在東觀，故使儒者著作東觀，有其名，尚未有官。魏明帝太和中，詔置著作郎，於此始有其官，隸中書省。晉惠帝置祕書監，併統著作省。蓋著作雖別置省，而猶隸祕書也。余按班固西都賦曰：承明、金馬，著作之廷。如是，則漢西都雖未置著作之官，而承明、金馬亦著作之所也。散，悉亶翻。騎，奇寄翻。「昔中宗龍飛，元帝，廟號中宗。非惟信順協於天人，易大傳曰：天之所助者順也。人之所助者信也。實賴萬里長江畫而守之耳。今自喪亂已來，六十餘年，自賈后之廢，趙王倫之誅，繼而諸王交兵，胡、羯乘之而起，天下大亂，至是六十餘年矣。喪，息浪翻。河、洛丘墟，函夏蕭條。函，容也。夏，大也。言中原之地，所函容者大也。夏，戶雅翻。士民播流江表，已經數世，存者老子長孫，長，知兩翻。亡者丘隴成行，行，戶剛翻。雖北風之思感其素心，目前之哀實爲交切。若遷都旋軫之日，賈公彥曰：若，不定之辭。中興五陵，即復緬成遐域。中興五陵，元帝建平陵、明帝武平陵、成帝興平陵、康帝崇平陵、穆帝永平陵，皆在江南。緬，遠也。遐，亦遠也。泰山之安，既難以理保，言以理觀之，遷都于洛，難以保泰山之安也。烝烝之思，豈不纏於聖心哉！烝烝，進進也。言若遷洛，纏心於江南陵寢，孝思進進也。溫今此舉，誠欲大覽始終，爲國遠圖；而百姓震駭，同懷危懼，豈不以反舊之樂賒，趨死之憂促哉！樂，音洛。趨，七喻翻。何者？植根江外，數十年矣，中原以江南爲江外，亦曰江表。一朝頓欲拔之，驅踧於窮荒之地；踧，昌六翻。提挈萬里，踰險浮深，離墳墓，離，力智翻。棄生業，田宅不可復售，復，扶又翻。舟車無從而得，捨安樂之國，適習亂之鄉，將頓仆道塗，飄溺江川，僅有達者。溺，奴狄翻。此仁者所宜哀矜，國家所宜深慮也！臣之愚計，以爲且宜遣將帥有威名、資實者，先鎮洛陽，將，即亮翻。帥，所類翻。掃平梁、許，梁，謂梁國；許，謂許昌；皆當江南入洛之要路。清壹河南。運漕之路既通，開墾之積已豐，豺狼遠竄，中夏小康，然後可徐議遷徙耳。夏，戶雅翻。奈何捨百勝之長理，舉天下而一擲哉！」綽，楚之孫也。孫楚仕武帝時，有才名。少慕高尙，少，詩照翻。嘗著遂初賦以見志。溫見綽表，不悅，曰：「致意興公，孫綽字興公。何不尋君遂初賦，而知人家國事邪！」

時朝廷憂懼，將遣侍中止溫，揚州刺史王述曰：「溫欲以虛聲威朝廷耳，非事實也；但從之，自無所至。」乃詔溫曰：「在昔喪亂，忽涉五紀，孔穎達曰：言在昔者，自下本上之辭；言昔在者，從上自下爲稱。喪，息浪翻。自惠帝永興元年劉淵始亂，距是歲五十九年；自懷帝永嘉五年洛陽陷，距是歲五十年。戎狄肆暴，繼襲凶迹，眷言西顧，慨歎盈懷。知欲躬帥三軍，蕩滌氛穢，廓清中畿，中畿，王畿也。周禮九畿，王畿方千里，其外侯、甸、男、采、衞、蠻、夷、鎮、蕃，皆以五百里言之。王畿在九畿之中，故此曰中畿。帥，讀曰率。光復舊京；非夫外身徇國，孰能若此！諸所處分，處，昌呂翻。分，扶問翻。委之高算。但河、洛丘墟，所營者廣，經始之勤，致勞懷也。」事果不行。

溫又議移洛陽鍾虡，虡，音巨。述曰：「永嘉不競，暫都江左，方當蕩平區宇，旋軫舊京。若其不爾，宜改遷園陵，不應先事鍾虡！」溫乃止。

朝廷以交、廣遼遠，溫督荆、司、雍、益、梁、寧、交、廣八州。改授溫都督并、司、冀三州；溫表辭不受。

7 秦王堅親臨太學，考第諸生經義，與博士講論，自是每月一至焉。

8 六月，甲戌，燕征東參軍劉拔刺殺征東將軍、冀州刺史、范陽王友於信都。刺，七亦翻。

9 秋，七月，呂護退守小平津，以晉援兵至也。中流矢而卒。中，竹仲翻。燕將段崇收軍北渡，屯于野王。鄧遐進屯新城；新城，春秋戎蠻子之國也；自漢以來，屬河南，隋改爲伊闕縣。八月，西中郎將袁眞進屯汝南，運米五萬斛以饋洛陽。

10 冬，十一月，代王什翼犍納女於燕，犍，居言翻。燕人亦以女妻之。妻，七細翻。

11 十二月，戊午朔，日有食之。

12 庚希自下邳退屯山陽，袁眞自汝南退屯壽陽。以洛陽兵解退屯，而燕兵尋復至矣。

興寧元年（癸亥、三六三）

1 春，二月，己亥，大赦，改元。

2 三月，壬寅，皇太妃周氏薨于琅邪第。癸卯，帝就第治喪，治，直之翻。詔司徒會稽王昱總內外衆務。帝欲爲太妃服三年，爲，于僞翻。僕射江虨啓：「於禮，應服緦麻。」虨，逋閑翻。又欲降服朞，虨曰：「厭屈私情，所以上嚴祖考。」乃服緦麻。周禮曰：王爲諸侯緦，繐弁而加環絰。又，禮，爲人後者爲之子，故爲所後服斬衰三年，而降其父母朞。虨以爲應服緦者，蓋以帝入後大宗，則周氏者琅邪之母，當以服諸侯者服之也。厭，於葉翻。嚴，尊也。

3 夏，四月，燕寧東將軍慕容忠攻滎陽太守劉遠，遠奔魯陽。

4 五月，加征西大將軍桓溫侍中、大司馬、都督中外諸軍、錄尚書事，假黃鉞。溫以撫軍司馬王坦之爲長史。坦之，述之子也。又以征西掾郗超爲參軍，王珣爲主簿，每事必與二人謀之。府中爲之語曰：「髯參軍，短主簿，以超多髯而珣短也。掾，于絹翻。郗，丑之翻。能令公喜，能令公怒。」令，力呈翻。溫氣概高邁，罕有所推，與超言，常自謂不能測，傾身待之；超亦深自結納。珣，導之孫也，與謝玄皆爲溫掾，溫俱重之。曰：「謝掾年四十必擁旄杖節，王掾當作黑頭公，皆未易才也。」易，以豉翻。玄，奕之子也。升平二年，謝奕卒。

5 以西中郎將袁眞都督司、冀、幷三州諸軍事，北中郎將庾希都督青州諸軍事。

6 癸卯，燕人拔密城，密縣，漢屬河南郡，晉屬滎陽郡。劉遠奔江陵。

7 秋，八月，有星孛于角、亢。角，二星；亢，四星。晉天文志：角、亢、氐，鄭、兗州分。孛，蒲內翻。亢，居郎翻。

8 張玄靚祖母馬氏卒，靚，疾正翻，又疾郢翻。尊庶母郭氏爲太妃。郭氏以張天錫專政，與大臣張欽等謀誅之；事泄，欽等皆死。玄靚懼，以位讓天錫；天錫不受。右將軍劉肅等勸天錫自立。閏月，天錫使肅等夜帥兵入宮，弒玄靚，帥，讀曰率；下同。考異曰：帝紀：天錫殺玄靚自立在七月。今從晉春秋。宣言暴卒，諡曰沖公。天錫自稱使持節、大都督、大將軍、涼州牧、西平公，使，疏吏翻。時年十八。尊母劉美人曰太妃。遣司馬綸騫奉章詣建康請命，綸，姓也。姓譜曰：魏志：孫文端臣綸直。幷送御史俞歸東還。穆帝永和三年，歸使涼州，今乃還。

9 癸亥，大赦。

10冬，十月，燕鎮南將軍慕容塵攻陳留太守袁披于長平；長平縣，前漢屬汝南郡，後漢、晉屬陳郡。賢曰：長平故城，在今陳州宛丘縣西北。汝南太守朱斌乘虛襲許昌，克之。考異曰：燕書作「朱黎」。今從晉帝紀。

11代王什翼犍擊高車，大破之，高車，卽敕勒也，俗乘高輪車，故亦號高車部。李延壽曰：高車，蓋古赤狄之餘種也。初號爲「狄歷」，北方以爲高車丁零。其遷徙隨水草，衣皮食肉，與柔然同，唯車輪高大，輻數至多。犍，居言翻。俘獲萬餘口，馬、牛、羊百餘萬頭。

12以征虜將軍桓沖爲江州刺史。十一月，姚襄故將張駿殺江州督護趙毗，帥其徒北叛；沖討斬之。桓溫之破姚襄，獲襄將張駿、楊凝等，徙于尋陽。

二年（甲子、三六四）

1春，正月，丙辰，燕大赦。

2二月，燕太傅評、龍驤將軍李洪略地河南。驤，思將翻。

3三月，庚戌朔，大閱戶口，令所在土斷，令西北士民僑寓東南者，所在以土著爲斷也。斷，丁亂翻。嚴其法制，【章：十二行本「制」作「禁」；乙十一行本同。】謂之庚戌制。

4帝信方士言，斷穀餌藥以求長生。斷，讀曰短。侍中高崧諫曰：「此非萬乘所宜爲；乘，繩證翻。陛下茲事，實日月之食。」論語：子貢曰：君子之過也，如日月之食焉。不聽。辛未，帝以藥發，不能親萬機，褚太后復臨朝攝政。穆帝以幼沖嗣位，褚太后臨朝稱制。升平元年，帝加元服，太后歸政。帝即位年長矣，以疾不能親政，太后復臨朝。復，扶又翻。朝，直遙翻。

5 夏，四月，甲辰，燕李洪攻許昌、汝南，敗晉兵於懸瓠，敗，補邁翻。水經註曰：懸瓠城，汝南郡治也。城之西北，汝水枝別左出，西北流，又屈西東轉，又西南會汝，形如垂瓠，因以名城。瓠，音胡，又音互。潁川太守李福戰死，汝南太守朱斌奔壽春，陳郡太守朱輔退保彭城。大司馬溫遣西中郎將袁真等禦之，去年五月，加桓溫督、錄、假黃鉞，至是書其官名而不姓，堅冰至矣。溫帥舟師屯合肥。帥，讀曰率。燕人遂拔許昌、汝南、陳郡，徙萬餘戶於幽、冀二州，遣鎮南將軍慕容塵屯許昌。

6 五月，戊辰，以揚州刺史王述爲尚書令。加大司馬溫揚州牧、錄尚書事。壬申，使侍中召溫入參朝政；溫辭不至。

王述每受職，不爲虛讓，其所辭必於不受。及爲尚書令，子坦之白述：「故事當讓。」述曰：「汝謂我不堪邪？」坦之曰：「非也，但克讓自美事耳。」述曰：「既謂堪之，何爲復讓！復，扶又翻。人言汝勝我，定不及也。」

7 六月，秦王堅遣大鴻臚拜張天錫爲大將軍、涼州牧、西平公。

8 秋，七月，丁卯，詔復徵大司馬溫入朝。八月，溫至赭圻，詔尚書車灌止之，溫遂城赭圻居之，赭圻在宣城界。南史，沈攸之自虎檻洲進攻赭圻，陶亮等自鵲頭引兵救之。劉昫曰：宣州南陵縣，漢春穀縣地；梁置南陵縣，舊治赭圻城；唐長安四年，移治青陽城。按溫表云：春穀縣之赭圻城，在江東岸，臨當濡須口上二十里，距建康宮三百三十里，南有聲里，北有高安戍。車，昌遮翻。圻，渠希翻。固讓內錄，內錄，謂錄尚書事也。遙領揚州牧。

9 秦汝南公騰謀反，伏誅。騰，秦主生之弟也。是時，生弟晉公柳等猶有五人，王猛言於堅曰：「不去五公，終必爲患。」堅不從。爲後柳等反張本。去，羌呂翻。

10 燕侍中慕輿龍詣龍城，徙宗廟及所留百官皆詣鄴。

11 燕太宰恪將取洛陽，考異曰：帝紀：「慕容暐寇洛陽。」上云「苻堅別帥侵河南。」按明年，恪拔洛陽，堅親將以備潼關，是未敢與燕爭河南也。十六國春秋堅傳亦無此舉；帝紀恐誤。先遣人招納士民，遠近諸塢皆歸之；乃使司馬悅希軍于盟津，盟，讀曰孟。豫州刺史孫興軍于成皋。

初，沈充之子勁，以其父死於逆亂，見九十三卷明帝太寧二年。志欲立功以雪舊恥；年三十餘，以刑家不得仕。吳興太守王胡之爲司州刺史，上疏稱勁才行，行，下孟翻。請解禁錮，參其府事；朝廷許之。會胡之以病，不行。及燕人逼洛陽，冠軍將軍陳祐守之，冠，古玩翻。衆不過二千。勁自表求配祐效力；詔以勁補冠軍長史，令自募壯士，得千餘人以行。勁屢以少擊燕衆，摧破之。少，詩沼翻。而洛陽糧盡援絕，祐自度不能守，度，徒洛翻。乃以救許昌爲名，九月，留勁以五百人守洛陽，祐帥衆而東。帥，讀曰率。勁喜曰：「吾志欲致命，論語：子張曰：士見危致命。朱子曰：致命，謂委致其命，猶言授命也。今得之矣。」祐聞許昌已沒，遂奔新城。燕悅希引兵略河南諸城，盡取之。

12秦王堅命公國各置三卿，晉制：王國置郎中令、中尉、大農爲三卿；秦因其制。幷餘官皆聽自采辟，獨爲置郎中令。爲，于僞翻。富商趙掇等車服僭侈，諸公競引以爲卿；掇，陟劣翻，又都活翻。黃門侍郎安定程憲【章：十二行本「憲」下有「言於堅」三字；乙十一行本同；孔本同。】請治之。治，直之翻。堅乃下詔稱：「本欲使諸公延選英儒，乃更猥濫如是！宜令有司推檢，辟召非其人者，悉降爵爲侯，自今國官皆委之銓衡。銓衡，謂吏部尚書也。自非命士已上，不得乘車馬；去京師百里內，工商皁隸，不得服金銀、錦繡，犯者棄市。」於是平陽、平昌、九江、陳留、安樂五公皆降爵爲侯。樂，音洛。

三年（乙丑、三六五）

1春，正月，庚申，皇后王氏崩。

2劉衛辰復叛代，劉衛辰附代，見上升平五年。復，扶又翻。代王什翼犍東渡河，擊走之。犍，居言翻。什翼犍性寬厚，郎中令許謙盜絹二匹，什翼犍知而匿之，按北史，代國俗無繒帛，而謙盜之，其罪在不赦；而什翼犍能容之，故史以此言其寬厚之一端。謂左長史燕鳳曰：「吾不忍視謙之面，【章：十二行本「面」下有「卿愼勿泄」四字；乙十一行本同；孔本同；退齋校同。】若謙慙而自殺，是吾以財殺士也。」

嘗討西部叛者，流矢中目；中，竹仲翻。既而獲射者，羣臣欲臠割之，什翼犍曰：「彼各爲其主鬭耳，爲，于僞翻。何罪！」遂釋之。

3 大司馬溫移鎮姑孰。溫又自赭圻而東鎮姑孰。二月，乙未，以其弟右將軍豁監荊州、揚州之義城、雍州之京兆諸軍事，領荊州刺史；義城郡置於襄陽，襄陽郡屬荊州，而義城郡領揚州淮南之平阿、下蔡。蓋桓宣先從祖約退屯淮南，後鎮襄陽，陶侃以其淮南部曲置義成郡於穀城，蓋有揚州之民而又置揚州僑縣於穀城；穀城，荊州統內之地也，故曰荊州、揚州之義成；曰義成者，言以義成軍，因而名郡。後人又於「成」字旁添「土」，失其初立郡之旨矣。京兆郡屬雍州，時亦僑立於襄陽。雍，於用翻。加江州刺史桓沖監江州及荊、豫八郡諸軍事；初，沖刺江州，領西陽、譙二郡太守；今加監荊州之江夏・隨郡、豫州之汝南・西陽・新蔡・潁川，凡六郡，通所鎮尋陽爲八郡。監，工銜翻。考異曰：帝紀云：「沖領南蠻校尉。」按江左唯荊州領南蠻，沖傳亦無，蓋紀因桓豁重出。今不取。並假節。

司徒昱聞陳祐棄洛陽，會大司馬溫于洌洲，今姑孰江中有洌山，卽其地。共議征討。丙申，帝崩于西堂，年二十五。西堂，太極殿西堂也。建康太極殿有東西堂，東堂以見羣臣，西堂爲卽安之地。事遂寢。

帝無嗣；丁酉，皇太后詔以琅邪王奕承大統。奕，當作弈。百官奉迎于琅邪第，是日，卽皇帝位，大赦。

4 秦大赦，改元建元。

5 燕太宰恪、吳王垂共攻洛陽。恪謂諸將曰：「卿等常患吾不攻，今洛陽城高而兵弱，易克也，易，以豉翻。勿更畏懦而怠惰！」遂攻之。三月，克之，執揚武將軍沈勁。勁神氣自若，恪將宥之。中軍將軍慕輿虔曰：「勁雖奇士，觀其志度，終不爲人用，今赦之，必爲後患。」遂殺之。

恪略地至崤、澠，崤，崤谷也；澠，澠池也。澠，彌兗翻。關中大震，秦王堅自將屯陝城以備之。將，即亮翻。陝，式冉翻。

燕人以左中郎將慕容筑爲洛州刺史，鎮金墉；筑，張六翻。吳王垂爲都督荆・揚・洛・徐・兗・豫・雍・益・涼・秦十州諸軍事、征南大將軍、荆州牧，配兵一萬，鎮魯陽。雍，於用翻。

太宰恪還鄴，謂僚屬曰：「吾前平廣固，不能濟辟閭蔚；見上卷穆帝永和十二年。今定洛陽，使沈勁爲戮；雖皆非本情，然身爲元帥，實有愧於四海。」帥，讀曰率。朝廷嘉勁之忠，贈東陽太守。

臣光曰：沈勁可謂能子矣！恥父之惡，致死以滌之，變凶逆之族爲忠義之門。易曰：「幹父之蠱，用譽。」易蠱卦六五爻辭，象曰：幹父用譽，承以德也。蔡仲之命曰：「爾尚蓋前人之愆，惟忠惟孝。」見尚書。其是之謂乎！

6太宰恪爲將，不事威嚴，專用恩信；撫士卒務綜大要，不爲苛令，使人人得便安。平時營中寬縱，似若可犯；然警備嚴密，敵至莫能近者，近，其靳翻。故未嘗負敗。

7壬申，葬哀帝及靜皇后于安平陵。王皇后，謚曰靜。晉書作「靖」。

8夏，四月，壬午，燕太尉武平匡公封奕卒。謚法：貞心大度曰匡。以司空陽騖爲太尉，侍中、光祿大夫皇甫眞爲司空，領中書監。騖歷事四朝，廆、皝、儁、暐四朝。朝，直遙翻。年耆望重，自太宰恪以下皆拜之。而騖謙恭謹厚，過於少時；戒束子孫，雖朱紫羅列，無敢違犯其法度者。封奕事燕，亦歷事四朝，其宣勞過於陽騖，子孫貴顯亦過於陽氏。豈奕之謙德有愧於騖邪？或者史家因陽氏家傳書之，而封氏闕然無述也。少，詩照翻。

9六月，戊子，益州刺史建城襄公周撫卒。謚法：因事有功曰襄。撫在益州三十餘年，穆帝永和三年，桓溫平蜀，留撫鎮之，至是纔十九年。蓋晉未得蜀之前，置益州刺史於巴東，撫先已爲刺史；溫既克蜀，撫仍爲益州刺史，鎮彭模。曰在益州三十餘年者，史通其鎮巴東、鎮彭模之年數之也。甚有威惠。詔以其子犍爲太守楚代之。犍，居言翻。

10秋，七月，己酉，徙會稽王昱復爲琅邪王。元帝以昱爲琅邪王，奉恭王祀。成帝咸和元年，王生母鄭夫人薨，王號慕請服，重徙封會稽王。是後，康帝、哀帝及今帝，皆自琅邪入繼大統。會，工外翻。

11壬子，立妃庾氏爲皇后。后，冰之女也。

12 甲申，立琅邪王昱子昌明爲會稽王；昱固讓，猶自稱會稽王。會，工外翻。

13 匈奴右賢王曹轂、左賢王劉衛辰皆叛秦。轂帥衆二萬寇杏城，秦王堅自將討之，轂，古祿翻。帥，讀曰率。將，卽亮翻。使衛大將軍李威、左僕射王猛輔太子宏留守長安。八月，堅擊轂，破之，斬轂弟活，轂請降，降，戶江翻。徙其豪傑六千餘戶于長安。建節將軍鄧羌討衛辰，擒之於木根山。木根山在朔方。

九月，堅如朔方，巡撫諸胡。冬，十月，征北將軍、淮南公幼帥杏城之衆乘虛襲長安，李威擊斬之。幼，亦秦主生之弟也。

14 鮮卑禿髮椎斤卒，年一百一十，子思復鞬代統其衆。鞬，居言翻。椎斤，樹機能從弟務丸之孫也。樹機能亂涼州，見晉武帝紀。從，才用翻。

15 梁州刺史司馬勳，爲政酷暴，治中、別駕及州之豪右，言語忤意，卽於坐梟斬之，忤，五故翻。坐，徂臥翻。梟，堅堯翻。或親射殺之。射，而亦翻。常有據蜀之志，憚周撫，不敢發。及撫卒，勳遂舉兵反；別駕雍端、西戎司馬隗粹切諫，西戎司馬，西戎校尉之屬官也。雍，於用翻。隗，五罪翻。勳皆殺之，自號梁、益二州牧、成都王。十一月，勳引兵入劍閣，攻涪，西夷校尉毌丘暐棄城走。晉初置西夷校尉，治汶山，今蓋治涪城。涪，音浮。乙卯，圍益州刺史周楚于成都。大司馬溫表鷹揚將軍江夏相義陽朱序爲征討都護以救之。夏，戶雅翻。相，息亮翻。

16秦王堅還長安，以李威守太尉，加侍中。以曹轂爲鴈門公，劉衛辰爲夏陽公，夏，戶雅翻。各使統其部落。

17十二月，戊戌，以尚書王彪之爲僕射。

海西公上

諱奕，字延齡，哀帝之母弟也；咸康八年，封爲東海王；穆帝升平五年，改封琅邪王；卽位後，桓溫廢爲海西公。

太和元年（丙寅、三六六）

1春，三月，荆州刺史桓豁使督護桓羆攻南鄭，討司馬勳。

2燕太宰、大司馬恪，太傅、司徒評，稽首歸政，上章綬，請歸第；稽，音啓。上，時掌翻。燕主暐不許。

3夏，五月，戊寅，皇后庾氏崩。

4朱序、周楚擊司馬勳，破之，擒勳及其黨，送大司馬溫；溫皆斬之，傳首建康。

5代王什翼犍遣左長史燕鳳入貢于秦。犍，居言翻。燕，於賢翻。

6秋，七月，癸酉，葬孝皇后于敬平陵。庾后，謚曰孝。

7秦輔國將軍王猛、前將軍楊安、揚武將軍姚萇等帥衆二萬寇荆州，攻南鄉郡；萇，仲良翻。帥，讀曰率。荊州刺史桓豁救之，八月，軍于新野。秦兵掠安陽民萬餘戶而還。安陽縣，漢屬漢中郡。魏置魏興郡，安陽屬焉；晉省。秦攻南鄉而退，安能深入山阻，掠安陽之民乎！載記作「漢陽」，謂漢水之北也。當從載記爲是。

8 九月，甲午，曲赦梁、益二州。司馬勳初平，赦其支黨及脅從者。

9 冬，十月，加司徒昱丞相、錄尚書事，入朝不趨，讚拜不名，劍履上殿。朝，直遙翻。上，時掌翻。

10 張天錫遣使至秦境上，告絕於秦。涼與秦通，見上卷穆帝永和十二年。使，疏吏翻。

11 燕撫軍將軍下邳王厲寇兗州，拔魯、高平數郡，置守宰而還。

12 初，隴西李儼以郡降秦，既而復通於張天錫。李儼據隴西，事始上卷永和十一年。降，戶江翻。復，扶又翻。十二月，羌斂岐以略陽四千家叛秦，稱臣於儼；載記作「斂岐」。張天錫傳作「廉岐」。斂，羌姓也。儼於是拜置牧守，與秦、涼絕。

13 南陽督護趙億據宛城降燕，太守桓澹走保新野；燕人遣南中郎將趙盤自魯陽戍宛。宛，於元翻。

14 徐、兗二州刺史庾希，以后族故，兄弟貴顯，大司馬溫忌之。

二年（丁卯、三六七）

1春，正月，庚希坐不能救魯、高平，免官。考異曰：帝紀，是月，希有罪，走入海。按本傳，海西廢後，希始逃于海陵，此時才坐免官耳。

2二月，燕撫軍將軍下邳王厲、鎮北將軍宜都王桓襲敕勒。

3秦輔國將軍王猛、隴西太守姜衡、南安太守南安邵羌、揚武將軍姚萇等帥衆萬七千討斂岐。三月，張天錫遣前將軍楊遹向金城，征東將軍常據向左南，張軌置左南縣，屬晉興郡。闞駰十三州志曰：石城西一百四十里，有左南城，河水逕其南，曰左南津。遹，音聿。游擊將軍張統向白土，晉志，白土縣屬金城郡。十三州志：左南津西六十里有白土城，城在大河之北，爲緣河濟渡之地。天錫自將三萬人屯倉松，倉松縣，自漢以來屬武威郡，後涼呂光改曰昌松縣。將，卽亮翻。以討李儼。斂岐部落先屬姚弋仲，聞姚萇至，皆降；王猛遂克略陽，斂岐奔白馬。白馬，卽武都白馬氐之地。秦王堅以萇爲隴東太守。

4夏，四月，燕慕容塵寇竟陵，太守羅崇擊破之。

5張天錫攻李儼大夏、武始二郡，下之。宋白曰：張駿十八年，分武始、興晉、廣武置大夏郡；唐爲大夏縣，屬河州。張駿以狄道縣置武始郡，今熙州卽其地。夏，戶雅翻。常據敗儼兵于葵谷，敗，補邁翻。天錫進屯左南。儼懼，退守枹罕，枹，音膚。遣其兄子純謝罪於秦，且請救。秦王堅使前將軍楊安、建威將軍王撫帥騎二萬，會王猛以救儼。

猛遣邵羌追斂岐，王撫守侯和，姜衡守白石，白石縣，前漢屬金城郡，後漢屬隴西郡。賢曰：白石山在今蘭州。宋白曰：河州鳳林縣，本漢白石縣地，張駿八年，改爲永固縣。猛與楊安救枹罕。天錫遣楊遹逆戰于枹罕東，猛大破之，俘斬萬七千級，與天錫相持於城下。枹罕城下也。邵羌禽斂岐於白馬，送之。猛遺天錫書曰：遺，于季翻。「吾受詔救儼，不令與涼州戰，今當深壁高壘，以聽後詔。曠日持久，恐二家俱弊，非良算也。二家，謂秦、涼也。若將軍退舍，吾執儼而東，將軍徙民西旋，不亦可乎！」天錫謂諸將曰：「猛書如此；吾本來伐叛，不來與秦戰。」遂引兵歸。

李儼猶未納秦師，王猛白服乘輿，從者數十人，從，才用翻。請與儼相見。儼開門延之，未及爲備，將士繼入，遂執儼。以立忠將軍彭越爲平西將軍、涼州刺史，鎮枹罕。立忠將軍，苻秦所創置。

張天錫之西歸也，李儼將賀肫說儼曰：「以明公神武，將士驍悍，柰何束手於人！王猛孤軍遠來，士卒疲弊，且以我請救，必不設備，若乘其怠而擊之，可以得志。」儼曰：「求救於人以免難，難既免而擊之，天下其謂我何！不若固守以老之，彼將自退。」猛責儼以不卽出迎，儼以賀肫之謀告；猛斬肫，肫，株倫翻，又音豚。說，輸芮翻。難，乃旦翻。以儼歸。至長安，堅以儼爲光祿勳，賜爵歸安侯。

6 燕太原桓王恪言於燕主暐曰：謚法：辟土服遠曰桓。「吳王垂，將相之才十倍於臣，先帝以長幼之次，長，知兩翻。故臣得先之。得先，悉薦翻。臣死之後，願陛下舉國以聽吳王。」五月，壬辰，恪疾篤，暐親視之，問以後事。恪曰：「臣聞報恩莫大於薦賢，賢者雖在板築，猶可爲相，謂殷王高宗起傅說於板築之間，命以爲相。況至親乎！吳王文武兼資，管、蕭之亞，謂才亞於管仲、蕭何也。陛下若任以大政，國家可安；不然，秦、晉必有窺窬之計。」言終而卒。窬，音俞。卒，子恤翻。

秦王堅聞恪卒，陰有圖燕之計，欲覘其可否，覘，丑廉翻，又丑豔翻。命匈奴曹轂發使如燕朝貢，曹轂，匈奴右賢王也，前年降於秦。朝，直遙翻。以西戎主簿【章：十二行本「簿」下有「馮翊」二字；乙十一行本同；退齋校同。】郭辯爲之副。晉武帝置西戎校尉於長安，秦蓋因之；主簿，其屬也。考異曰：燕建熙八年，皇甫眞爲太尉。燕書及載記、眞傳，郭辯至燕，皆在眞爲太尉下。晉春秋在建熙十年八月。恐皆非是，故附於曹轂降秦下。燕司空皇甫眞兄腆及從子奮、覆皆仕秦，腆爲散騎常侍。皇甫眞，本安定人，仕於燕。從，才用翻。散，悉亶翻。騎，奇寄翻。辯至燕，歷造公卿，造，七到翻。謂眞曰：「僕本秦人，家爲秦所誅，故寄命曹王，貴兄常侍及奮、覆兄弟並相知有素。」眞怒曰：「臣無境外之交，此言何以及我！君似奸人，得無因緣假託乎！」白暐，請窮治之；治，直之翻。太傅評不許。辯還，爲堅言：「燕朝政無綱紀，實可圖也。爲，于僞翻。朝，直遙翻。鑒機識變，唯皇甫眞耳。」堅曰：「以六州之衆，六州：幽、并、冀、司、兗、豫也。豈得不使有智士一人哉！」

曹轂尋卒，秦分其部落爲二，使其二子分統之，號東、西曹。堅分轂部落，貳城以西二萬餘落，使轂長子璽統之；貳城以東二萬餘落，使轂小子寅統之。

7 荆州刺史桓豁、竟陵太守羅崇攻宛，拔之；趙億走，趙盤退歸魯陽。豁追擊盤於雉城，擒之，雉縣，自漢以來屬南陽郡，其地當在唐鄧州向城縣界。新唐志曰：向城縣北八十里有魯陽關。留兵戍宛而還。還，從宣翻，又如字。

8 秋，七月，燕下邳王厲等破敕勒，獲馬牛數萬頭。初，厲兵過代地，犯其穄田；穄，子例翻，糜也。今南人呼黍爲穄。北方地寒，五穀不生，惟黍生之，故有穄田。項安世曰：黍有二種：正黍似粟而大，以五月熟，今荆人專謂之黍，又謂之黍穄是也。又一種尤高大，稈之狀至如蘆，實之狀至如薏苡，荆人謂之討黍，又謂之蘆穄，然以秋而熟，非正黍也。代王什翼犍怒。犍，居言翻。燕平北將軍武強公埿以幽州兵戍雲中。八月，什翼犍攻雲中，埿棄城走，埿，與泥同。振威將軍慕輿賀辛戰沒。

9 九月，以會稽內史郗愔爲都督徐・兗・青・幽・揚州之晉陵諸軍事、徐・兗二州刺史，鎮京口。郗，丑之翻。愔，挹淫翻。沈約曰：晉永嘉大亂，幽、冀、青、幷、兗州及徐州之淮北流民相率過淮，亦有過江在晉陵界者。成帝咸和四年，郗鑒又徙流民之在淮南者於晉陵諸縣。其徙過江南及留在江北者，並立僑郡縣以司牧之。徐、兗二州，或治江北，江北又僑立幽、冀、青、幷四州。

10 秦淮南公幼之反也，征東大將軍、并州牧、晉公柳，征西大將軍、秦州刺史趙公雙，皆與之通謀；秦王堅以雙，母弟至親，柳，健之愛子，隱而不問。柳、雙復與鎮東將軍、洛州刺史魏公廋，安西將軍、雍州刺史燕公武謀作亂，復，扶又翻。秦并州刺史治蒲阪，秦州刺史治上邽，洛州刺史治陝，雍州刺史治安定。廋、武，皆健子也。廋，疏鳩翻。鎮東主簿南安姚眺眺，他弔翻。諫曰：「明公以周、邵之親，受方面之任，國家有難，當竭力除之，況自爲難乎！」難，乃旦翻。廋不聽。堅聞之，徵柳等詣長安。冬，十月，柳據蒲阪，雙據上邽，廋據陝城，武據安定，皆舉兵反。果如王猛之言。堅遣使諭之曰：「吾待卿等，恩亦至矣，何苦而反！今止不徵，卿宜罷兵，各定其位，一切如故。」各齧棃以爲信。皆不從。棃肉脆而齧之易入，以喻親戚離叛，則國力脆弱，將爲敵人所乘，故齧棃付使者，賜柳等以爲信也。使，疏吏翻。齧，魚結翻。

11 代王什翼犍擊劉衞辰，河冰未合，什翼犍命以葦絙約流澌。俄而冰合，自代擊朔方，西渡大河，其津曰君子津。絙，居登翻。然猶未堅；乃散葦於其上，冰草相結，有如浮梁，代兵乘之以渡。衞辰不意兵猝至，與宗族西走，什翼犍收其部落什六七而還。衞辰奔秦，秦王堅送衞辰還朔方，遣兵戍之。

12 十二月，甲子，燕太尉建寧敬公陽騖卒。謚法：合善典法曰敬；夙夜警戒曰敬。以司空皇甫眞爲侍中、太尉，光祿大夫李洪爲司空。

三年（戊辰、三六八）

1春，正月，秦王堅遣後將軍楊成世、左將軍毛嵩分討上邽、安定，輔國將軍王猛、建節將軍鄧羌攻蒲阪，前將軍楊安、廣武將軍張蚝攻陜城。堅命蒲、陜之軍皆距城三十里，堅壁勿戰，俟秦、雍已平，然後并力取之。陜，式冉翻。雍，於用翻。

2初，燕太宰恪有疾，以燕主暐幼弱，政不在己，太傅評多猜忌，恐大司馬之任不當其人，謂暐兄樂安王臧曰：「今南有遺晉，西有強秦，二國常蓄進取之志，顧我未有隙耳。夫國之興衰，繫於輔相。大司馬總統六軍，不可任非其人，我死之後，以親疏言之，當在汝及沖。汝曹雖才識明敏，然年少，未堪多難。少，詩照翻。難，乃旦翻。吳王天資英傑，智略超世，汝曹若能推大司馬以授之，必能混壹四海，況外寇，不足憚也；慎無冒利而忘害，不以國家爲意也。」冒利而忘害者，謂利在於得兵權，而冒當大司馬之任，而忘亡國敗家之害也。又以語太傅評。語，牛倨翻。及恪卒，評不用其言。二月，以車騎將軍中山王沖爲大司馬。沖，暐之弟也。以荆州刺史吳王垂爲侍中、車騎大將軍、儀同三司。爲評、垂有隙張本。騎，奇寄翻。

3秦魏公廋以陜城降燕，請兵應接；秦人大懼，盛兵守華陰。華陰縣在陜城之西，有潼關之險。降，戶江翻。華，戶化翻。

燕魏尹范陽王德燕都鄴，以魏郡太守爲魏尹。上疏，以爲：「先帝應天受命，志平六合；陛下纂統，當繼而成之。今苻氏骨肉乖離，國分爲五，蒲阪、陝城、上邽、安定與長安爲五。投誠請援，前後相尋，是天以秦賜燕也。天與不取，反受其殃，吳、越之事，足以觀矣。國語：越范蠡曰：昔天以越賜吳，吳不敢取；今天以吳賜越，越其敢逆天乎！宜命皇甫眞引并、冀之衆徑趨蒲阪，趨，七喩翻。吳王垂引許、洛之兵馳解廋圍，太傅總京師虎旅爲二軍後繼，傳檄三輔，示以禍福，明立購賞，彼必望風響應，渾壹之期，於此乎在矣！」時燕人多請救陝，因圖關中者，太傅評曰：「秦，大國也，今雖有難，未易可圖。難，乃旦翻。易，以豉翻。朝廷雖明，未如先帝；燕人謂其主爲朝廷。吾等智略，又非太宰之比。但能閉關保境足矣，平秦非吾事也。」

魏公廋遺吳王垂及皇甫眞牋曰：遺，于季翻。「苻堅、王猛，皆人傑也，謀爲燕患久矣；今不乘機取之，恐異日燕之君臣將有甬東之悔矣！」左傳：吳入越，越子保于會稽，使行成於吳，吳子許之。伍子胥諫，不聽。其後越入吳，請使吳王居甬東。吳王曰：「孤老矣，不能事君王也。吾悔不用子胥之言，自令陷此！」乃縊。賈逵曰：甬東，越鄙，甬江東也。索隱曰：今鄮縣卽其處。甬，余隴翻。垂謂眞曰：「方今爲人患者必在於秦，主上富於春秋，觀太傅識度，豈能敵苻堅、王猛乎？」眞曰：「然，吾雖知之，如言不用何！」

4 三月，丁巳朔，日有食之。

5 癸亥，大赦。

6 秦楊成世爲趙公雙將苟興所敗，毛嵩亦爲燕公武所敗，奔還。秦王堅復遣武衛將軍王鑒、寧朔將軍呂光、將軍馮翊郭將、翟傉等帥衆三萬討之。敗，補邁翻。復，扶又翻。傉，奴沃翻。夏，四月，雙、武乘勝至于榆眉，以苟興爲前鋒。王鑒欲速戰，呂光曰：「興新得志，氣勢方鋭，宜持重以待之。彼糧盡必退，退而擊之，蔑不濟矣！」二旬而興退。光曰：「興可擊矣。」遂追之；興敗，因擊雙、武，大破之，斬獲萬五千級，武棄安定，與雙皆奔上邽；鑒等進攻之。晉公柳數出挑戰，數，所角翻。挑，徒了翻。王猛不應。柳以猛爲畏之，五月，留其世子良守蒲阪，帥衆二萬西趨長安。去蒲阪百餘里，鄧羌帥精騎七千夜襲，敗之。帥，讀曰率。趨，七喻翻。敗，補邁翻。柳引軍還，猛邀擊之，盡俘其衆。柳與數百騎入城，猛、羌進攻之。

秋，七月，王鑒等拔上邽，斬雙、武，宥其妻子。以左衛將軍苻雅爲秦州刺史。八月，以長樂公丕爲雍州刺史。樂，音洛。雍，於用翻。

九月，王猛等拔蒲阪，斬晉公柳及其妻子。猛屯蒲阪，遣鄧羌與王鑒等會攻陝城。

7 燕王公、貴戚多占民爲蔭戶，占，之贍翻。晉制：官品自第一至第九，各以貴賤占田有差，而又各以品之高卑蔭其親屬，多者及九族，少者二世；宗室、國賓、先賢之後，及士人子孫亦如之；而又得蔭人以爲衣食客及佃客。國之戶口，少於私家，少，所沼翻。倉庫空竭，用度不足。尚書左僕射廣信公悅綰曰：「今三方鼎峙，三方，謂燕、晉、秦也。各有吞併之心。而國家政法不立，豪貴恣橫，橫，戶孟翻。至使民戶殫盡，委輸無入，委，於僞翻。輸，書遇翻。吏斷常俸，戰士絕廩，官貸粟帛以自贍給；旣不可聞於鄰敵，且非所以爲治，治，直吏翻。宜一切罷斷諸蔭戶，盡還郡縣。」罷斷，丁管翻。燕主暐從之，使綰專治其事，糾擿姦伏，擿，他歷翻。無敢蔽匿，出戶二十餘萬，舉朝怨怒。朝，直遥翻。綰先有疾，自力釐校戶籍，疾遂亟。冬，十一月，卒。

8 十二月，秦王猛等拔陝城，獲魏公廋，送長安。秦王堅問其所以反，對曰：「臣本無反心，但以弟兄屢謀逆亂，臣懼并死，故謀反耳。」堅泣曰：「汝素長者，固知非汝心也；且高祖不可以無後。」苻健廟號高祖。乃賜廋死，原其七子，以長子襲魏公，餘子皆封縣公，以嗣越厲王及諸弟之無後者。苻生廢爲越王，謚曰厲。苟太后曰：「廋與雙俱反，雙獨不得置後，何也？」堅曰：「天下者，高祖之天下，高祖之子不可以無後。至於仲羣，不顧太后，謀危宗廟，苻雙，字仲羣。天下之法，不可私也！」以范陽公抑爲征東大將軍、幷州刺史，鎮蒲阪；鄧羌爲建武將軍、洛州刺史，鎮陝城。擢姚眺爲汲郡太守。

9 加大司馬溫殊禮，位在諸侯王上。

10 是歲，以仇池公楊世爲秦州刺史，世弟統爲武都太守。世亦稱臣於秦，秦以世爲南秦州刺史。

王崇武標點　容肇祖　聶崇岐覆校

資治通鑑卷第一百二

端明殿學士兼翰林侍讀學士朝散大夫充右諫議大夫集賢殿修撰權判西京留司御史臺上柱國河內郡開國侯食邑一千三百戶食實封四百戶賜紫金魚袋臣　司馬光　奉敕編集

後　學　天　台　胡三省　音　註

晉紀二十四 起屠維大荒落（己巳），盡上章敦牂（庚午），凡二年。

海西公下

太和四年（己巳、三六九）

1 春，三月，大司馬溫請與徐、兗二州刺史郗愔、江州刺史桓沖、豫州刺史袁眞等伐燕。慕容恪死，溫乃伐燕，自謂相時而動，可以制勝，豈知爲慕容垂所敗哉！郗，丑之翻。愔，挹淫翻。初，愔在北府，晉都建康，以京口爲北府，歷陽爲西府，姑孰爲南州。溫常云：「京口酒可飲，兵可用。」京口兵可用，蓋山川風氣然也，豈必至謝玄用之而後敵人知畏哉！深不欲愔居之；而愔暗於事機，乃遺溫牋，遺，于季翻。欲共獎王室，請督所部出河上。愔子超爲溫參軍，取視，寸寸毀裂；乃更作愔牋，更，工衡翻。自陳非將帥才，不堪軍旅，將，卽亮翻。帥，所類翻。老病，乞閒地自養，勸溫幷領己所統。溫得戕大喜，即轉愔冠軍將軍、會稽內史。冠，古玩翻。會稽爲王國，改太守爲內史。會，工外翻。溫自領徐、兗二州刺史。夏，四月，庚戌，溫帥步騎五萬發姑孰。帥，讀曰率。騎，奇寄翻。

2 甲子，燕主暐立皇后可足渾氏，太后從弟尚書令豫章公翼之女也。從，才用翻。

3 大司馬溫自兗州伐燕。郗超曰：「道遠，汴水又淺，兵亂之餘，汴水塡淤，未嘗有人浚治，故淺。汴，皮變翻。恐漕運難通。」溫不從。六月，辛丑，溫至金鄉，金鄉縣，後漢屬山陽郡，晉屬高平郡，隋屬濟陰郡，唐屬兗州，我宋屬濟州，縣在州東南九十里。天旱，水道絕，溫使冠軍將軍毛虎生鑿鉅野三百里，引汶水會于清水。班固地理志，汶水出泰山萊蕪縣西南，入濟。水經註：濟水東北入鉅野，其故瀆又東北右合洪水；洪水上承鉅野薛訓渚，謂之桓公瀆，濟自是北注。杜佑曰：濟水，因王莽末渠涸不復截河過，今東平、濟南、淄川、北海界中有水流入海，謂之清河，實菏澤、汶水合流，亦曰濟河，蓋因舊名，非濟水也。汶，音問。虎生，寶之子也。毛寶預有平蘇峻之功。註又見前。溫引舟師自清水入河，舳艫數百里。舳，音逐。艫，音盧。郗超曰：「清水入河，難以通運。自清水入河，皆是泝流，又道里回遠，故言難以通運。若寇不戰，運道又絕，因敵爲資，復無所得，復，扶又翻。此危道也。不若盡舉見衆直趨鄴城，見，賢遍翻。趨，七喻翻。彼畏公威名，必望風逃潰，北歸遼、碣。碣，音竭。若能出戰，則事可立決。若欲城鄴而守之，則當此盛夏，難爲功力，百姓布野，盡爲官有，易水以南必交臂請命矣。但恐明公以此計輕銳，勝負難必，欲務持重，則莫若頓兵河、濟，濟，子禮翻。控引漕運，俟資儲充備，至來夏乃進兵；雖如賒遲，賒，遠也。然期於成功而已。捨此二策而連軍北上，上，時掌翻。進不速決，退必愆乏。愆，差爽也。乏，匱竭也。此言糧運。賊因此勢以日月相引，漸及秋冬，水更澀滯。澀，色立翻。且北土早寒，三軍裘褐者少，少，詩沼翻。恐於時所憂，非獨無食而已。」溫又不從。郗超之謀略，豈常人所及哉，宜桓溫重之也。重之而不從其計者，直趨鄴城，決勝負於一戰，溫所不敢；頓兵河、濟以待來年，使燕得爲備，溫亦不爲也。

溫遣建威將軍檀玄攻湖陸，拔之，湖陸縣，前漢曰湖陵，屬山陽郡，章帝更名湖陸；晉分屬高平郡。賢曰：湖陸故城在今兗州方與縣東南。獲燕寧東將軍慕容忠。燕主暐以下邳王厲爲征討大都督，帥步騎二萬逆戰于黃墟，水經註：陳留小黃縣有黃鄉。杜預曰：外黃縣東有黃城。兵亂之後，城邑丘墟，故曰黃墟。帥，讀曰率。騎，奇寄翻。厲兵大敗，單馬奔還。高平太守徐翻舉郡來降。前鋒鄧遐、朱序敗燕將傅顏於林渚。水經註：華水東逕棐城北，卽北林亭也。春秋諸侯會于棐林以救鄭，遇于北林。按林鄉故城在新鄭北；又有白鴈陂，在長社東北，林鄉西南。敗，補邁翻。暐復遣樂安王臧統諸軍拒溫，復，扶又翻。臧不能抗，乃遣散騎常侍李鳳求救于秦。散，悉亶翻。騎，奇寄翻。

秋，七月，溫屯武陽，此東武陽也，漢屬東郡，魏、晉屬陽平郡，唐改曰朝城縣，屬魏州。燕故兗州刺史孫元帥其族黨起兵應溫，溫至枋頭。帥，讀曰率。枋，音方。暐及太傅評大懼，謀奔和龍。吳王垂曰：「臣請擊之；若其不捷，走未晚也。」暐乃以垂代樂安王臧爲使持節、南討大都督，使，疏吏翻。帥征南將軍范陽王德等衆五萬以拒溫。垂表司徒左長史申胤、黄門侍郎封孚、尚書郎悉羅騰皆從軍。悉羅騰，蓋夷人，以部落爲氏，如魏書官氏志所載，神元時餘部諸姓内入者叱羅氏，如羅氏之類。胤，鍾之子；孚，放之子也。申鍾見九十五卷成帝咸和九年。封放見九十九卷穆帝永和七年。

暐又遣散騎侍郎樂嵩請救于秦，許賂以虎牢以西之地。秦王堅引羣臣議于東堂，皆曰：「昔桓溫伐我，至灞上，見九十九卷永和十年。燕不救我；今溫伐燕，我何救焉！且燕不稱藩於我，我何爲救之！」王猛密言於堅曰：「燕雖強大，慕容評非溫敵也。若溫舉山東，進屯洛邑，收幽、冀之兵，引并、豫之粟，觀兵崤、澠，澠，彌兖翻。則陛下大事去矣。今不如與燕合兵以退溫；溫退，燕亦病矣，然後我承其弊而取之，不亦善乎！」王猛之取李儼，其計亦出此。堅從之。八月，遣將軍苟池、洛州刺史鄧羌帥步騎二萬以救燕，出自洛陽，軍至潁川；潁川郡，治許昌。又遣散騎侍郎姜撫報使于燕。使，疏吏翻。以王猛爲尚書令。

太子太傅封孚問於申胤曰：「溫衆強士整，乘流直進，今大軍徒逡巡高岸，兵不接刃，未見克殄之理，事將何如？」胤曰：「以溫今日聲勢，似能有爲，然在吾觀之，必無成功。何則？晉室衰弱，溫專制其國，晉之朝臣未必皆與之同心。朝，直遥翻。故溫之得志，衆所不願也，必將乖阻以敗其事。乖，異也。阻，隔也。敗，補邁翻。又，溫驕而恃衆，怯於應變。大衆深入，值可乘之會，反更逍遥中流，不出赴利，欲望持久，坐取全勝；溫之爲計正如此，申胤料之審矣。若糧廩愆懸，情見勢屈，必不戰自敗，此自然之數。」溫攻秦而不渡霸水，攻燕而徘徊枋頭，人皆咎其不進；知彼知己，溫蓋臨敵而方有見乎此也。溫之智雖不足以禁暴定功，然其去衆人亦遠矣。愆，謂糧運失期不至。懸，絶也。見，賢遍翻。

溫以燕降人段思爲鄉導，降，戶江翻。鄉，讀曰嚮。悉羅騰與溫戰，生擒思；溫使故趙將李述徇趙、魏，騰又與虎賁中郎將染干津擊斬之；染干，亦夷姓，如悉羅之類。溫軍奪氣。

初，溫使豫州刺史袁眞攻譙、梁，開石門以通水運，眞克譙、梁而不能開石門，譙，梁，譙郡及梁國也。水運路塞。塞，悉則翻。

九月，燕范陽王德帥騎一萬、蘭臺【章：十二行本「臺」下有「治書」二字；乙十一行本同；退齋校同。】侍御史劉當帥騎五千屯石門，豫州刺史李邽帥州兵五千斷溫糧道。燕豫州刺史治許昌。斷，丁管翻。當，佩之子也。劉佩爲慕容皝將，卻石虎，攻宇文，皆有功。德使將軍慕容宙帥騎一千爲前鋒，與晉兵遇，宙曰：「晉人輕剽，剽，匹妙翻，急也。怯於陷敵，勇於乘退，宜設餌以釣之。」乃使二百騎挑戰，挑，徒了翻。分餘騎爲三伏。挑戰者兵未交而走，晉兵追之，宙帥伏以擊之，晉兵死者甚衆。

溫戰數不利，糧儲復竭，數，所角翻。復，扶又翻；下同。又聞秦兵將至，丙申，焚舟，棄輜重、鎧仗，重，直用翻。自陸道奔還。以毛虎生督東燕等四郡諸軍事，領東燕太守。沈約曰：東燕郡，江左分濮陽所立也。余按石虎分東燕郡屬洛州，則是郡蓋祖逖在豫州時所置也。燕，於賢翻。溫自東燕出倉垣，鑿井而飲，汴水、濟瀆皆自北而南，恐追兵毒其上流，故鑿井而飲。行七百餘里。燕之諸將爭欲追之，吳王垂曰：「不可，溫初退惶恐，必嚴設警備，簡精銳爲後拒，擊之未必得志，不如緩之。彼幸吾未至，必晝夜疾趨，俟其士衆力盡氣衰，然後擊之，無不克矣。」乃帥八千騎徐行躡其後。溫果兼道而進。數日，垂告諸將曰：「溫可擊矣。」乃急追之，及溫於襄邑。襄邑縣，自漢以來屬陳留郡。范陽王德先帥勁騎四千伏於襄邑東澗中，與垂夾擊溫，大破之，斬首三萬級。秦苟池邀擊溫於譙，又破之，死者復以萬計。孫元遂據武陽以拒燕，燕左衞將軍孟高討擒之。

冬，十月，己巳，大司馬溫收散卒，屯于山陽。劉昫曰：山陽，漢射陽縣地；晉置山陽郡，改爲山陽縣，唐爲楚州治所。溫深恥喪敗，喪，息浪翻。乃歸罪於袁眞，以石門不開、糧運不繼爲眞罪。奏免眞爲庶人；又免冠軍將軍鄧遐官。冠，古玩翻。眞以溫誣己，不服，表溫罪狀；朝廷不報。眞遂據壽春叛降燕，且請救；亦遣使如秦。降，戶江翻。使，疏吏翻；下同。溫以毛虎生領淮南太守，守歷陽。淮南太守本治壽春，壽春既叛，以虎生領淮南而守歷陽。歷陽本淮南屬縣，虎生守之，外以備壽春，內以衞江南。

4 燕、秦既結好，好，呼到翻。使者數往來。數，所角翻。燕散騎侍郎【章：十二行本「郎」下有「太原」二字；乙十一行本同；孔本同；張校同。】郝晷、給事黃門侍郎梁琛相繼如秦。琛，丑林翻。晷與王猛有舊，猛接以平生，問以東方之事。晷見燕政不脩而秦大治，治，直吏翻。【章：十二行本「治」下有「知燕將亡」四字；乙十一行本同；孔本同；張校同；退齋校同。】陰欲自託於猛，頗泄其實。

琛至長安，秦王堅方畋於萬年，萬年，秦之櫟陽，漢高帝更名，屬馮翊，晉屬京兆。欲引見琛，見，賢遍翻。琛曰：「秦使至燕，燕之君臣朝服備禮，灑掃宮庭，朝，直遙翻。灑，所賣翻，又如字。掃，所報翻，又如字。然後敢見。今秦王欲野見之，使臣不敢聞命！」尚書郎辛勁謂琛曰：「賓客入境，惟主人所以處之，君焉得專制其禮！且天子稱乘輿，處，昌呂翻。焉，於虔翻。乘，繩證翻。所至曰行在所，何常居之有！又，春秋亦有遇禮，春秋：隱四年，公及宋公遇于清。公羊傳曰：遇者何？不期也。杜預曰：遇者，草次之期，二國各簡其禮，若道路相逢遇也。何爲不可乎！」琛曰：「晉室不綱，靈祚歸德，靈祚，猶班彪王命論所謂神明之祚也。二方承運，俱受明命。而桓溫猖狂，闚我王略，左傳：侵敗王略。杜預註曰：略，經略法度。余謂此略，封略也，如左傳「王與之武公之略」之略。燕危秦孤，勢不獨立，是以秦主同恤時患，要結好援。要，一遙翻。好，呼到翻；下同。東朝君臣，引領西望，愧其不競，以爲鄰憂，競，強也。朝，直遙翻；下同。西使之辱，敬待有加。今強寇既退，交聘方始，謂宜崇禮篤義以固二國之歡；若忽慢使臣，是卑燕也，豈脩好之義乎！夫天子以四海爲家，故行曰乘輿，止曰行在。今海縣分裂，騶衍曰：中國有赤縣神州，赤縣神州內有九州，禹所敍九州是也；其外有裨海環之。海縣之說，蓋本諸此。天光分曜，安得以乘輿、行在爲言哉！禮，不期而見曰遇；蓋因事權行，其禮簡略，豈平居容與之所爲哉！客使單行，誠勢屈於主人；然苟不以禮，亦不敢從也。」堅乃爲之設行宮，爲，于僞翻。百僚陪位，然後延客，如燕朝之儀。

事畢，堅與之私宴，倣古私覿之禮也。問：「東朝名臣爲誰？」琛曰：「太傅上庸王評，明德茂親，光輔王室；車騎大將軍吳王垂，雄略冠世，冠，古玩翻。折衝禦侮；其餘或以文進，或以武用，官皆稱職，稱，尺證翻。野無遺賢。」

琛從兄奕爲秦尚書郎，從，才用翻。堅使典客，館琛於奕舍。漢有典客之官，後改爲大鴻臚。此特臨時使之典客耳。館，音貫；下果館同。琛曰：「昔諸葛瑾爲吳聘蜀，與諸葛亮惟公朝相見，退無私面，瑾、亮兄弟也。爲，于僞翻。余竊慕之。今使之即安私室，所不敢也。」乃不果館。奕數來就邸舍，與琛臥起，間問琛東國事。數，所角翻。間，古莧翻。琛曰：「今二方分據，兄弟並蒙榮寵，論其本心，各有所在。琛欲言東國之美，恐非西國之所欲聞；燕在關東，秦在關西，二方分據，故謂燕爲東國，秦爲西國。欲言其惡，又非使臣之所得論也。使，疏吏翻。兄何用問爲！」

堅使太子延琛相見。秦人欲使琛拜太子，先諷之曰：「鄰國之君，猶其君也；鄰國之儲君，亦何以異乎！」琛曰：「天子之子視元士，欲其由賤以登貴也。禮記郊特牲曰：天子之元子，士也，天下無生而貴者也。尚不敢臣其父之臣，況他國之臣乎！苟無純敬，則禮有往來，情豈忘恭，但恐降屈爲煩耳。」言當答拜也。乃不果拜。

王猛勸堅留琛，堅不許。

5 燕主暐遣大鴻臚溫統拜袁眞使持節、都督淮南諸軍事、征南大將軍、揚州刺史，封宣城公。臚，陵如翻。使，疏吏翻。統未踰淮而卒。

6 吳王垂自襄邑還鄴，威名益振，太傅評愈忌之。垂奏「所募將士忘身立効，將軍孫蓋等椎鋒陷陳，立効，句絕。椎，擣也，直擣其鋒也。應蒙殊賞。」評皆抑而不行。垂數以爲言，與評廷爭，怨隙愈深。數，所角翻。爭，讀如字。太后可足渾氏素惡垂，事見一百卷穆帝升平元年。惡，烏路翻。毀其戰功，與評密謀誅之。太宰恪之子楷及垂舅蘭建知之，以告垂曰：「先發制人，兵法曰：先發制人，後發者人制之。但除評及樂安王臧，餘無能爲矣。」垂曰：「骨肉相殘而首亂於國，吾有死而已，不忍爲也。」頃之，二人又以告，曰：「內意已決，內意，謂可足渾后之意也。不可不早發。」垂曰：「必不可彌縫，吾寧避之於外，餘非所議。」

垂內以爲憂，而未敢告諸子。世子令請曰：「尊比者如有憂色，令呼其父曰尊。比，毗至翻。豈非以主上幼沖，太傅疾賢，功高望重，愈見猜邪？」垂曰：「然。吾竭力致命以破強寇，本欲保全家國，豈知功成之後，返令身無所容。汝既知吾心，何以爲吾謀？」令曰：「主上闇弱，委任太傅，一旦禍發，疾於駭機。機，弩牙也。譬之彀弩，不虞而機先發，使人震駭，故曰駭機。今欲保族全身，不失大義，莫若逃之龍城，遜辭謝罪，以待主上之察，若周公之居東，庶幾感寤而得還，此幸之大者也。書：武王有疾，周公册祝于太王、王季、文王，請以身代。武王既喪，管叔及其羣弟流言曰：「公將不利於孺子。」周公東征之。周公居東二年，則罪人斯得，乃爲詩以詒王，名之曰鴟鴞；王亦未敢誚公。天大雷電以風，王啓金縢，得周公代武王之說，乃執書以泣，迎周公而歸。幾，居希翻。如其不然，則內撫燕、代，外懷羣夷，守肥如之險以自保，亦其次也。」肥如之險，卽盧龍之塞也。垂曰：「善！」

十一月，辛亥朔，垂請畋于大陸，續漢志曰：鉅鹿，故大鹿，有大陸澤，卽廣阿澤。因微服出鄴，將趨龍城；至邯鄲，趨，七喻翻。邯鄲縣，漢屬趙國，本趙都也；晉屬廣平郡，東魏廢，隋復置，唐屬磁州。邯鄲，音寒丹。少子麟，素不爲垂所愛，逃還告狀，少，詩照翻。垂左右多亡叛。太傅評白燕主暐，遣西平公強帥精騎追之，帥，讀曰率。騎，奇寄翻；下同。及於范陽；世子令斷後，斷，丁管翻。強不敢逼。會日暮，令謂垂曰：「本欲保東都以自全，燕既都鄴，謂龍城爲東都。今事已泄，謀不及設；秦主方招延英傑，不如往歸之。」垂曰：「今日之計，舍此安之！」舍，讀曰捨。乃散騎滅迹，傍南山復還鄴，傍，步浪翻。自范陽傍南山，蓋由中山、常山山谷間南還也。隱于趙之顯原陵。顯原陵，趙主石虎虛葬處。俄有獵者數百騎四面而來，抗之則不能敵，逃之則無路，不知所爲。會獵者鷹皆飛颺，衆騎散去，降，戶章翻。垂乃殺白馬以祭天，且盟從者。從，才用翻。

世子令言於垂曰：「太傅忌賢疾能，搆事以來，人尤忿恨。謂搆殺垂之謀也。今鄴城之中，莫知尊處，如嬰兒之思母，夷、夏同之，夏，戶雅翻。若順衆心，襲其無備，取之如指掌耳。事定之後，革弊簡能，大匡朝政，朝，直遙翻。以輔主上，安國存家，功之大者也。今日之便，誠不可失，願給騎數人，足以辦之。」垂曰：「如汝之謀，事成誠爲大福，不成悔之何及！不如西奔，可以萬全。」子馬奴潛謀逃歸，殺之而行。至河陽，爲津吏所禁，斬之而濟。遂自洛陽與段夫人、世子令、令弟寶、農、隆、兄子楷、舅蘭建、郎中令高弼俱奔秦，留妃可足渾氏於鄴。段夫人，垂前妃之女弟。可足渾妃，可足渾太后之妹也，詳見一百卷穆帝升平二年。高弼，垂之國卿。乙泉戍主吳歸追及於閿鄉，乙泉戍，即魏該所保乙泉塢也，在宜陽縣西南，洛水之北原上。閿鄉在弘農湖縣。閿，音旻。世子令擊之而退。

初，秦王堅聞太宰恪卒，陰有圖燕之志，憚垂威名，不敢發。及聞垂至，大喜，郊迎，執手曰：「天生賢傑，必相與共成大功，此自然之數也。要當與卿共定天下，告成岱宗，然後還卿本邦，世封幽州，使卿去國不失爲子之孝，歸朕不失事君之忠，不亦美乎！」垂謝曰：「羈旅之臣，免罪爲幸；本邦之榮，非所敢望！」堅復愛世子令及慕容楷之才，復，扶又翻。皆厚禮之，賞賜鉅萬，每進見，屬目觀之。見，賢遍翻。屬，之欲翻。關中士民素聞垂父子名，皆嚮慕之。王猛言於堅曰：「慕容垂父子，譬如龍虎，非可馴之物，馴，擾也，從也，順也。豢養猛獸，使之擾狎順人之意曰馴。馴，詳遵翻。若借以風雲，將不可復制，不如早除之。」堅曰：「吾方收攬英雄以清四海，柰何殺之！且其始來，吾已推誠納之矣；匹夫猶不棄言，況萬乘乎！」乃以垂爲冠軍將軍，封賓徒侯，乘，繩證翻。冠，古玩翻。賓徒，漢縣名，屬遼西郡。楷爲積弩將軍。

燕魏尹范陽王德素與垂善，及車騎從事中郎高泰，皆坐免官。垂在燕爲車騎大將軍，以泰爲從事中郎。尚書右丞申紹言於太傅評曰：「今吳王出奔，外口籍籍，師古曰：籍籍，猶紛紛也。宜徵王僚屬之賢者顯進之，粗可消謗。」粗，坐五翻。評曰：「誰可者？」紹曰：「高泰其領袖也。」乃以泰爲尚書郎。泰，瞻之從子；高瞻見九十一卷元帝太興二年。從，才用翻。紹，胤之子【章：十二行本「子」作「兄」；乙十一行本同；退齋校同。】也。

秦留梁琛月餘，乃遣歸。琛兼程而進，程，驛程也。謂行者以二驛爲程，若一程而行四驛，是兼程也。比至鄴，比，必寐翻。吳王垂已奔秦。琛言於太傅評曰：「秦人日閱軍旅，多聚糧於陝東；陝，失冉翻。以琛觀之，爲和必不能久。今吳王又往歸之，秦必有窺燕之謀，宜早爲之備。」評曰：「秦豈肯受叛臣而敗和好哉！」敗，補邁翻。好，呼到翻；下同。琛曰：「今二國分據中原，常有相吞之志；桓溫之入寇，彼以計相救，非愛燕也；若燕有釁，彼豈忘其本志哉！」苻堅、王猛之爲謀，梁琛固已窺見之矣。評曰：「秦主何如人？」琛曰：「明而善斷。」斷，丁亂翻。問王猛，曰：「名不虛得。」評皆不以爲然。琛又以告燕主暐，暐亦不然之。以告皇甫眞，眞深憂之，上疏言：「苻堅雖聘問相尋，然實有窺上國之心，非能慕樂德義，不忘久要也。樂，音洛。要，一遙翻。朱熹曰：久要，舊約也。前出兵洛川，謂苟池、鄧羌救燕時也。及使者繼至，使，疏吏翻。國之險易虛實，易，以豉翻。彼皆得之矣。今吳王垂又往從之，爲其謀主；伍員之禍，不可不備。伍員去楚奔吳，借吳兵以報楚入郢，事見左傳。員，音云。洛陽、太原、壺關，皆宜選將益兵，以防未然。」秦後伐燕之路，果如眞所料。杜佑曰：潞州上黨縣，漢爲壺關縣。暐召太傅評謀之，評曰：「秦國小力弱，恃我爲援；且苻堅庶幾善道，言苻堅雖未能純以善道交鄰，猶庶幾焉。幾，居希翻。終不肯納叛臣之言，絕二國之好；不宜輕自驚擾以啓寇心。」卒不爲備。卒，子恤翻。

秦遣黃門郎石越聘於燕，太傅評示之以奢，欲以誇燕之富盛。高泰及太傅參軍河間劉靖言於評曰：「越言誕而視遠，非求好也，乃觀釁也。宜耀兵以示之，用折其謀。今乃示之以奢，益爲其所輕矣。」評不從。泰遂謝病歸。

是時太后可足渾氏侵撓國政，太傅評貪昧無厭，撓，奴教翻，又奴巧翻。厭，於鹽翻。貪昧者，貪財昧利，不顧其害也。貨賂上流，流，水行也。水行就下，無逆而上流之理。貨賂上行，謂之上流，言其逆於常理也。上，時掌翻；下同。官非才舉，羣下怨憤。尚書左丞申紹上疏，以爲：「守宰者，致治之本。治，直吏翻。今之守宰，率非其人，或武臣出於行伍，或貴戚生長綺紈，既非鄉曲之選，又不更朝廷之職。守，式又翻。行，戶剛翻。長，知兩翻。更，工衡翻。加之黜陟無法，貪惰者無刑罰之懼，清修者無旌賞之勸。是以百姓困弊，寇盜充斥，綱頹紀紊，莫相糾攝。糾，督也。攝，錄也。紊，音問。又官吏猥多，踰於前世，公私紛然，不勝煩擾。勝，音升。大燕戶口，數兼二寇，以晉、秦爲二寇。弓馬之勁，四方莫及；而比者戰則屢北，皆由守宰賦調不平，比，毗至翻。調，徒釣翻。侵漁無已，行留俱窘，莫肯致命故也。後宮之女四千餘人，僮侍廝役尚在其外，廝，音斯。一日之費，厥直萬金；士民承風，競爲奢靡。彼秦、吳僭僻，謂秦僭號而吳僻在一隅也。猶能條治所部，有兼幷之心，治，直之翻。而我上下因循，日失其序；我之不脩，彼之願也。謂宜精擇守宰，併官省職，存恤兵家，使公私兩遂，節抑浮靡，愛惜用度，賞必當功，罰必當罪。如此則溫、猛可梟，謂桓溫、王猛。梟，堅堯翻。二方可取，豈特保境安民而已哉！又，索頭什翼犍疲病昏悖，蕭子顯曰：鮮卑被髮左衽，故呼爲索頭。索，昔各翻。犍，居言翻。悖，蒲內翻。雖乏貢御，御，進也。無能爲患，而勞兵遠戍，有損無益。燕戍雲中以備代。不若移於幷土，控制西河，南堅壺關，北重晉陽，西寇來則拒守，過則斷後，斷，丁管翻。猶愈於戍孤城守無用之地也。」疏奏，不省。省，悉景翻。

7 辛丑，丞相昱與大司馬溫會涂中，楊正衡曰：涂，音除。涂中，今滁州全椒縣、眞州六合縣地。以謀後舉；以溫世子熙爲豫州刺史、假節。

8 初，燕人許割虎牢以西賂秦；晉兵既退，燕人悔之，謂秦人曰：「行人失辭。謂使者許割地爲失辭也。有國有家者，分災救患，理之常也。」秦王堅大怒，遣輔國將軍王猛、建威將軍梁成、洛州刺史鄧羌帥步騎三萬伐燕。十二月，進攻洛陽。帥，讀曰率。騎，奇寄翻。考異曰：燕少帝紀，此年十二月，王猛攻洛，明年正月，拔洛。十六國秦春秋，十一月，王猛伐燕，遺慕容紀書，紀請降；十二月，猛受降而歸。今按獻莊紀云，慕容令之奔還鄴，建熙元年二月也，時王猛猶在洛。又猛遺紀書云：「去年桓溫起師。」故從燕書。

9 大司馬溫發徐、兖州民築廣陵城，徙鎮之。時征役既頻，加之疫癘，死者什四五，百姓嗟怨。祕書監孫【章：十二行本「孫」上有「太原」二字；乙十一行本同；孔本同；退齋校同。】盛漢桓帝置祕書監；晉武帝以祕書併中書省；惠帝復置祕書監，其屬有丞、有郎，幷統著作省。作晉春秋，直書時事。大司馬溫見之，怒，謂盛子曰：「枋頭誠爲失利，何至乃如尊君所言！晉人於人子之前稱其父爲尊君、尊公。若此史遂行，自是關君門戶事！」言欲滅其門也。其子遽拜謝請改之。時盛年老家居，性方嚴，有軌度，子孫雖斑白，待之愈峻。至是諸子乃共號泣稽顙，請爲百口切計。稽，音啓。盛大怒，不許；諸子遂私改之。盛先已寫別本，傳之外國。及孝武帝購求異書，得之於遼東人，與見本不同，見，賢遍翻。遂兩存之。史言桓溫雖以威逼改孫盛之書，終不能沒其實。

五年（庚午、三七〇）

1 春，正月，己亥，袁真以梁國內史沛郡朱憲及弟汝南內史斌陰通大司馬溫，殺之。斌，音彬。

2 秦王猛遺燕荊州刺史武威王筑書遺，于季翻。燕荊州治洛陽。筑，張六翻。曰：「國家今已塞成皋之險，塞，悉則翻。杜盟津之路，盟，讀曰孟。大駕虎旅百萬，自軹關取鄴都，金墉窮戍，外無救援，城下之師，將軍所監，監，視也。猶言目所見也。豈三百弊卒所能支也！」筑懼，以洛陽降；降，戶江翻。猛陳師受之。燕衞大將軍樂安王臧城新樂，破秦兵于石門，石門在滎陽；新樂亦當在滎陽界。宋白曰：衞州新鄉縣治古新樂城。新樂城，十六國時，燕將樂安王臧所築。執秦將楊猛。

王猛之發長安也，請慕容令參其軍事，以爲鄉導。鄉，讀曰嚮。將行，造慕容垂飲酒，從容謂垂曰：造，七到翻。從，千容翻。「今當遠別，何以贈我？使我覩物思人。」垂脱佩刀贈之。猛至洛陽，賂垂所親金熙，使詐爲垂使者，謂令曰：「吾父子來此，以逃死也。今王猛疾人如讎，讒毁日深；秦王雖外相厚善，其心難知。丈夫逃死而卒不免，卒，子恤翻。將爲天下笑。吾聞東朝比來始更悔悟，朝，直遥翻。比，毗至翻。主、后相尤。主、后，謂燕主暐及可足渾后也。相尤，言相責過。吾今還東，故遣告汝；吾已行矣，便可速發。」令疑之，躊躇終日，躊，直留翻。躇，陳如翻。猶豫，住足之意。又不可審覆。乃將舊騎，舊騎，自燕奔秦所從者。騎，奇寄翻；下同。詐爲出獵，遂奔樂安王臧於石門。猛表令叛狀，垂懼而出走，及藍田，爲追騎所獲。秦王堅引見東堂，勞之曰：勞，力到翻。「卿家國失和，委身投朕。賢子心不忘本，猶懷首丘，禮記檀弓曰：太公封於齊，五世皆反葬於周。君子曰：樂樂其所自生，禮不忘其本。古之人有言曰：「狐死正丘首，仁也。」首，式又翻。亦各其志，不足深咎。然燕之將亡，非令所能存，惜其徒入虎口耳。且父子兄弟，罪不相及，晉臼季薦冀缺於晉文公，公曰：「其父有罪，可乎？」對曰：「舜之罪也，殛鯀；其舉也，興禹。」康誥曰：父不慈，子不祗，兄不友，弟不共，不相及也。卿何爲過懼而狼狽如是乎！」狼，進則跋其胡，退則疐其尾。狽，狼屬也，生子，欠一足。二者相附而後能行，故世謂進退不可而不能行者爲狼狽。待之如舊。燕人以令叛而復還，其父爲秦所厚，疑令爲反間，復，扶又翻。間，古莧翻。徙之沙城，在龍都東北六百里。沙城，在沙野。龍都，卽龍城。

臣光曰：昔周得微子而革商命，殷紂暴虐日甚，微子抱祭器而奔周。武王乃告諸侯曰：「殷有重罪，不可不伐。」遂伐紂，殺之，而革殷命。秦得由余而霸西戎，史記：戎使由余使於秦，繆公留由余而遺戎王以女樂，戎王受而說之，繆公乃歸由余。由余數諫不聽，繆公使人間要由余，由余遂降秦。繆公問以伐戎之形，并國十二，開地千里，遂霸西戎。吳得伍員而克强楚，楚殺伍奢，其子員奔吳，吳王闔閭用其謀而伐楚，破楚入郢。漢得陳平而誅項籍，事見九卷漢高帝二年至四年。魏得許攸而破袁紹；事見六十三卷漢獻帝建安五年。彼敵國之材臣，來爲己用，進取之良資也。王猛知慕容垂之心久而難信，獨不念燕尚未滅，垂以材高功盛，無罪見疑，窮困歸秦，未有異心，遽以猜忌殺之，是助燕爲無道而塞來者之門也，塞，悉則翻。如何其可哉！故秦王堅禮之以收燕望，親之以盡燕情，寵之以傾燕衆，信之以結燕心，未爲過矣。猛何汲汲於殺垂，乃爲市井鬻賣之行，行，下孟翻。有如嫉其寵而讒之者，豈雅德君子所宜爲哉！

3 樂安王臧進屯滎陽，王猛遣建威將軍梁成、洛州刺史鄧羌擊走之；留羌鎮金墉，以輔國司馬桓寅爲弘農太守，猛爲輔國將軍，以寅爲司馬。代羌戍陝城而還。秦初以洛州刺史鎮陝；今鄧羌既進屯金墉，故以桓寅代戍陝。陝，失冉翻。

秦王堅以王猛爲司徒，錄尚書事，封平陽郡侯。猛固辭曰：「今燕、吳未平，戎車方駕，而始得一城，卽受三事之賞，三事，三公也。若克殄二寇，將何以加之！」堅曰：「苟不蹔抑朕心，何以顯卿謙光之美！已詔有司權聽所守；封爵酬庸，庸，功也。其勉從朕命！」

4 二月，癸酉，袁眞卒。陳郡太守朱輔立眞子瑾爲建威將軍、豫州刺史，以保壽春，遣其子乾之及司馬爨亮如鄴請命。燕人以瑾爲揚州刺史，輔爲荆州刺史。瑾，渠吝翻。

5 三月，秦王堅以吏部尚書權翼爲尚書右僕射。夏，四月，復以王猛爲司徒，錄尚書事；復，扶又翻；下同。猛固辭，乃止。

6 燕、秦皆遣兵助袁瑾，大司馬溫遣督護竺瑤等禦之。燕兵先至，瑤等與戰于武丘，破之。武丘，卽丘頭，文王平諸葛誕，改曰武丘，以旌武功。杜佑曰：丘頭卽潁州沈丘縣。南頓太守桓石虔克其南城。惠帝分汝南，立南頓郡。南城，壽春南城也。石虔，溫之弟子也。

7 秦王堅復遣王猛督鎮南將軍楊安等十將步騎六萬以伐燕。

8 慕容令自度終不得免，度，徒洛翻。密謀起兵，沙城中謫戍士數千人，令皆厚撫之。謫，陟革翻。五月，庚午，令殺牙門孟嬀。城大涉圭懼，請自效。姓譜：涉，姓也。左傳晉有大夫涉佗。嬀，居爲翻。令信之，引置左右。遂帥讁戍士東襲威德城，威德城，卽宇文涉夜干所居城也，燕王皝改曰威德城。殺城郎慕容倉，據城部署，遣人招東西諸戍，翕然皆應之。鎭東將軍勃海王亮鎭龍城，令將襲之；其弟麟以告亮，亮閉城拒守。癸酉，涉圭因侍直擊令，令引涉圭置左右，故得因侍直而擊之。令單馬走，其黨皆潰。涉圭追令至薛黎澤，擒而殺之，詣龍城白亮。亮爲誅涉圭，爲，于僞翻。收令尸而葬之。

9 六月，乙卯，秦王堅送王猛於灞上，曰：「今委卿以關東之任，當先破壺關，平上黨，魏收曰：秦置上黨郡，治壺關城，前漢治長子城，董卓治壺關城，慕容氏治安民城，後還壺關城。長驅取鄴，所謂『疾雷不及掩耳。』淮南子之言。吾當親督萬衆，繼卿星發，星發，謂戴星而發行也。舟車糧運，水陸俱進，卿勿以爲後慮也。」猛曰：「臣杖威靈，奉成算，盪平殘胡，盪，徒朗翻。如風掃葉，願不煩鑾輿親犯塵霧，但願速敕所司部置鮮卑之所。」言預爲治舍，以待其至。堅大悅。

10 秋，七月，癸酉朔，日有食之。

11 秦王猛攻壺關，楊安攻晉陽。八月，燕主暐命太傅上庸王評將中外精兵三十萬以拒秦。考異曰：載記云「四十萬」，今從晉春秋。暐以秦寇爲憂，召散騎侍郎李鳳、散，悉亶翻。騎，奇寄翻；下同。黃門侍郎梁琛、中書侍郎樂嵩問曰：「秦兵衆寡何如？今大軍既出，秦能戰乎？」鳳曰：「秦國小兵弱，非王師之敵；景略常才，又非太傅之比，不足憂也。」王猛，字景略。琛、嵩曰：「勝敗在謀，不在衆寡。秦遠來爲寇，安肯不戰！且吾當用謀以求勝，豈可冀其不戰而已乎！」暐不悅。王猛克壺關，執上黨太守南安王越，所過郡縣，皆望風降附。降，戶江翻。燕人大震。

黃門侍郎封孚問司徒長史申胤曰：「事將何如？」胤歎曰：「鄴必亡矣，吾屬今茲將爲秦虜。然越得歲而吳伐之，卒受其禍。左傳：昭三十二年，吳伐越。史墨曰：「不及四十年，越其有吳乎！越得歲而吳伐之，必受其凶。」杜預註曰：此年歲在星紀，星紀，吳、越之分也。歲星所在，其國有福，吳先用兵，故反受其殃。卒，子恤翻。今福德在燕，福德在燕，亦謂歲星在燕分也。後苻堅所謂「昔吾滅燕，亦犯歲而捷」是也。秦雖得志，而燕之復建，不過一紀耳。」爲後燕復興張本。復，扶又翻，又如字。

12 大司馬溫自廣陵帥衆二萬討袁瑾；以襄城太守劉波爲淮南內史，將五千人鎮石頭。波，隗之孫也。元帝之末，劉隗避王敦之難，因北奔于後趙。帥，讀曰率。將，卽亮翻；下同。癸丑，溫敗瑾于壽春，敗，補邁翻。遂圍之。燕左衞將軍孟高將騎兵救瑾，至淮北，未渡，會秦伐燕，燕召高還。還，從宣翻，又如字。

13 廣漢妖賊李弘，詐稱漢歸義侯勢之子，聚衆萬餘人，自稱聖王，年號鳳凰。妖，於驕翻。隴西人李高，詐稱成主雄之子，攻破涪城，涪，音浮。逐梁州刺史楊亮。九月，益州刺史周楚遣子瓊討高，又使瓊子梓潼太守虓討弘，皆平之。虓，虛交翻。

14 秦楊安攻晉陽，晉陽兵多糧足，久之未下。王猛留屯騎校尉苟長戍壺關，「苟長」，恐當作「苟萇」。引兵助安攻晉陽，爲地道，使虎牙將軍張蚝帥壯士數百潛入城中，大呼斬關，納秦兵。呼，火故翻。辛巳，猛、安入晉陽，執燕幷州刺史東海王莊。太傅評畏猛不敢進，屯于潞川。據水經註：潞川在上黨潞縣北。闞駰曰：潞水，卽漳水也。爲冀州浸。冬，十月，辛亥，猛留將軍武都毛當戍晉陽，進兵潞川，與慕容評相持。

壬戌，猛遣將軍徐成覘燕軍形要，形者，見於外；要者，有諸中。覘見其形，未足以決勝負；覘見其要，則勝負之機決矣。覘，丑廉翻，又丑豔翻。期以日中；及昏而返，猛怒，將斬之。鄧羌請之曰：「今賊衆我寡，詰朝將戰；杜預曰：詰朝，平旦也。詰，去吉翻。朝，如字。成，大將也，宜且宥之。」猛曰：「若不殺成，軍法不立。」羌固請曰：「成，羌之郡將也，成蓋爲羌本郡太守。將，卽亮翻；下同。雖違期應斬，羌願與成効戰以贖之。」効戰，謂効力決戰也。猛弗許。羌怒，還營，嚴鼓勒兵，將攻猛。猛問其故，羌曰：「受詔討遠賊；今有近賊，自相殺，欲先除之！」猛謂羌義而有勇，使語之曰：「將軍止，吾今赦之。」成既免，羌詣猛謝。猛執其手曰：「吾試將軍耳，將軍於郡將尚爾，況國家乎，吾不復憂賊矣！」語，牛倨翻。復，扶又翻。

太傅評以猛懸軍深入，欲以持久制之。評爲人貪鄙，鄣固山泉，鬻樵及水，山者，樵之所仰；泉者，汲之所仰。障固山泉，使軍士不得樵汲，而鬻薪水以牟利。積錢帛如丘陵；賈公彥曰：高曰丘，大阜曰陵。士卒怨憤，莫有鬭志。猛聞之，笑曰：「慕容評眞奴才，雖億兆之衆不足畏，況數十萬乎！吾今茲破之必矣。」乃遣游擊將軍郭慶帥騎五千，夜從間道出評營後，燒評輜重，火見鄴中。間，古莧翻。重，直用翻。見，賢遍翻。潞川地形高而近鄴，且火盛，故鄴中望而見之。燕主暐懼，遣侍中蘭伊讓評曰：「王，高祖之子也，慕容廆廟號高祖。當以宗廟社稷爲憂，柰何不撫戰士而榷賣樵水，專以貨殖爲心乎！榷，古岳翻。府庫之積，朕與王共之，何憂於貧！若賊兵遂進，家國喪亡，喪，息浪翻。王持錢帛欲安所置之！」乃命悉以其錢帛散之軍士，酈道元曰：評鬻水與軍人，絹匹，與水二石。且趨使戰。趨，讀曰趣，音趨玉翻。評大懼，遣使請戰於猛。使，疏吏翻。

甲子，猛陳於渭源而誓之按渭水不出潞縣。水經註有涅水出潞縣西覆甑山。或者「渭」字其「涅」字之誤乎？又按溫公稽古錄，書王猛破評于清原。杜預曰：河東聞喜縣北有清原。其地又與潞川相遠，姑存疑以待知者。杜佑通典作「潞源」。陳，讀曰陣；下同。曰：「王景略受國厚恩，任兼內外，今與諸君深入賊地，當竭力致死，有進無退，共立大功，以報國家；受爵明君之朝，稱觴父母之室，不亦美乎！」受爵明君之朝，謂有功而受賞於朝也。稱觴父母之室，謂受賞而歸，舉酒爲父母壽也。朝，直遙翻。衆皆踴躍，破釜棄糧，大呼競進。呼，火故翻。

猛望燕兵之衆，謂鄧羌曰：「今日之事，非將軍不能破勍敵，勍，渠京翻。成敗之機，在茲一舉，將軍勉之！」羌曰：「若能以司隸見與者，公勿以爲憂。」猛曰：「此非吾所及也，必以安定太守、萬戶侯相處。」秦雍州刺史治安定，安定在秦中爲大郡。處，昌呂翻。羌不悅而退。俄而兵交，猛召羌，羌寢不應。猛馳就許之，羌乃大飲帳中，與張蚝、徐成等跨馬運矛，馳赴燕陳，出入數四，旁若無人，所殺傷數百。及日中，燕兵大敗，俘斬五萬餘人，乘勝追擊，所殺及降者又十萬餘人。降，戶江翻。評單騎走還鄴。

崔鴻曰：鄧羌請郡將以撓法，徇私也；撓，奴教翻，又女巧翻。勒兵欲攻王猛，無上也；臨戰豫求司隸，邀君也；有此三者，罪孰大焉！猛能容其所短，收其所長，若馴猛虎，馭悍馬，以成大功。詩曰：「采葑采菲，無以下體。」詩谷風之辭。毛氏曰：葑，須也；菲，芴也；下體，根莖也。鄭氏曰：此二菜者，蔓菁與葍之類也，皆上下可食，然而其根有美時，有惡時；采之者，不可以根惡時并棄其葉。陸璣草木疏曰：葑，蕪菁也。菲，息菜。郭璞曰：葑，菘菜也。江南有菘，江北有蔓菁，相似而異。菲，芴，土瓜也。息菜似蕪菁，華紫赤色，可食。葍，大葉，白華，根如指，色白可食。葍，方六翻。猛之謂矣！

秦兵長驅而東，自潞川而東攻鄴。丁卯，圍鄴。猛上疏稱：「臣以甲子之日，大殲醜類。謂甲子之日克勝，事同周武王克紂。殲，息廉翻。順陛下仁愛之志，使六州士庶，不覺易主，自非守迷違命，一無所害。」秦王堅報之曰：「將軍役不踰時，三月爲一時。而元惡克舉，勳高前古。朕今親帥六軍，星言電赴。詩曰：星言夙駕。謂早駕見星而行也。電赴，言其疾也。帥，讀曰率。將軍其休養將士，以待朕至，然後取之。」

猛之未至也，鄴旁剽劫公行，剽，匹妙翻。及猛至，遠近帖然；號令嚴明，軍無私犯，言軍士不敢私犯鄴民也。法簡政寬，燕民各安其業，更相謂曰：「不圖今日復見太原王！」更，工衡翻。復，扶又翻。王猛聞之，歎曰：「慕容玄恭信奇士也，可謂古之遺愛矣！」慕容恪，字玄恭，封太原王。設太牢以祭之。

十一月，秦王堅留李威輔太子守長安，陽平公融鎮洛陽，自帥精鋭十萬赴鄴，七日而至安陽，晉志：安陽縣屬魏郡。魏收志曰：天平初，併蕩陰、安陽屬鄴。又汲郡北脩武縣有安陽城。宴祖父時故老。苻洪父子先屯枋頭，有故老尚存，聞堅之來，迎於安陽，故宴之。猛潛如安陽謁堅，堅曰：「昔周亞夫不迎漢文帝，見十五卷漢文帝後六年。今將軍臨敵而棄軍，何也？」猛曰：「亞夫前卻人主以求名，臣竊少之。少，詩沼翻。且臣奉陛下威靈，擊垂亡之虜，譬如釜中之魚，何足慮也！監國沖幼，太子守曰監國。監，工銜翻。鑾駕遠臨，脱有不虞，悔之何及！陛下忘臣灞上之言邪！」

初，燕宜都王桓帥衆萬餘屯沙亭，杜預曰：陽平元城縣有沙亭。爲太傅評後繼，聞評敗，引兵屯内黄。内黄縣自漢以來屬魏郡。堅使鄧羌攻信都。丁丑，桓帥鮮卑五千奔龍城。戊寅，燕散騎侍郎餘蔚帥扶餘、高句麗及上黨質子五百餘人，蔚，於勿翻。燕蓋遣兵戍上黨，取其子弟留於鄴以爲質。餘蔚，扶餘王子，故陰率諸質子開門以納秦兵。質，音致。句，如字，又音駒。麗，力知翻。夜，開鄴北門納秦兵，燕主暐與上庸王評、樂安王臧、定襄王淵、左衞將軍孟高、殿中將軍艾朗等奔龍城。姓譜：艾姓，晏子春秋齊有大夫艾孔。風俗通有龐儉母艾氏。辛巳，秦王堅入鄴宮。

慕容垂見燕公卿大夫及故時僚吏，有慍色。慍，於問翻。高弼言於垂曰：「大王憑祖宗積累之資，負英傑高世之略，遭値迍阨，迍，株倫翻。棲集外邦。今雖家國傾覆，安知其不爲興運之始邪！愚謂國之舊人，宜恢江海之量，有以慰結其心，以立覆簣之基，成九仞之功，言譬如爲山，自覆一簣而進成九仞之功。簣，求位翻，土籠也。八尺曰仞。奈何以一怒捐之，愚竊爲大王不取也！」高弼先從垂奔秦，故敢進言。爲，于僞翻。垂悅，從之。

燕主暐之出鄴也，衞士猶千餘騎，旣出城，皆散，惟十餘騎從行；秦王堅使游擊將軍郭慶追之。時道路艱難，孟高扶侍暐，經護二王，二王，謂樂安王臧、定襄王淵也。極其勤瘁，瘁，秦醉翻。又所在遇盜，轉鬬而前。數日，行至福祿，依冢解息，解息，解鞍息馬也。冢，知隴翻。盜二十餘人猝至，皆挾弓矢，高持刀與戰，殺傷數人。高力極，力疲極也。自度必死，乃直前抱一賊，頓擊於地，大呼曰：「男兒窮矣！」餘賊從旁射高，殺之。度，徒洛翻。射，而亦翻。艾朗見高獨戰，亦還趣賊，幷死。趣，七喻翻。暐失馬步走，郭慶追及於高陽，部將巨武將縛之，姓譜：巨，姓也。暐曰：「汝何小人，敢縛天子！」武曰：「我受詔追賊，何謂天子！」執以詣秦王堅，堅詰其不降而走之狀，詰，去吉翻。降，戶江翻；下同。對曰：「狐死首丘，欲歸死於先人墳墓耳。」慕容氏之先皆葬昌黎。堅哀而釋之，令還宮，帥文武出降。晉穆帝永和八年，燕主儁改元稱帝，傳子暐，共十九年而亡。帥，讀曰率。暐稱孟高、艾朗之忠於堅，堅命厚加斂葬，斂，力贍翻。拜其子爲郎中。

郭慶進至龍城，太傅評奔高句麗，高句麗執評，送於秦。宜都王桓殺鎮東將軍勃海王亮，幷其衆，奔遼東。遼東太守韓稠，先已降秦，桓至，不得入，攻之，不克。郭慶遣將軍朱嶷擊之，桓棄衆單走，嶷獲而殺之。嶷，魚力翻。

諸州牧守及六夷渠帥盡降於秦，帥，所類翻。凡得郡百五十七，戶二百四十六萬，口九百九十九萬。以燕宮人、珍寶分賜將士。將，卽亮翻。下詔大赦曰：「朕以寡薄，猥承休命，不能懷遠以德，柔服四維，四維：東南維，西南維，東北維，西北維。至使戎車屢駕，有害斯民，雖百姓之過，然亦朕之罪也。其大赦天下，與之更始。」更，工衡翻。

初，梁琛之使秦也，使，疏吏翻。以侍輦苟純爲副。侍輦之官，蓋燕所置近臣也。琛每應對，不先告純；純恨之，歸言於燕主暐曰：「琛在長安，與王猛甚親善，疑有異謀。」琛又數稱秦王堅及王猛之美，數，所角翻。且言秦將興師，宜爲之備。已而秦果伐燕，皆如琛言，暐乃疑琛知其情。及慕容評敗，遂收琛繫獄。秦王堅入鄴而釋之，除中書著作郎，秦蓋循晉初之制，併祕書於中書省也。引見，見，賢遍翻。謂之曰：「卿昔言上庸王、吳王皆將相奇材，將，卽亮翻。相，息亮翻。何爲不能謀畫，自使亡國？」對曰：「天命廢興，豈二人所能移也！」堅曰：「卿不能見幾而作，虛稱燕美，忠不自防，反爲身禍，可謂智乎？」對曰：「臣聞『幾者動之微，吉【章：十二行本「吉」下有「凶」字；乙十一行本同；退齋校同。】之先見者也。』易大傳之辭。幾，居希翻。見，賢遍翻。如臣愚暗，實所不及。然爲臣莫如忠，爲子莫如孝，自非有一至之心者，莫能保忠孝之始終。是以古之烈士，臨危不改，見死不避，以徇君親。彼知幾者，心達安危，身擇去就，不顧家國，臣就使知之，尚不忍爲，況非所及邪！」梁琛忠於所事，秦王堅不能顯而庸之，識者有以知秦祚之不長矣。

堅聞悅綰之忠，悅綰事見十卷三年。恨不及見，拜其子爲郎中。

堅以王猛爲使持節、都督關東六州諸軍事、車騎大將軍、開府儀同三司、冀州牧，鎭鄴，使，疏吏翻。騎，奇寄翻。進爵淸河郡侯，悉以慕容評第中之物賜之。賜楊安爵博平縣侯；以鄧羌爲使【章：十二行本無「使」字；乙十一行本同；退齋校同。】持節、征虜將軍、安定太守，賜爵眞定郡侯；郭慶爲持節、都督幽州諸軍事、幽州刺史，鎭薊，薊，音計。賜爵襄城侯。賜爵者，賜之侯爵，非有國有土也。一曰，先未列爵，今始賜之。其餘將士封賞各有差。

堅以京兆韋鐘爲魏郡太守，彭豹爲陽平太守；燕都鄴，以魏郡太守爲京尹。陽平，輔郡也，故堅皆以秦人守之。其餘州縣牧、守、令、長，皆因舊以授之。盡易州縣牧、守、令、長，旣駭觀聽，且人情新舊不相安，故皆因舊。以燕常山太守申紹爲散騎侍郎，使與散騎侍郎京兆韋儒俱爲繡衣使者，循行關東州郡，觀省風俗，行，下孟翻。省，悉景翻。勸課農桑，振恤窮困，收葬死亡，旌顯節行，燕政有不便於民者，皆變除之。並用燕、秦之人爲繡衣使者。用燕人者，以其習關東風俗；用秦人者，使宣堅之德意也。行，下孟翻。

十二月，秦王堅遷慕容暐及燕后妃、王公、百官并鮮卑四萬餘戶于長安。爲後鮮卑乘亂攻秦張本。

王猛表留梁琛爲主簿，領記室督。晉制：諸公府有主簿、記室督各一人。今猛以琛兼之。他日，猛與僚屬宴，語及燕朝使者，猛曰：「人心不同：昔梁君至長安，專美本朝；樂君但言桓溫軍盛；郝君微說國弊。」梁琛、樂嵩、郝晷也。本朝、國弊，皆謂燕也。朝，直遙翻。使，疏吏翻。參軍馮誕曰：「今三子皆爲國臣，此國謂秦也。敢問取臣之道何先？」猛曰：「郝君知幾爲先。」幾，居希翻。誕曰：「然則明公賞丁公而誅季布也。」言取臣之道，與漢高帝異。猛大笑。

秦王堅自鄴如枋頭，宴父老，改枋頭曰永昌，復之終世。復，方目翻，除賦役也；復除賦役，終秦王之世也。甲寅，至長安，封慕容暐爲新興侯；以燕故臣慕容評爲給事中，皇甫眞爲奉車都尉，李洪爲駙馬都尉，皆奉朝請；三人者，燕之三公也。李邽爲尚書，封衡爲尚書郎，慕容德爲張掖太守，爲德兄子超留張掖而入姚氏張本。燕國平叡爲宣威將軍，悉羅騰爲三署郎；漢有五官署郎、左署郎、右署郎，故曰三署郎。舊制：郎年五十以上，屬五官，其次分在左右署；秦遂以三署郎爲官稱。其餘封署各有差。衡，裕之子也。慕容皝之興也，封裕以忠諫顯。

燕故太史黃泓歎曰：「燕必中興，其在吳王乎！恨吾老，不及見耳！」慕容之初興，黃泓歸之。及儁之取中原，黃泓贊其決：泓知數者也。汲郡趙秋曰：「天道在燕，謂歲星在燕分也。不【章：十二行本「不」上有「而秦滅之」四字；乙十一行本同；退齋校同；張校同，云無註本亦脫。】及十五年，秦必復爲燕有。」

慕容桓之子鳳，年十一，陰有復讎之志，鮮卑、丁零有氣幹者皆傾身與之交結。爲後慕容鳳與丁零起兵攻秦張本。權翼見而謂之曰：「兒方以才望自顯，勿效爾父不識天命！」鳳厲色曰：「先王欲建忠而不遂，此乃人臣之節；君侯之言，豈獎勸將來之義乎！」翼改容謝之，言於秦王堅曰：「慕容鳳忼慨有才器；但狼子野心，恐終不爲人用耳。」左傳：楚令尹子文曰：「狼子野心。」史言燕之臣子非久下人者。

16 秦省雍州。秦置雍州於安定，今省雍州入司隸校尉。

17 是歲，仇池公楊世卒，子纂立，始與秦絕。叔父武都太守統與之爭國，起兵相攻。爲秦攻仇池張本。

王崇武標點容肇祖聶崇岐覆校

資治通鑑卷第一百三

端明殿學士兼翰林侍讀學士右諫議大夫充集賢殿修撰權判西京留司御史臺上柱國河內郡開國侯食邑一千三百戶食實封四百戶賜紫金魚袋臣司馬光　奉敕編集

後學天台胡三省　音註

晉紀二十五 起重光協洽（辛未），盡旃蒙大淵獻（乙亥），凡五年。

太宗簡文皇帝 諱昱，字道萬，元帝之少子也；封琅邪王，後徙封會稽王。海西即位，琅邪絕嗣，復徙封琅邪，固讓；故雖封琅邪而不去會稽之號。謚法：一德不懈曰簡；道德博聞曰文。

咸安元年（辛未、三七一）是年十一月，海西廢，帝即位，始改元咸安。通鑑編年，因以新元繫之。

1 春，正月，袁瑾、朱輔求救於秦，秦王堅以瑾爲揚州刺史，瑾，渠吝翻。輔爲交州刺史，遣武衛將軍武都王鑒、前將軍張蚝帥步騎二萬救之。蚝，七吏翻。帥，讀曰率。騎，奇寄翻。大司馬溫遣淮南太守桓伊、南頓太守桓石虔等擊鑒、蚝於石橋，據桓溫傳，石橋在肥水北。守，式又翻。大破之，秦兵退屯慎城。慎縣，漢屬汝南郡，晉分屬汝陰郡。唐廬州之慎縣，則梁、魏之間南梁郡之慎縣，漢九江浚遒縣之地，非此慎城。伊，宣之子也。桓宣佐祖逖，拒祖約，守襄陽，皆有功。丁亥，溫拔壽春，擒瑾及輔，并其宗族送建康，斬之。

2秦王堅徙關東豪傑及雜夷十五萬戶于關中，處烏桓于馮翊、北地，丁零翟斌于新安、澠池。爲翟斌乘秦亂起兵張本。處，昌呂翻。澠，彌兗翻。斌，音彬。諸因亂流移，欲還舊業者，悉聽之。

3二月，秦以魏郡太守韋鍾爲青州刺史，青州刺史治廣固。中壘將軍梁成爲兗州刺史，射聲校尉徐成爲并州刺史，武衞將軍王鑒爲豫州刺史，左將軍彭越爲徐州刺史，太尉司馬皇甫覆爲荆州刺史，晉志曰：秦既滅燕，以兗州刺史鎮倉垣，并州刺史鎮晉陽，豫州刺史鎮洛陽，徐州刺史鎮彭城。秦初以荆州刺史鎮豐陽，後移襄陽。余按此時秦未得襄陽，蓋仍燕之舊鎮魯陽也。屯騎校尉天水姜宇爲涼州刺史，扶風內史王統爲益州刺史，涼州屬張天錫。益州，晉土也。秦蓋置涼州於天水界，置益州於扶風界。校，戶教翻。秦州刺史、西縣侯雅爲使持節、都督秦·晉·涼·雍州諸軍事、秦州牧，雅，苻氏也。前此未有晉州；涼之張氏分西平界置晉興郡，秦蓋於此置晉州也。雍，於用翻。吏部尚書楊安爲使持節、都督益·梁州諸軍事、梁州刺史。堅欲進圖梁、益，故置梁、益二州刺史。楊安既克仇池，始加督南秦州，鎮仇池。使，疏吏翻。復置雍州，治蒲阪；秦省雍州見上卷上年。復，扶又翻。雍，於用翻。阪，音反。以長樂公丕爲使持節、征東大將軍、雍州刺史。樂，音洛。使，疏吏翻。成，平老之子；統，擢之子也。穆帝永和十年，王擢降秦。堅以關東初平，守令宜得人，令王猛以便宜簡召英俊，補六州守令，授訖，言臺除正。奏上秦朝，除爲正官也。嗚呼！荀卿子有言：兼并易也，堅凝之難。以苻堅之明，王猛之略，簡召六州英俊以補守令，然鮮卑乘亂一呼，翕然爲燕，以此知天下之勢，但觀人心向背何如耳。

4 三月，壬辰，益州刺史建成定公周楚卒。諡法：大慮靜民曰定。

5 秦後將軍金城俱難攻蘭陵太守張閔子于桃山，俱，姓；難，名。魏收地形志：蘭陵昌慮縣有桃山。大司馬溫遣兵擊卻之。

6 秦西縣侯雅、楊安、王統、徐成及羽林左監朱肜、揚武將軍姚萇帥步騎七萬伐仇池公楊纂。肜，余中翻。萇，仲良翻。帥，讀曰率。騎，奇寄翻。

7 代將長孫斤謀弒代王什翼犍，世子寔格之，傷脅，遂執斤，殺之。代之先拓跋鄰，以次兄爲拔跋氏，後改爲長孫氏。將，即亮翻。犍，居言翻。

8 夏，四月，戊午，大赦。

9 秦兵至鷲峽；鷲峽在仇池北，亦謂之塞峽。鷲，音就。楊纂帥衆五萬拒之。梁州刺史弘農楊亮遣督護郭寶、卜靖帥千餘騎助纂，與秦兵戰于峽中；纂兵大敗，死者什三、四，寶等亦沒，纂收散兵遁還。西縣侯雅進攻仇池，楊統帥武都之衆降秦。統與纂爭國，見上卷上年。降，戶江翻；下同。纂懼，面縛出降，雅送纂于長安。以統爲南秦州刺史；秦置秦州於上邽，仇池在其南，故置南秦州。加楊安都督南秦州諸軍事，鎮仇池。

王猛之破張天錫於枹罕也，事見一百一卷海西公太和元年。枹，音膚。獲其將敦煌陰據及甲士五千人。敦，徒門翻。秦王堅既克楊纂，遣據帥其甲士還涼州，使著作郎梁殊、閻負送之，穆帝永和十二年，秦遣殊、負使涼，今復遣之。因命王猛爲書諭天錫曰：「昔貴先公稱藩劉、石者，惟審於強弱也。張茂稱藩於劉曜，事見九十二卷明帝太寧元年。張駿稱藩於石勒，事見九十四卷成帝咸和五年。今論涼土之力，則損於往時；語大秦之德，則非二趙之匹；而將軍翻然自絕，絕秦見一百卷太和元年。無乃非宗廟之福也歟！以秦之威，旁振無外，可以回弱水使東流，返江、河使西注，禹之治水，高高下下，因天地之性，弱水西流，江、河東注。今言能反之回之，喻秦威力之強也。關東既平，將移兵河右，恐非六郡士民所能抗也。涼州六郡，以張軌初鎮河西之時，統治武威、張掖、酒泉、敦煌、西郡、西海六郡言之也。元康以後，張氏所分置，其爲郡多矣。劉表謂漢南可保，事見漢獻帝紀。將軍謂西河可全，吉凶在身，元龜不遠，宜深算妙慮，自求多福，無使六世之業一旦而墜地也！」自張軌保據河西，至天錫凡九主。今言六世者，不以曜靈、祚、玄靚爲世數。天錫大懼，遣使謝罪稱藩。堅拜天錫使持節、都督河右諸軍事、驃騎大將軍、開府儀同三司、涼州刺史、西平公。使，疏吏翻；下同。驃，匹妙翻。騎，奇寄翻。

吐谷渾王辟奚聞楊纂敗，五月，遣使獻馬千匹、金銀五百斤于秦。吐，從暾入聲。谷，音浴。秦以辟奚爲安遠將軍、漒川侯。辟奚，葉延之子也，葉延見九十四卷成帝咸和四年。漒，其良翻。好學，仁厚無威斷，好，呼到翻。斷，丁亂翻；下無斷同。三弟專恣，國人患之。長史鍾惡地，西漒羌豪也，溼，渠良翻。羌人據溼川之地，分爲東西。謂司馬乞宿雲曰：「三弟縱橫，勢出王右，橫，戶孟翻。右，上也。幾亡國矣。幾，居希翻。吾二人位爲元輔，長史、司馬，府之元僚。豈得坐而視之！詰朝月望，日行遲，一年一周天；月行速，一月一周天而與日會。日月之會，謂之合朔。自合朔之後，月又先日而行，至十五日，日月相望，謂之月望。詰，去吉翻。文武並會，吾將討焉。王之左右皆吾羌子，轉目一顧，立可擒也。」宿雲請先白王，惡地曰：「王仁而無斷，白之必不從；萬一事泄，吾屬無類矣。事已出口，何可中變！」遂於坐收三弟，殺之。坐，徂臥翻。辟奚驚怖，怖，普布翻。自投床下，惡地、宿雲趨而扶之曰：「臣昨夢先王敕臣云：『三弟將爲逆，不可不討。』故誅之耳。」辟奚由是發病恍惚，人無精爽，謂之恍惚。命世子視連曰：「吾禍及同生，何以見之於地下！國事大小，任汝治之，吾餘年殘命，寄食而已。」遂以憂卒。卒，子恤翻；下同。

視連立，不飲酒遊畋者七年，軍國之事，委之將佐。將，即亮翻。鍾惡地諫，以爲人主當自娛樂，樂，音洛。建威布德。視連泣曰：「孤自先世以來，以仁孝忠恕相承。先王念友愛之不終，悲憤而亡。孤雖纂業，尸存而已，聲色遊娛，豈所安也！威德之建，當付之將來耳。」辟奚之死，視連之立，其事非皆在是年。通鑑因辟奚入貢于秦，遂連而書之，以見辟奚父子天性仁孝，不可以夷狄異類視之也。

10 代世子寔病傷而卒。格長孫斤而被傷也。

11 秋，七月，秦王堅如洛陽。

12 代世子寔娶東部大人賀野干之女，據北史，賀野干，即賀蘭部酋長。魏書官氏志，北方賀蘭，後改爲賀氏。有遺腹子，甲戌，生男，代王什翼犍爲之赦境内，爲，于僞翻。名曰涉圭。拓跋珪造魏事始此。

13 大司馬溫以梁、益多寇，周氏世有威名，周訪、周撫、周楚皆著威名於梁、益。八月，以寧州刺史周仲孫監益、梁二州諸軍事，領益州刺史。監，工銜翻。仲孫，光之子也。周光見九十三卷明帝太寧二年。

14 秦以光祿勳李儼爲河州刺史，鎮武始。河西張駿以興晉、金城、武始、南安、永晉、大夏、武城、漢中爲河州。武始郡，治狄道，亦張駿所置。

15 王猛以潞川之功，見上卷上年。請以鄧羌爲司隸。秦王堅下詔曰：「司隸校尉，董牧皇畿，吏責甚重，非所以優禮名將。光武不以吏事處功臣，見四十三卷漢光武建武十三年。處，昌呂翻。實貴之也。羌有廉、李之才，廉、李，謂廉頗、李牧。朕方委以征伐之事，北平匈奴，南蕩揚、越，羌之任也，司隸何足以嬰之！其進號鎮軍將軍，位特進。」

16 九月，秦王堅還長安。歸安元侯李儼卒于上邽，謚法：能思辨衆曰元；行義說民曰元。晉武受禪，當時之臣死，多有謚元者，固非以行定謚也。堅復以儼子辯爲河州刺史。復，扶又翻。

17 冬，十月，秦王堅如鄴，獵于西山，旬餘忘返。伶人王洛叩馬諫曰：鄭玄曰：伶官，樂官也。

伶氏世掌樂官而善焉，故後世多號樂官爲伶官。「陛下羣生所繫，今久獵不歸，一旦患生不虞，柰太后、天下何！」堅爲之罷獵還宮。爲，于僞翻。王猛因進言曰：「畋獵誠非急務，王洛之言，不可忘也。」堅賜洛帛百匹，拜官箴左右，左傳：昔周辛甲之爲太史，命百官官箴王闕，於虞人之箴曰：「芒芒禹迹，畫爲九州，經啓九道。民有寢廟，獸有茂草，各有攸處，德用不擾。在帝夷羿，冒于原獸，忘其國恤而思其麀牡。武不可重，用不恢于夏家。獸臣司原，敢告僕夫。」虞箴如是，以戒獵也。堅倣其意拜洛爲官箴左右。自是不復獵。復，扶又翻。

18 大司馬溫，恃其材略位望，陰蓄不臣之志，嘗撫枕歎曰：「男子不能流芳百世，亦當遺臭萬年！」桓溫心迹，固不畏人之知之也，然而不獲逞者，制於命也，孰謂天位可以智力奸邪！術士杜炅炅，古迥翻。能知人貴賤，溫問炅以祿位所至。炅曰：「明公勳格宇宙，據孔安國尚書註，格，至也。位極人臣。」溫不悅。其志願不止於此，故不悅。溫欲先立功河朔以收時望，還受九錫。及枋頭之敗，威名頓挫。枋頭之敗，事見上卷太和四年。既克壽春，謂參軍郗超曰：郗，丑之翻。「足以雪枋頭之恥乎？」超曰：「未也。」久之，超就溫宿，中夜，謂溫曰：「明公都無所慮乎？」溫曰：「卿欲有言邪？」超曰：「明公當天下重任，今以六十之年，敗於大舉，不建不世之勳，不足以鎭愜民望！」愜，苦叶翻。溫曰：「然則柰何？」超曰：「明公不爲伊、霍之舉者，無以立大威權，鎭壓四海。」溫素有心，深以爲然，遂與之定議。超知溫心而迎合之，溫遂與定議。以帝素謹無過，而床笫易誣，笫，側里翻，又壯士翻，床簀也。易，以豉翻。乃言「帝早有痿疾，楊正衡曰：字林：痿，痹也，人垂翻，又於隹翻。余謂此蓋言陰痿也。嬖人相龍、計好、朱靈寶等，相與計，皆姓也。何承天姓苑，相，悉良翻。范曄後漢書有計子勳。參侍內寢，二美人田氏、孟氏生三男，將建儲立王，傾移皇基。」密播此言於民間，時人莫能審其虛實。

十一月，癸卯，溫自廣陵將還姑孰，屯于白石。此白石蓋在牛渚西南桓玄破譙王尚之處，非陶侃令庾亮所守白石壘也。丁未，詣建康，諷褚太后，請廢帝立丞相會稽王昱，并作令草呈之。先草定太后令而呈之於太后。會，工外翻。太后方在佛屋燒香，建屋於宮中以奉佛，故謂之佛屋。內侍啓云：「外有急奏。」太后出，倚戶視奏數行，行，戶剛翻；下數十行同。乃曰：「我本自疑此！」至半，便止，索筆益之曰：索，山客翻。「未亡人不幸罹此百憂，感念存沒，心焉如割！」杜預曰：婦人既寡，自稱未亡人。

己酉，溫集百官於朝堂。朝，直遙翻；下同。廢立既曠代所無，莫有識其故典者，百官震慄。溫亦色動，不知所爲。尚書左僕射王彪之知事不可止，乃謂溫曰：「公阿衡皇家，伊尹曰阿衡，放太甲于桐。喻溫廢立，行伊尹之事也。孔安國曰：阿，倚；衡，平。當倚傍先代。」傍，蒲浪翻。乃命取漢書霍光傳，禮度儀制，定於須臾。用霍光廢昌邑王故事。傳，直戀翻。彪之朝服當階，神彩毅然，曾無懼容，文武儀準，莫不取定，朝廷以此服之。晉朝以此服王彪之，余甚恨彪之得此名於晉朝也。彪之父彬，不畏死以折王敦，此爲可服耳。於是宣太后令，廢帝爲東海王，以丞相、錄尚書事、會稽王昱統承皇極。會，工外翻。百官入太極前殿，溫使督護竺瑤、散騎侍郎劉亨收帝璽綬。散，悉亶翻。騎，奇寄翻。璽，斯氏翻。綬，音受。考異曰：帝紀、三十國春秋、「亨」皆作「享」。後魏書僭晉傳作「亨」，今從之。帝著白帢單衣，著，側略翻。帢，苦洽翻。步下西堂，乘犢車出神虎門，晉制，諸公給朝車、安車、皁輪犢車各一乘。東漢都雒陽，宮有廣義、神虎門。賢註曰：廣義、神虎，洛陽宮西門也，在金商門外。然則神虎門亦建康宮西門乎？羣臣拜辭，莫不歔欷。歔，音虛。欷，許既翻，又音希。侍御史、殿中監將兵百人衞送東海第。殿中監，掌監天子服御之事。將，卽亮翻。溫帥百官具乘輿法駕，迎會稽王于會稽邸。帥，讀曰率。乘，繩證翻。會，工外翻。王於朝堂變服，著平巾幘、單衣，東向流涕，拜受璽綬，平巾幘，蓋卽平上幘。單衣，江左諸人所以見尊者之服，所謂巾褠也。是日，卽皇帝位，改元。改元咸安。溫出次中堂，分兵屯衞。溫有足疾，詔乘輿入殿。乘，如字。溫撰辭，欲陳述廢立本意，撰，雛免翻。預撰辭，欲入見而陳之。帝引見，見，賢遍翻。便泣下數十行，行，戶剛翻。溫兢懼，竟不能一言而出。

太宰武陵王晞，好習武事，好，呼到翻。爲溫所忌，欲廢之，以事示王彪之。彪之曰：「武陵親尊，武陵王晞，亦元帝子，出繼武陵王喆後。未有顯罪，不可以猜嫌之間便相廢徙。公建立聖明，當崇獎王室，與伊、周同美；此大事，宜更深詳！」溫曰：「此已成事，卿勿復言！」王彪之能全晞於會稽輔政之時，而不能全之於會稽纘服之日，會稽可以理喻，而習武者桓溫之所忌也。復，扶又翻。乙卯，溫表「晞聚納輕剽，剽，匹妙翻。息綜矜忍；息，子也。袁眞叛逆，事相連染。頃日猜懼，將成亂階。溫以此誣晞。請免晞官，以王歸藩。」從之。幷免其世子綜、梁王璉等官。璉，與璡同，音津。溫使魏郡太守毛安之帥所領宿衞殿中。沈約曰：南徐州備有徐、兗、幽、冀、青、幷、揚七州郡邑。安之，虎生之弟也。

庚戌，尊褚太后曰崇德太后。

初，殷浩卒，大司馬溫使人齎書弔之。浩子涓不答，涓，圭淵翻。亦不詣溫，而與武陵王晞遊。廣州刺史庾蘊，希之弟也，素與溫有隙。溫惡殷、庾宗強，欲去之。惡，烏路翻。去，羌呂翻。辛亥，使其弟祕逼新蔡王晃晃父邈，本汝南王祐之子也，嗣新蔡王後。詣西堂叩頭自列，西堂，太極殿西堂也。自列，自陳列其事。稱與晞及子綜、著作郎殷涓、太宰長史庾倩、掾曹秀、舍人劉彊、散騎常侍庾柔等謀反；帝對之流涕，溫皆收付廷尉。倩、柔，皆蘊之弟也。倩，千甸翻。掾，于絹翻。癸丑，溫殺東海王三子及其母。卽田氏、孟氏及所生三男也。甲寅，御史中丞譙王恬承溫旨，請依律誅武陵王晞。詔曰：「悲惋惶怛，惋，烏貫翻。非所忍聞，況言之哉！其更詳議！」恬，承之孫也。譙王承死於王敦之難。「承」，當作「丞」，音註見前。乙卯，溫重表固請誅晞，詞甚酷切。帝乃賜溫手詔曰：「若晉祚靈長，公便宜奉行前詔；如其大運去矣，請避賢路。」

溫覽之，流汗變色，乃奏廢晞及其三子，家屬皆徙新安郡。吳孫權分丹楊立新都郡，武帝太康元年，更名新安郡，唐爲歙州，今之徽州。丙辰，免新蔡王晃爲庶人，徙衡陽，吳孫亮分長沙西部都尉置衡陽郡，今之衡州。殷涓、庾倩、曹秀、劉彊、庾柔皆族誅，庾蘊飲酖死。蘊兄東陽太守友子婦，桓豁之女也，故溫特赦之。庾希聞難，難，乃旦翻。與弟會稽【章：十二行本「稽」下有「王」字；乙十一行本同；孔本同。】參軍邈及子攸之逃于海陵陂澤中。海陵縣，前漢屬臨淮郡，後漢、晉屬廣陵郡，今泰州即其地。

溫既誅殷、庾，威勢翕赫，翕，盛也。赫，炎之極也。侍中謝安見溫遙拜。溫驚曰：「安石，卿何事乃爾？」安曰：「未有君拜於前，臣揖於後。」當是時，晉之君臣，蓋可知矣。春秋之義所謂微而顯者也。

戊午，大赦，增文武位二等。

己未，溫如白石，上書求歸姑孰。庚申，詔進溫丞相，大司馬如故，留京師輔政；溫固辭，乃請還鎮。辛酉，溫自白石還姑孰。

秦王堅聞溫廢立，謂羣臣曰：「溫前敗灞上，見九十九卷穆帝永和十年。後敗枋頭，見上卷太和四年。不能思愆自貶以謝百姓，方更廢君以自說，「說」，載記作「悅」，讀當從悅。一曰：說，讀如字，謂自解說也。六十之叟，舉動如此，將何以自容於四海乎！諺曰：『怒其室而作色於父，』其桓溫之謂矣。」

[19] 秦車騎大將軍王猛，以六州任重，言於秦王堅，請改授親賢；及府選便宜，輒已停寢，騎，奇寄翻。堅先是命猛以便宜選賢俊補六州郡縣守令。別乞一州自效。堅報曰：「朕之於卿，義則君臣，親踰骨肉，雖復桓、昭之有管、樂，齊桓公有管仲，燕昭王有樂毅。玄德之有孔明，自謂踰之。夫人主勞於求才，逸於得士。王褒聖主得賢人頌曰：君人者，勤於求賢，而逸於得人。既以六州相委，則朕無東顧之憂，非所以爲優崇，乃朕自求安逸也。夫取之不易，守之亦難，易，以豉翻。苟任非其人，患生慮表，表，外也。孔穎達曰：界外之畔爲表。豈獨朕之憂，亦卿之責也，故虛位台鼎而以分陝爲先。陝，式冉翻。卿未照朕心，殊乖素望。新政俟才，宜速銓補；俟東方化洽，當袞衣西歸。」周公東征，周大夫爲作九罭之詩，其辭曰：「九罭之魚鱒魴，我覯之子，袞衣繡裳。」又曰：「是以有袞衣兮，無以我公歸兮，無使我心悲兮。」箋云：王迎周公當以上公之服。仍遣侍中梁讜詣鄴諭旨，猛乃視事如故。史言苻堅、王猛君臣相與之至，所以猛得展其才。讜，多朗翻。

[20] 十二月，大司馬溫奏：「廢放之人，屏之以遠，屏，必政翻，又必郢翻。不可以臨黎元。東海王宜依昌邑故事，昌邑事見二十四卷漢昭帝元平元年。築第吳郡。」太后詔曰：「使爲庶人，情有不忍，可特封王。」溫又奏：「可封海西縣侯。」庚寅，封海西縣公。考異曰：海西公紀云：「咸安二年，正月，降封，」今從簡文帝紀。

溫威振內外，帝雖處尊位，處，昌呂翻。拱默而已，常懼廢黜。先是，熒惑守太微端門，天文志：太微南蕃中二星間曰端門。先，悉薦翻。踰月而海西廢。辛卯，熒惑逆行入太微，帝甚惡之。惡，烏路翻。中書侍郎郗超在直，入直省中也。帝謂超曰：「命之脩短，本所不計，故當無復近日事邪？」帝之爲撫軍也，辟超爲掾，故於今敢以情問之。復，扶又翻。超曰：「大司馬臣溫，方內固社稷，外恢經略，非常之事，臣以百口保之。」及超請急省其父，晉令：急假者，五日一急，一歲以六十日爲限。史書所稱取急、請急，皆謂假也。省，悉景翻。帝曰：「致意尊公，家國之事，遂至於此，由吾不能以道匡衞，愧歎之深，言何能諭！」因詠庾闡詩云：「志士痛朝危，忠臣哀主辱。」遂泣下霑襟。此亦清談，但情溢於言外耳。朝，直遙翻；下同。帝美風儀，善容止，留心典籍，凝塵滿席，湛如也。雖神識恬暢，然無濟世大略，謝安以爲惠帝之流，但清談差勝耳。清談無益於國事；謝安當此之時，能立此論，可謂拔乎流俗者也。

郗超以溫故，朝中皆畏事之。謝安嘗與左衞將軍王坦之共詣超，日旰未得前，旰，古案翻。坦之欲去，安曰：「獨不能爲性命忍須臾邪？」史言謝安於風流之中，能處事應物。又郗超勢燄如此，桓溫旣死之後，超得終於牖下，蓋以智免也。爲，于僞翻。

21 秦以河州刺史李辯領興晉太守，還鎭枹罕。興晉、枹罕，河西張氏皆置爲郡。興晉亦當近枹罕界。徙涼州治金城。自天水徙治金城。張天錫聞秦有兼幷之志，大懼，以秦徙鎭逼之，故懼。立壇於姑臧西，刑三牲，帥其官屬，遙與晉三公盟。帥，讀曰率；下同。遣從事中郎韓博奉表送盟文，并獻書於大司馬溫，期以明年夏會【章：十二行本「會」上有「同大舉」三字；乙十一行本同；孔本同。】于上邽。欲使晉起兵攻蜀而出會于上邽也。

22是歲，秦益州刺史王統攻隴西鮮卑乞伏司繁於度堅山，司繁帥騎三萬拒統于苑川。統潛襲度堅山，乞伏氏先自漠北南出，屯高平川，又自高平西南遷麥田山，司繁又自麥田遷于度堅山。水經註：苑川在天水勇士縣界。杜佑曰：在蘭州五泉縣界。以下文乞伏吐雷爲勇士護軍觀之，則水經註爲是。司繁部落五萬餘皆降於統；其衆聞妻子已降秦，不戰而潰。司繁無所歸，亦詣統降。降，戶江翻。秦王堅以司繁爲南單于，留之長安；以司繁從叔吐雷爲勇士護軍，勇士，漢縣，晉省。此因漢縣名而置護軍。撫其部衆。爲後乞伏步頹以鮮卑叛秦張本。

二年（壬申、三七二）

1春，二月，秦以清河房曠爲尚書左丞，徵曠兄默及清河崔逞、燕國韓胤爲尚書郎，北平陽陟、田勰、陽瑤爲著作佐郎，晉志：著作郎一人，謂之大著作，專掌史任。又置佐著作郎八人。勰，音協。郝略爲清河相：皆關東士望，王猛所薦也。瑤，鶩之子也。陽鶩仕燕，歷事三朝。鶩，音務。

冠軍將軍慕容垂言於秦王堅曰：「臣叔父評，燕之惡來輩也，惡來以多力事紂，紂嬖之以亡國。「惡來輩」，一作「惡來革」。史記曰：惡來善毁讒，諸侯以此益疏。「輩」，當作「革」。不宜復污聖朝，復，扶又翻。汚，烏故翻。願陛下爲燕戮之。」爲，于僞翻；下爲人同。堅乃出評爲范陽太守，燕之諸王悉補邊郡。

臣光曰：古之人，滅人之國而人悅，何哉？爲人除害故也。此惟湯、武足以當之，下此則漢高帝猶庶幾焉。爲，于僞翻。彼慕容評者，蔽君專政，忌賢疾功，愚闇貪虐以喪其國，喪，息浪翻。國亡不死，逃遁見禽。事見上卷海西公太和五年。秦王堅不以爲誅首，又從而寵秩之，秩，序也，官也。寵秩，謂寵而序其官，使不失次也。是愛一人而不愛一國之人也，其失人心多矣。是以施恩於人而人莫之恩，盡誠於人而人莫之誠，卒於功名不遂，容身無所，卒，子恤翻。由不得其道故也。

2 三月，戊午，遣侍中王坦之徵大司馬溫入輔；溫復辭。復，扶又翻。

3 秦王堅詔：「關東之民學通一經、才成一藝者，在所以【章：十二行本「以」上有「郡縣」二字；乙十一行本同；孔本同；退齋校同。】禮送之。在官百石以上，學不通一經、才不成一藝者，罷遣還民。」苻堅之政如此而猶不能終，況不及苻堅者乎！

4 夏，四月，徙海西公於吳縣西柴里，敕吳國內史刁彝防衛，又遣御史顧允監察之。監，工銜翻。彝，協之子也。刁協，元帝信用之。

5 六月，癸酉，秦以王猛爲丞相、中書監、尚書令、太子太傅、司隸校尉，特進、常侍、持節、將軍、侯如故；仍帶特進、散騎常侍、使持節、車騎大將軍、淸河郡侯印綬也。陽平公融爲使持節、都督六州諸軍事、鎭東大將軍、冀州牧。代王猛鎭鄴。使，疏吏翻。

6 庾希、庾邈與故青州刺史武沈之子遵聚衆夜入京口城，沈，持林翻。晉陵太守卞眈踰城奔曲阿。眈，丁含翻。沈約曰：吳時分無錫以西爲毗陵郡，治丹徒，後復還毗陵。東海王越世子名毗。東海國故食毗陵，永嘉五年，改爲晉陵；太興初，郡及丹徒縣悉治京口。希詐稱受海西公密旨誅大司馬溫。建康震擾，內外戒嚴。卞眈發諸縣兵二千人擊希，希敗，閉城自守。溫遣東海內史周少孫討之。元帝割吳郡海虞縣之北境爲東海郡。秋，七月，壬辰，拔其城，擒希、邈及其親黨，皆斬之。庾亮之後滅矣。眈，壼之子也。卞壼事元、明二帝，死於蘇峻之難。

7 甲寅，帝不豫，急召大司馬溫入輔，一日一夜發四詔；溫辭不至。初，帝爲會稽王，娶王述從妹爲妃，生世子道生及弟俞生。道生疏躁無行，從，才用翻。行，下孟翻。母子皆以幽廢死。餘三子，郁、朱生、天流，皆早夭。夭，於紹翻。諸姬絕孕將十年，王使善相者視之，孕，以證翻。相，息亮翻；下同。皆曰：「非其人。」又使視諸婢媵，媵，以證翻。卑女爲婢。婢，女之下者。送女從嫁曰媵。有李陵容者，在織坊中，黑而長，宮人謂之「崑崙」，謂其人如崑崙也。崑崙國，在南海外。崙，盧昆翻。相者驚曰：「此其人也！」王召之侍寢，生子昌明及道子。晉書曰：初，簡文帝見讖曰：「晉祚盡昌明。」及孝武帝之在孕也，李太后夢神人謂之曰：汝生男，以昌明爲字。及產，東方始明，因以爲名焉。帝後悟，乃流涕。及孝武帝崩，晉自此傾矣。己未，立昌明爲皇太子，生十年矣。以道子爲琅邪王，領會稽國，以奉帝母鄭太妃之祀。帝封琅邪王，所生母鄭夫人薨，固請服重，徙封會稽王，追號鄭夫人爲會稽太妃。會，工外翻。遺詔：「大司馬溫依周公居攝故事。」又曰：「少子可輔者輔之，如不可，君自取之。」用漢昭烈屬諸葛亮之言。少，詩照翻。侍中王坦之自持詔入，於帝前毀之。帝曰：「天下，儻來之運，卿何所嫌！」坦之曰：「天下，宣、元之天下，宣帝肇基帝業，元帝中興，故云然。陛下何得專之！」帝乃使坦之改詔曰：「家國事一稟大司馬，如諸葛武侯、王丞相故事。」王丞相，導也。是日，帝崩。年五十三。

羣臣疑惑，未敢立嗣，或曰：「當須大司馬處分。」處，昌呂翻。分，扶問翻。尚書僕射王彪之正色曰：「天子崩，太子代立，大司馬何容得異！若先面諮，必反爲所責。」朝議乃定。朝，直遥翻。太子卽皇帝位，大赦。崇德太后令，康獻褚太后既歸政于穆帝，居崇德宮，及哀帝、海西公之世，復臨朝稱制。海西既廢，簡文卽位，尊后爲崇德太后。以帝沖幼，加在諒闇，闇，音陰。令溫依周公居攝故事。事已施行，王彪之曰：「此異常大事，大司馬必當固讓，使萬機停滯，稽廢山陵，未敢奉令，謹具封還。」事遂不行。此事卽封還詔書之始也。

溫望簡文臨終禪位於己，不爾便當居攝。既不副所望，甚憤怨，與弟沖書曰：「遺詔使吾依武侯、王公故事耳。」溫疑王坦之、謝安所爲，心銜之。詔謝安徵溫入輔；溫又辭。

八月，秦丞相猛至長安，復加都督中外諸軍事。復，扶又翻。猛辭曰：「元相之重，儲傅之尊，端右事繁，京牧任大，總督戎機，出納帝命，元相，丞相也。儲傅，太子太傅也。端右，尚書令也。京牧，司隸校尉也。總督戎機，都督中外諸軍事也。出納帝命，中書監、常侍之職也。文武兩寄，巨細並闕，以伊、呂、蕭、鄧之賢，尚不能兼，謂伊尹、呂望、蕭何、鄧禹也。況臣猛之無似！」無似，猶言不肖也。章三四上，上，時掌翻。秦王堅不許，曰：「朕方混壹四海，非卿無可委者；卿之不得辭宰相，猶朕不得辭天下也。」

猛爲相，堅端拱於上，百官總己於下，軍國内外之事，無不由之。猛剛明清肅，善惡著白，放黜尸素，尸素，尸位素餐者也。顯拔幽滯，勸課農桑，練習軍旅，官必當才，刑必當罪。由是國富兵強，戰無不克，秦國大治。治，直吏翻。堅敕太子宏及長樂公丕等曰：「汝事王公，如事我也。」樂，音洛。

陽平公融在冀州，高選綱紀，綱紀，謂官屬綱紀衆事者也。以尚書郎房默、河間相申紹爲治中別駕，姓譜：房姓本自丹朱，舜封爲房邑侯，子陵以父封爲氏。清河崔宏爲州從事，管記室。融年少，爲政好新奇，貴苛察；少，詩照翻。好，呼到翻。數，所角翻；下同。申紹數規正，導以寬和，融雖敬之，未能盡從。後紹出爲濟北太守，濟，子禮翻。融屢以過失聞，數致譴讓，乃自恨不用紹言。

融嘗坐擅起學舍爲有司所糾，遣主簿李纂詣長安自理；纂憂懼，道卒。卒，子恤翻。融問申紹：「誰可使者？」紹曰：「燕尚書郎高泰，清辯有膽智，可使也。」先是丞相猛及融屢辟泰，泰不起，先，悉薦翻。至是，融謂泰曰：「君子救人之急，卿不得復辭！」復，扶又翻。泰乃從命。至長安，猛見之，笑曰：「高子伯於今乃來，何其遲也！」高泰，字子伯。泰曰：「罪人來就刑，何問遲速！」猛曰：「何謂也？」泰曰：「昔魯僖公以泮宮發頌，詩魯頌泮水，頌僖公能脩泮宮也。齊宣王以稷下垂聲，史記：齊宣王喜文學遊說之士，騶衍、淳于髡、田駢、慎到、接子、環淵之徒七十六人，皆賜列第，稷下學士且數百千人。劉向別錄曰：齊有稷門，城門也。談說之士，期會於稷下也。虞喜曰：齊有稷山，立館其下以待遊士。今陽平公開建學宮，追蹤齊、魯，未聞明詔褒美，乃更煩有司舉劾。劾，戶槪翻，又戶得翻。明公阿衡聖朝，懲勸如此，下吏何所逃其罪乎！」猛曰：「是吾過也。」事遂得釋。猛因歎曰：「高子伯豈陽平所宜吏乎！」言於秦王堅。堅召見，悅之，問以爲治之本。對曰：「治本在得人，得人在審舉，審舉在核眞，未有官得其人而國家不治者也。」治，直吏翻。堅曰：「可謂辭簡而理博矣。」以爲尚書郎；泰固請還州，還冀州也。堅許之。

9 九月，【章：十二行本「月」下有「甲寅」二字；乙十一行本同；孔本同；張校同；退齋校同。】追尊故會稽王妃王氏曰順皇后，即王述從妹也。會，工外翻。尊帝母李氏爲淑妃。

10 冬，十月，丁卯，葬簡文帝于高平陵。

11彭城妖人盧悚晉氏南渡，僑置彭城郡於晉陵界。妖，於驕翻。自稱大道祭酒，事之者八百餘家。十一月，遣弟子許龍如吳，晨，到海西公門，稱太后密詔，奉迎興復；公初欲從之，納保母諫而止。龍曰：「大事垂捷，焉用兒女子言乎！」焉，於虔翻。公曰：「我得罪於此，幸蒙寬宥，豈敢妄動！且太后有詔，便應官屬來，何獨使汝也？汝必爲亂！」因叱左右縛之，龍懼而走。甲午，悚帥衆三百人，晨攻廣莫門，廣莫門，建康城北門也。帥，讀曰率；下同。詐稱海西公還，由雲龍門突入殿庭，雲龍門，建康宮門也。略取武庫甲仗，門下吏士駭愕不知所爲。吏士守衛雲龍門者也。游擊將軍毛安之聞難，帥衆直入雲龍門，難，乃旦翻。帥，讀曰率。手自奮擊；左衛將軍殷康、中領軍桓祕入止車門，與安之并力討誅之，并黨與死者數百人。海西公深慮橫禍，橫，戶孟翻。專飲酒，恣聲色，有子不育，時人憐之。朝廷知其安於屈辱，故不復爲虞。虞，防也，備也。復，扶又翻。

12秦都督北蕃諸軍事、鎮北大將軍、開府儀同三司、朔方桓侯梁平老卒。平老在鎮十餘年，鮮卑、匈奴憚而愛之。平老鎮朔方，始一百卷穆帝升平三年。

13三吳大旱，【章：十二行本「旱」下有「饑」字；乙十一行本同。】人多餓死。吳郡、吳興、義興爲三吳，註已見前。

烈宗孝武皇帝上之上

諱曜，字昌明，簡文帝第三子。諡法：五宗安之曰孝；克定禍亂曰武。

寧康元年（癸酉、三七三）

1春，正月，己卯【嚴：「卯」改「丑」。】朔，大赦改元。

2二月，大司馬溫來朝；朝，直遙翻。辛巳，詔吏部尚書謝安、侍中王坦之迎于新亭。是時，都下人情恟恟，恟，許勇翻。或云欲誅王、謝，因移晉室。坦之甚懼，安神色不變，曰：「晉祚存亡，決於此行。」溫既至，百官拜於道側。溫大陳兵衞，延見朝士；朝，直遙翻。有位望者皆戰慴失色；位，列位也；中庭左右謂之位。孟子曰：賢者在位，能者在職，則有位者公卿大臣也。望，名望也。慴，質涉翻。坦之流汗沾衣，倒執手版。沈約曰：手版則古笏矣。尚書令、僕射、尚書，手版頭復有白筆，以紫皮裹之，名笏。安從容就席，從，千容翻。坐定，謂溫曰：「安聞諸侯有道，守在四鄰，左傳：楚沈尹戌曰：天子守在四夷，諸侯守在四鄰。明公何須壁後置人邪！」溫笑曰：「正自不能不爾。」遂命左右撤之，與安笑語移日。史言王坦之雖忠於晉室而識度劣於謝安。移日，言笑語之久，不覺日晷之移。郗超常爲溫謀主，郗，丑之翻。安與坦之見溫，溫使超臥帳中聽其言。風動帳開，安笑曰：「郗生可謂入幕之賓矣。」時天子幼弱，外有強臣，安與坦之盡忠輔衞，卒安晉室。卒，子恤翻。

溫治盧悚入宮事，治，直之翻。收尚書陸始付廷尉，免桓祕官，連坐者甚衆；遷毛安之爲左衞將軍。桓祕由是怨溫。

三月，溫有疾，停建康十四日，甲午，還姑孰。

3 夏，代王什翼犍使燕鳳入貢于秦。犍，居言翻。燕，於賢翻，姓也。

4 秋，七月，己亥，南郡宣武公桓溫薨。

初，溫疾篤，諷朝廷求九錫，屢使人趣之。趣，讀曰促。謝安、王坦之故緩其事，有心爲之謂之故。使袁宏具草。宏以示王彪之，彪之歎其文辭之美，因曰：「卿固大才，安可以此示人！」言不當爲此文也。謝安見其草，輒改之，由是歷旬不就。宏密謀於彪之，彪之曰：「聞彼病日增，亦當不復支久，自可更小遲迴。」安晉之功，人皆歸之謝安、王坦之，彪之實預有力於其間。復，扶又翻。

溫【章：十二行本「溫」上有「宏從之」三字；乙十一行本同；孔本同；張校同；退齋校同。】弟江州刺史沖，問溫以謝安、王坦之所任，溫曰：「渠等不爲汝所處分。」吳俗謂他人爲渠儂。處，昌呂翻。分，扶問翻。其意以爲，己存，彼必不敢立異，死則非沖所制；若害之，無益於沖，更失時望故也。觀桓溫所以待安、坦之者如此，二人者豈易及哉！

溫以世子熙才弱，使沖領其衆。於是桓祕與熙弟濟謀共殺沖，沖密知之，不敢入。俄頃，溫薨，沖先遣力士拘錄熙、濟而後臨喪。錄，收也。祕遂被廢棄，熙、濟俱徙長沙。詔葬溫依漢霍光及安平獻王故事。沖稱溫遺命，以少子玄爲嗣，爲桓玄篡晉張本。少，詩照翻。時方五歲，襲封南郡公。

庚戌，加右將軍荊州刺史桓豁征西將軍、督荊·楊·雍·交·廣五州諸軍事。「楊」，恐當作「梁」。雍，於用翻。桓【章：十二行本「桓」上有「以江州刺史」五字；乙十一行本同；孔本同；張校同；退齋校同。】沖爲中軍將軍、都督揚·豫·江三州諸軍事、揚·豫二州刺史，鎮姑孰；竟陵太守桓石秀爲寧遠將軍、江州刺史，鎮尋陽。三分溫所統以授其弟姪。石秀，豁之子也。沖既代溫居任，盡忠王室；或勸沖誅除時望，專執時權；沖不從。始，溫在鎮，死罪皆專決不請。沖以爲生殺之重，當歸朝廷，凡大辟皆先上，辟，毗亦翻。上，時掌翻。須報，然後行之。史言桓沖事晉朝忠順。

謝安以天子幼沖，新喪元輔，喪，息浪翻。欲請崇德太后臨朝。王彪之曰：「前世人主幼在襁褓，母子一體，故可臨朝；朝，直遙翻；下同。太后亦不能決事，要須顧問大臣。今上年出十歲，垂及冠婚，冠，古玩翻。反令從嫂臨朝，帝元帝之孫，於康帝爲從弟，故太后爲從嫂。從，才用翻。示人主幼弱，豈所以光揚聖德乎！諸公必欲行此，豈僕所制，所惜者大體耳。」安不欲委任桓沖，故使太后臨朝，己得以專獻替裁決，遂不從彪之之言。史言彪之所陳者正義，謝安所行者時宜。八月，壬子，太后復臨朝攝政。復，扶又翻。

5梁州刺史楊亮遣其子廣襲仇池，簡文帝咸安元年，秦取仇池。與秦梁州刺史楊安戰，廣兵敗，沮水諸戍皆委城奔潰。班志，沮水出武都沮縣東狼谷，東流合爲漢水。晉蓋阻沮水列戍以備秦。沮，子余翻。亮懼，退守磬險。九月，安進攻漢川。漢川卽漢中郡之地。

6丙申，以王彪之爲尚書令，謝安爲僕射，領吏部，共掌朝政。朝，直遥翻。安每歎曰：「朝廷大事，衆所不能決者，以諮王公，無不立決！」

7以吳國內史刁彝爲徐、兖二州刺史，鎮廣陵。

8冬，秦王堅使益州刺史王統、祕書監朱肜帥卒二萬出漢川，肜，余沖翻。帥，讀曰率；下同。前禁將軍毛當、秦置左、右、前、後四禁將軍。鷹揚將軍徐成帥卒三萬出劍門，入寇梁、益；梁州刺史楊亮帥巴獠萬餘拒之，蜀先無獠，李勢之時，始自山出。獠，盧皓翻。戰于青谷。新唐志：洋州眞符縣，本華陽縣，開元十八年，析興道置。天寶八載，開清水谷路。興道縣，卽興勢之地。亮兵敗，奔固西城。西城縣，漢屬漢中郡，魏、晉屬魏興郡。奔固者，奔西城以自固也。肜遂拔漢中。徐成攻劍閣，【章：十二行本「閣」作「門」；乙十一行本同。】克之。楊安進攻梓潼，梓潼太守周虓固守涪城，遣步騎數千送母、妻自漢水趣江陵，朱肜邀而獲之，此漢水，蓋蜀人所謂西漢水也，與涪水會，至渝州入江，順江而下，則達江陵。然朱肜克漢中，因得邀獲虓母、妻，則又似自漢中之漢水趣江陵。但秦兵已至梓潼，自涪以北，皆爲秦有，虓母、妻安能越劍閣，取漢水路而趣江陵乎！意謂當以此漢水爲西漢水。虓，虛交翻。涪，音浮。趣，七喻翻。虓遂降於安。降，戶江翻；下同。十一月，安克梓潼。梓潼縣，漢屬廣漢郡。劉蜀分爲梓潼郡，治涪。潼，音同。荆州刺史桓豁遣江夏相竺瑤救梁、益；瑤聞廣漢太守趙長戰死，引兵退。益州刺史周仲孫勒兵拒朱肜于緜竹，聞毛當將至成都，仲孫帥騎五千奔于南中。秦遂取梁、益二州，邛、莋、夜郎皆附於秦。邛，渠容翻。莋，才各翻。秦王堅以楊安爲益州牧，鎮成都；毛當爲梁州刺史，鎮漢中；姚萇爲寧州刺史，屯墊江；墊，音疊。王統爲南秦州刺史，鎮仇池。

秦王堅欲以周虓爲尚書郎，虓曰：「蒙晉厚恩，但老母見獲，失節於此。母子獲全，秦之惠也。雖公侯之貴，不以爲榮，況郎官乎！」遂不仕。每見堅，或箕踞而坐，呼爲氐賊。堅本氐也，故以氐賊呼之。此必虓母死後事。嘗值元會，正月一日爲元日，是日朝會爲元會。儀衞甚盛，堅問之曰：「晉朝元會，與此何如？」虓攘袂厲聲曰：「犬羊相聚，何敢比擬天朝！」秦之君臣，皆六夷也，故詆之爲犬羊。天朝，謂晉也。朝，直遙翻。秦人以虓不遜，屢請殺之；堅待之彌厚。

周仲孫坐失守免官。桓沖以冠軍將軍毛虎生爲益州刺史，領建平太守，冠，古玩翻。以虎生子球爲梓潼太守。虎生與球伐秦，至巴西，以糧乏，退屯巴東。

9 以侍中王坦之爲中書令，領丹楊尹。

10 是歲，鮮卑勃寒掠隴右，勃寒，亦隴西鮮卑也。秦王堅使乞伏司繁討之，勃寒請降；遂使司繁鎮勇士川。勇士川卽漢天水勇士縣之地。

11有彗星出于尾箕，長十餘丈，彗，祥歲翻，又旋芮翻，又徐醉翻。長，直亮翻。經太微，掃東井；自四月始見，及秋冬不滅。秦太史令張孟【嚴：「孟」改「猛」。】言於秦王堅曰：「尾、箕，燕分；東井，秦分。天文志：尾九星，箕四星，燕、幽州分。東井八星，秦、雍州分。見，賢遍翻。分，扶問翻。今彗起尾、箕而掃東井，十年之後，燕當滅秦；二十年之後，代當滅燕。按天文志，雲中入東井一度，定襄入東井八度，鴈門入東井十六度，代郡入東井二十八度，是皆拓跋氏所有之地也。所以知代當滅燕者，天道好還，彗起燕分而掃秦分，此燕滅秦之徵。秦已滅矣，代乘天道好還之運，反而滅燕，自然之大數也。太元十年，慕容沖破長安，距是歲僅十一年。安帝隆安元年，拓跋珪克中山，距是歲二十三年。慕容暐父子兄弟，我之仇敵，而布列朝廷，貴盛莫二，臣竊憂之，宜翦其魁桀者以消天變。」堅不聽。

陽平公融上疏曰：「東胡跨據六州，鮮卑，東胡之餘種也。南面稱帝，陛下勞師累年，然後得之，事見上卷海西公太和四年、五年。本非慕義而來。今陛下親而幸之，使其父兄子弟森然滿朝，木多爲森。森然，猶林然也。朝，直遙翻。執權履職，勢傾勳舊。臣愚以爲狼虎之心，終不可養，星變如此，願少留意！」堅報曰：「朕方混六合爲一家，視夷狄爲赤子，汝宜息慮，勿懷耿介。詩曰：憂心耿耿。賢曰：介介，猶耿耿也。夫惟修德可以禳災，苟能內求諸己，何懼外患乎！」史言苻堅養虎自遺患，爲悔不用融言張本。

二年（甲戌、三七四）

1春，正月，癸未朔，大赦。

2己酉，刁彝卒。二月，癸丑，以王坦之爲都督徐・兗・青三州諸軍事、徐・兗二州刺史，鎮廣陵。詔謝安總中書。王坦之出鎮，安兼總中書。安好聲律，期功之慘，不廢絲竹，期功，期及大功、小功之喪也。好，呼到翻。士大夫效之，遂以成俗。王坦之屢以書苦諫之曰：「天下之寶，當爲天下惜之。」爲，于僞翻。言禮法爲天下之寶。安不能從。

3三月，秦太尉建寧烈公李威卒。

4夏，五月，蜀人張育、楊光起兵擊秦，有衆二萬，遣使來請兵。使，疏吏翻。秦王堅遣鎮軍將軍鄧羌帥甲士五萬討之。帥，讀曰率。益州刺史竺瑤、威遠將軍桓石虔帥衆三萬攻墊江，姚萇兵敗，退屯五城。晉志，廣漢郡有五城縣，武帝咸寧四年立，唐梓州之玄武縣也。華陽國志云：漢時立倉於此，發五縣人尉部主之，後因以爲五城縣，有五城山。瑤、石虔屯巴東。張育自號蜀王，與巴獠酋帥張重、尹萬萬餘人進圍成都。獠，魯皓翻。酋，慈由翻。帥，所類翻。六月，育改元黑龍。秋，七月，張育與張重等爭權，舉兵相攻，秦楊安、鄧羌襲育，敗之，敗，補邁翻；下同。育與楊光退屯緜竹。八月，鄧羌敗晉兵于涪西。九月，楊安敗張重、尹萬于成都南，敗，補邁翻。重死，斬首二萬三千級。鄧羌擊張育、楊光于緜竹，皆斬之。益州復入于秦。復，扶又翻。

5冬，十二月，有人入秦明光殿大呼曰：「甲申、乙酉，魚羊食人，悲哉無復遺！」「魚羊」合成「鮮」字，謂鮮卑也。是後慕容起兵攻秦，果在甲申、乙酉之歲。呼，火故翻。秦王堅命執之，不獲。祕書監朱肜、祕書侍郎略陽趙整晉祕書省有丞、有郎，無侍郎。秦以整爲祕書郎，內侍左右，故曰侍郎。固請誅鮮卑，堅不聽。整，宦官也，博聞強記，能屬文；屬，之欲翻。好直言，上書及面諫，前後五十餘事。好，呼到翻。上，時掌翻。慕容垂夫人得幸於堅，卽段夫人也。堅與之同輦游于後庭，整歌曰：「不見雀來入燕室，但見浮雲蔽白日。」堅改容謝之，命夫人下輦。

6 是歲，代王什翼犍擊劉衞辰，南走。「衞辰」之下更有「衞辰」字，文意乃足。爲下衞辰求救於秦張本。犍，居言翻。

三年（乙亥、三七五）

1 春，正月，辛亥，大赦。

2 夏，五月，丙午，藍田獻侯王坦之卒；臨終與謝安、桓沖書，惟以國家爲憂，言不及私。

3 桓沖以謝安素有重望，欲以揚州讓之，自求外出。桓氏族黨皆以爲非計，莫不扼腕固諫，腕，烏貫翻。郗超亦深止之，揚州統攝京畿，權任要重，故皆止沖。沖皆不聽，處之澹然。處，昌呂翻。澹，徒覽翻。甲寅，詔以沖都督徐·豫·兖·青·揚五州諸軍事、徐州刺史，鎭京口；以安領揚州刺史，並加侍中。

4 六月，秦淸河武侯王猛寢疾，秦王堅親爲之祈南、北郊及宗廟、社稷，爲，于僞翻；下同。

分遣侍臣偏禱河、嶽諸神。蓋黃河及華嶽諸神，不盡偏四嶽也。猛疾少瘳，爲之赦殊死以下。身首横分爲殊死。少，詩沼翻。猛上疏曰：「不圖陛下以臣之命而虧天地之德，開闢已來，未之有也。臣聞報德莫如盡言，謹以垂沒之命，竊獻遺款。款，誠也。伏惟陛下，威烈振乎八荒，八方之外爲八荒。爾雅：觚竹、北戶、西王母、日下，謂之四荒。聲教光乎六合，六合，天、地、東、西、南、北。九州百郡，十居其七，平燕定蜀，有如拾芥。師古曰：草芥之横在地上者，俛而拾之，言易而必得也。夫善作者不必善成，善始者不必善終，樂毅答燕惠王書之言。是以古先哲王，知功業之不易，戰戰兢兢，如臨深谷。詩：小宛：惴惴小心，如臨于谷；戰戰兢兢，如履薄冰。易，以豉翻。伏惟陛下，追蹤前聖，天下幸甚。」堅覽之悲慟。秋，七月，堅親至猛第視疾，訪以後事。猛曰：「晉雖僻處江南，然正朔相承，王猛事秦，亦知正統之在江南。徐光之論非矣。處，昌呂翻。上下安和，臣沒之後，願勿以晉爲圖。鮮卑、西羌，我之仇敵，終爲人患，後卒如猛言。宜漸除之，以便社稷。」言終而卒。堅比斂，三臨哭，比，必寐翻，及也。斂，力贍翻。臨，如字。謂太子宏曰：「天不欲使吾平壹六合邪，何奪吾景略之速也？」葬之如漢霍光故事。

5 八月，癸巳，立皇后王氏，大赦。后，濛之孫也。王濛善清談，與劉惔齊名。以后父晉陵太守蘊爲光祿大夫，領五兵尚書，魏始置五兵尚書，謂總錄中兵、外兵、別兵、都兵、騎兵事也。封建昌【章：十二行本「昌」下有「縣」字；乙十一行本同。】侯；蘊固辭不受。

6九月，帝講孝經，始覽典籍，延儒士。謝安薦東莞徐邈補中書舍人，晉初，中書置通事、舍人各一人，掌呈奏案及掌詔命。沈約曰：晉置中書侍郎，又置舍人一人，通事一人。江左初合舍人、通事，謂之通事舍人，掌呈案奏章；後省通事。莞，音官。每被顧問，多所匡益。帝或宴集，酣樂之後，好爲手詔詩章以賜侍臣，或文詞率爾，所言穢雜；邈應時收斂還省省，謂中書省。被，皮義翻。樂，音洛。好，呼到翻。刊削，皆使可觀，經帝重覽，重，直龍翻。然後出之。時議以此多邈。

7冬，十月，癸酉朔，日有食之。

8秦王堅下詔曰：「新喪賢輔，百司或未稱朕心，可置聽訟觀於未央南，喪，息浪翻。稱，尺證翻；下同。觀，古玩翻。朕五日一臨，以求民隱。今天下雖未大定，權可偃武脩文，以稱武侯雅旨。其增崇儒教；禁老、莊、圖讖之學，犯者棄市。」王猛謚武侯。稱，尺證翻。讖，楚譖翻。妙簡學生，太子及公侯百僚之子皆就學受業；中外四禁、二衞、四軍長上將士，皆令受學。秦有中軍、外軍將軍。前禁、後禁、左禁、右禁將軍，是爲四禁。左衞、右衞將軍，是爲二衞。衞軍、撫軍、鎮軍、冠軍將軍，是爲四軍。長上者，長上宿衞將士也。上，時掌翻。將，卽亮翻。二十人給一經生，教讀音句，後宮置典學以教掖庭，選閹人及女隸敏慧者詣博士授經。女隸，沒入爲官婢者，奚官女是也。尚書郎王佩讀讖，堅殺之；學讖者遂絕。

王崇武標點　容肇祖聶崇岐覆校

資治通鑑卷第一百四

端明殿學士兼翰林侍讀學士朝散大夫右諫議大夫集賢殿修撰權判西京留司御史臺上柱國河内郡開國侯食邑一千三百戶食實封四百戶賜紫金魚袋臣　司馬光　奉敕編集

後　學　天　台　胡三省　音　註

晉紀二十六

起柔兆困敦（丙子），盡玄黓敦牂（壬午），凡七年。

烈宗孝武皇帝上之中

太元元年（丙子、三七六）

1春，正月，壬寅朔，帝加元服；皇太后下詔歸政，太后攝政，見上卷上年。復稱崇德太后。甲辰，大赦，改元。丙午，帝始臨朝。朝，直遙翻。以會稽内史郗愔爲鎮軍大將軍、都督浙江東五郡諸軍事；浙江東五郡，會稽、東陽、臨海、永嘉、新安也。會，工外翻。郗，丑之翻。愔，挹淫翻。徐州刺史桓沖爲車騎將軍、都督豫、江二州之六郡諸軍事，豫州之歷陽、淮南、廬江、安豐、襄城及江州之尋陽，共六郡。騎，奇寄翻。自京口徙鎮姑孰。謝安欲以王藴爲方伯，故先解沖徐州。乙卯，加謝安中書監，録尚書事。

2 二月，辛卯，秦王堅下詔曰：「朕聞王者勞於求賢，逸於得士，齊桓公用管仲之言。斯言何其驗也。往得丞相，常謂帝王易爲。易，以豉翻。自丞相違世，鬚髮中白，丞相，謂王猛。中，半也。中，丁仲翻。每一念之，不覺酸慟。今天下既無丞相，或政教淪替，替，廢也。可分遣侍臣周巡郡縣，問民疾苦。」

3 三月，秦兵寇南鄉，拔之，山蠻三萬戶降秦。自春秋之時，伊、洛以南，巴、巫、漢、沔以北，大山長谷，皆蠻居之。文公十六年，庸人率羣蠻以叛楚。庸，則漢之上庸縣也。哀公四年，楚人襲梁及霍以圍蠻氏，執蠻子赤。梁，則漢河南之梁縣；霍，則梁縣南之霍陽山也。漢高帝用巴渝蠻以定三秦，則板楯蠻也。後漢祭遵攻新城蠻、柏華蠻，破霍陽聚，則春秋蠻氏之聚落也。其後又有巫蠻、南郡蠻、江夏蠻。襄陽以西，中廬、宜城之西山，皆蠻居之，所謂山蠻也。宋、齊以後，謂之雍州蠻。降，戶江翻。

4 夏，五月，甲寅，大赦。

5 初，張天錫之殺張邕也，劉肅及安定梁景皆有功，事見一百一卷穆帝升平五年。二人由是有寵，賜姓張氏，以爲己子，使預政事。天錫荒于酒色，不親庶務，黜世子大懷而立嬖妾【章：十二行本「妾」下有「焦氏」二字；乙十一行本同；張校同。】之子大豫，嬖，卑義翻，又博計翻。以焦氏爲左夫人，人情憤怨；從弟從事中郎憲輿櫬切諫，不聽。從，才用翻。櫬，初覲翻。

秦王堅下詔曰：「張天錫雖稱藩受位，然臣道未純，可遣使持節・武衞將軍【章：十二行本「軍」下有「武都」二字；乙十一行本同；退齋校同。】苟萇、左將軍毛盛、中書令梁熙、步兵校尉姚萇等將兵臨西河；河水過敦煌、酒泉、張掖郡南，武威郡東北，爲西河。使，疏吏翻。萇，仲良翻。將，即亮翻。尚書郎閻負、梁殊奉詔徵天錫入朝，朝，直遙翻。若有違王命，卽進師撲討。」撲，普卜翻。是時，秦步騎十三萬，軍司段鏗謂周虓曰：「以此衆戰，誰能敵之！」用左傳齊桓公之言。鏗，丘耕翻。虓，虛交翻。虓曰：「戎狄以來，未之有也。」周虓拘執於秦，其尊本朝之心，雖造次不忘也。考異曰：虓傳曰：「呂光征西域，堅出餞之，戎士二十萬，旌旗數百里。問虓曰：『朕衆力何如？』虓曰：『戎夷以來，未之有也。』」按建元十八年，二月，虓謀反，徙朔方。十九年，正月，呂光發長安。故知在伐涼州時。今從十六國春秋。堅又命秦州刺史苟池、河州刺史李辯、涼州刺史王統帥三州之衆爲苟萇後繼。帥，讀曰率。

秋，七月，閻負、梁殊至姑臧。張天錫會官屬謀之，曰：「今入朝，必不返；如其不從，秦兵必至，將若之何？」禁中錄事席仂曰：禁中錄事，張氏所置，使總錄禁中事也。仂，與力同，又音勒。「以愛子爲質，質，音致。賂以重寶，以退其師，然後徐爲之計，此屈伸之術也。」衆皆怒，曰：「吾世事晉朝，朝，直遙翻。忠節著於海內。今一旦委身賊庭，辱及祖宗，醜莫大焉！且河西天險，百年無虞，若悉境內精兵，右招西域，北引匈奴以拒之，何遽知其不捷也！」天錫攘袂大言曰：「孤計決矣，言降者斬！」降，戶江翻；下同。使謂閻負、梁殊曰：「君欲生歸乎，死歸乎？」殊等辭氣不屈，天錫怒，縛之軍門，命軍士交射之，曰：「射而不中，射，而亦翻。中，竹仲翻。不與我同心者也。」其母嚴氏泣曰：「秦主以一州之地，橫制天下，東平鮮卑，南取巴、蜀，兵不留行；汝【章：十二行本「汝」上有「所向無敵」四字；乙十一行本同；退齋校同；張校同，云無註本亦脫。】若降之，猶可延數年之命。今以蕞爾一隅，抗衡大國，蕞，徂外翻。又殺其使者，亡無日矣！」天錫使龍驤將軍馬建帥衆二萬拒秦。驤，思將翻。帥，讀曰率。

秦人聞天錫殺閻負、梁殊，八月，梁熙、姚萇、王統、李辯濟自清石津，攻涼驍烈將軍梁濟於河會城，降之。驍烈將軍，蓋張氏置。五代志：允吾縣有青巖山。水經註：湟河至允吾，與大河會。意者清石津在青巖山之下，河會城在二河之會歟？驍，堅堯翻。甲申，苟萇濟自石城津，闞駰曰：石城津在金城西北。與梁熙會攻纏縮城，拔之。馬建懼，自楊非退屯清塞。水經註：逆水出允吾縣之參街谷，東南流逕街亭城南，又東南逕陽非亭北，又東南逕廣武城西。據載記，楊非在支陽東北三百餘里。天錫又遣征東將軍掌據帥衆三萬軍于洪池，洪池，嶺名，在姑臧南。「掌據」，晉書作「常據」，當從之。天錫自將餘衆五萬，軍于金昌城。金昌城在赤岸西北。安西將軍敦煌宋皓言於天錫曰：敦，徒門翻。「臣晝察人事，夜觀天文，秦兵不可敵也，不如降之。」天錫怒，貶皓爲宣威護軍。廣武太守辛章曰：張寔分金城之令居、枝陽，置廣武郡。宋白曰：蘭州廣武縣本漢枝陽縣地，張駿分晉興置廣武郡。「馬建出於行陳，行，戶剛翻。陳，讀曰陣。必不爲國家用。」苟萇使姚萇帥甲士三千爲前驅。庚寅，馬建帥萬人迎降，餘兵皆散走。辛卯，苟萇及掌據戰于洪池，據兵敗，馬爲亂兵所殺，其屬董儒授之以馬，據曰：「吾三督諸軍，再秉節鉞，八將禁旅，十總禁【章：十二行本「禁」作「外」；乙十一行本同；孔本同。】兵，寵任極矣。天錫之攻李儼也，常據首破其兵；蓋河西推爲良將，故其言如此。今卒困於此，卒，子恤翻。此吾之死地也，尚安之乎！」乃就帳免胄，西向稽首，伏劍而死。稽，音啓。秦兵殺軍司席仂。癸巳，秦兵入清塞，天錫遣司兵趙充哲帥衆拒之。河西張氏置官僚，擬於王者而微異其名。司兵，蓋晉五兵尚書之職也。秦兵與充哲戰于赤岸，大破之，水經註：河水自左南而東，逕赤岸北，亦謂之河夾岸。秦州記曰：枹罕有河夾岸。俘斬三萬八千級，充哲死。天錫出城自戰，城內又叛。天錫與數千騎奔還姑臧。甲午，秦兵至姑臧，天錫素車白馬，面縛輿櫬，降于軍門。苟萇釋縛焚櫬，送于長安，惠帝永寧元年，張軌爲涼州刺史，遂有涼土，共九主，七十五年而亡。櫬，初覲翻。涼州郡縣悉降於秦。

九月，秦王堅以梁熙爲涼州刺史，鎮姑臧。徙豪右七千餘戶于關中，餘皆按堵如故。封天錫爲歸義侯，拜北部尚書。秦置北部尚書，以掌北蕃。初，秦兵之出也，先爲天錫築第於長安，爲，于僞翻。至則居之。以天錫晉興太守隴西彭和正爲黃門侍郎，張軌分西平界，置晉興郡。治中從事武興蘇膺、張軌以秦、雍移人於姑臧西北，置武興郡。敦煌太守張烈爲尚書郎，敦，徒門翻。西平太守金城趙凝爲金城太守，高昌楊幹爲高昌太守；高昌，漢車師之高昌壁也，張氏始置郡，後爲高昌國，唐以其地置西州。餘皆隨才擢敍。

梁熙清儉愛民，河右安之；爲梁熙爲呂光所殺張本。以天錫武威太守敦煌索泮爲別駕，索，昔各翻。宋皓爲主簿。西平郭護起兵攻秦，熙以皓爲折衝將軍，討平之。

桓沖聞秦攻涼州，遣兗州刺史朱序、江州刺史桓石秀與荆州督護桓羆遊軍沔、漢，爲涼州聲援；沔，彌兗翻。又遣豫州刺史桓伊帥衆向壽陽，帥，讀曰率；下同。淮南太守劉波汎舟淮、泗，欲橈秦以救涼。橈，奴教翻。聞涼州敗沒，皆罷兵。

6 初，哀帝減田租，畝收二升。見一百一卷隆和元年。乙巳，除度田收租之制，度，徒洛翻。王公以下，口稅米三斛，蠲在役之身。

7 冬，十月，移淮北民於淮南。畏秦也。

8 劉衞辰爲代所逼，求救於秦，秦王堅以幽州刺史行唐公洛爲北討大都督，帥幽、冀兵十萬擊代；帥，讀曰率。使幷州刺史俱難、鎭軍將軍鄧羌、尚書趙遷、李柔、前將軍朱肜、前禁將軍張蚝、蚝，七吏翻。右禁將軍郭慶帥步騎二十萬，東出和龍，西出上郡，皆與洛會，以衞辰爲鄉導。洛，菁之弟也。秦主健之入關，菁有功焉。健之垂沒也，菁以逆誅。鄉，讀曰嚮。

苟萇之伐涼州也，遣揚武將軍馬暉、建武將軍杜周帥八千騎西出恩宿，邀張天錫走路，期會姑臧。暉等行澤中，值水失期，於法應斬，有司奏徵下獄。下，遐稼翻。秦王堅曰：「水春冬耗竭，秋夏盛漲，此乃苟萇量事失宜，量，音良。非暉等罪。今天下方有事，宜宥過責功。」命暉等回赴北軍，擊索虜以自贖。」代本鮮卑索頭種，故謂之索虜。索，昔各翻。衆咸以爲萬里召將，非所以應速，將，卽亮翻；下同。堅曰：「暉等喜於免死，不可以常事疑也。」暉等果倍道疾驅，遂及東軍。暉等自西方回，故謂伐代之軍爲東軍。

9 十一月，己巳朔，日有食之。

10 代王什翼犍使白部、獨孤部南禦秦兵，皆不勝，鮮卑有白部。後漢時鮮卑居白山者，最爲強盛，後因曰白部。令狐德棻曰：魏氏之初，三十六部，其先伏留屯者，與魏俱起，爲部落大人，遂爲獨孤部。犍，居言翻。又使南部大人劉庫仁將十萬騎禦之。庫仁者，衞辰之族，什翼犍之甥也，與秦兵戰於石子嶺，石子嶺當雲中盛樂西南。新唐書曰：自夏州北渡烏水，一百二十里至可朱渾水源，又百餘里至石子嶺。庫仁大敗；什翼犍病，不能自將，乃帥諸部奔陰山之北。高車雜種盡叛，李延壽曰：高車，蓋赤狄之餘種也，北方以爲高車丁零。或云：其先，匈奴甥也。其遷徙隨水草，衣皮食肉，牛羊畜產並與柔然同；唯車輪高大，輻數至多，因以爲號。種，章勇翻。四面寇鈔，鈔，楚交翻。不得芻牧，什翼犍復渡漠南。復，扶又翻。聞秦兵稍退，十二月，什翼犍還雲中。

初，什翼犍分國之半以授弟孤，事見九十六卷成帝咸康四年。孤卒，子斤失職怨望。不復得國之半，故自以爲失職而怨。卒，子恤翻。世子寔及弟翰早卒，寔卒見上卷簡文帝咸安元年。寔子珪尚幼，慕容妃之子閼婆、壽鳩、紇根、地干、力眞、窟咄皆長，閼，於葛翻。紇，下沒翻。窟，苦骨翻。咄，當沒翻。長，知兩翻；下同。慕容妃，燕女也。什翼犍娶燕女爲妃，見九十七卷康帝建元二年。繼嗣未定。時秦兵尚在君子津，水經：河水南入雲中楨陵縣西北，又南過赤城東，又南過定襄桐過縣西。河水於二縣之間，濟有君子之名。酈道元註曰：昔漢桓帝西幸榆中，東行代地，洛陽大賈賫金貨隨帝後行，夜，迷失道，往投津長，曰子封，送之渡河。賈人卒死，津長埋之。其子尋求父喪，發冢舉尸，資貨一無所損。其子悉以金與之，津長不受。事聞於帝，曰：「君子也，」卽名其津爲君子濟。在雲中城西南二百餘里。諸子每夜執兵警衞。斤因說什翼犍之庶長子寔君曰：說，輸芮翻。「王將立慕容妃之子，欲先殺汝，故頃來諸子每夜戎服，以兵遶廬帳，北狄之長，居大氈帳，環設兵衞。氈帳，漢人謂之穹廬，因曰廬帳。伺便將發耳。」伺，相吏翻。寔君信之，遂殺諸弟，幷弒什翼犍。是夜，諸子婦及部人奔告秦軍，秦李柔、張蚝勒兵趨雲中，趨，七喻翻。部衆逃潰，國中大亂。珪母賀氏以珪走依賀訥。訥，野干之子也。賀野干見上卷簡文帝咸安元年。

秦王堅召代長史燕鳳，問其所以亂故，鳳具以狀對。堅曰：「天下之惡一也。」左傳載石祁子之言。乃執寔君及斤，至長安，車裂之。堅欲遷珪於長安，鳳固請曰：「代王初亡，羣下叛散，遺孫沖幼，莫相統攝。其別部大人劉庫仁，勇而有智，鐵弗衞辰，狡猾多變，劉衞辰本匈奴鐵弗種。李延壽曰：鐵弗，南單于苗裔。衞辰者，左賢王去卑之玄孫。北人謂〔胡〕父、爲〔衍〕鮮卑母爲鐵弗，因以爲姓。皆不可獨任。宜分諸部爲二，令此兩人統之；兩人素有深讎，其勢莫敢先發。俟其孫稍長，引而立之，是陛下有存亡繼絕之德於代，使其子子孫孫永爲不侵不叛之臣，用左傳戎子駒支之言。此安邊之良策也。」堅從之。分代民爲二部，自河以東屬庫仁，自河以西屬衞辰，各拜官爵，使統其衆。賀氏以珪歸獨孤部，與南部大人長孫嵩、拓跋鬱律生二子：長曰沙莫雄，次曰什翼犍。沙莫雄爲南部大人，後改名仁，號爲拔拔氏，生嵩。道武以嵩宗室之長，改爲長孫氏。此言長孫所出，與前註略不同。元佗等皆依庫仁。行唐公洛以什翼犍子窟咄年長，長，知兩翻。遷之長安。堅使窟咄入太學讀書。

下詔曰：「張天錫承祖父之資，藉百年之業，擅命河右，叛換偏隅。鄭康成曰：叛換，猶跋扈也。韓詩曰：叛換，武強也。索頭世跨朔北，中分區域，東賓穢貊，「穢」，當作「濊」。西引烏孫，控弦百萬，虎視雲中。爰命兩師，兩師，謂苟萇伐河西之師，行唐公洛伐代之師也。分討黠虜，黠，下八翻。役不淹歲，窮殄二兇，俘降百萬，降，戶江翻。闢土九千，五帝之所未賓，周、漢之所未至，莫不重譯來王，重，直龍翻。懷風率職。有司可速班功受爵，杜預曰：班，次也。「受」，當作「授」。戎士悉復之五歲，復，方目翻。賜爵三級。」於是加行唐公洛征西將軍，以鄧羌爲幷州刺史。

陽平國常侍慕容紹私謂其兄楷曰：「秦恃其強大，務勝不休，北戍雲中，南守蜀、漢，轉運萬里，道殣相望，左傳之言。詩云：行有死人，尚或殣之。毛氏曰：墐，路冢也。殣，音覲。說文曰：道中死人，人所覆也。又，餓殍爲殣。兵疲於外，民困於內，危亡近矣。冠軍叔仁智度英拔，必能恢復燕祚，秦以慕容垂爲冠軍將軍，楷、紹之叔父也。「叔仁」，當作「叔父」。冠，古玩翻。吾屬但當愛身以待時耳！」史言鮮卑窺秦，有乘釁報復之志。

初，秦人既克涼州，議討西障氐、羌，西障，西邊也。秦王堅曰：「彼種落雜居，種，章勇翻。不相統壹，不能爲中國大患，宜先撫諭，徵其租稅，若不從命，然後討之。」乃使殿中將軍張旬前行宣慰，庭中將軍魏曷飛帥騎二萬七千隨之。庭中將軍，秦所置，蓋立仗殿庭中者也。帥，讀曰率。騎，奇寄翻。曷飛忿其恃險不服，縱兵擊之，大掠而歸。堅怒其違命，鞭之二百，斬前鋒督護儲安以謝氐、羌。氐、羌大悅，降附貢獻者八萬三千餘落。降，戶江翻。雍州士族先因亂流寓河西者，皆聽還本。雍，於用翻。

劉庫仁招撫離散，恩信甚著，奉事拓跋珪恩勤周備，不以廢興易意，常謂諸子曰：「此兒有高天下之志，必能恢隆祖業，汝曹當謹遇之。」天下之英雄，雖在童穉中，固不與羣兒同也。秦王堅賞其功，加廣武將軍，給幢麾鼓蓋。幢，直江翻。

劉衛辰恥在庫仁之下，怒殺秦五原太守而叛。五原，漢郡也；魏、晉省，棄其地於荒外；秦復置郡；隋、唐爲豐、鹽二州。庫仁擊衛辰，破之，追至陰山西北千餘里，獲其妻子。又西擊庫狄部，徙其部落，置之桑乾川。桑乾縣，漢屬代郡，晉省。孟康曰：乾，音干。拓跋魏後置桑乾郡；唐屬朔州善陽縣界。魏收志，拓跋力微時，次南諸部有庫狄部，後改爲狄氏。久之，堅以衛辰爲西單于，督攝河西雜類，屯代來城。代來城，在北河西，蓋秦築以居衞辰。言自代來者居此城也。單，音蟬。

11是歲，乞伏司繁卒，子國仁立。爲乞伏國仁乘秦亂據隴西張本。

二年（丁丑、三七七）

1春，高句麗、新羅、西南夷皆遣使入貢于秦。新羅，弁韓苗裔也，居漢樂浪地。杜佑曰：新羅本辰韓種，魏時爲斬〔新〕盧國，晉、宋曰新羅。其國在百濟東南五百餘里，兼有沃沮、不耐、韓、濊地。句，如字，又音駒。麗，力知翻。使，疏吏翻。

2趙故將作功曹熊邈屢爲秦王堅言石氏宮室器玩之盛，堅以邈爲將作長史，領將作丞，【章：十二行本「將作丞」作「尚方丞」；乙十一行本同；孔本同；張校同；退齋校同。】晉將作大匠有丞，無長史；長史蓋秦所置。屢爲，于僞翻。大脩舟艦、兵器，飾以金銀，頗極精巧。艦，戶黯翻。慕容農私言於慕容垂曰：「自王猛之死，秦之法制，日以頹靡，今又重之以奢侈，重，直用翻。殃將至矣，圖讖之言，行當有驗。大王宜結納英傑以承天意，時不可失！」垂笑曰：「天下事非爾所及！」慕容農所見，猶紹、楷也。

3桓豁表兗州刺史朱序爲梁州刺史，鎮襄陽。

4秋，七月，丁未，以尚書僕射謝安爲司徒，安讓不拜；復加侍中、都督揚・豫・徐・兗・青五州諸軍事。復，扶又翻。

丙辰，征西大將軍、荆州刺史桓豁卒。冬，十月，辛丑，以桓沖都督江、荆、梁、益、寧、交、廣七州諸軍事，領荆州刺史；以沖子嗣爲江州刺史。又以五兵尚書王藴都督江南諸軍事，領【章：十二行本「領」上有「假節」二字；乙十一行本同；孔本同；張校同。】徐州刺史；江南諸軍，謂晉陵諸軍也。征西司馬領南郡相謝玄爲兗州刺史，領廣陵相，監江北諸軍事。桓豁爲征西將軍，以玄爲司馬。監，工銜翻。

桓沖以秦人強盛，欲移阻江南，此江南卽上明也。奏自江陵徙鎮上明，晉志：上明在漢武陵郡孱陵縣界。水經註：上明城在枝江縣，其地夷敞，北據大江，江汜枝分，東入大江，縣治洲上，故以枝江爲稱。杜佑曰：上明卽今江陵松滋縣西廢大明城，桓沖所築也。沖疏曰：「南平孱陵縣界，地名上明，田土膏良，可以資業軍人。在吳時樂鄉城以上四十餘里，北枕大江，西接三峽。」宋白曰：上明城，桓沖所築，在今松滋縣西。使冠軍將軍劉波守江陵，冠，古玩翻。諮議參軍楊亮守江夏。

王藴固讓徐州，謝安曰：「卿居后父之重，不應妄自菲薄，以虧時遇。」時遇，謂一時之恩遇也。藴乃受命。

初，中書郎郗超自以其父愔位遇應在謝安之右，而安入掌機權，愔優遊散地，郗愔自徐、兗二州刺史移鎮會稽。郗，丑之翻。愔，挹淫翻。散，悉亶翻。常憤邑形於辭色，由是與謝氏有隙。是時朝廷方以秦寇爲憂，詔求文武良將可以鎮禦北方者，將，卽亮翻。謝安以兄子玄應詔。超聞之，歎曰：「安之明，乃能違衆舉親；玄之才，足以不負所舉。」衆咸以爲不然。超曰：「吾嘗與玄共在桓公府，桓公，謂桓溫。超、玄同府，事見一百一卷哀帝興寧元年。見其使才，雖履屐間未嘗不得其任，是以知之。」履，以皮爲之；屐，以木爲之。屐，竭戟翻。玄募驍勇之士，驍，堅堯翻。得彭城劉牢之等數人。以牢之爲參軍，常領精鋭爲前鋒，戰無不捷。時號「北府兵」，晉人謂京口爲北府。謝玄破俱難等，始兼領徐州。號北府兵者，史終言之。敵人畏之。

5 壬寅，護軍將軍、散騎常侍王彪之卒。散，悉亶翻。騎，奇寄翻。初，謝安欲增脩宮室，彪之曰：「中興之初，卽東府爲宮，東府，在建康臺城之東。殊爲儉陋。蘇峻之亂，成帝止蘭臺都坐，蘭臺，御史臺也。都坐，御史臺官會坐之地。坐，徂臥翻。殆不蔽寒暑，是以更營新宮。見九十四卷成帝咸和五年。比之漢、魏則爲儉，比之初過江則爲侈矣。今寇敵方強，豈可大興功役，勞擾百姓邪！」安曰：「宮室弊陋，後人謂人無能。」彪之曰：「凡任天下之重者，當保國寧家，緝熙政事，緝，續也；熙，廣也。鄭玄曰：緝熙，光明也。乃以脩室屋爲能邪！」安不能奪其議，故終彪之之世，無所營造。

6 十二月，臨海太守郗超卒。臨海，本會稽東部都尉治。沈約曰：前漢都尉治鄞；後漢分會稽爲吳郡，疑是都尉徙治章安；孫亮太平二年，立臨海郡。初，超黨於桓氏，以父愔忠於王室，不令知之。及病甚，出一箱書授門生曰：「公年尊，我死之後，若以哀惋害寢食者，可呈此箱；不爾，即焚之。」既而愔果哀惋成疾，惋，烏貫翻。門生呈箱，皆與桓溫往反密計。愔大怒曰：「小子死已晚矣！」遂不復哭。復，扶又翻。

三年（戊申、三七八）

1春，二月，乙巳，作新宮，帝移居會稽王邸。會，工外翻。

2秦王堅遣征南大將軍・都督征討諸軍事・守尚書令・長樂公丕、武衛將軍苟萇、尚書慕容暐帥步騎七萬寇襄陽，以荆州刺史楊安帥樊、鄧之衆爲前鋒，征虜將軍始平石越帥精騎一萬出魯陽關，南陽郡魯陽縣，有魯陽關。樂，音洛。萇，仲良翻。帥，讀曰率；下同。騎，奇寄翻；下同。京兆尹慕容垂、揚武將軍姚萇帥衆五萬出南鄉，領軍將軍苟池、右將軍毛當、強弩將軍王顯帥衆四萬出武當，會攻襄陽。夏，四月，秦兵至沔北，沔，彌兗翻。梁州刺史朱序以秦無舟檝，不以爲虞。虞，防也，備也。既而石越帥騎五千浮渡漢水，序惶駭，固守中城；越克其外郭，獲船百餘艘以濟餘軍。艘，蘇遭翻。長樂公丕督諸將攻中城。

序母韓氏聞秦兵將至，自登城履行，行，下孟翻。至西北隅，以爲不固，帥百餘婢及城中女丁築邪城於其內。邪，卽斜翻。及秦兵至，西北隅果潰，衆移守新城，襄陽人謂之夫人城。

桓沖在上明擁衆七萬，憚秦兵之強，不敢進。

丕欲急攻襄陽，苟萇曰：「吾衆十倍於敵，糗糧山積，糗，去九翻。但稍遷漢、沔之民於許、洛，塞其運道，塞，悉則翻。絕其援兵，譬如網中之禽，何患不獲，而多殺將士，急求成功哉！」丕從之。慕容垂拔南陽，執太守鄭裔，與丕會襄陽。

3 秋，七月，新宮成；辛巳，帝入居之。

4 秦兗州刺史彭超請攻沛郡太守戴逯於彭城，逯領沛郡太守，戍彭城。楊正衡曰：逯，古遁字。且曰：「願更遣重將攻淮南諸城，爲征南棊劫之勢，征南，謂苻丕也，時督諸軍攻襄陽。棊劫者，以棊勢喻兵勢也。圍棊者，攻其右而敵手應之，則擊其左取之，謂之劫。東西並進，丹陽不足平也！」晉都建康，漢丹陽秣陵縣地。秦王堅從之，使都督東討諸軍事；後將軍俱難、右禁將軍毛盛、洛州刺史邵保帥步騎七萬寇淮陽、盱眙。俱，姓也。秦初以洛州刺史治陝城；晉志曰：滅燕之後，移洛州治豐陽。參考前鄧羌以洛州刺史鎮洛陽，則是時洛州刺史猶治洛陽。是後北海公重以豫州刺史及平原公暉以豫州牧鎮洛陽，洛州刺史始移治豐陽。「淮陽」，晉書載記作「淮陰」，當從之。淮陰、盱眙，前漢並屬臨淮郡；後漢、晉以淮陰屬廣陵。超，越之弟，保，羌之從弟也。邵羌見一百一卷海西公太和二年。從，才用翻。八月，彭超攻彭城。詔右將軍毛虎生帥衆五萬鎮姑孰以禦秦兵。

秦梁州刺史韋鍾圍魏興太守吉挹於西城。杜佑曰：金州西城縣南九里，吉挹於峻山築壘。今其山曰魏山。

5九月，秦王堅與羣臣飲酒，以祕書監朱彤爲正，正，酒正也。彤，余中翻。人【章：十二行本「人」上有「命人」二字；乙十一行本同；孔本同。】以極醉爲限。祕書侍郎趙整作酒德之歌曰：「地列酒泉，天垂酒池，九州春秋曰：曹公禁酒，孔融以書嘲之曰：天有酒旗之星，地列酒泉之郡。天文志曰：軒轅右角南二星曰酒旗，酒官之旗也。此曰天垂酒池，既曰垂矣，「池」當作「旗」。杜康妙識，儀狄先知。魏武樂府短歌行云：何以解憂？唯有杜康。註云：杜康，古之造酒者。戰國策曰：昔帝女儀狄作酒以進於禹，禹飲而甘之，遂疏儀狄，曰：後世必有以酒亡國者。紂喪殷邦，桀傾夏國，由此言之，前危後則。」紂爲酒池肉林長夜之飲以亡殷。史曰，夏桀淫驕，乃放鳴條，蓋亦以酒也。前危後則，謂前人之危，後人之法則也。喪，息浪翻。夏，戶雅翻。堅大悅，命整書之以爲酒戒，自是宴羣臣，禮飲而已。禮，臣侍君宴，不過三爵。

6秦涼州刺史梁熙遣使入西域，揚秦威德。冬，十月，大宛獻汗血馬。使，疏吏翻。宛，於元翻。秦王堅曰：「吾嘗慕漢文帝之爲人，用千里馬何爲！」文帝卻千里馬見十三卷元年。命羣臣作止馬之詩而反之。反則反之，何以作詩爲哉！此亦好名之過也。

7巴西人趙寶起兵涼【章：十二行本「涼」作「梁」；乙十一行本同；孔本同。】州，自稱晉西蠻校尉、巴郡太守。史言蜀人思晉。

8秦豫州刺史北海公重鎮洛陽，謀反；秦王堅曰：「長史呂光忠正，必不與之同。」卽命光收重，檻車送長安，赦之，以公就第。重，洛之兄也。

9 十二月，秦御史中丞李柔劾奏：「長樂公丕等擁衆十萬，攻圍小城，日費萬金，久而無效，請徵下廷尉。」劾，戶概翻，又戶得翻。下，遐稼翻。秦王堅曰：「丕等廣費無成，實宜貶戮；但師已淹時，淹，滯也，久留也。不可虛返，其特原之，令以成功贖罪。」使黃門侍郎韋華持節切讓丕等，賜丕劍曰：「來春不捷，汝可自裁，勿復持面見吾也！」

10 周虓在秦，密與桓沖書，言秦陰計；又逃奔漢中，秦人獲而赦之。虓，虛交翻。

四年（己卯、三七九）

1 春，正月，辛酉，大赦。

2 秦長樂公丕等得詔惶恐，乃命諸軍幷力攻襄陽。秦王堅欲自將攻襄陽，將，即亮翻。詔陽平公融以關東六州之兵會壽春，梁熙以河西之兵爲後繼。陽平公融諫曰：「陛下欲取江南，固當博謀熟慮，不可倉猝。若止取襄陽，又豈足親勞大駕乎！未有動天下之衆而爲一城者，爲，于僞翻。所謂『以隨侯之珠彈千仞之雀』也！」呂氏春秋曰：以隨侯之珠彈千仞之雀，世必笑之；所用重，所要輕也。搜神記曰：隨侯行，見大蛇傷，救而治之。其後蛇含珠以報之，徑盈寸，純白，而夜光可燭堂，故歷世稱隨珠焉。梁熙諫曰：「晉主之暴，未如孫皓，江山險固，易守難攻。易，以豉翻。陛下必欲廓清江表，亦不過分命將帥，將，即亮翻。帥，所類翻。引關東之兵，南臨淮、泗，下梁、益之卒，東出巴、峽，又何必親屈鑾輅，遠幸沮澤乎！沮，將豫翻；下濕之地曰沮。昔漢光武誅公孫述，晉武帝擒孫晧，未聞二帝自統六師，親執枹鼓，蒙矢石也。」光武用岑彭、吳漢以滅公孫述，晉武帝用王濬、王渾以平孫晧。苻融、梁熙未嘗離所鎮，皆上疏以諫。枹，音膚。堅乃止。

詔冠軍將軍南郡相劉波帥衆八千救襄陽，波畏秦，不敢進。朱序屢出戰，破秦兵，引退稍遠，序不設備。二月，襄陽督護李伯護密遣其子送款於秦，請爲內應；長樂公丕命諸軍進攻之。戊午，克襄陽，執朱序，送長安。秦王堅以序能守節，拜度支尚書；曹魏置度支尚書。度，徒洛翻。以李伯護爲不忠，斬之。

秦將軍慕容越拔順陽，晉志曰：太康中，置順陽郡；唐鄧州臨湍、菊潭二縣，古順陽地。執太守譙國丁穆。堅欲官之，穆固辭不受。堅以中壘將軍梁成爲荆州刺史，配兵一萬，鎮襄陽，選其才望，禮而用之。

桓沖以襄陽陷沒，上疏送章節，章，印也。上，時掌翻。請解職；不許。詔免劉波官，俄復以爲冠軍將軍。

3 秦以前將軍張蚝爲幷州刺史。蚝，七吏翻。

4 兗州刺史謝玄帥衆萬餘救彭城，帥，讀曰率。軍于泗口，欲遣間使報戴逯而不可得；間，古莧翻。部曲將田泓請沒水潛行趣彭城，趣，七喻翻。玄遣之。泓爲秦人所獲，厚賂之，使云南軍已敗；泓僞許之，既而告城中曰：「南軍垂至，我單行來報，爲賊所得，勉之！」秦人殺之。彭超置輜重於留城，留縣城也。自漢以來屬彭城郡。重，直用翻；下同。謝玄揚聲遣後軍將軍何【章：十二行本「何」上有「東海」二字；乙十一行本同；孔本同；張校同。】謙向留城。超聞之，釋彭城圍，引兵還保輜重。戴逯帥彭城之衆，隨謙奔玄，超遂據彭城，考異曰：謝玄傳云：「何謙進解彭城圍」。又云「於是罷彭城、下邳二戍。」帝紀及諸傳皆不言此年彭城陷沒。而十六國秦春秋云：「超據彭城」。又云：「超分兵下邳，留徐褒守彭城。至七月，以毛當爲徐州刺史，鎮彭城，王顯爲揚州，戍下邳。」是二城俱陷也。留兗州治中徐褒守之，南攻盱眙。盱眙，音吁怡。俱難克淮陰，南北對境圖曰：淮陰縣距淮五十步，北對清河口十里，進可以窺山東，内則蔽沿江，晉、宋以爲重鎮。留邵保戍之。

5 三月，壬戌，詔以「疆埸多虞，埸，音亦。年穀不登，其供御所須，事從儉約；九親供給，九親，卽九族。衆官廩俸，權可減半。凡諸役費，自非軍國事要，皆宜停省。」

6 癸未，使右將軍毛虎生帥衆三萬擊巴中，以救魏興。巴中，卽巴郡。前鋒督護趙福等至巴西，爲秦將張紹等所敗，敗，補邁翻。亡七千餘人。虎生退屯巴東。蜀人李烏聚衆二萬，圍成都以應虎生，秦王堅使破虜將軍呂光擊滅之。破虜將軍，蓋苻秦所置。夏，四月，戊申，韋鍾拔魏興，吉挹引刀欲自殺，左右奪其刀；會秦人至，執之，挹不言不食而死。秦王堅歎曰：「周孟威不屈於前，丁彥遠潔己於後，吉祖沖閉口而死，何晉氏之多忠臣也！」周虓，字孟威；丁穆，字彥遠；吉挹字祖沖。挹參軍史穎得【章：十二行本「得」作「逃」；乙十一行本同；孔本同；退齋校同。】

歸，得挹臨終手疏，詔贈益州刺史。

7 秦毛當、王顯帥衆二萬自襄陽東會俱難、彭超攻淮南。五月，乙丑，難、超拔盱眙，執高密內史毛璪之。高密，僑國也；璪之領內史，戍盱眙。璪，子皓翻。秦兵六萬圍幽州刺史田洛于三阿，晉僑置幽、冀、青、幷四州於江北三阿，今寶應軍即其地。去廣陵百里；朝廷大震，臨江列戍，遣征虜將軍謝石帥舟師屯涂中。涂，讀曰除。石，安之弟也。

右衞將軍毛安之等帥衆四萬屯堂邑。秦毛當、毛盛帥騎二萬襲堂邑，安之等驚潰。兗州刺史謝玄自廣陵救三阿。丙子，難、超戰敗，退保盱眙。六月，戊子，玄與田洛帥衆五萬進攻盱眙，難、超又敗，退屯淮陰。玄遣何謙等帥舟師乘潮而上，夜，焚淮橋。秦作橋於淮水以渡兵。上，時掌翻。邵保戰死，難、超退屯淮北。玄與何謙、戴逯、田洛共追之，戰于君川，今盱眙縣北六里有君山。此蓋君山之川也。復大破之，復，扶又翻。難、超北走，僅以身免。謝玄還廣陵，詔進號冠軍將軍，加領徐州刺史。冠，古玩翻。

秦王堅聞之，大怒。秋，七月，檻車徵超下廷尉，下，遐稼翻。超自殺。難削爵爲民。以毛當爲徐州刺史，鎮彭城；毛盛爲兗州刺史，鎮湖陸；續漢志：湖陸，故湖陵，章帝更名。前漢志曰：王莽改曰湖陸。今按湖陸縣，漢屬山陽郡，晉分屬高平國。魏收地形志：高平縣有湖陵城。當在唐兗州任城縣界。王顯爲揚州刺史，戍下邳。

謝安爲宰相，秦人屢入寇，邊兵失利，安【章：十二行本「安」上有「衆心危懼」四字；乙十一行本同；孔本同；張校同。】每鎭之以和靜。其爲政，務舉大綱，不爲小察。時人比安於王導，而謂其文雅過之。

8 八月，丁亥，以左將軍王蘊爲尚書僕射，頃之，遷丹陽尹。蘊自以國姻，蘊，后父也。不欲在內，苦求外出，復以爲都督浙江東五郡諸軍事、會稽內史。蘊先督徐州，今復督浙東。復，扶又翻。會，工外翻。

9 是歲，秦大饑。

五年（庚辰、三八〇）

1 春，正月，秦王堅復以北海公重爲鎭北大將軍，鎭薊。重謀反而不誅，復任之以方面，宜其與弟洛反也。復，扶又翻。

二月，作教武堂於渭城，漢高帝元年，改咸陽曰新城；武帝元鼎三年，更名渭城；後漢、晉省；石勒置石安縣，苻秦復曰渭城。命太學生明陰陽兵法者教授諸將，將，卽亮翻。祕書監朱肜諫曰：「陛下東征西伐，所向無敵，四海之地，什得其八，雖江南未服，蓋不足言。是宜稍偃武事，增脩文德。乃更始立學舍，教人戰鬬之術，殆非所以馴致升平也。馴，從也，言從此而致升平也。且諸將皆百戰之餘，何患不習於兵，而更使受教於書生，非所以強其志氣也。此無益於實而有損於名，惟陛下圖之！」堅乃止。

2 秦征北將軍、幽州刺史行唐公洛，洛以幽州刺史鎭和龍。行唐，戰國時趙邑，秦以爲縣，魏、晉因之。勇而多力，能坐制奔牛，射洞犂耳；犂耳之鐵厚而堅。自以有滅代之功，滅代，見上元年。求開府儀同三司不得，由是怨憤。三月，秦王堅以洛爲使持節、都督益·寧·西南夷諸軍事、征南大將軍、益州牧，使，疏吏翻。使自伊闕趨襄陽，泝漢而上。趨，七喻翻。上，時掌翻。洛謂官屬曰：「孤，帝室至親，洛，苻健兄子也。不得入爲將相，而常擯棄邊鄙；今又投之西裔，復不聽過京師，復，扶又翻。過，古禾翻。此必有陰計，欲使梁成沈孤於漢水耳！」【章：十二行本「耳」下有「於諸君意何如」六字；乙十一行本同；孔本同；退齋校同。】梁成時鎭襄陽。沈，持林翻。幽州治中平規曰：「逆取順守，湯、武是也；漢陸賈曰：湯、武逆取而順守之。因禍爲福，桓、文是也。齊桓、晉文皆因兄弟爭國，得國而霸。主上雖不爲昏暴，然窮兵黷武，民思有所息肩者，十室而九。若明公神旗一建，必率土雲從。今跨據全燕，地盡東海，北總烏桓、鮮卑，東引句麗、百濟，燕，於賢翻。句，音駒。麗，力知翻。控弦之士不減五十餘萬，柰何束手就徵，蹈不測之禍乎！」洛攘袂大言曰：「孤計決矣，沮謀者斬！」沮，在呂翻。於是自稱大將軍、大都督、秦王。以平規爲幽州刺史，玄菟太守吉貞爲左長史，菟，同都翻。遼東太守趙讚爲左司馬，昌黎太守王縕爲右司馬，遼西太守王琳、北平太守皇甫傑、牧官都尉魏敷等爲從事中郎。漢邊郡有牧官。秦置牧官都尉。

分遣使者徵兵於鮮卑、烏桓、高句麗、百濟、新羅、休忍諸國，遣兵三萬助北海公重戍薊。諸國皆曰：「吾爲天子守藩，爲，于僞翻。不能從行唐公爲逆。」洛懼，欲止，猶豫未決。王緼、王琳、皇甫傑、魏敷知其無成，欲告之；洛皆殺之。吉貞、趙讚曰：「今諸國不從，事乖本圖，明公若憚益州之行者，當遣使奉表乞留，使，疏吏翻；下同。主上亦不慮不從。」平規曰：「今事形已露，何可中止！宜聲言受詔，盡幽州之兵，南出常山，陽平公必郊迎，因而執之，進據冀州；陽平公融以冀州牧鎭鄴，平規使洛出中山以臨鄴。總關東之衆以圖西土，天下可指麾而定也！」洛從之。夏，四月，洛帥衆七萬發和龍。帥，讀曰率；下同。

秦王堅召羣臣謀之，步兵校尉呂光曰：「行唐公以至親爲逆，此天下所共疾。願假臣步騎五萬，取之如拾遺耳。」堅曰：「重、洛兄弟，據東北一隅，兵賦全資，未可輕也。」光曰：「彼衆迫於凶威，一時蟻聚耳。若以大軍臨之，勢必瓦解，不足憂也。」堅乃遣使讓洛，使還和龍，當以幽州永爲世封。洛謂使者曰：「汝還白東海王，堅本封東海王。幽州褊狹，不足以容萬乘，須王秦中以承高祖之業。苻健廟號高祖。乘，繩證翻。王，于況翻。若能迎駕潼關者，當位爲上公，爵歸本國。」堅怒，遣左將軍武都竇衝及呂光帥步騎四萬討之；右將軍都貴馳傳詣鄴，都，姓；貴，名。鄭公孫閼字子都，子孫以爲氏。傳，株戀翻。將冀州兵三萬爲前鋒；將，卽亮翻。以陽平公融爲征討大都督。

北海公重悉薊城之衆與洛會，屯中山，有衆十萬。薊，音計。五月，竇衝等與洛戰于中山，洛兵大敗，生擒洛，送長安。北海公重走還薊，呂光追斬之。屯騎校尉石越自東萊帥騎一萬，浮海襲和龍，斬平規，幽州悉平。堅赦洛不誅，徙涼州之西海郡。漢獻帝興平二年，武威太守張雅請置西海郡於居延。

臣光曰：夫有功不賞，有罪不誅，雖堯、舜不能爲治，用漢宣帝詔而略變其文。治，直吏翻。況他人乎！秦王堅每得反者輒宥之，使其臣狃於爲逆，狃，狎也。行險徼幸，徼，堅堯翻。雖力屈被擒，猶不憂死，亂何自而息哉！書曰：「威克厥愛，允濟；愛克厥威，允罔功。」書胤征之辭。詩云：「毋縱詭隨，以謹罔極；式遏寇虐，無俾作慝。」詩民勞第三章之辭。今堅違之，能無亡乎！

3 朝廷以秦兵之退爲謝安、桓沖之功，拜安衞將軍，與沖皆開府儀同三司。

4 六月，甲子，大赦。

5 丁卯，以會稽王道子爲司徒；會，工外翻。固讓不拜。

6 秦王堅召陽平公融爲侍中、中書監、都督中外諸軍事、車騎大將軍、司隸校尉、錄尚書事；以征南大將軍、守尚書令、長樂公丕爲都督關東諸軍事、征東大將軍、冀州牧。樂，音洛。堅以諸氐種類繁滋，種，章勇翻。秋，七月，分三原、九嵕、武都、汧、雍氐十五萬戶，九嵕山，在漢馮翊雲陽縣界，唐在醴泉縣。峻，祖紅翻。汧，苦堅翻。雍，於用翻。使諸宗親各領之，散居方鎮，如古諸侯。長樂公丕領氐三千戶，以仇池氐酋射聲校尉楊膺爲征東左司馬，九嵕氐酋長水校尉齊午爲右司馬，各領一千五百戶，爲長樂世卿。古者封建諸侯國，命卿皆世其官。堅分諸宗親散居方鎮，各以種類爲世卿。樂，音洛。酋，慈由翻。長樂郎中令略陽垣敞爲錄事參軍，垣，氐姓也，後隨宋武南歸，遂爲累世將家。侍講扶風韋幹爲參軍事，申紹爲別駕。膺，丕之妻兄也；午，膺之妻父也。八月，分幽州置平州，晉書曰：按平州，禹貢冀州之域，於周爲幽州界，漢屬北平郡。後漢末，公孫度自號平州牧，至孫文懿爲魏所滅，因置平州，統遼東、昌黎、玄菟、帶方五郡，後還合於幽州。苻秦滅燕，復分幽州置平州。公孫淵，字文懿；唐避高祖諱，稱其字。以石越爲平州刺史，鎮龍城。中書令梁讜爲幽州刺史，鎮薊城。撫軍將軍毛興爲都督河・秦二州諸軍事、河州刺史，鎮枹罕。枹，音膚。長水校尉王騰爲幷州刺史，鎮晉陽。河、幷二州各配氐戶三千。興、騰並苻氏婚姻，氐之崇望也。平原公暉爲都督豫・洛・荆・南兗・東豫・陽六州諸軍事、鎮東大將軍、豫州牧，鎮洛陽。秦兗州刺史鎮倉垣，南兗州鎮湖陸。又，秦初以豫州刺史鎮許昌，滅燕之後，以豫州刺史鎮洛陽，於許昌置東豫州。「陽」，當作「揚」。按後魏書地形志：天平初，始置陽州於宜陽。苻堅以王顯爲揚州刺史，戍下邳，正屬暉所統。移洛州刺史治豐陽。苻秦初以洛州刺史鎮陝城，荆州刺史鎮豐陽。既得襄陽，以爲荆州，徙洛州於豐陽。豐陽，漢上洛縣地也。宋白曰：豐陽，漢商縣地，晉泰始三年分置豐陽縣，在豐陽川。鉅鹿公叡爲雍州刺史。

【章：十二行本「史」下有「鎭蒲坂」三字；乙十一行本同；孔本同；張校同；退齋校同。】雍，於用翻。各配氏戶三千二百。

堅送丕至灞上，諸氏別其父兄，皆慟哭，哀感路人。趙整因侍宴，援琴而歌曰：項安世家說：伏羲作琴，長三尺六寸六分，象三百六十六日也；廣六寸，象六合也。文，上曰池，下曰宕。池，水平也。前廣後狹，象尊卑也。上圜下方，法天地也。五弦，宫也。大弦，君也，寬和而溫。小弦，臣也，清廉而不亂。文王加三弦，合君臣恩也。援，于元翻。杜佑曰：世本云：琴，神農所造。琴操云：伏羲作琴，所以脩身理性，反其天眞。白虎通曰：琴，禁也；禁止於邪，以正人心也。廣雅曰：文王、武王加二絃，以合君臣之恩也。揚雄琴淸英曰：舜彈五絃而天下化，堯加二絃以合君臣之恩。「阿得脂，阿得脂，博勞舅父是仇綏，爾雅：鶪，伯勞。郭璞曰：伯勞似鶷鶡而大，飛不能翱翔，竦翅上下而已。廣雅曰：伯勞，一曰博勞，一名伯趙。仇綏，不知爲何物。尾長翼短不能飛。遠徙種人留鮮卑，謂徙諸氏而留慕容也。種，章勇翻。一旦緩急當語誰！」堅笑而不納。語，牛倨翻。

7九月，癸未，皇后王氏崩。

8冬，十月，九眞太守李遜據交州反。

9秦王堅以左禁將軍楊壁爲秦州刺史，尚書趙遷爲洛州刺史，南巴校尉姜宇爲寧州刺史。苻秦於南中置南巴校尉。

10 十一月，乙酉，葬定皇后於隆平陵。

11 十二月，秦以左將軍都貴爲荆州刺史，鎭彭城。都貴鎭襄陽。彭城誤也。

12 置東豫州，以毛當爲刺史，鎭許昌。

13 是歲，秦王堅遣高密太守毛璪之等二百餘人來歸。毛璪之被禽，見上四年。

六年（辛巳、三八一）

1 春，正月，帝初奉佛法，立精舍於殿內，後漢書姜肱傳曰：就精廬求見徵君。賢曰：精廬，卽精舍也，蓋以專精講習所業爲義。今儒、釋肄業之地，通曰精舍。引諸沙門居之。尙書左丞王雅表諫，不從。雅，肅之曾孫也。王肅仕曹魏，以經學著名。武帝，肅外孫也。

2 丁酉，以尙書謝石爲僕射。

3 二月，東夷、西域六十二國入貢于秦。

4 夏，六月，庚子朔，日有食之。

5 秋，七月，甲午，交趾太守杜瑗斬李遜，交州平。

6 冬，十月，故武陵王晞卒于新安，晞徙新安，見上卷簡文帝咸安元年。追封新寧郡王，命其子遵爲嗣。

7 十一月，己亥，以前會稽內史郗愔爲司空；愔固辭不起。

8 秦荆州刺史都貴遣其司馬閻振、中兵參軍吳仲帥衆二萬寇竟陵，竟陵，侯國，前漢屬江夏郡；惠帝分立竟陵郡。桓沖遣南平太守桓石虔、衛軍參軍桓石民等帥水陸二萬拒之。帥，讀曰率。石民，石虔之弟也。十二月，甲辰，石虔襲擊振、仲，大破之，振、仲退保管城。石虔進攻之，癸亥，拔管城，據載記，石虔襲破振仲于溳水，振仲退保管城。又據水經，沔水逕郡縣故城南，又東，溳水注之；溳水西南注于沔，寔曰溳口。沔水又南逕石城西；城因山爲固，晉竟陵郡所治也。以此考之，管城當在溳水北。獲振、仲，斬首七千級，俘虜萬人。詔封桓沖子謙爲宜陽侯。以桓石虔領河東太守。沈約曰：成帝咸康三年，征西將軍庾亮以司州僑戶立南河東郡，屬荆州。五代志：南郡松滋縣，江左置河東郡。

9 是歲，江東大饑。

七年（壬午、三八二）【章：十二行本「年」下有「春三月」三字；乙十一行本同；孔本同；張校同；退齋校同。】

1 秦大司農東海公陽、員外散騎侍郎王皮、晉職官志：散騎侍郎四人，魏初與散騎常侍同置；員外散騎侍郎，晉武帝置。散，悉亶翻。騎，奇寄翻。尚書郎周虓謀反，虓，虛交翻。事覺，收下廷尉。下，遐稼翻。陽，法之子；皮，猛之子也。秦王堅問其反狀，陽曰：「臣父哀公死不以罪，法死見一百卷穆帝升平元年。臣爲父復讎耳。」爲，于僞翻；下嘗爲同。堅泣曰：「哀公之死，事不在朕，卿豈不知之？」王皮曰：「臣父丞相，有佐命之勳，而臣不免貧賤，故欲圖富貴耳。」堅曰：「丞相臨終託卿，以十具牛爲治田之資，未嘗爲卿求官；治，直之翻。爲，于僞翻。知子莫若父，何其明也！」周虓曰：「虓世荷晉恩，生爲晉臣，死爲晉鬼，復何問乎！」荷，下可翻。復，扶又翻；下同。先是，虓屢謀反叛，先，悉薦翻。左右皆請殺之；堅曰：「孟威烈士，秉志如此，豈憚死乎！殺之適足成其名耳！」皆赦，不誅，徙陽于涼州之高昌郡，徵諸晉志，河西張氏未嘗置高昌郡。苻堅之平河西也，以高昌楊幹爲高昌太守。疑張氏置是郡，苻氏因之。高昌，卽漢車師後部高昌壁之地，註又見後。皮、虓于朔方之北。虓卒于朔方。卒，子恤翻。陽勇力兼人，尋復徙鄯善。及建元之末，秦國大亂，建元十九年，堅伐晉而敗，秦遂以亂。二十年，堅死，是建元十八年也。復，扶又翻。鄯，上扇翻。陽劫鄯善之相欲求東歸，鄯善王殺之。史終言之。

2 秦王堅徙鄴銅駝、銅馬、飛廉、翁仲於長安。石虎所置於鄴者。

3 夏，四月，堅扶風太守王永爲幽州刺史。「堅」下當有「以」字。永，皮之兄也。皮凶險無行，而永清修好學，行，下孟翻。好，呼到翻。故堅用之。以陽平公融爲司徒；融固辭不受。堅方謀伐晉，乃以融爲征南大將軍、開府儀同三司。

4 五月，幽州蝗生，廣袤千里。廣，古曠翻。秦王堅使散騎常侍彭城劉蘭發幽、冀、青、幷民撲除之。撲，普卜翻。

5 秋，八月，癸卯，大赦。

6 秦王堅以諫議大夫裴元略爲巴西、梓潼二郡太守，使密具舟師。欲祖王濬之故智，順流東下而伐晉也。

7九月，車師前部王彌窴、鄯善王休密馱窴，堂見翻。馱，堂何翻。入朝于秦，朝，直遙翻。請爲鄉導，以伐西域之不服者，鄉，讀曰嚮。因如漢法置都護以統理之。秦王堅以驍騎將軍呂光爲使持節、都督西域征討諸軍事，驍，堅堯翻。騎，奇寄翻；下同。使，疏吏翻。與淩江將軍姜飛、淩江將軍，晉文王所置，以授羅憲。輕車將軍彭晃、將軍杜進、康盛等杜進、康盛位至將軍，未有將軍號。總兵十萬，鐵騎五千，以伐西域。陽平公融諫曰：「西域荒遠，得其民不可使，得其地不可食，漢武征之，得不補失。謂漢武伐之〔大〕宛，破樓蘭、姑師，田車師也。今勞師萬里之外，以踵漢氏之過舉，臣竊惜之。」不聽。

8桓沖使揚威將軍朱綽擊秦荆州刺史都貴于襄陽，焚踐沔北屯田，掠六百餘戶而還。沔，彌兖翻。

9冬，十月，秦王堅會羣臣于太極殿，議曰：「自吾承業，垂三十載，堅以升平元年自立，至是凡二十六年。惟年之久長，懼于不終，尚庶幾焉；乃欲疲民以逞，宜其亡也。四方略定，唯東南一隅，未霑王化。今略計吾士卒，可得九十七萬，吾欲自將以討之，將，卽亮翻。何如？」祕書監朱肜曰：「陛下恭行天罰，必有征無戰，晉主不銜璧軍門，則走死江海，陛下返中國士民，使復其桑梓，謂永嘉之末避亂南渡之子孫也。然後回輿東巡，告成岱宗，杜佑曰：岱宗，東岳也。特謂太山爲岱宗者，以其處東北，居寅丑之間，萬物終始之地，陰陽交代之所，爲衆山之宗，故曰岱宗。此千載一時也。」載，子亥翻。堅喜曰：「是吾志也。」

尚書左僕射權翼曰：「昔紂爲無道，三仁在朝，武王猶爲之旋師。論語：微子去之，箕子爲之奴，比干諫而死。孔子曰：「殷有三仁焉。」史記：武王即位九年，東觀兵至于盟津，諸侯不期而會者八百，皆曰：「紂可伐矣。」武王曰：「未可也。」乃還師。居二年，紂暴虐滋甚，殺王子比干，囚箕子，微子奔周。武王告諸侯曰：「殷有重罪，不可不伐！」遂滅之。朝，直遙翻。猶爲，于僞翻。今晉雖微弱，未有大惡；謝安、桓沖皆江表偉人，君臣輯睦，内外同心，以臣觀之，未可圖也！」堅嘿然良久，曰：「諸君各言其志。」

太子左衞率石越曰：「今歲鎮守斗，福德在吳，歲，木星。鎮，土星。斗、牛、女，吳、越、揚州分。伐之，必有天殃。且彼據長江之險，民爲之用，殆未可伐也！」堅曰：「昔武王伐紂，逆歲違卜。荀子曰：武王之誅紂也，東面而迎太歲。楊倞註曰：迎，謂逆太歲也。尸子曰：武王伐紂，魚辛諫曰：「歲在北方，不可北征。」武王不從。史記齊世家：武王將伐紂，卜龜，兆不吉，風雨暴至，羣公盡懼。唯太公強之，勸武王，武王遂行。天道幽遠，未易可知。易，以豉翻。夫差、孫晧皆保據江湖，不免於亡。今以吾之衆，投鞭於江，足斷其流，斷，丁管翻。又何險之足恃乎！」對曰：「三國之君皆淫虐無道，三國之君，謂紂、夫差、孫晧。故敵國取之，易於拾遺。易，以豉翻。今晉雖無德，未有大罪，願陛下且按兵積穀，以待其釁。」於是羣臣各言利害，久之不決。堅曰：「此所謂築舍道傍，無時可成。詩曰：如彼築室于道謀，是用不潰于成。吾當內斷於心耳！」斷，丁亂翻。

羣臣皆出，獨留陽平公融，謂之曰：「自古定大事者，不過一二臣而已。今衆言紛紛，徒亂人意，吾當與汝決之。」對曰：「今伐晉有三難：天道不順，一也；晉國無釁，二也；我數戰兵疲，數，所角翻。民有畏敵之心，三也。羣臣言晉不可伐者，皆忠臣也，願陛下聽之。」堅作色曰：「汝亦如此，吾復何望！復，扶又翻。吾強兵百萬，資仗如山；吾雖未爲令主，亦非闇劣。劣，弱也。乘累捷之勢，擊垂亡之國，何患不克，豈可復留此殘寇，使長爲國家之憂哉！」漢魏相有言，恃國家之大，矜人民之衆，欲見威於敵者，謂之驕兵。兵驕者滅。其苻堅之謂歟！復，扶又翻；下復留同。融泣曰：「晉未可滅，昭然甚明。今勞師大舉，恐無萬全之功。且臣之所憂，不止於此。陛下寵育鮮卑、羌、羯，布滿畿甸，此屬皆我之深仇。太子獨與弱卒數萬留守京師，臣懼有不虞之變生於腹心肘掖，不可悔也。臣之頑愚，誠不足采；王景略一時英傑，陛下常比之諸葛武侯，諸葛亮謚武侯。獨不記其臨沒之言乎！」見上卷寧康三年。堅不聽。於是朝臣進諫者衆，堅曰：「以吾擊晉，校其強弱之勢，猶疾風之掃秋葉，而朝廷內外皆言不可，誠吾所不解也！」朝，直遙翻；下同。解，戶買翻，曉也。

太子宏曰：「今歲在吳分，分，扶問翻。又晉君無罪，若大舉不捷，恐威名外挫，財力內竭，此羣下所以疑也！」堅曰：「昔吾滅燕，亦犯歲而捷，天道固難知也。秦滅六國，六國之君豈皆暴虐乎！」冠軍、京兆尹慕容垂冠軍，即冠軍將軍也。晉書載記所書，率書將軍號而不繫將軍；通鑑因之。冠，古玩翻。言於堅曰：「弱併於強，小併於大，此理勢自然，非難知也。以陛下神武應期，威加海外，虎旅百萬，韓、白滿朝，韓、白，謂韓信、白起。言秦多良將也。而蕞爾江南，蕞，徂外翻，小也。獨違王命，豈可復留之以遺子孫哉！復，扶又翻。遺，于季翻。詩云：『謀夫孔多，是用不集。』詩小旻之辭。陛下斷自聖心足矣，斷，丁亂翻。何必廣詢朝衆！晉武平吳，所仗者張、杜二三臣而已，若從朝衆之言，豈有混壹之功！」謂張華、杜預也。事見八十卷武帝咸寧五年。朝，直遙翻。堅大悅曰：「與吾共定天下者，獨卿而已。」賜帛五百匹。

堅銳意欲取江東，寢不能旦。陽平公融諫曰：「『知足不辱，知止不殆。』老子德經立戒篇之辭。自古窮兵極武，未有不亡者。且國家本戎狄也，正朔會不歸人。會，要也，言大要中國正朔相傳，不歸夷狄也。江東雖微弱僅存，然中華正統，天意必不絕之。」堅曰：「帝王曆數，豈有常邪，惟德之所在耳！劉禪豈非漢之苗裔邪，終爲魏所滅。汝所以不如吾者，正病此不達變通耳！」

堅素信重沙門道安，道安在襄陽，堅破襄陽，輿而致之。羣臣使道安乘間進言。間，古莧翻。十一月，堅與道安同輦遊于東苑，堅曰：「朕將與公南遊吳、越，泛長江，臨滄海，不亦樂乎！」

樂，音洛。安曰：「陛下應天御世，居中土而制四維，自足比隆堯、舜；何必櫛風沐雨，經略遐方乎！且東南卑濕，沴氣易構，沴，音戾。五行之氣相克勝則爲沴氣。虞舜遊而不歸，大禹往而不復，虞舜南巡狩，崩于蒼梧之野。禹東巡狩，至于會稽而崩。何足以上勞大駕也！」堅曰：「天生烝民而樹之君，使司牧之，朕豈敢憚勞，使彼一方獨不被澤乎！被，皮義翻。必如公言，是古之帝王皆無征伐也！」道安曰：「必不得已，陛下宜駐蹕洛陽，遣使者奉尺書於前，諸將總六師於後，彼必稽首入臣，不必親涉江、淮也。」稽，音啓。堅不聽。

堅所幸張夫人諫曰：「妾聞天地之生萬物，聖王之治天下，治，直之翻。皆因其自然而順之，故功無不成。是以黃帝服牛乘馬，因其性也；言因牛馬之性，故可引重而致遠。禹濬九川，障九澤，因其勢也；言因高下之勢，故可滌源而陂澤。后稷播殖百穀，因其時也；因天時而播殖，則百穀成。湯、武帥天下而攻桀、紂，因其心也；因人心而用兵，則天下服。帥，讀曰率。皆有因則成，無因則敗。今朝野之人皆言晉不可伐，陛下獨決意行之，妾不知陛下何所因也。書曰：『天聰明自我民聰明，』書皋陶謨之辭。天猶因民，而況人乎！妾又聞王者出師，必上觀天道，下順人心。今人心既不然矣，請驗之天道。諺云：『雞夜鳴者不利行師，犬羣嘷者宮室將空，嘷，戶刀翻。兵動馬驚，軍敗不歸。』自秋、冬以來，衆雞夜鳴，羣犬哀嘷，廐馬多驚，武庫兵器自動有聲，此皆非出師之祥也。」堅曰：「軍旅之事，非婦人所當預也！」

堅幼子中山公詵最有寵，亦諫曰：「臣聞國之興亡，繫賢人之用捨。今陽平公，國之謀主，而陛下違之；晉有謝安、桓沖，而陛下伐之，臣竊惑之！」堅曰：「天下大事，孺子安知！」

10秦劉蘭討蝗，經秋冬不能滅。十二月，有司奏徵蘭下廷尉。下，遐稼翻。秦王堅曰：「災降自天，非人力所能除，此由朕之失政，蘭何罪乎！」

是歲，秦大熟，上田畝收七十石，下者三十石，蝗不出幽州之境，不食麻豆，上田畝收百石，下者五十石。物反常爲妖。蝗之爲災尚矣，蝗生而不食五穀，妖之大者也。農人服田力穡，至於有秋，自古以來，未有畝收百石、七十石之理，而畝收五十石、三十石，亦未之聞也。使其誠有之，又豈非反常之大者乎！使其無之，則州縣相與誣飾以罔上，亦不祥之大者也，秦亡宜矣！

王崇武標點容肇祖聶崇岐覆校

資治通鑑卷第一百五

端明殿學士兼翰林侍讀學士朝散大夫右諫議大夫充集賢殿修撰權判西京留司御史臺上柱國河内郡開國侯食邑一千三百户食實封四百户賜紫金魚袋臣　司馬光　奉敕編集

後　學　天　台　胡三省　音　註

晉紀二十七起昭陽協洽（癸未），盡閼逢涒灘（甲申），凡二年。

烈宗孝武皇帝上之下

太元八年（癸未、三八三）

1 春，正月，秦呂光發長安，以鄯善王休密馱、車師前部王彌寘爲鄉導。鄯，上扇翻。馱，唐何翻。寘，徒賢翻，又唐見翻。鄉，讀曰嚮。

2 三月，丁巳，大赦。

3 夏，五月，桓沖帥衆十萬伐秦，攻襄陽；帥，讀曰率。遣前將軍劉波等攻沔北諸城；沔，彌兗翻。輔國將軍楊亮攻蜀，拔五城，進攻涪城；涪，音浮。鷹揚將軍郭銓攻武當。六月，沖別將攻萬歲、筑陽，拔之。萬歲，城名，蓋近筑陽。筑陽縣，漢屬南陽郡，晉屬順陽郡；春秋穀伯之國也；唐爲襄州穀城縣。師古曰：筑，音逐。秦王堅遣征南將軍鉅鹿公叡、冠軍將軍慕容垂等帥步騎五萬救襄陽，冠，古玩翻。騎，奇寄翻。兗州刺史張崇救武當，後將軍張蚝、步兵校尉姚萇救涪城；蚝，七吏翻。萇，仲良翻。叡軍于新野，垂軍于鄧城。鄧城縣，屬襄陽郡，蓋晉置也。桓沖退屯沔南。秋，七月，郭銓及冠軍將軍桓石虔敗張崇于武當，敗，補邁翻。掠二千戶以歸。鉅鹿公叡遣慕容垂爲前鋒，進臨沔水。垂夜命軍士人持十炬，繫于樹枝，光照數十里。沖懼，退還上明。沖鎮上明見上卷二年。張蚝出斜谷，斜，余遮翻。谷，音浴，又古祿翻。楊亮引兵還。沖表其兄子石民領襄城【張：「城」作「陽」。】太守，戍夏口。沖自求領江州刺史；詔許之。

4 秦王堅下詔大舉入寇，民每十丁遣一兵；其良家子年二十已下，有材勇者，皆拜羽林郎。又曰：「其以司馬昌明爲尚書左僕射，謝安爲吏部尚書，桓沖爲侍中；勢還不遠，謂以勢言之，克晉之期，近在旦夕，還師不遠也。還，音旋，又如字。可先爲起第。」爲，于僞翻。良家子至者三萬餘騎，騎，奇寄翻；下同。拜秦州主簿【章：十二行本「簿」下有「金城」二字；乙十一行本同；孔本同；張校同。】趙盛之爲少年都統。都統官名，起於此。少，詩照翻；下同。是時，朝臣皆不欲堅行，朝，直遙翻。獨慕容垂、姚萇及良家子勸之。陽平公融言於堅曰：「鮮卑、羌虜，我之仇讎，慕容垂，鮮卑也；姚萇，羌也；其國皆爲秦所滅，雖曰臣服，其實仇讎。常思風塵之變以逞其志，所陳策畫，何可從也！良家少年皆富饒子弟，不閑軍旅，苟爲諂諛之言以會陛下之意。會，會合也。今陛下信而用之，輕舉大事，臣恐功既不成，仍有後患，悔無及也！」堅不聽。

八月，戊午，堅遣陽平公融督張蚝、慕容垂等步騎二十五萬爲前鋒；以兗州刺史姚萇爲龍驤將軍、督益・梁州諸軍事。堅謂萇曰：「昔朕以龍驤建業，堅以龍驤將軍殺苻生，得秦國。驤，思將翻。未嘗輕以授人，卿其勉之！」左將軍竇衝曰：「王者無戲言，此不祥之徵也！」堅默然。

慕容楷、慕容紹言於慕容垂曰：「主上驕矜已甚，叔父建中興之業，在此行也！」垂曰：「然。非汝，誰與成之！」至此，垂知堅必敗，方與兄子明言之。

甲子，堅發長安，戎卒六十餘萬，騎二十七萬，旗鼓相望，前後千里。九月，堅至項城，涼州之兵始達咸陽，蜀、漢之兵方順流而下，幽、冀之兵至于彭城，東西萬里，水陸齊進，運漕萬艘。艘，蘇遭翻。陽平公融等兵三十萬，先至潁口。潁水入淮之口也。地理志：潁水出陽城縣陽乾山，東至下蔡入淮。

詔以尚書僕射謝石爲征虜將軍、征討大都督，以徐、兗二州刺史謝玄爲前鋒都督，與輔國將軍謝琰、西中郎將桓伊等衆共八萬拒之；使龍驤將軍胡彬以水軍五千援壽陽。琰，安之子也。

是時秦兵既盛，都下震恐。謝玄入，問計於謝安，安夷然，夷，坦也，平也。言坦然無異平日也。

答曰：「已別有旨。」既而寂然。玄不敢復言，乃令張玄重請。復，扶又翻。重，直用翻。安遂命駕出遊山墅，墅，承與翻，園廬也。親朋畢集，與玄圍棋賭墅。安棋常劣於玄，是日，玄懼，便爲敵手而又不勝。敵手，謂下子爭行劫，智算相敵也。玄意不在棋，故不能勝安。安遂游陟，至夜乃還。還，從宣翻，又如字。桓沖深以根本爲憂，遣精鋭三千入衞京師；謝安固卻之，曰：「朝廷處分已定，處，昌呂翻。分，扶問翻。兵甲無闕，西藩宜留以爲防。」沖對佐吏歎曰：諸藩府參佐爲佐吏。「謝安石有廟堂之量，不閑將略。將，卽亮翻。今大敵垂至，方遊談不暇，遣諸不經事少年拒之，衆又寡弱，天下事已可知，吾其左衽矣！」

5 以琅邪王道子錄尚書六條事。錄尚書六條事，始於劉聰。

6 冬，十月，秦陽平公融等攻壽陽；癸酉，克之，執平虜將軍徐元喜等。融以其參軍河南郭褒爲淮南太守。淮南郡本治壽陽，秦既得之，以郭褒爲太守。慕容垂拔鄖城。杜預曰：江夏雲杜縣東南有鄖城。鄖，于分翻。胡彬聞壽陽陷，退保硤石，水經註：淮水東過壽春縣北，右合肥水；又北逕山峽中，謂之峽石，對岸山上結二城，以防津要。杜佑曰：硤石，今汝陰郡下蔡縣。融進攻之。秦衞將軍梁成等帥衆五萬屯于洛澗，栅淮以遏東兵。水經註：洛澗上承死馬塘水，北歷秦墟，下注淮，謂之洛口。帥，讀曰率；下同。謝石、謝玄等去洛澗二十五里而軍，憚成不敢進。胡彬糧盡，潛遣使告石等曰：「今賊盛糧盡，恐不復見大軍！」復，扶又翻。秦人獲之，送於陽平公融。融馳使白秦王堅曰：「賊少易擒，但恐逃去，宜速赴之！」使，疏吏翻；下同。融持議以爲晉不可伐，今臨敵乃輕脫如此，亦天奪其鑒也。少，詩沼翻。易，以豉翻。堅乃留大軍於項城，引輕騎八千，兼道就融於壽陽。遣尚書朱序來說謝石等，以爲：「強弱異勢，不如速降。」三年，堅執朱序於襄陽，拜爲度支尚書。說，輸芮翻。降，戶江翻。序私謂石等曰：「若秦百萬之衆盡至，誠難與爲敵。今乘諸軍未集，宜速擊之；若敗其前鋒，敗，補邁翻。則彼已奪氣，可遂破也。」

石聞堅在壽陽，甚懼，欲不戰以老秦師。謝琰勸石從序言。十一月，謝玄遣廣陵相劉牢之帥精兵五千趣洛澗，趣，七喻翻。未至十里，梁成阻澗爲陳以待之。陳，讀曰陣；下同。牢之直前渡水，擊成，大破之，斬成及弋陽太守王詠；曹魏分西陽、蘄春，置弋陽郡；秦未能有其地也，王詠領太守耳。弋陽，唐爲光、蘄、黃三州之地。又分兵斷其歸津，斷，丁管翻。秦步騎崩潰，爭赴淮水，士卒死者萬五千人，執秦揚州刺史王顯等，盡收其器械軍實。於是謝石等諸軍，水陸繼進。秦王堅與陽平公融登壽陽城望之，見晉兵部陳嚴整，又望八公山上草木皆以爲晉兵，八公山在今壽春縣北四里。世傳漢淮南王安好神仙，忽有八公皆鬚眉皓素，詣門求見。門者曰：「吾王好長生，今先生無駐衰之術，未敢以聞。」八公皆變成童。遂立廟於山上。或言今廟食于此山者，乃左吳、朱驕、伍被、雷被等八人，皆淮南王客，世以八公爲仙，誤也。顧謂融曰：「此亦勍敵，何謂弱也！」勍，渠京翻，強也。憮然始有懼色。憮，罔甫翻，悵然失意貌。

秦兵逼肥水而陳，晉兵不得渡。謝玄遣使謂陽平公融曰：「君懸軍深入，而置陳逼水，此乃持久之計，非欲速戰者也。若移陳少卻，少，詩沼翻；下同。使晉兵得渡，以決勝負，不亦善乎！」秦諸將皆曰：「我衆彼寡，不如遏之，使不得上，上，時掌翻。可以萬全。」堅曰：「但引兵少卻，使之半渡，我以鐵騎蹙而殺之，蔑不勝矣！」融亦以爲然，遂麾兵使卻。秦兵遂退，不可復止。兩陳相向，退者先敗，此用兵之常勢也。復，扶又翻。謝玄、謝琰、桓伊等引兵渡水擊之。融馳騎略陳，欲以帥退者，帥，讀曰率。馬倒，爲晉兵所殺，秦兵遂潰。玄等乘勝追擊，至于青岡；青岡去今壽春縣三十里。秦兵大敗，自相蹈藉而死者，蔽野塞川。言敗兵自相蹈踐，枕藉而死也。藉，慈夜翻。塞，悉則翻。其走者聞風聲鶴唳，皆以爲晉兵且至，晝夜不敢息，草行露宿，草行者，涉草而行，不敢由路；露宿者，宿於野次，不敢入人家；皆懼追兵也。重以飢凍，重，直用翻。死者什七、八。初，秦兵少卻，朱序在陳後呼曰：呼，火故翻。「秦兵敗矣！」衆遂大奔。序因與張天錫、徐元喜皆來奔。獲秦王堅所乘雲母車。【章：十二行本「車」下有「及儀服、器械、軍資、珍寶、畜產不可勝計」十五字；乙十一行本同；孔本同；張校同；退齋校同。】晉制：雲母車，以雲母飾犢車；臣下不得乘，以賜王公耳。趙彥綎續古今註：石虎皇后乘輦，以純雲母代紗，四望皆通徹。復取壽陽，執其淮南太守郭褒。晉復取壽陽，故秦所置太守見執。

堅中流矢，中，竹仲翻。單騎走至淮北，飢甚，民有進壺飧、豚髀者，飧，蘇昆翻。熟食曰飧。字林曰：水澆飯也。堅食之，賜帛十四，綿十斤。辭曰：「陛下厭苦安樂，樂，音洛。自取危困。臣爲陛下子，陛下爲臣父，安有子飼其父而求報乎！」弗顧而去。飼，祥吏翻。堅謂張夫人曰：「吾今復何面目治天下乎！」復，扶又翻。治，直之翻。潸然流涕。潸，所姦翻，涕流貌，又所版翻，所晏翻。

是時，諸軍皆潰，惟慕容垂所將三萬人獨全，垂別擊鄖城，不與淝水之戰，且持軍嚴整，故諸軍皆潰而垂軍獨全。將，即亮翻。堅以千餘騎赴之。世子寶言於垂曰：「家國傾覆，天命人心皆歸至尊，但時運未至，故晦迹自藏耳。今秦主兵敗，委身於我，是天借之便以復燕祚，此時不可失也，願不以意氣微恩忘社稷之重！」意氣微恩，謂堅厚禮垂父子也。垂曰：「汝言是也。然彼以赤心投命於我，若之何害之！天苟棄之，不患不亡。不若保護其危以報德，徐俟其釁而圖之，既不負宿心，且可以義取天下。」慕容垂此言，猶有君人之度。奮威將軍慕容德曰：「秦強而并燕，秦弱而圖之，此爲報仇雪恥，非負宿心也；兄柰何得而不取，釋數萬之衆以授人乎？」垂曰：「吾昔爲太傅所不容，置身無所，逃死於秦，見一百二卷海西公太和四年。秦主以國士遇我，恩禮備至。後復爲王猛所賣，復，扶又翻；下尚復、德復同。無以自明，秦主獨能明之，見太和五年。此恩何可忘也！若氐運必窮，吾當懷集關東，以復先業耳，關西會非吾有也。」冠軍行參軍趙秋曰：「明公當紹復燕祚，著於圖讖；冠，古玩翻。讖，楚譖翻。今天時已至，尚復何待！若殺秦主，據鄴都鼓行而西，三秦亦非苻氏之有也！」垂親黨多勸垂殺堅，垂皆不從，悉以兵授堅。平南將軍慕容暐屯鄖城，聞堅敗，棄其衆遁去；至滎陽，慕容德復說暐起兵以復燕祚，尚復、德復，扶又翻。說，輸芮翻。暐不從。

謝安得驛書，知秦兵已敗，時方與客圍棋，攝書置牀上，了無喜色，攝，收也。圍棋如故。客問之，徐答曰：「小兒輩遂已破賊。」既罷，還內，過戶限，不覺屐齒之折。言其喜甚也。史言安矯情鎮物。人臣以安社稷爲悅者也，大敵壓境，一戰而破之，安得不喜乎！屐齒之折，亦非安之訾也。

丁亥，謝石等歸建康，得秦樂工，能習舊聲，於是宗廟始備金石之樂。永嘉之亂，伶官樂器皆沒於劉、石。江左初立，宗廟以無雅樂及伶人，省太樂并鼓吹令；是後頗得登歌食舉之樂，猶有未備。太寧末，明帝又訪阮孚等增益之。咸和中，成帝乃復置太樂官，鳩集遺工，而尚未有金石也。及慕容儁平冉閔，兵戈之際，鄴下樂人頗亦有來者。謝尚鎮壽陽，採拾樂人以備太樂，并制石磬，雅樂始頗具。而王猛平鄴，慕容氏所得樂聲，又入關右；今破苻堅，獲其樂工楊蜀等，閑習舊樂，於是金石始備焉。乙未，以張天錫爲散騎常侍，散，悉亶翻。騎，奇寄翻。朱序爲琅邪內史。

7 秦王堅收集離散，比至洛陽，比，必寐翻。衆十餘萬，百官、儀物、軍容粗備。粗，坐五翻。

慕容農謂慕容垂曰：「尊不迫人於險，尊，謂其父垂也。慕容令亦呼垂爲尊，蓋其父子間常稱也。其義聲足以感動天地。農聞祕記曰：『燕復興當在河陽。』燕，於賢翻。夫取果於未熟與自落，不過晚旬日之間，然其難易美惡，相去遠矣！」易，以豉翻。垂心善其言，行至澠池，澠，彌兗翻。言於堅曰：「北鄙之民，聞王師不利，輕相扇動，臣請奉詔書以鎮慰安集之，因過謁陵廟。」垂欲因行自謁其祖父陵廟也。堅許之。權翼諫曰：「國兵新破，四方皆有離心，宜徵集名將，置之京師，以固根本，鎮枝葉。將，即亮翻。垂勇略過人，世豪東夏，頃以避禍而來，其心豈止欲作冠軍而已哉！夏，戶雅翻。冠，古玩翻。譬如養鷹，飢則附人，每聞風飆之起，常有陵霄之志，正宜謹其絛籠，飆，扶搖風也。釋曰：疾風自下而上曰飆，音卑遙翻。絛，他刀翻；絲繩也，所以紲鷹。豈可解縱，任其所欲哉！」堅曰：「卿言是也。然朕已許之，匹夫猶不食言，孔安國曰：食言者，食盡其言，僞不實。況萬乘乎！乘，繩證翻。若天命有廢興，固非智力所能移也。」翼曰：「陛下重小信而輕社稷，臣見其往而不返，關東之亂，自此始矣。」堅不聽，遣將軍李蠻、閔亮、尹固【章：十二行本「固」作「國」；乙十一行本同。】帥衆三千送垂。又遣驍騎將軍石越帥精卒三千戍鄴，驃騎將軍張蚝帥羽林五千戍幷州，鎮軍將軍毛當帥衆四千戍洛陽。驍，堅堯翻。騎，奇寄翻；下同。帥，讀曰率；下同。驃，匹妙翻。蚝，七吏翻。權翼密遣壯士邀垂於河橋南空倉中，垂疑之，自涼馬臺結草筏以渡，水經註：東郡白馬縣有涼城，河水逕其北；有神馬亭，西去白馬津可二十許里，實中層峙，南北二百步，東西五十許步。今按神馬亭既在東郡，白馬正對黎陽岸，垂安得越滎、洛而至此渡河乎！此涼馬臺蓋在富平津橋之西也。涼馬臺，由昔人於河渚浴馬，浴竟，驅馬就高納涼，因名。使典軍程同衣己衣，乘已馬，與僮僕趣河橋。典軍，蓋王國官，垂在燕爲吳王時所置也。同衣，於既翻。趣，七喻翻。伏兵發，同馳馬獲免。

十二月，秦王堅至長安，哭陽平公而後入，謚曰哀公。大赦，復死事者家。復，方目翻，復其家之賦役也。

8 庚午，大赦。以謝石爲尚書令。進謝玄號前將軍；固讓不受。

9 謝安壻王國寶，坦之之子也；安惡其爲人，惡，烏路翻。每抑而不用，以爲尚書郎。國寶自以望族，故事唯作吏部，不爲餘曹，尚書郎，晉制三十五曹，置郎二十三人，更相統攝。及江左，無直事、右民、屯田、車部、別兵、都兵、騎兵、左・右士、運曹十曹郎。康、穆以後，又無虞曹、二千石二郎，但有殿中、祠部、吏部、儀曹、三公、比部、金部、倉部、度支、都官、左民、起部、水部、主客、駕部、庫部、中兵、外兵十八曹。後又省主客、起部、水部，餘十五曹，而吏部最爲清選。固辭不拜，由是怨安。國寶從妹爲會稽王道子妃，帝與道子皆嗜酒，狎昵邪諂，從，才用翻。昵，尼質翻。國寶乃譖安於道子，使離間之於帝。間，古莧翻。安功名既盛，而險詖求進之徒，多毀短安，帝由是稍疏忌之。詖，彼義翻。

10 初開酒禁。漢建安中，曹公嚴酒禁。增民稅米，口五石。咸和五年，成帝始度百姓田，取十分之一，率畝稅米三升。哀帝即位，減田租，畝收二升。太元二年，帝除度田收租之制，公王以下，口稅三斛，唯蠲在役之身。至是年，又增稅米，口五石。

11 秦呂光行越流沙三百餘里，自玉門出，渡流沙，西行至鄯善，北行至車師。又，且末國在鄯善西，其國之西北，有流沙數百里，夏日有熱風，爲行旅之患。風之所至，唯老駝預知之，卽嗔而聚立，埋其口鼻於沙中，人每以爲候，亦卽將氈擁蔽鼻口。其風迅駛，斯須過盡，若不防者，必致危斃。桑欽曰：流沙地在張掖居延縣西北。杜佑曰：流沙在沙州，敦煌郡西八十里。酈道元曰：弱水入流沙。流沙，與水流行也。亦言出鍾山，西行極崦嵫之山，在西海郡北；流沙又逕浮渚，歷壑市之國，又逕于鳥山之東朝雲國，西歷崐山，西南出于過瀛之山。大荒山經曰：西南海之外，流沙出焉。焉耆等諸國等〔衍〕皆降。降，戶江翻。惟龜茲王帛純拒之，龜茲，音丘慈。嬰城固守，光進軍攻之。

12 秦王堅之入寇也，以乞伏國仁爲前將軍，領先鋒騎；騎，奇寄翻。會國仁叔父步頹反於隴西，堅遣國仁還討之。國仁代司繁鎭勇士，見上卷元年。步頹聞之，大喜，迎國仁於路。國仁置酒，大言曰：「苻氏疲民逞兵，殆將亡矣，吾當與諸君共建一方之業。」及堅敗，國仁遂迫脅諸部，有不從者，擊而併之，衆至十餘萬。

13 慕容垂至安陽，安陽在鄴城西南。遣參軍田山修牋於長樂公丕。樂，音洛。丕聞垂北來，疑其欲爲亂，然猶身自迎之。趙秋勸垂於座取丕，因據鄴起兵；垂不從。丕謀襲擊垂，侍郎天水姜讓諫曰：晉制，王國置侍郎二人。「垂反形未著，而明公擅殺之，非臣子之義；不如待以上賓之禮，嚴兵衞之，密表情狀，聽敕而後圖之。」丕從之，館垂於鄴西。館，音貫。

垂潛與燕之故臣謀復燕祚，會丁零翟斌起兵叛秦，丁零種落，本居中山，苻堅之滅燕也，徙於新安。斌仕秦爲衛軍從事中郎。斌，音彬。謀攻豫州牧平原公暉於洛陽，秦王堅驛書使垂將兵討之。將，即亮翻。石越言於丕曰：「王師新敗，民心未安，負罪亡匿之徒，思亂者衆，故丁零一唱，旬日之中，衆已數千，此其驗也。慕容垂，燕之宿望，有興復舊業之心，今復資之以兵，此爲虎傅翼也。」今復，扶又翻。爲，于僞翻。傅，讀曰附。丕曰：「垂在鄴如藉虎寢蛟，藉，慈夜翻。常恐爲肘腋之變，腋，音亦。今遠之於外，不猶愈乎！遠，于願翻。且翟斌凶悖，悖，蒲内翻，又蒲沒翻。必不肯爲垂下，使兩虎相斃，吾從而制之，此卞莊子之術也。」乃以羸兵二千及鎧仗之弊者給垂，羸，倫爲翻。鎧，可亥翻。又遣廣武將軍苻飛龍帥氐騎一千爲垂之副。帥，讀曰率。騎，奇寄翻。密戒飛龍曰：「垂爲三軍之帥，卿爲謀垂之將，行矣，勉之！」成都王穎使和演圖王浚，殷浩使魏憬圖姚襄，苻丕使苻飛龍圖慕容垂，智略不足以濟，其敗同一轍也。帥，所類翻。將，即亮翻。

垂請入鄴城拜廟，燕都鄴，故廟在鄴城。丕弗許，乃潛服而入；亭吏禁之，垂怒，斬吏燒亭而去。石越言於丕曰：「垂敢輕侮方鎮，殺吏燒亭，反形已露，可因此除之。」丕曰：「淮南之敗，垂侍衛乘輿，乘，繩證翻。此功不可忘也。」越曰：「垂尚不忠於燕，安能盡忠於我！失今不取，必爲後患。」丕不從。越退，告人曰：「公父子好爲小仁，不顧大計，終當爲人禽耳。」丕父子後卒如越之言。好，呼到翻。

垂留慕容農、慕容楷、慕容紹於鄴，行至安陽之湯池，閔亮、李毗自鄴來，以丕與苻飛龍所謀告垂。幾事不密則害成。苻飛龍固不足以辨垂，況其謀已泄邪！垂因激怒其衆曰：「吾盡忠於苻氏，而彼專欲圖吾父子，吾雖欲已，得乎！」已，止也。乃託言兵少，少，詩沼翻。停河內募兵，旬日間，有衆八千。

平原公暉遣使讓垂，趣使進兵。遣使，疏吏翻。趣，讀曰促。垂謂飛龍曰：「今寇賊不遠，河內距新安、洛陽，止隔大河耳，故云然。當晝止夜行，襲其不意。」飛龍以爲然。壬午，夜，垂遣世子寶將兵居前，少子隆勒兵從己，將，卽亮翻。少，詩照翻。令氐兵五人爲伍；陰與寶約，聞鼓聲，前後合擊氐兵及飛龍，盡殺之，參佐家在西者皆遣還，并以書遺秦王堅，言所以殺飛龍之故。蓋言丕使飛龍圖己，故殺之也。遺，于季翻。

初垂從堅入鄴，見一百二卷海西公太和五年。以其子麟屢嘗告變於燕，事見太和四年。立殺其母，然猶不忍殺麟，置之外舍，希得侍見。見，賢遍翻。及殺苻飛龍，麟屢進策畫，啓發垂意，垂意所欲爲，而思慮偶有所未及，麟能迎其機言之，故謂之啓發。垂更奇之，寵待與諸子均矣。爲後麟亂燕張本。

慕容鳳及燕故臣之子燕郡王騰、遼西段延等段延蓋段國之種。燕，於賢翻。聞翟斌起兵，各帥部曲歸之。帥，讀曰率。平原公暉使武平武侯毛當討斌。慕容鳳曰：「鳳今將雪先王之恥，燕之亡也，鳳父桓死難，事見一百二卷海西公太和五年。請爲將軍斬此氐奴。」爲，于僞翻。乃擐甲直進，擐，音宦。丁零之衆，隨之，大敗秦兵，敗，補邁翻。斬毛當，遂進攻陵雲臺戍，克之，收萬餘人甲仗。陵雲臺，魏文帝所築，在洛城西，秦置戍焉。

癸未，慕容垂濟河焚橋，有衆三萬，留遼東鮮卑可足渾譚集兵於河内之沙城。言河内，以別魏郡之沙城。燕主皝后可足渾氏，譚蓋亦燕之戚黨也。垂遣田山如鄴，密告慕容農等使起兵相應。時日已暮，農與慕容楷留宿鄴中；慕容紹先出，至蒲池，蒲池在鄴城外，慕容儁與羣臣宴處。盜丕駿馬數百匹以待農、楷。甲申晦，農、楷將數十騎微服出鄴，遂同奔列人。列人縣，漢屬鉅鹿郡，魏、晉屬廣平郡，其地在鄴城東北。魏收地形志：魏郡臨漳縣有列人城；又別有列人縣，亦屬魏郡。

九年（甲申、三八四）

1春，正月，乙酉朔，秦長樂公丕大會賓客，樂，音洛。請慕容農不得，始覺有變；遣人四出求之，三日，乃知其在列人，已起兵矣。

慕容鳳、王騰、段延皆勸翟斌奉慕容垂爲盟主；斌從之。垂欲襲洛陽，且未知斌之誠僞，乃拒之曰：「吾來救豫州，秦平原公暉以豫州牧鎮洛陽。不來赴君。君既建大事，成享其福，敗受其禍，吾無預焉。」丙戌，垂至洛陽，平原公暉聞其殺苻飛龍，閉門拒之。翟斌復遣長史郭通往說垂，復，扶又翻。說，輸芮翻；下同。垂猶未許。通曰：「將軍所以拒通者，豈非以翟斌兄弟山野異類，無奇才遠略，必無所成故邪？獨不念將軍今日憑之，可以濟大業乎！」謂憑其衆可以成功也。垂乃許之。於是斌帥其衆來與垂會，帥，讀曰率；下同。勸垂稱尊號。垂曰：「新興侯，吾主也，秦獲慕容暐，封爲新興侯。當迎歸返正耳。」

垂以洛陽四面受敵，欲取鄴而據之，乃引兵而東。故扶餘王餘蔚爲滎陽太守，餘蔚，卽太和五年開鄴北門納秦兵者。蔚，音紆勿翻。及昌黎鮮卑衞駒各帥其衆降垂。降，戶江翻。垂至滎陽，羣下固請上尊號，垂乃依晉中宗故事，晉元帝廟號中宗。上，時掌翻。稱大將軍、大都督、燕王，承制行事，晉元帝稱王承制，見九十卷建武元年。謂之統府。羣下稱臣，文表奏疏，封拜官爵，皆如王者。以弟德爲車騎大將軍，封范陽王；騎，奇寄翻。兄子楷爲征西大將軍，封太原王；燕本封德爲范陽王，今復其故。楷，恪子也；恪封太原王，今令楷襲父爵。翟斌爲建義大將軍，封河南王；餘蔚爲征東將軍、統府左司馬，封扶餘王；衞駒爲鷹揚將軍，慕容鳳爲建策將軍。建策將軍，亦慕容垂一時所署置也。帥衆二十餘萬，帥，讀曰率。自石門濟河，長驅向鄴。

慕容農之奔列人也，止於烏桓魯利家，魯利本烏桓種，而家於列人。利爲之置饌，爲，于僞翻。饌，雛皖翻，又雛戀翻，饗也。農笑而不食。利謂其妻曰：「惡奴，句絕。惡奴，蓋詈其妻之語。郎貴人，家貧無以饌之，柰何？」妻曰：「郎有雄才大志，今無故而至，必將有異，非爲飲食來也。爲，于僞翻。君亟出，遠望以備非常。」利從之。農謂利曰：「吾欲集兵列人以圖興復，卿能從我乎？」利曰：「死生唯郎是從。」今世俗多呼其主爲郎主，又呼其主之子爲郎君。農乃詣烏桓張驤，說之曰：驤，思將翻。說，輸芮翻；下同。「家王已舉大事，翟斌等咸相推奉，遠近響應，故來相告耳。」驤再拜曰：「得舊主而奉之，敢不盡死！」於是農驅列人居民爲士卒，斬桑榆爲兵，裂襜裳爲旗，襜，昌占翻。爾雅曰：衣蔽前也。郭璞曰：衣蔽膝也。使趙秋說屠各畢聰。聰與屠各卜勝、張延、李白、郭超及東夷餘和、敕勃、屠，直於翻。餘和、敕勃，蓋二人。易陽烏桓劉大易陽縣，漢屬趙國，魏、晉屬陽平郡。劉昫曰：唐洺州臨洺縣，古易陽縣也，隋開皇六年更名。各帥部衆數千赴之。帥，讀曰率。農假張驤輔國將軍，劉大安遠將軍，魯利建威將軍。農自將攻破館陶，館陶縣，漢屬魏郡，魏、晉屬陽平郡。將，即亮翻。收其軍資器械，遣蘭汗、段讚、趙秋、慕輿悕略取康臺牧馬數千匹。悕，香衣翻。魏收地形志：廣平郡平恩縣有康臺澤。杜預曰：不以道取曰略。汗，燕王垂之從舅；讚，聰之子也。從，才用翻。於是步騎雲集，衆至數萬，驤等共推農爲使持節、都督河北諸軍事、驃騎大將軍，監統諸將，使，疏吏翻。驃，匹妙翻。騎，奇寄翻。監，工銜翻。隨才部署，上下肅然。農以燕王垂未至，不敢封賞將士。趙秋曰：「軍無賞，士不往，言無賞以獎激之，則士不往赴戰也。今之來者，皆欲建一時之功，規萬世之利，規，圖也。宜承制封拜，以廣中興之基。」農從之，於是赴者相繼；垂聞而善之。農間【章：十二行本「間」作「西」；乙十一行本同；孔本同；張校同。】招庫【嚴：「庫」改「厙」，下同。】傉官偉於上黨，東引乞特歸於東阿，北召光烈將軍平叡及叡兄汝陽太守幼於燕國，偉等皆應之。間，古莧翻。遣間使招之也。傉，奴沃翻。東阿縣，漢屬東郡，晉屬濟北郡，唐屬濟州。汝陽縣，漢、晉屬汝南郡，後分爲汝陽郡。平幼蓋先嘗爲汝陽太守時居燕國也。偉等皆燕之舊臣，故招之而應。光烈將軍，蓋亦前燕以授平叡。又遣蘭汗攻頓丘，克之。頓丘縣，漢屬東郡；武帝泰始二年，分置頓丘郡。農號令整肅，軍無私掠，言其軍不敢掠居民而私其物。士女喜悅。

長樂公丕使石越將步騎萬餘討之。農曰：「越有智勇之名，今不南拒大軍而來此，是畏王而陵我也；王謂慕容垂。必不設備，可以計取之。」衆請治列人城，治，直之翻；下同。農曰：「善用兵者，結士以心，不以異物。異物，猶言別物也。今起義兵，唯敵是求，當以山河爲城池，何列人之足治也！」辛卯，越至列人西，農使趙秋及參軍綦毋滕擊越前鋒，破之。越之氣已挫矣。參軍太原趙謙言於農曰：「越甲仗雖精，人心危駭，易破也，易，以豉翻。宜急擊之。」農曰：「彼甲在外，我甲在心，士心欲鬭，則雖無甲冑而勇於赴戰，故曰甲在心。晝戰，則士卒見其外貌而憚之，不如待暮擊之，可以必克。」令軍士嚴備以待，毋得妄動。越立柵自固，農笑謂諸將曰：「越兵精士衆，不乘初至之鋭以擊我，方更立柵，吾知其無能爲也。」向暮，農鼓譟出，陳于城西。陳，讀曰陣。牙門劉木請先攻越柵，農笑曰：「凡人見美食，誰不欲之，何得獨請！然汝猛鋭可嘉，當以先鋒惠汝。」木乃帥壯士四百騰柵而入，秦兵披靡；帥，讀曰率；下同。披，普彼翻。農督大衆隨之，大敗秦兵，斬越，送首於垂。敗，補邁翻。越與毛當，皆秦之驍將也，驍，堅堯翻。將，即亮翻。故秦王堅使助二子鎮守；既而相繼敗沒，人情騷動，騷，愁也，擾也。所在盜賊羣起。

庚戌，燕王垂至鄴，改秦建元二十年爲燕元年，服色朝儀，皆如舊章。朝，直遥翻。以前岷山公庫傉官偉爲左長史，前尚書段崇爲右長史，滎陽鄭豁等爲從事中郎。凡帶前字者，皆前燕所授官也。慕容農引兵會垂於鄴，垂因其所稱之官而授之。即張驤等所推之官也。立世子寶爲太子，封從弟拔等十七人及甥宇文輸、【嚴：「輸」改「翰」。】舅子蘭審皆爲王；從，才用翻。其餘宗族及功臣封公者三十七人，侯、伯、子、男者八十九人。可足渾譚集兵得二萬餘人，攻野王，拔之，垂使譚集兵於河內之沙城，遂因而攻拔野王。引兵會攻鄴。平幼及其弟叡、規亦帥衆數萬會垂於鄴。

長樂公丕使姜讓誚讓燕王垂，且說之曰：「過而能改，今猶未晚也。」誚，才笑翻。說，輸芮翻。垂曰：「孤受主上不世之恩，故欲安全長樂公，使盡衆赴京師，京師，謂長安也。然後脩復國家之業，與秦永爲鄰好。好，呼到翻。何故闇於機運，不以鄴城見歸？若迷而不復，當窮極兵勢，恐單馬求生，亦不可得也。」讓厲色責之曰：「將軍不容於家國，投命聖朝，朝，直遥翻。燕之尺土，將軍豈有分乎？分，扶問翻。主上與將軍風殊類別，言氏處關西，鮮卑在東北，既不同風，族類又別也。一見傾心，親如宗戚，寵踰勳舊，自古君臣際遇，有如是之厚者乎？一旦因王師小敗，遽有異圖！長樂公，主上元子，受分陝之任，陜，失冉翻。寧可束手輸將軍以百城之地乎？將軍欲裂冠毀冕，左傳，晉率陰戎伐潁。景王使詹桓伯辭於晉曰：「我在伯父，猶衣服之有冠冕，木水之有本原，民人之有謀主也。伯父若裂冠毀冕，拔本塞原，專棄謀主，雖戎狄，其何有余一人！」自可極其兵勢，奚更云云！但惜將軍以七十之年，懸首白旗，武王斬紂首，懸於大白之旗。高世之忠，更爲逆鬼耳！」垂默然。姜讓之辭直，垂心內愧，故默然無以答。左右請殺之，垂曰：「彼各爲其主耳，何罪！」禮而歸之，遺丕書及上秦王堅表，陳述利害，請送丕歸長安。堅及丕怒，復書切責之。爲，于僞翻。遺，于季翻。上，時掌翻。

2 鷹揚將軍劉牢之攻秦譙城，拔之。桓沖遣上庸太守郭寶攻秦魏興、上庸、新城三郡，拔之。將軍楊佺期進據成固，擊秦梁州刺史潘猛，走之。佺期，亮之子也。楊亮見上卷太元二年。

3 壬子，燕王垂攻鄴，拔其外郭，長樂公丕退守中城。關東六州郡縣多送任請降於燕。降，戶江翻。癸丑，垂以陳留王紹行冀州刺史，屯廣阿。廣阿縣，前漢屬鉅鹿郡，後漢併入鉅鹿縣。有廣阿澤，在鉅鹿縣界，卽大陸澤也。

4 豐城宣穆公桓沖聞謝玄等有功，自以失言，謂去年「吾其左衽」之言也。慙恨成疾；二月，辛巳，卒。朝議欲以謝玄爲荆、江二州刺史。朝，直遙翻。謝安自以父子名位太盛，又懼桓氏失職怨望，乃以梁郡太守桓石民爲荆州刺史，河東太守桓石虔爲豫州刺史，豫州刺史桓伊爲江州刺史。

5燕王垂引丁零、烏桓之衆二十餘萬爲飛梯地道以攻鄴，不拔；乃築長圍守之，分處老弱於肥鄉，晉志，肥鄉縣屬廣平郡。魏收曰：天平初，併入魏郡臨漳縣。隋復分置肥鄉縣，唐屬洺州。處，昌呂翻。築新興城以置輜重。重，直用翻。

6秦征東府官屬疑參軍高泰，燕之舊臣，有貳心，苻丕爲征東大將軍。高泰先仕燕，慕容垂以爲從事中郎。泰懼，與同郡虞曹從事吳韶逃歸勃海。秦征東府置虞曹從事，掌所部山澤。泰與韶，皆勃海人也。韶曰：「燕軍近在肥鄉，宜從之。」泰曰：「吾以避禍耳；去一君，事一君，吾所不爲也！」申紹見而歎曰：「去就以道，可謂君子矣！」

7燕范陽王德擊秦枋頭，取之，置戍而還。還，音旋，又讀如字。

8東胡王晏據館陶，爲鄴中聲援，鮮卑、烏桓及郡縣民據塢壁不從燕者尚衆；燕王垂遣太原王楷與鎮南將軍陳留王紹討之。楷謂紹曰：「鮮卑、烏桓及冀州之民，本皆燕臣，今大業始爾，人心未洽，所以小異；唯宜綏之以德，不可震之以威。吾當止一處，爲軍聲之本，汝巡撫民夷，示以大義，彼必當聽從。」楷乃屯于辟陽。地理風俗記曰：廣川西南六十里有辟陽亭，故縣也，漢高帝封審食其爲侯國。魏收地形志，長樂郡信都縣有辟陽城。紹帥騎數百往說王晏，爲陳禍福，帥，讀曰率。說，輸芮翻。爲，于僞翻。晏隨紹詣楷降，於是鮮卑、烏桓及塢民降者數十萬口。降，戶江翻。楷留其老弱，置守宰以撫之，發其丁壯十餘萬，與王晏詣鄴。垂大悅曰：「汝兄弟才兼文武，足以繼先王矣！」言足以繼慕容恪也。

9 三月，以衞將軍謝安爲太保。

10 秦北地長史慕容泓聞燕王垂攻鄴，亡奔關東，收集鮮卑，衆至數千，還屯華陰，敗秦將軍強永，華，戶化翻。敗，補邁翻。強，其兩翻。其衆遂盛；自稱都督陝西諸軍事、大將軍、雍州牧、濟北王，陝，式冉翻。雍，於用翻。濟，子禮翻。推垂爲丞相、都督陝東諸軍事、領大司馬、冀州牧、吳王。

秦王堅謂權翼曰：「不用卿言，謂不用翼之言而遣慕容垂也。使鮮卑至此。關東之地，吾不復與之爭，復，扶又翻。將若泓何？」乃以廣平公熙爲雍州刺史，鎭蒲阪。阪，音反。徵雍州牧鉅鹿公叡爲都督中外諸軍事、衞大將軍、錄尚書事，配兵五萬；以左將軍竇衝爲長史，龍驤將軍姚萇爲司馬，以討泓。驤，思將翻。

平陽太守慕容沖亦起兵於平陽，有衆二萬，進攻蒲坂；堅使竇衝討之。

11 庫傉官偉帥營部數萬至鄴，燕王垂封偉爲安定王。

12 秦冀州刺史阜城侯定守信都，高城男紹在國，高城縣屬勃海郡，唐爲滄州鹽山縣。高邑侯亮、重合侯謨守常山，重，直龍翻。固安侯鑒守中山。燕王垂遣前將軍、樂浪王溫督諸軍攻信都，不克；樂浪，音洛琅。夏，四月，丙辰，遣撫軍大將軍麟益兵助之。定、鑒，秦王堅之從叔；

紹、謨，從弟；亮，從子也。從，才用翻。溫，燕王垂之弟子也。

13慕容泓聞秦兵且至，懼，帥衆將奔關東。帥，讀曰率；下同。秦鉅鹿愍公叡粗猛輕敵，欲馳兵邀之。姚萇諫曰：「鮮卑皆有思歸之志，故起而爲亂，宜驅令出關，不可遏也。夫執鼷鼠之尾，猶能反噬於人。鼷鼠，一名甘口鼠，食物不痛。爾雅曰：有螫毒者。鼷，音奚。彼自知困窮，致死於我，萬一失利，悔將何及。但可鳴鼓隨之，彼將奔敗不暇矣。」使苻叡能用姚萇之言，慕容泓必東奔，慕容沖敗而無所歸，必亦就禽矣。叡弗從，戰于華澤，華澤卽華陰之澤也。華，戶化翻。叡兵敗，爲泓所殺。萇遣龍驤長史趙都、參軍姜協詣秦王堅謝罪；驤，思將翻。堅怒，殺之。萇懼，奔渭北馬牧，馬牧，牧馬之地，猶漢之牧苑也。於是天水尹緯、尹詳、南安龐演等龐，皮江翻。糾扇羌豪，帥其戶口歸萇者五萬餘家，帥讀曰率。推萇爲盟主。萇自稱大將軍、大單于、萬年秦王，大赦，改元白雀，通鑑目錄：年經國緯，自此以後，姚萇繫之後秦。單，音蟬。以尹詳、龐演爲左、右長史，南安姚晃及尹緯爲左、右司馬，天水狄伯支等爲從事中郎，羌訓等爲掾屬，王據等爲參軍，王欽盧、姚方成等爲將帥。掾，以絹翻。將，卽亮翻。帥，所類翻。

14秦竇衝擊慕容沖于河東，大破之；沖帥鮮卑騎八千奔慕容泓。泓衆至十餘萬，遣使謂秦王堅曰：「吳王已定關東，可速資備大駕，奉送家兄皇帝，暐，泓之兄也。泓當帥關中燕人翼衞乘輿，還返鄴都，乘，繩證翻。還，音旋，又如字。與秦以虎牢爲界，永爲鄰好。」好，呼到翻。堅大怒，召慕容暐責之曰：「今泓書如此，卿欲去者，朕當相資。卿之宗族，可謂人面獸心，不可以國士期也！」暐叩頭流血，涕泣陳謝。堅久之曰：「此自三豎所爲，非卿之過。」三豎，謂垂、泓、沖。復其位，待之如初。命暐以書招諭泓、沖及垂。暐密遣使謂泓曰：「吾籠中之人，必無還理；且燕室之罪人也，暐不能保燕之社稷，故自謂爲罪人。不足復顧。復，扶又翻。汝勉建大業，以吳王爲相國，中山王爲太宰、領大司馬，汝可爲大將軍、領司徒，承制封拜，聽吾死問，汝便卽尊位。」泓於是進向長安，改元燕興。

15 燕王垂以鄴城猶固，會僚佐議之。右司馬封衡請引漳水灌之；用曹操攻鄴故智也。從之。垂行圍，行，下孟翻。因飲於華林園，洛都、鄴都皆有華林園；鄴之華林，則魏武所築也。秦人密出兵掩之，矢下如雨，垂幾不得出，幾，居依翻。冠軍大將軍隆將騎衝之，垂僅而得免。將，卽亮翻。騎，奇寄翻。

16 竟陵太守趙統攻襄陽，秦荊州刺史都貴奔魯陽。

17 五月，秦洛州刺史張五虎據豐陽來降。降，戶江翻。

18 梁州刺史楊亮帥衆五萬伐蜀，帥，讀曰率。遣巴西太守費統將水陸兵三萬爲前鋒。費，扶沸翻。將，卽亮翻。亮屯巴郡，秦益州刺史王廣遣巴西太守康回等拒之。姓譜：西胡自有康姓。

19 秦苻定、苻紹皆降於燕；定以信都降，紹以高城降。降，戶江翻；下同。燕慕容麟引兵西攻常山。苻謨守常山。

20 後秦王萇進屯北地，姚萇書後秦，以別於苻秦也。秦華陰、北地、新平、安定羌胡降之者十餘萬。

21 六月，癸丑朔，崇德太后褚氏崩。

22 秦王堅自帥步騎二萬以擊後秦，軍于趙氏塢，據晉書載記，趙氏塢在北地。帥，讀曰率。騎，奇寄翻。使護軍將軍楊璧等分道攻之；後秦兵屢敗，斬後秦王萇之弟鎮軍將軍尹買。後秦軍中無井，秦人塞安公谷、堰同官水以困之。安公谷、同官水皆在今耀州界。魏收地形志，北地郡有銅官縣，眞君七年置。杜佑曰：銅官本漢祋祤縣地，晉爲頻陽；苻秦於祋祤北銅官川置銅官護軍，後魏太武罷護軍，置銅官縣；後周武帝移於今所；隋以後，唯作同官。塞，悉則翻。後秦人恟懼，有渴死者。恟，許拱翻。會天大雨，後秦營中水三尺，繞營百步之外，寸餘而已，後秦軍復振。復，扶又翻。秦王堅歎曰：「天亦佑賊乎！」天不助秦，不可復支矣。

23 慕容泓謀臣高蓋等以泓德望不如慕容沖，且持法苛峻，乃殺泓，立沖爲皇太弟，承制行事，置百官；以蓋爲尚書令。後秦王萇遣子嵩爲質於沖以請和。欲連兵以斃秦，且畏沖兵之強也。質，音致。

24 將軍劉春攻魯陽，都貴奔還長安。

25後秦王萇帥衆七萬擊秦，秦王堅遣楊壁等拒之，爲萇所敗；敗，補邁翻。獲楊壁及右將軍徐成、鎮軍將軍毛盛等將吏數十人，萇皆禮而遣之。

26燕慕容麟拔常山，秦苻亮、苻謨皆降。降，戶江翻。麟進圍中山，秋，七月，克之，執苻鑒。冀州皆爲燕有，惟苻丕守鄴而已。麟威聲大振，留屯中山。

27秦幽州刺史王永、平州刺史苻沖帥二州之衆以擊燕。帥，讀曰率。燕王垂遣平【章：十二行本「平」作「甯」；乙十一行本同；張校同。】朔將軍平規擊永，此平規別是一平規，平幼之弟，非與苻洛同反之平規也。永遣昌黎太守宋敞逆戰於范陽，敞兵敗，規進據薊南。薊，音計。

28秦平原公暉帥洛陽、陝城之衆七萬歸于長安。陝，失冉翻。

29秦【章：十二行本「秦」上有「益州刺史王廣遣將軍王虯帥蜀漢之衆三萬北救長安」二十二字；乙十一行本同；孔本同；張校同；退齋校同。】王堅聞慕容沖去長安浸近，乃引兵歸，歸自北地趙氏塢，使沖不逼長安，堅尚與萇相持，勝負之勢，未有所定也。沖兵既逼，堅不容不還長安，萇得收嶺北以爲資；堅，沖血戰而萇伺其敝；堅死而鮮卑東出，萇坐而取關中；眞所謂鷸蚌相持，漁人之利也。遣撫軍大將軍方【章：十二行本「方」上有「高陽公」三字；乙十一行本同；孔本同；張校同。】戍驪山，驪，力知翻。拜平原公暉爲都督中外諸軍事、車騎大將軍、錄尚書事，配兵五萬以拒沖。沖與暉戰于鄭西，大破之。堅又遣前將軍姜宇與少子河間公琳帥衆三萬拒沖於灞上；少，詩照翻。琳、宇皆敗死，沖遂據阿房城。卽秦之阿房宮城。

30秦康回兵數敗，數，所角翻。退還成都。梓潼太守壘襲以涪城來降。此晉西師之捷。姓譜曰：後趙錄有壘澄，本姓裴氏。荆州刺史桓石民據魯陽，遣河南太守高茂北戍洛陽。此晉自襄、沔北向之師也。

31己酉，葬康獻皇后于崇平陵。

32燕翟斌恃功驕縱，邀求無厭；斌，音彬。厭，於鹽翻。又以鄴城久不下，潛有貳心。太子寶請除之，燕王垂曰：「河南之盟，不可負也；斌引兵會垂於洛陽，垂與之盟，蓋在河南縣。若其爲難，難，乃旦翻。罪由於斌。今事未有形而殺之，人必謂我忌憚其功能；吾方收攬豪傑以隆大業，不可示人以狹，失天下之望也。藉彼有謀，吾以智防之，無能爲也。」范陽王德、陳留王紹、驃騎大將軍農皆曰：「翟斌兄弟恃功而驕，必爲國患。」垂曰：「驕則速敗，焉能爲患！焉，於乾翻，何也。彼有大功，當聽其自斃耳。」禮遇彌重。

斌諷丁零及其黨請斌爲尚書令。垂曰：「翟王之功，宜居上輔；但臺既未建，此官不可遽置耳。」斌怒，密與前秦長樂公丕通謀，通鑑凡苻秦事，書曰秦；此「前」字衍。使丁零決隄潰水；燕引漳水以灌鄴，故斌欲決隄以潰之。事覺，垂殺斌及其弟檀、敏，餘皆赦之。

斌兄子眞，夜將營衆北奔邯鄲，將，卽亮翻。邯鄲，音寒丹。引兵還向鄴圍，欲與丕內外相應；太子寶與冠軍大將軍隆擊破之。冠，古玩翻。眞還走邯鄲。走，音奏。

太原王楷、陳留王紹言於垂曰：「丁零非有大志，但寵過爲亂耳。今急之則屯聚爲寇，緩之則自散，散而擊之，無不克矣。」垂從之。

33 龜茲王帛純窘急，呂光自去年進軍攻龜茲。龜茲，音丘慈。窘，渠隕翻。重賂獪胡以求救；獪胡，蓋又在龜茲之西。楊正衡曰：獪，古邁翻。獪胡王遣其弟吶龍、侯將馗帥騎二十餘萬，吶龍一人，馗又一人，侯將，官稱也；漢時西域諸國，各有輔國侯、安國侯、左右將，其後蓋併侯將爲一官。吶，女劣翻，又女鬱翻。將，卽亮翻。馗，渠追翻。并引溫宿、尉頭【嚴：「頭」改「須」。】等諸國兵合七十餘萬以救龜茲；秦呂光與戰于城西，大破之。帛純出走，王侯降者三十餘國。降，戶江翻。光入其城；城如長安市邑，宮室甚盛。光撫寧西域，威恩甚著，遠方諸國，前世所不能服者，皆來歸附，上漢所賜節傳；上，時掌翻。傳，張戀翻。光皆表而易之，立帛純弟震爲龜茲王。

34 八月，翟眞自邯鄲北走，燕王垂遣太原王楷、驃騎大將軍農帥騎追之，及【章：十二行本「及」上有「甲寅」二字；乙十一行本同；孔本同；張校同；退齋校同。】於下邑。楷欲戰，農曰：「士卒飢倦，且視賊營不見丁壯，殆有他伏。」楷不從，進戰，燕兵大敗。眞北趨中山，屯于承營。羸師示弱者，必有伏兵，衆所通知也，然而往往墮其中而不自覺以致覆軍者多矣。趨，七諭翻；下同。

35 鄴中芻糧俱盡，削松木以飼馬。飼，祥吏翻。燕王垂謂諸將曰：「苻丕窮寇，必無降理；

降，戶江翻。不如退屯新城，卽肥鄉之新興城也。開丕西歸之路，以謝秦王疇昔之恩，且爲討翟眞之計。」丙寅夜，垂解圍趨新城。遣慕容農徇清河、平原，徵督租賦。農明立約束，均適有無，軍令嚴整，無所侵暴，由是穀帛屬路，軍資豐給。屬，之欲翻。

36 戊寅，南昌文穆公郗愔薨。郗，丑之翻。愔，挹淫翻。

37 太保安奏請乘苻氏傾敗，開拓中原，以徐、兗二州刺史謝玄爲前鋒都督，帥豫州刺史桓石虔伐秦。帥，讀曰率。玄至下邳，秦徐州刺史趙遷棄彭城走，玄進據彭城。此晉自淮、泗北向之師也。

38 秦王堅聞呂光平西域，以光爲都督玉門以西諸軍事，西域校尉。道絕，不通。

39 秦幽州刺史王永求救於振威將軍劉庫仁，先是，秦蓋授劉庫仁振武將軍。庫仁遣其妻兄公孫希帥騎三千救之，大破平規於薊南，乘勝長驅，進據唐城。【章：十二行本「城」下有「與慕容麟相持」六字；乙十一行本同；孔本同；張校同；退齋校同。】中山郡之唐縣城也。

40 九月，謝玄使彭城內史劉牢之攻秦兗州刺史張崇。辛卯，崇棄鄄城奔燕。牢之據鄄城，鄄，吉掾翻。河南城堡皆來歸附。

41 太保安上疏自求北征；【章：十二行本征下有「甲午」二字；乙十一行本同；退齋校同。】加安都督揚、江等十五州諸軍事，加黃鉞。十五州，蓋揚、徐、南徐、兗、南兗、豫、南豫、江、靑、冀、幽、并、司、荆、雍也。

42 慕容沖進逼長安，秦王堅登城觀之，歎曰：「此虜何從出哉！」大呼責沖曰：呼，火故翻。「奴何苦來送死！」沖曰：「奴厭奴苦，欲取汝爲代耳！」沖少有寵於堅，沖少有龍陽之色，得幸於堅。少，詩照翻。堅遣使以錦袍稱詔遺之。遺，于季翻。沖遣詹事稱皇太弟令答之曰：「孤今心在天下，豈顧一袍小惠！苟能知命，君臣束手，早送皇帝，皇帝謂慕容暐。自當寬貸苻氏以酬曩好。」好，呼到翻。堅大怒曰：「吾不用王景略、陽平公之言，事見一百三卷寧康三年及上卷太元七年。使白虜敢至於此！」載記曰：秦人率謂鮮卑爲白虜。

43 冬，十月，辛亥朔，日有食之。

44 乙丑，大赦。

45 謝玄遣陰陵太守高素攻秦青州刺史苻朗，陰陵縣，漢屬九江郡。晉書謝玄傳作「淮陵」。淮陵縣，前漢屬臨淮郡，後漢屬下邳郡，晉復屬臨淮郡，惠帝元康七年，分置淮陵郡。「陰」，當作「淮」。軍至琅邪，朗來降。朗，堅之從子也。降，戶江翻。從，才用翻。

46 翟眞在承營，與公孫希、宋敞遙相首尾。公孫希，劉庫仁所遺；宋敞，王永所遺。長樂公丕遣宦者冗從僕射清河光祚姓譜：光姓，燕人田光之後，秦末子孫避地，以光爲氏。冗，而隴翻。從，才用翻。將兵數百赴中山，與眞相結。又遣陽平太守邵興將數千騎招集冀州故郡縣，與祚期會襄國。是時，燕軍疲弊，秦勢復振，復，扶又翻。冀州郡縣皆觀望成敗，趙郡人趙粟等起兵柏鄉以應興。魏收地形志：南趙郡柏人縣有柏鄉城。九域志曰：柏鄉故城，春秋時晉鄗邑。五代志：隋文帝開皇十六年，置柏鄉縣，屬趙郡。燕王垂遣冠軍大將軍隆、龍驤將軍張崇將兵邀擊興，命驃騎大將軍農自清河引兵會之。冠，古玩翻。驤，思將翻。驃，匹妙翻。騎，奇寄翻。隆與興戰于襄國，大破之；興走至廣阿，遇慕容農，執之。光祚聞之，循西山走歸鄴。隆遂擊趙粟等，皆破之，冀州郡縣復從燕。復，扶又翻。

47 劉庫仁聞公孫希已破平規，欲大舉兵以救長樂公丕，發鴈門、上谷、代郡兵，屯繁畤。畤，音止。燕太子太保慕輿句之子文、零陵公慕輿虔之子常慕輿句見九十八卷穆帝永和六年。慕輿虔見一百一卷哀帝興寧三年。句，音鉤。時在庫仁所，知三郡兵不樂遠征，樂，音洛。因作亂，夜攻庫仁，殺之，竊其駿馬，奔燕。公孫希之衆聞亂自潰，希奔翟真。庫仁弟頭眷代領庫仁部衆。

48 秦長樂公丕遣光祚及參軍封孚召驃騎將軍張蚝、并州刺史王騰於晉陽以自救；蚝、騰以衆少不能赴。秦以鄧羌、張蚝爲萬人敵。是時鄧羌死矣，張蚝卒不能救秦之亡。是知徒勇而無謀者，無益於成敗之數也。蚝，七吏翻。丕進退路窮，謀於僚佐。司馬楊膺請自歸於晉，丕未許。會謝玄遣龍驤將軍劉牢之等據碻磝，碻磝城，濟北郡治所，沿河要地也。碻，丘交翻。磝，牛交翻。楊正衡曰：碻，口勞翻。杜佑曰：碻，口交翻。磝，音敖。濟陽太守郭滿據滑臺，沈約曰：晉惠帝分陳留爲濟陽國。滑臺，漢之白馬，唐之滑州也。宋南渡後，遣范成大北使，時河已南徙，滑州及白馬縣皆在河北，古滑州已淪於河中矣。剩水在濬州西南，積水若湖；對濬州城，卽黎陽山。濬，子禮翻。將軍顏肱、劉襲軍于河北；河北，滑臺之北岸也。丕遣將軍桑據屯黎陽以拒之。劉襲夜襲據，走之，遂克黎陽。丕懼，乃遣從弟就與參軍焦逵請救於玄，從，才用翻。致書稱「欲假塗求糧，西赴國難，難，乃旦翻。須援軍既接，以鄴與之。若西路不通，長安陷沒，請帥所領保守鄴城。」帥，讀曰率。逵與參軍姜讓密謂膺曰：「今喪敗如此，喪，息浪翻。長安阻絕，存亡不可知。屈節竭誠以求糧援，猶懼不獲；而公豪氣不除，方設兩端，事必無成。宜正書爲表，許以王師之至，當致身南歸；如其不從，可逼縛與之。」膺自以力能制丕，楊膺，丕之妃兄，故自以爲力能制丕。乃改書而遣之。

49 謝玄遣晉陵太守滕恬之渡河守黎陽。恬之，脩之曾孫也。滕脩爲吳將，孫晧之亡，脩歸晉。朝廷以兗、青、司、豫既平，加玄都督徐、兗、青、司、冀、幽、并七州諸軍事。

50 後秦王萇聞慕容沖攻長安，會羣僚議進止，皆曰：「大王宜先取長安，建立根本，然後經營四方。」萇曰：「不然。燕人因其衆有思歸之心以起兵，若得其志，必不久留關中，吾當移屯嶺北，嶺北，謂九嵕之北，凡新平、北地、安定之地皆是也。廣收資實，以待秦亡燕去，然後拱手取之耳。」乃留其長子興守北地，長，知兩翻。使寧北將軍姚穆守同官川，自將其衆攻新平。將，卽亮翻。

初，新平人殺其郡將，秦王堅缺其城角以恥之，石虎之末，清河崔悅爲新平相，爲郡人所殺。悅子液仕堅，爲尚書郎，自表父仇，不同天地，請還冀州。堅愍之，禁錮新平人，缺其城角以恥之。將，卽亮翻。新平民望深以爲病，民望，郡之賢豪，爲一郡所宗嚮者。欲立忠義以雪之。及後秦王萇至新平，新平太守南安苟輔欲降之，苟輔，氐也，秦之外戚。降，戶江翻；下同。郡人遼西太守馮傑、蓮勺令馮羽、尚書郎趙義、汶山太守馮苗諫曰：「昔田單以一城存齊。傑等皆新平人。太康地志曰：汶山郡，漢武帝立；孝宣地節三年，合蜀郡；劉蜀又立郡。蓮，音輦。汶，讀曰岷。田單事見四卷周赧王三十六年。今秦之州鎭，猶連城過百，柰何遽爲叛臣乎！」輔喜曰：「此吾志也；但恐久而無救，郡人橫被無辜。橫，戶孟翻。諸君能爾，吾豈顧生哉！」於是憑城固守。後秦爲土山地道，輔亦於內爲之，或戰地下，或戰山上，後秦之衆死者萬餘人。輔詐降以誘萇，萇將入城，覺之而返；輔伏兵邀擊，幾獲之，幾，巨依翻。又殺萬餘人。

51 隴西處士王嘉，隱居倒虎山，水經註：倒虎山在新豐縣南。處，昌呂翻。有異術，能知未然；秦人神之。秦王堅、後秦王萇及慕容沖皆遣使迎之。十一月，嘉入長安，衆聞之，以爲堅有福，故聖人助之，三輔堡壁及四山氐、羌歸堅者四萬餘人。堅置嘉及沙門道安於外殿，動靜咨之。

52 燕慕容農自信都西擊丁零翟遼於魯口，破之。遼退屯無極，農屯藁城以逼之。無極縣，漢屬中山，晉省；後魏復置無極縣，唐末爲祁州治所。藁城縣，前漢屬眞定，後漢屬鉅鹿，晉省。今所屯蓋故縣城也。唐復置藁城縣，屬恆州。遼，眞之從兄也。從，才用翻。

53 鮮卑在長安城中者猶千餘人，慕容紹之兄肅，與慕容暐陰謀結鮮卑爲亂。十二月，暐白堅，以其子新昏，請堅幸其家，置酒，欲伏兵殺之。堅許之，會天大雨，不果往。事覺，堅召暐及肅，肅曰：「事必洩矣，入則俱死。今城內已嚴，已嚴者，謂鮮卑之衆也。不如殺使者馳出，既得出門，大衆便集。」暐不從，遂俱入。堅曰：「吾相待何如，而起此意？」暐飾辭以對。肅曰：「家國事重，何論意氣！」意氣，謂堅相待之厚。堅先殺肅，乃殺暐及其宗族，城內鮮卑無少長、男女，皆殺之。少，詩照翻。長，知兩翻。燕王垂幼子柔，養於宦者宋牙家爲牙子，故得不坐，與太子寶之子盛乘間得出，奔慕容沖。爲後慕容盛等自長子歸燕張本。間，古莧翻。

54 燕慕容麟、慕容農合兵襲翟遼，大破之，遼單騎奔翟眞。

55 燕王垂以秦長樂公丕猶據鄴不去，乃更引兵圍鄴，開其西走之路。垂志在得鄴，故開其走路，所謂圍城爲之缺也。焦逵見謝玄，玄欲徵丕任子，然後出兵；逵固陳丕款誠，并述楊膺之意，玄乃遣劉牢之、滕恬之等帥衆二萬救鄴。帥，讀曰率。丕告飢，玄水陸運米二千斛以饋之。

56 秦梁州刺史潘猛棄漢中，奔長安。梁州之地，自此復歸于晉。

王崇武標點　容肇祖　聶崇岐覆校

資治通鑑卷第一百六

端明殿學士兼翰林侍讀學士朝散大夫右諫議大夫充集賢殿修撰權判西京留司御史臺上柱國河內郡開國侯食邑一千三百戶食實封四百戶賜紫金魚袋臣　司馬光　奉敕編集

後　學　天　台　胡三省　音　註

晉紀二十八

起旃蒙作噩（乙酉），盡柔兆閹茂（丙戌），凡二年。

烈宗孝武皇帝中之上

太元十年（乙酉、三八五）

1春，正月，秦王堅朝饗羣臣。朝，直遙翻。時長安饑，人相食，諸將歸，吐肉以飼妻子。窮匱如此，外無救援，烏得不敗乎！飼，祥吏翻。

2慕容沖卽皇帝位于阿房，是爲西燕。改元更始。沖有自得之志，賞罰任情。慕容盛年十三，謂慕容柔曰：「夫十人之長，長，知兩翻。亦須才過九人，然後得安。今中山王才不逮人，功未有成，而驕汰已甚，殆難濟乎！」沖在前燕時封中山王。汰，侈也，溢也。史言慕容盛幼而有識略，所以能自奮而有國。盛、柔歸沖，見上卷上年。

3後秦王萇留諸將攻新平，自引兵擊安定，擒秦安西將軍勃海公珍，嶺北諸城悉降之。

降，戶江翻。

4甲寅，秦王堅與西燕主沖戰于仇班渠，大破之。慕容垂復興於山東，而沖稱號於關中，故書西燕以別之。乙卯，戰于雀桑，又破之。甲子，戰于白渠，白渠，卽漢時白公所鑿者也。秦兵大敗。西燕兵圍秦王堅，殿中將軍鄧邁力戰卻之，堅乃得免。壬申，沖遣尚書令高蓋夜襲長安，入其南城，左將軍竇衝、前禁將軍李辯等擊破之，斬首八百級，分其屍而食之。乙亥，高蓋引兵攻渭北諸壘，太子宏與戰於成貳壁，成貳，蓋人姓名；關中大亂，立壁自保，因爲地名。大破之，斬首三萬。

5燕帶方王佐與寧朔將軍平規共攻薊，薊，音計。王永兵屢敗。二月，永使宋敞燒和龍及薊城宮室，帥衆三萬奔壺關；帥，讀曰率。佐等入薊。

6慕容農引兵會慕容麟於中山，與共攻翟眞。麟、農先帥數千騎至承營，帥，讀曰率；下同。觀察形勢。翟眞望見，陳兵而出。諸將欲退，農曰：「丁零非不勁勇，而翟眞懦弱，今簡精銳，望眞所在而衝之，眞走，衆必散矣，乃邀門而蹙之，可盡殺也。」使驍騎將軍慕容國帥百餘騎衝之，驍，堅堯翻。騎，奇寄翻。眞走，其衆爭門，自相蹈藉，藉，慈夜翻。死者太半，遂拔承營外郭。

7癸未，秦王堅與西燕主沖戰于城西，長安城西也。大破之，追奔至阿城。阿城，卽阿房宮城，沖之巢穴也。諸將請乘勝入城，堅恐爲沖所掩，引兵還。萬乘之主，固不可乘危徼幸；然秦喪敗若此，乘諸將之勝氣以圖萬一之功，可也；引兵而還，何歟！還，從宣翻。

8乙酉，秦益州刺史王廣以蜀人江陽太守李丕爲益州刺史，守成都。沈約曰：江陽郡，劉璋分犍爲立。守，式又翻。己丑，廣帥所部奔還隴西，【章：十二行本「西」下有「依其兄秦州刺史統」八字；乙十一行本同；孔本同；張校同；退齋校同。】蜀人隨之者三萬餘人。

9劉牢之至枋頭。楊膺、姜讓謀泄，膺、讓謀見上卷上年。長樂公丕收殺之。枋，音方。樂，音洛。牢之聞之，盤桓不進。

10秦平原悼公暉數爲西燕主沖所敗，數，所角翻。敗，補邁翻。秦王堅讓之曰：「汝，吾之才子也，擁大衆與白虜小兒戰，而屢敗，何用生爲！」三月，暉憤恚自殺。堅責怒暉，欲其死戰耳，豈意其自殺哉！恚，於避翻。

前禁將軍李辯、都水使者隴西彭和正恐長安不守，召集西州人晉書職官志：都水長，屬大司農。沈約志：都水使者，掌舟航及運部。李辯，李儼之子，亦隴西人也。屯于韮園；堅召之，不至。爲後堅襲韮園張本。韮，舉有翻。

11西燕主沖攻秦高陽愍公方於驪山，殺之，苻方戍驪山，見上卷上年七月。執秦尚書韋鍾，以其子謙爲馮翊太守，使招集三輔之民。馮翊壘主邵安民等責謙曰：「君雍州望族，七相五公，雍州之望族，鍾蓋韋賢後也。雍，於用翻。今乃從賊，與之爲不忠不義，何面目以行於世乎！」謙以告鍾，鍾自殺，謙來奔。

秦左將軍苟池、右將軍俱石子與西燕主沖戰於驪山，兵敗。西燕將軍慕容永斬苟池，俱石子奔鄴。永，廆弟運之孫；石子，難之弟也。俱難見一百四卷太元三年。廆，戶罪翻。秦王堅遣領軍將軍楊定擊沖，大破之，虜鮮卑萬餘人而還，悉阬之。定，佛奴之孫【章：十二行本「孫」下有「堅之壻」三字；乙十一行本同；孔本同；張校同；退齋校同。】也。北史曰：定，佛奴之子；佛奴，宋奴之子也。

12 滎陽人鄭燮以郡來降。降，戶江翻。

13 燕王垂攻鄴，久不下，將北詣冀州，乃命撫軍大將軍麟屯信都，樂浪王溫屯中山，召驃騎大將軍農還鄴；樂浪，音洛琅。驃，匹妙翻。騎，奇寄翻。於是遠近聞之，以燕爲不振，頗懷去就。

農至高邑，高邑本鄗縣，漢光武即位于此，改曰高邑，屬常山；晉志屬趙國。遣從事中郎眭邃近出，違期不還。師古曰：眭，息隨翻。長史張攀言於農曰：「邃目下參佐，目下參佐，言其近在眼前也。敢欺罔不還，請回軍討之。」農不應，敕備假版，以邃爲高陽太守，參佐家在趙北者，悉假署遣歸。趙北，趙國以北也。假署者，權時以假版署置其官，未以白燕王垂也。凡舉補太守三人，長史二十餘人，退謂攀曰：「君所見殊誤，當今豈可自相魚肉！俟吾北還，邃等自當迎於道左，君但觀之。」爲後邃等迎農張本。

樂浪王溫在中山，兵力甚弱，丁零四布，分據諸城；溫謂諸將曰：「以吾之衆，攻則不足，守則有餘。驃騎、撫軍，首尾連兵，會須滅賊，但應聚糧厲兵以俟時耳。」於是撫舊招新，勸課農桑，民歸附者相繼，郡縣壁壘爭送軍糧，倉庫充溢。翟眞夜襲中山，溫擊破之，自是不敢復至。復，扶又翻；下復還同。溫乃遣兵一萬運糧以餉垂，且營中山宮室。欲迎垂都中山也。

劉牢之攻燕黎陽太守劉撫于孫就栅，孫就，人姓名，蓋立栅于黎陽界，劉撫因屯焉。燕王垂留慕容農守鄴圍，自引兵救之。秦長樂公丕聞之，出兵乘虛夜襲燕營，農擊敗之。敗，補邁翻。劉牢之與垂戰，不勝，退屯黎陽，垂復還鄴。

14 呂光以龜茲饒樂，龜茲，音丘慈。樂，音洛。欲留居之。天竺沙門鳩摩羅什謂光曰：「此凶亡之地，不足留也；據載記，鳩摩羅，姓也；什，其名。將軍但東歸，中道自有福地可居。」鳩摩羅什知數，知呂光必得涼州之地而據之。光乃大饗將士，議進止，衆皆欲還。乃以駝二萬餘頭載外國珍寶奇玩，驅駿馬萬餘匹而還。還，音旋，又如字。

15 夏，四月，劉牢之進兵至鄴，燕王垂逆戰而敗，遂撤圍，退屯新城，乙卯，自新城北遁。牢之不告秦長樂公丕，卽引兵追之。丕聞之，發兵繼進。庚申，牢之追及垂於董唐淵。垂曰：「秦、晉瓦合，相待爲強，瓦合，言其勢不膠固，觸而動之，一瓦墜碎，則衆瓦俱解矣。「待」，當作「恃」。今覲待字，義亦自通。一勝則俱豪，一失則俱潰，非同心也。今兩軍相繼，勢既未合，宜急擊之。」牢之軍疾趨二百里，至五橋澤，五橋澤，在臨漳縣北。兵法，百里而趨利者蹶上將；況二百里乎！爭燕輜重，重，直用翻。垂邀擊，大破之，斬首數千級；牢之單馬走，會秦救至，得免。

燕冠軍將軍宜都王鳳冠，古玩翻。每戰奮不顧身，前後大小二百五十七戰，未嘗無功。垂戒之曰：「今大業甫濟，汝當先自愛！」使爲車騎將軍德之副以抑其銳。以德持重也。

鄴中饑甚，長樂公丕帥衆就晉穀於枋頭。帥，讀曰率。劉牢之入鄴城，收集亡散，兵復少振；復，扶又翻。少，詩沼翻。坐軍敗，徵還。

燕、秦相持經年，去年正月，垂攻鄴。幽、冀大饑，人相食，邑落蕭條。燕之軍士多餓死；燕王垂禁民養蠶，以桑椹爲軍糧。

垂將北趣中山，趣，七喻翻。以驃騎大將軍農爲前驅，前所假授吏眭邃等皆來迎候，上下如初，李攀【嚴：「李」改「張」。】乃服農之智略。前作「張攀」，此作「李攀」，未知孰是。

16 會稽王道子好專權，好，呼到翻。復爲姦諂者所構扇，復，扶又翻；下同。與太保安有隙。安欲避之，會秦王堅來求救，安乃請自將救之。將，即亮翻。壬戌，出鎮廣陵之步丘，築壘曰新城而居之。今揚州邵伯鎮，即其地也，在揚州城北六十里。晉史云：安於步丘築埭，後人謂之召伯埭。

17 蜀郡太守任權攻拔成都，斬秦益州刺史李丕，復取益州。秦取益州見一百三卷寧康元年。

任，音壬。

18 新平糧竭矢盡，後秦自去年攻新平。外救不至。後秦王萇使人謂苟輔曰：「吾方以義取天下，豈讎忠臣邪！卿但帥城中之人還長安，吾正欲得此城耳。」輔以爲然，帥民五千口出城，萇圍而阬之，男女無遺。萇，仲良翻。帥，讀曰率。獨馮傑子終得脫，奔長安。馮傑勸輔拒後秦事見上卷上年。秦王堅追贈輔等官爵，皆謚曰節愍侯，以終爲新平太守。

19 翟眞自承營徙屯行唐，即漢之南行唐縣也，屬常山郡。燕王垂趣中山，眞爲所逼，故徙屯。眞司馬鮮于乞殺眞及諸翟，自立爲趙王。營人共殺乞，立眞從弟成爲主；其衆多降於燕。降，戶江翻。

20 五月，西燕主沖攻長安，秦王堅身自督戰，飛矢滿體，流血淋漓。沖縱兵暴掠，關中士民流散，道路斷絕，千里無煙。有堡壁三十餘，推平遠將軍趙敖爲主，安遠、平遠，二將軍號，蓋皆當時所置。相與結盟，冒難遣兵糧助堅，多爲西燕所殺。堅謂之曰：「聞來者率不善達，此誠忠臣之義，然今寇難殷繁，難，乃旦翻。殷，衆也，盛也。繁，多也。非一人之力所能濟也，徒相隨入虎口，何益！汝曹宜爲國自愛，爲，于僞翻。畜糧厲兵，以俟天時，庶幾善不終否，有時而泰也！」幾，居希翻。否，皮鄙翻。

三輔之民爲沖所略者，遣人密告堅，請遣兵攻沖，欲縱火爲內應。堅曰：「甚哀諸卿忠誠！然吾猛士如虎豹，利兵如霜雪，困於烏合之虜，豈非天乎！恐徒使諸卿坐致夷滅，吾不忍也！」其人固請不已，乃遣七百騎赴之。沖營縱火者，反爲風火所燒，其得免者什一、二，堅祭而哭之。史言關中之人，乃心爲堅，而力不能濟，蓋天棄秦也。

衛將軍楊定與沖戰于城西，爲沖所擒。定，秦之驍將也。驍，堅堯翻。將，卽亮翻。堅大懼，以讖書云：「帝出五將久長得。」據載記，此讖書謂之古符傳賈錄。秦王堅始也禁人學讖，及喪敗之極，乃欲用讖書，奔五將山以求免，其顚倒錯繆甚矣，蓋死期將至也。讖，楚譖翻。乃留太子宏守長安，謂之曰：「天其或者欲導予出外。汝善守城，勿與賊爭利，吾當出隴收兵運糧以給汝。」遂帥騎數百與張夫人及中山公詵、二女寶、錦出奔五將山，新唐書地理志：京兆醴泉縣有武將山。水經註：扶風杜陽縣有五將山。又按唐杜佑，鳳翔府岐山縣有五將山。宣告州郡，期以孟冬救長安。堅過襲韮園，李辯奔燕，奔西燕也。彭和正慙，自殺。

21 閏月，以廣州刺史羅友爲益州刺史，鎭成都。

22 庚戌，燕王垂至常山，圍翟成於行唐。命帶方王佐鎭龍城。六月，高句麗寇遼東，句，如字，又音駒。麗，力知翻。佐遣司馬郝景將兵救之，爲高句麗所敗，敗，補邁翻。高句麗遂陷遼東、玄菟。自此燕不能勝高句麗。菟，同都翻。

23 秦太子宏不能守長安，將數千騎與母、妻、宗室西奔下辨；辨，皮莧翻。百官逃散，司隸校尉權翼等數百人奔後秦。權翼本姚襄僚屬，苻氏旣敗，故奔後秦。西燕主沖入據長安，縱兵大掠，死者不可勝計。勝，音升。

24 秋，七月，旱，饑，井皆竭。

25 後秦王萇自故縣如新平。漢安定郡有安定縣，後漢、晉省，故曰故縣。

26 秦王堅至五將山，後秦王萇遣驍騎將軍吳忠帥騎圍之。秦兵皆散走，獨侍御十數人在側，堅神色自若，坐而待之，召宰人進食。俄而忠至，執之，送詣新平，幽於別室。

太子宏至下辨，南秦州刺史楊璧拒之。苻堅破仇池，置南秦州。楊璧，氐之種類，仕秦尚主，任居方面，以宏奔敗，拒而不納。孟子曰：「寡助之至，親戚叛之。」信哉斯言！璧妻，堅之女順陽公主也，棄其夫從宏。宏奔武都，投氐豪強熙，強，其兩翻。假道來奔，詔處之江州。爲苻宏附桓玄而誅張本。處，昌呂翻。

27 長樂公丕帥衆三萬自枋頭將歸鄴城，龍驤將軍檀玄擊之，戰于谷口，檀玄，晉將也。谷口在枋頭西。玄兵敗，丕復入鄴城。復，扶又翻。

28 燕建節將軍餘巖叛，自武邑北趣幽州。趣，七喻翻。燕王垂馳使敕幽州將平規曰：使，疏吏翻。「固守勿戰，俟吾破丁零自討之。」規出戰，爲巖所敗。敗，補邁翻。巖入薊，掠千餘戶而去，遂據令支。令，音鈴，又郎定翻。支，音祁。癸酉，翟成長史鮮于得斬成出降，垂屠行唐，盡阬成衆。去年丁零叛燕，至是而滅。降，戶江翻。

29 太保安有疾求還，安屯廣陵步丘。詔許之；八月，安至建康。

30 甲午，大赦。

31 丁酉，建昌文靖公謝安薨。謚法：柔德安衆曰靖；寬樂令終曰靖。詔加殊禮，如大司馬溫故事。晉以此崇寵謝安；安之雅志豈願與桓溫同哉！庚子，以司徒琅邪王道子領揚州刺史、錄尚書、都督中外諸軍事；道子得權，晉自此亂。以尚書令謝石爲衛將軍。

32 後秦王萇使求傳國璽於秦王堅璽，斯氏翻。曰：「萇次應曆數，可以爲惠。」堅瞋目叱之曰：「小羌敢逼天子，五胡次序，無汝羌名。胡、羯、鮮卑、氐、羌，五胡之次序也。無汝羌名，謂讖文耳。姚萇自謂次應曆數，堅故亦以讖文爲言。瞋，七人翻。璽已送晉，不可得也！」萇復遣右司馬尹緯說堅，求爲禪代；復，扶又翻。說，輸芮翻。堅曰：「禪代，聖賢之事，姚萇叛賊，何得爲之！」堅與緯語，問緯：「在朕朝何官？」朝，直遙翻。緯曰：「尚書令史。」後漢以來尚書有令史十八人，秩二百石。堅歎曰：「卿，王景略之儔，宰相才也，而朕不知卿，宜其亡也。」堅自以平生遇萇有恩，尤忿之，數罵萇求死，數，所角翻。謂張夫人曰：「豈可令羌奴辱吾兒。」乃先殺寶、錦。堅自知身死之後，女必當歸姚萇也。辛丑，萇遣人縊堅於新平佛寺。年四十八。張夫人、中山公詵皆自殺。後秦將士皆爲之哀慟。爲，于僞翻。萇欲隱其名，謚堅曰壯烈天王。

臣光曰：論者皆以爲秦王堅之亡，由不殺慕容垂、姚萇故也。臣獨以爲不然。許劭謂魏武帝治世之能臣，亂世之姦雄。事見五十八卷漢靈帝中平元年。治，直吏翻。使堅治國無失其道，治，直之翻。則垂、萇皆秦之能臣也，烏能爲亂哉！堅之所以亡，由驟勝而驕故也。魏文侯問李克，吳之所以亡，對曰：「數戰數勝。」文侯曰：「數戰數勝，國之福也，何故亡？」對曰：「數戰則民疲，數勝則主驕，數，所角翻。以驕主御疲民，未有不亡者也。」秦王堅似之矣。

33 長樂公丕在鄴，將西赴長安，樂，音洛。幽州刺史王永在壺關，是年春，王永自幽州奔壺關。遣使招丕，丕乃帥鄴中男女六萬餘口西如潞川，使，疏吏翻。帥，讀曰率。驃騎將軍張蚝、并州刺史王騰迎之入晉陽。驃，匹妙翻。騎，奇寄翻。蚝，七吏翻。丕【章：十二行本「丕」上有「王永留平州刺史苻沖守壺關，自帥騎一萬會丕于晉陽」二十二字；乙十一行本同；孔本同；張校同；退齋校同。】始知長安不守，堅已死，乃發喪，卽皇帝位，丕字永叔，堅之庶長子也。追謚堅曰宣昭皇帝，廟號世祖，大赦，改元大安。

34 燕王垂以魯王和爲南中郎將，鎭鄴。遣慕容農出蠮螉塞，蠮，於結翻。螉，於公翻。歷凡城，趣龍城，趣，七喻翻。會兵討餘巖，慕容麟、慕容隆自信都徇勃海、清河。麟擊勃海太守封懿，執之，因屯歷口。水經註：清河自廣川東北流，逕歷縣故城南，前漢信都國之屬縣也。應劭曰：廣川縣西北三十里有歷城亭，故縣也。今亭在縣東津濟之所，謂之歷口渡。懿，放之子也。封放見九十九卷穆帝永和七年。

35 鮮卑劉頭眷擊破賀蘭部於善無，善無縣，前漢屬鴈門郡，後漢屬定襄郡，漢末日棄之荒外。又破柔然於意親山。意親山蓋即意辛山，親、辛語相近。按魏書帝紀，道武登國五年，四月，幸意辛山，與賀驎討賀蘭、紇突鄰、紇奚諸部，大破之，六月還幸牛川。則意辛山在牛川之北。頭眷子羅辰言於頭眷曰：「比來行兵，所向無敵；比，毗至翻。然心腹之疾，願早圖之！」頭眷曰：「誰也？」羅辰曰：「從兄顯，忍人也，從，才用翻。必將爲亂。」頭眷不聽。顯，庫仁之子也。

頃之，顯果殺頭眷自立。又將殺拓跋珪，珪依劉庫仁見一百四卷太元元年。顯弟亢埿妻，珪之姑也，埿，與泥同。以告珪母賀氏。顯謀主梁六眷，代王什翼犍之甥也，犍，居言翻；下同。亦使其部人穆崇、奚牧密告珪，魏書官氏志，拓跋氏之先，兼并他國，各有本部，部中別族爲內姓。丘穆陵氏，後改爲穆氏。又拓跋鄰以弟爲達奚氏，後改爲奚氏。且以其愛妻、駿馬付崇曰：「事泄，當以此自明。」賀氏夜飲顯酒，令醉，飲，於鴆翻。使珪陰與舊臣長孫犍、元他、羅結輕騎亡去。元他、羅結，二人也。他，唐何翻。向晨，賀氏故驚廐中羣馬，使顯起視之。賀氏哭曰：「吾子適在此，今皆不見，汝等誰殺之邪？」顯以故不急追。珪遂奔賀蘭部，依其舅賀訥。賀訥本賀蘭訥，後魏孝文帝改北方舊姓，以賀蘭氏爲賀氏，史因簡便而書之，如上文穆崇、奚牧之類皆是也。訥驚喜曰：「復國之後，當念老臣！」珪笑曰：「誠如舅言，不敢忘也。」

顯疑梁六眷泄其謀，將囚之。穆崇宣言曰：「六眷不顧恩義，助顯爲逆，我掠得其妻馬，足以解忿。」顯乃捨之。賀氏從弟外朝大人賀悅舉所部以奉珪。賀悅，蓋什翼犍時爲外朝大人。魏書官氏志曰：登國二年，因舊制置南北大人，對治二部；又置外朝大人，無常員，主受詔命，外使，出禁中，國有大喪大禮，皆與參知，隨所典焉。從，才用翻。顯怒，將殺賀氏，賀氏奔亢埿家，匿神車中三日，北人無室屋，逐水草，置神於車中而嚴事之，因謂之神車。亢埿舉家爲之請，乃得免。爲，于僞翻。故南部大人長孫嵩帥所部七百餘家叛顯，【章：十二行本，「顯」下有「將」字；乙十一行本同；孔本同；張校同。】奔五原。嵩依劉氏，亦見一百四卷太元元年。五原，秦郡，魏、晉棄之荒外。帥，讀曰率。時拓跋寔君之子渥亦聚衆自立，嵩欲從之；烏渥謂嵩曰：「逆父之子，不足從也。寔君弒什翼犍，見太元元年。不如歸珪。」嵩從之。史言長孫嵩由此遂爲拓跋珪佐命功臣，福流子孫。久之，劉顯所部有亂，故中部大人庾和辰奉賀氏奔珪。凡言故者，皆什翼犍舊所署置也。魏書官氏志：拓跋詰汾時餘部諸姓內入者，自有庾氏，非中國之庾氏也。

賀訥弟染干以珪得衆心，忌之，使其黨侯引七突【嚴：「七」改「乙」；下同。】殺珪；代人尉古眞知之，以告珪，侯引七突不敢發。侯引七突，官氏志無此氏。志云：諸姓年世稍久，互以改易，興衰存滅，間有之；今舉其可知者，則其不可知而不舉者亦有之矣。西方尉遲氏，後改爲尉氏。尉，讀如鬱。染干疑古眞泄其謀，執而訊之，訊，鞫問也。以兩車輪【章：十二行本「輪」作「軸」；乙十一行本同；孔本同；張校同。】夾其頭，傷一目，不伏，乃免之。染干遂舉兵圍珪，賀氏出，謂染干曰：「汝等欲於何置我，而殺吾子乎！」染干慙而去。史言賀訥兄弟不能舉部以奉拓跋珪，爲珪攻賀蘭部張本。夫以珪備嘗險阻艱難以成大業，而卒斃於賀蘭氏，豈天道邪！

36 九月，秦主丕以張蚝爲侍中、司空，蚝，七吏翻。王永爲侍中、都督中外諸軍事、車騎大將軍、尚書令，王騰爲中軍大將軍、司隸校尉，苻沖爲尚書左僕射，封西平王；又以左長史楊輔爲右僕射，右長史王亮爲護軍將軍，立妃楊氏爲皇后，子寧爲皇太子，壽爲長樂王，樂，音洛。鏘爲平原王，懿爲勃海王，昶爲濟北王。

37 呂光自龜茲還至宜禾，班志：敦煌郡廣至縣昆侖障，宜禾都尉治，晉分爲宜禾縣，屬晉昌郡。劉昫曰：瓜州常樂縣，漢廣至縣；魏分廣至置宜禾縣；李暠於此置涼興郡，隋廢，置常樂鎮，武德五年，改鎮爲縣。龜茲，音丘慈。秦涼州刺史梁熙謀閉境拒之。高昌太守楊翰言於熙曰：李延壽曰：高昌者，車師前王之故地。昔漢武帝遣兵西討，師旅頓弊，其中尤困者住焉，地勢高敞，人庶昌盛，因名高昌。其地有漢時高昌壘。晉爲高昌郡；後因爲國名。「呂光新破西域，兵強氣銳，聞中原喪亂，喪，息浪翻。必有異圖。河西地方萬里，帶甲十萬，足以自保。若光出流沙，其勢難敵。高梧谷口險阻之要，宜先守之而奪其水；高梧谷口，當在高昌西界。彼既窮渴，可以坐制。如以爲遠，伊吾關亦可拒也。伊吾縣，晉置，屬晉昌郡，有伊吾關。度此二阨，雖有子房之策，無所施矣！」言地險既失，雖有張良之計，無所用也。

熙弗聽。美水令犍爲張統謂熙曰：「今關中大亂，京師存亡不可知。長安已陷，而涼州不知，道梗故也。犍，居言翻。呂光之來，其志難測，將軍何以抗之？」熙曰：「憂之，未知所出。」統曰：「光智略過人，今擁思歸之士，乘戰勝之氣，其鋒未易當也。易，以豉翻。將軍世受大恩，忠誠夙著，立勳王室，宜在今日。行唐公洛，上之從弟，勇冠一時，從，才用翻。冠，古玩翻。爲將軍計，莫若奉爲盟主以收衆望，推忠義以帥羣豪，帥，讀曰率；下同。則光雖至，不敢有異心也。資其精銳，東兼毛興，毛興時刺河州。連王統、楊璧，王統時刺秦州，楊璧時刺南秦州。合四州之衆，掃兇逆，寧帝室，此桓、文之舉也。」熙又弗聽，殺洛于西海。洛徙西海見一百四卷太元五年。梁熙既欲拒呂光，又殺苻洛，不過欲保據涼州，非有扶顛持危之志也。

光聞楊翰之謀，懼，不敢進。杜進曰：「梁熙文雅有餘，機鑒不足，終不能用翰之謀，不足憂也。宜及其上下離心，速進以取之。」光從之。進至高昌，楊翰以郡迎降。熙不能用楊翰之謀，翰遂降於光。降，戶江翻；下同。至玉門，熙移檄責光擅命還師，以子胤爲鷹揚將軍，與振威將軍南安姚皓、別駕衛翰帥衆五萬拒光于酒泉。帥，讀曰率。敦煌太守姚靜、晉昌太守李純以郡降光。敦，徒門翻。光報檄涼州，責熙無赴難之志難，乃旦翻。而遏歸國之衆；遣彭晃、杜進、姜飛爲前鋒，與胤戰于安彌，安彌縣自漢以來屬酒泉郡。大破，擒之。於是四山胡、夷皆附於光。武威太守彭濟執熙以降，光殺之。

光入姑臧，自領涼州刺史，表杜進爲武威太守，自餘將佐，各受職位。涼州郡縣皆降於光，獨酒泉太守宋皓、西郡太守宋【章：十二行本「宋」作「索」；乙十一行本同；孔本同；張校同；退齋校同。】洋晉志曰：漢分張掖之日勒、删丹等縣置西郡，其地當嶺要。城守不下。光攻而執之，讓洋曰：「吾受詔平西域，而梁熙絶我歸路，此朝廷之罪人，卿何爲附之？」洋曰：「將軍受詔平西域，不受詔亂涼州，梁公何罪而將軍殺之？洋但苦力不足，不能報君父之讎耳，豈肯如逆氐彭濟之所爲乎！主滅臣死，固其常也。」光殺洋及皓。

主簿尉祐，姦佞傾險，尉，姓也，讀如字。與彭濟俱執梁熙，光寵信之；祐譖殺名士姚皓等十餘人，涼州人由是不悅。昔齊人伐燕，勝之。孟子曰：「取之而燕民悅，則取之；取之而燕民不悅，則勿取。」其後燕卒報齊。呂光始得涼土而無以收涼人之心，宜其有國不永也。光以祐爲金城太守，祐至允吾，允吾，漢縣，屬金城郡，晉省。據水經註，允吾在廣武西北，其地在當時蓋屬廣武郡界。劉昫曰：唐鄯州龍支縣，本漢允吾縣，後漢改曰龍耆，後魏改曰金城，又改曰龍支。積石山在今縣南。允，音鉛。吾，音牙。襲據其城以叛；姜飛擊破之，祐奔據興城。以載記參考水經，興城當在允吾之西，白土之東。

38 乞伏國仁自稱大都督、大將軍、單于、領秦・河二州牧，單，音蟬。改元建義，以乙旃童埿爲左相，屋引出支爲右相，獨孤匹蹄爲左輔，武羣勇士爲右輔，乙旃、屋引、獨孤、武羣，皆夷人複姓。乞伏與拓跋同出於鮮卑，故其部人亦有乙旃、獨孤二姓。埿，與泥同。弟乾歸爲上將軍，分其地置武城等十二郡，載記曰：置武城、武陽、安固、武始、漢陽、天水、略陽、溫川、甘松、匡朋、白馬、苑川十二郡。築勇士城而都之。水經註：苑川水出勇士縣之子城南山，北逕牧師苑，故漢牧苑之地也，有東、西二苑城，其城相去七里；西城卽乞伏所都。

39 秦尚書令、魏昌公纂自關中奔晉陽；秦主丕拜纂太尉，封東海王。

40 冬，十月，西燕主沖遣尚書令高蓋帥衆五萬伐後秦，戰于新平南，蓋大敗，降於後秦。帥，讀曰率。降，戶江翻。初，蓋以楊定爲子，及蓋敗，定亡奔隴右，復收集其舊衆。【張：「衆」下脫「定佛奴之孫也」六字。】定爲西燕禽，財六月耳。復，扶又翻。

41 苻定、苻紹、苻謨、苻亮聞秦主丕卽位，皆自河北遣使謝罪；定、紹、謨、亮降燕，見上卷上年。中山太守王兗，本新平氏也，固守博陵，爲秦拒燕。爲，于僞翻。十一月，丕以兗爲平州刺史，定爲冀州牧，紹爲冀州都督，謨爲幽州牧，亮爲幽、平二州都督，並進爵郡公。左將軍竇衝據茲川，茲川，卽霸川也；霸水，古曰滋水。秦穆公之霸也，更滋水曰霸水以顯霸功。今曰茲川，因古名也。有衆數萬，與秦州刺史王統、河州刺史毛興、益州刺史王廣、南秦州刺史楊璧、衞將軍楊定皆自隴右遣使邀丕，共擊後秦。丕以定爲雍州牧，雍，於用翻。衝爲梁州牧，加統鎮西大將軍，興車騎大將軍，璧征南大將軍，並開府儀同三司，加廣安西將軍，皆進位州牧。楊定尋徙治歷城，置儲蓄於百頃，百頃，自楊茂搜以來，保爲巢穴。自稱龍驤將軍、仇池公，遣使來稱藩；驤，思將翻。使，疏吏翻。詔因其所號假之。其後又取天水、略陽之地，自稱秦州刺史、隴西王。

42 繹幕人蔡匡據城以叛燕，繹幕縣，自漢以來屬清河郡，至隋廢，入德州安樂縣。燕慕容麟、慕容隆共攻之。泰山太守任泰潛師救匡，任，音壬。至匡壘南八里，燕人乃覺之。諸將以匡未下而外敵奄至，甚患之。隆曰：「匡恃外救，故不時下。今計泰之兵不過數千人，及其未合，擊之，泰敗，匡自降矣。」乃釋匡擊泰，大破之，斬首千餘級。匡遂降，降，戶江翻；下同。燕王垂殺之，且屠其壘。

43 慕容農至龍城，自蠮螉塞歷凡城，至龍城。休士馬十餘日。諸將皆曰：「殿下之來，取道甚速，今至此久留不進，何也？」農曰：「吾來速者，恐餘巖過山鈔盜，侵擾良民耳。此山，謂白狼山。鈔，楚交翻。巖才不踰人，誑誘飢兒，誑，居況翻。誘，音酉。烏集爲羣，非有綱紀；吾已扼其喉，久將離散，無能爲也。今此田善熟，未取而行，徒自秏損，當俟收畢，往則梟之，梟，堅堯翻。亦不出旬日耳。」頃之，農將步騎三萬至令支，巖衆震駭，稍稍踰城歸農。巖計窮出降，農斬之；進擊高句麗，復遼東、玄菟二郡。郝景之敗，高句麗陷遼東、玄菟。菟，同都翻。還至龍城，上疏請繕脩陵廟。燕自慕容皝以前皆葬遼西，故陵廟在焉。燕王垂以農爲使持節、都督幽·平二州·北狄諸軍事、幽州牧，鎮龍城。使，疏吏翻。徙平州刺史帶方王佐鎮平郭。農於是創立法制，事從寬簡，清刑獄，省賦役，勸課農桑，居民富贍，四方流民前後至者數萬口。先是幽、冀流民多入高句麗，先，悉薦翻。農以驃騎司馬范陽龐淵爲遼東太守，招撫之。

44 慕容麟攻王兗于博陵，城中糧竭矢盡，功曹張猗踰城出，聚衆以應麟。兗臨城數之曰：數，所具翻。「卿是秦民，吾是卿君，卿起兵應賊，自號『義兵』，何名實之相違也？古人求忠臣必於孝子之門，後漢韋彪之言。卿母在城，棄而不顧，吾何有焉！今人取卿一切之功則可矣，寧能忘卿不忠不孝之事乎？不意中州禮義之邦，乃有如卿者也！」十二月，麟拔博陵，執兗及苻鑑，殺之。昌黎太守宋敞帥烏桓、索頭之衆救兗，不及而還。帥，讀曰率。索，昔各翻。還，從宣翻，又如字。秦主丕以敞爲平州刺史。敞時從王永在壺關。

45 燕王垂北如中山，謂諸將曰：「樂浪王招流離，實倉廩，外給軍糧，內營宮室，雖蕭何之功，何以加之！」樂浪王溫之功詳見上。漢高祖與項羽相拒，蕭何鎮撫關中，爲之根本。丙申，垂始定都中山。杜佑曰：後燕都中山，今博陵郡唐昌縣。

46 秦苻定據信都以拒燕，燕王垂以從弟北地王精爲冀州刺史，將兵攻之。從，才用翻。將，即亮翻。

47 拓跋珪從曾祖紇羅與其弟建及諸部大人共請賀訥推珪爲主。從，才用翻。

十一年（丙戌、三八六）

1春，正月，戊申，拓跋珪大會於牛川，自武周塞西出至牛川，牛川以北，皆大漠也。據魏紀，窟咄之來寇也，珪乞師于燕，自弩山至牛川，屯于延水，南出代谷以會燕師。又據水經註，于延水出長川城南，則長川卽牛川也。班志，于延水出代郡且如塞外，則牛川亦當在且如塞外也。又，明元帝大獮于牛川，登釜山。括地志：釜山在嬀州懷戎縣北三里。且如之且，音子如翻。卽代王位，珪，什翼犍之嫡孫，世子寔之子。拓跋氏自此興矣。改元登國。以長孫嵩爲南部大人，叔孫普洛爲北部大人，分治其衆。魏書曰：魏初自北荒南遷，置四部大人，坐王庭，決辭訟，以言語約束，刻契記事，無囹圄考訊之法，諸犯罪者皆臨時決遣。治，直之翻；下同。以上谷張衮爲左長史，許謙爲右司馬，廣甯王建、代人和跋、叔孫建、庾岳爲外朝大人，魏書官氏志：拓跋鄰命叔父之胤曰乙旃氏，後改叔孫氏。朝，直遥翻。奚牧爲治民長，長，知兩翻。皆掌宿衞及參軍國謀議；長孫道生、賀毗等侍從左右，從，才用翻。出納教命。王建娶代王什翼犍之女；岳，和辰之弟；道生，嵩之從子也。庾和辰奉珪母賀氏以奔珪，長孫嵩帥部衆歸珪，事並見上。從，才用翻。

2燕王垂卽皇帝位。垂字道明，燕主皝之第五子。

3後秦王萇如安定。

4南安祕宜祕，姓也。前漢書功臣表有戴侯祕彭。時祕氏爲南安豪族。帥羌、胡五萬餘人攻乞伏國仁，國仁將兵五千逆擊，大破之。帥，讀曰率。將，卽亮翻。宜奔還南安。

5 鮮于乞之殺翟眞也，翟眞見殺，見上年四月。翟遼奔黎陽，黎陽太守滕恬之甚愛信之。恬之喜畋獵，喜，許記翻。不愛士卒，遼潛施姦惠以收衆心。恬之南攻鹿鳴城，黎陽在河北，鹿鳴城在河南。酈道元曰：按竹書紀年，梁惠成王十三年，取鄭鹿，卽是城也。今城內有臺，尙謂之鹿鳴臺，又謂之鹿鳴城。遼於後閉門拒之，恬之東奔鄄城，鄄，吉掾翻。遼追執之，遂據黎陽。豫州刺史朱序遣將軍秦膺、童斌與淮、泗諸郡共討之。斌，音彬。

6 秦益州牧王廣自隴右引兵攻河州牧毛興於枹罕，興遣建節將軍衞平帥其宗人一千七百夜襲廣，大破之。帥，讀曰率。二月，秦州牧王統遣兵助廣攻興，興嬰城自守。去年王廣自成都依統。

7 燕大赦，改元建興，置公卿尙書百官，繕宗廟、社稷。

8 西燕主沖樂在長安，樂，音洛。且畏燕主垂之強，不敢東歸，課農築室，爲久安之計；鮮卑咸怨之。鮮卑思東歸，而沖安於長安，故怨。傳曰：「以欲從人則可，以人從欲鮮濟。」其是之謂歟！左將軍韓延因衆心不悅，攻沖，殺之，立沖將段隨爲燕王，改元昌平。

9 初，張天錫之南奔也，見上卷太元八年。秦長水校尉王穆匿其世子大豫，與俱奔河西，依禿髮思復鞬，思復鞬，烏孤之父也。鞬，居言翻。思復鞬送魏安。五代志：武威郡昌松縣，後魏置昌松郡；

後周廢郡，以揟次縣入焉。又有後魏魏安郡，後亦廢。載記言焦松等迎大豫於揟次，則魏安蓋後魏所置郡。晉書成於唐，唐史臣以後魏郡名書之耳。孟康曰：揟，音子如翻。次，音恣。魏安人焦松、齊肅、張濟等聚兵數千人迎大豫爲主，攻呂光昌松郡，拔之，昌松，卽漢倉松縣地，本屬武威郡，蓋河西張氏分置郡也。呂光後以郭麐言，改昌松爲東張掖郡。執太守王世強。光使輔國將軍杜進擊之，進兵敗，大豫進逼姑臧。王穆諫曰：「光糧豐城固，甲兵精銳，逼之非利；不如席卷嶺西，卷，讀曰捲。礪兵積粟，然後東向與之爭，不及期年，光可取也。」大豫不從，自號撫軍將軍、涼州牧，改元鳳凰，以王穆爲長史，傳檄郡縣，使穆說諭嶺西諸郡，自西郡至張掖、酒泉、建康、晉昌，其地皆嶺西也。說，輸芮翻。建康太守李隰、祁連都尉嚴純皆起兵應之，建康郡，張駿置，屬涼州。新唐書地理志：甘州張掖縣西北百九十里有祁連山，北有建康軍，蓋張氏置郡地也。晉書地理志，永興中，張祚置漢陽縣以守牧地，張玄靚改爲祁連郡。有衆三萬，保據楊塢。楊塢在姑臧城西。

10 代王珪徙居定襄之盛樂，按盛樂，前漢書作成樂，屬定襄；後漢書作盛樂，屬雲中。疑定襄之盛樂，卽雲中之盛樂也。然魏書帝紀，什翼犍立，三年，移都於雲中之盛樂；明年，築盛樂城於故城南八里，則已非後漢之盛樂城；疑定襄之盛樂，乃前漢之成樂城也。蓋建武之初，匈奴侵寇，塞下之民悉內徙。其後南單于內附，北單于勢屈，復歸內徙之民於塞下，郡縣城郭，掃地更爲，必有非其故處者。考宋白續通典，唐振武軍，漢定襄郡之盛樂也，在陰山之陽，黃河之北，後魏所都盛樂是也；在唐朔州北三百餘里。後魏孝文遷洛之後，於定襄故城置朔州，領盛樂、廣牧二郡。唐初平突厥，置雲中都督府於盛樂。貞觀八年，移雲州雲中郡及定襄縣於今雲州，而雲中都督府後又改單于都護府，又改安北都護府。由是雲中、定襄，地名混亂不可考，而盛樂則一也。務農息民，國人悅之。史言拓跋珪所以興。

11 三月，大赦。

12 泰山太守張願以郡叛降翟遼。降，戶江翻。初，謝玄欲使朱序屯梁國，玄自屯彭城，以北固河上，西援洛陽。朝議以征役既久，欲令玄置戍而還。會翟遼、張願繼叛，北方騷動，玄謝罪，乞解職，詔慰諭，令還淮陰。

13 燕主垂追尊母蘭氏爲文昭皇后；欲遷文明段后，以蘭氏配享太祖，段氏，燕王皝之元妃；蘭氏，皝之側室也。皝廟號太祖，謚文明皇帝。詔百官議之，皆以爲當然。順垂指也。博士劉詳、董謚以爲「堯母爲帝嚳妃，位第三，不以貴陵姜原，帝王紀曰：帝嚳有四妃：元妃有邰氏女曰姜嫄，生后稷；次妃有娀氏女曰簡狄，生卨；次妃陳豐氏女曰慶都，生放勛；次妃娵訾氏女曰常儀，生摯。嚳，苦沃翻。明聖之道，以至公爲先；文昭后宜立別廟。」垂怒，逼之，詳、謚曰：「上所欲爲，無問於臣。臣按經奉禮，不敢有貳。」垂乃不復問諸儒，卒遷段后，以蘭后代之。復，扶又翻。卒，子戌翻。又以景昭可足渾后傾覆社稷，追廢之；尊烈祖昭儀段氏爲景德皇后，配享烈祖。可足渾氏，燕王儁之元妃也。傾覆事見一百二卷，海西公太和四年。段氏，儁之側室也。儁廟號烈祖，謚景昭皇帝。崔鴻曰：齊桓公命諸侯無以妾爲妻。孟子曰：齊桓公葵丘之會，初命曰：「誅不孝，無易樹子，無以妾爲妻。」夫之於妻，猶不可以妾代之，況子而易其母乎！春秋所稱母以子貴者，君母既沒，得以妾母爲小君也；春秋公羊傳曰：桓幼而貴，隱長而卑；隱長又賢，諸大夫扳隱而立之；隱之立，爲桓立也。隱長又賢，何以不宜立？立適以長不以賢，立子以貴不以長。桓何以貴？母貴也。母貴，則子何以貴？子以母貴，母以子貴。左氏傳曰：惠公元妃孟子；孟子卒，繼室以聲子，生隱公。宋武公生仲子，爲魯夫人，生桓公，而惠公薨，是以隱公立而奉之。至於享祀宗廟，則成風終不得配莊公也。魯莊公夫人姜氏。成風者，莊公之妾，僖公之母也。姜氏通于共仲，弒閔公而欲立共仲，不克，遂孫于邾，齊桓公殺之。僖公既立，請其喪，以夫人之禮葬之。君父之所爲，臣子必習而效之，猶形聲之於影響也；寶之逼殺其母，事見後一百八卷太元二十一年。由垂爲之漸也。堯、舜之讓，猶爲之、噲之禍，事見二卷周慎靚王五年。況違禮而縱私者乎！昔文姜得罪於桓公，春秋不之廢。魯桓公之夫人曰文姜，通于齊襄公，桓公謫之。夫人以告，襄公遂殺桓公。至莊公二十一年，春秋書夫人姜氏薨；二十二年書葬我小君文姜，是不之廢也。可足渾氏雖有罪於前朝，朝，直遙翻。然小君之禮成矣；垂以私憾廢之，私憾，謂譖殺垂妃段氏，又譖垂而逐之奔秦也。又立兄妾之無子者，皆非禮也。

14 劉顯自善無南走馬邑，畏代之偪，且懼其脩怨也。其族人奴眞帥所部請降於代。帥，讀曰率。降，戶江翻。奴眞有兄犍，先居賀蘭部，犍，居言翻。奴眞言於代王珪，請召犍而以所部讓之；

珪許之。鞬既領部，遣弟去斤遺賀訥金馬。遺，于季翻。賀染干謂去斤曰：「我待汝兄弟厚，汝今領部，宜來從我。」去斤許之。奴眞怒曰：「我祖父以來，世爲代忠臣，故我以部讓汝等，欲爲義也。今汝等無狀，乃謀叛國，義於何在！」遂殺鞬及去斤。染干聞之，引兵攻奴眞，奴眞奔代。珪遣使責染干，染干乃止。珪與賀蘭從此隙矣。使，疏吏翻。

15西燕僕【章：十二行本「僕」上有「左」字；乙十一行本同；孔本同；張校同。】射慕容恆、尚書慕容永襲段隨，殺之；立宜都王子顗爲燕王，顗蓋燕宜都王桓之子。顗，魚豈翻。改元建明，帥鮮卑男女四十餘萬口去長安而東。海西公太和五年，秦遷鮮卑於長安，至是財十七年耳，而種類蕃育乃如此。唐太宗阿史那結社率之變，亦幸其早發耳。帥，讀曰率。恆弟護軍將軍韜誘顗，殺之於臨晉，誘，音酉。恆怒，捨韜去。永與武衛將軍刁雲帥衆攻韜，韜敗，奔恆營。恆立西燕主沖之子瑤爲帝，改元建平，謚沖曰威皇帝。衆皆去瑤奔永，永執瑤，殺之，立慕容泓子忠爲帝，改元建武。忠以永爲太尉，守尚書令，封河東公。永持法寬平，鮮卑安之。至聞喜，聞燕主垂已稱尊號，不敢進，築燕熙城而居之。爲燕主垂滅西燕張本。

16鮮卑既東，長安空虛。前榮陽【章：十二行本「陽」下有「太守」二字；乙十一行本同；孔本同；張校同。】高陵趙穀等招杏城盧水胡郝奴帥戶四千入于長安，渭北皆應之，帥，讀曰率；下同。以穀爲丞相。扶風王驎有衆數千，保據馬嵬，馬嵬山在咸陽縣西，去長安城百餘里。杜佑曰：京兆金城縣有馬嵬故城。孫景安征塗記云：馬嵬所築，不知何代人。金城，周曰犬丘，秦曰廢丘，漢曰槐里。驎，離珍翻。嵬，吾回翻。奴遣弟多攻之。夏，四月，後秦王萇自安定伐之，驎奔漢中。萇執多而進，奴懼，請降，降，戶江翻。拜鎮北將軍、六谷大都督。長安南山有六谷。

17 癸巳，以尚書僕射陸納爲左僕射，譙王恬爲右僕射。晉志曰：左右僕射或不兩置，但曰尚書僕射。納，玩之子也。陸玩，見九十四卷成帝咸和四年。

18 毛興襲擊王廣，敗之，敗，補邁翻。廣奔秦州；隴西鮮卑匹蘭執廣送於後秦。興復欲攻王統於上邽，枹罕諸氐皆厭苦兵事，諸氐，蓋秦王堅使毛興領之以鎮枹罕者也。復，扶又翻。枹，音膚。乃共殺興，推衛平爲河州刺史，以衛平宗強，故推之。遣使請命于秦。使，疏吏翻；下同。

19 燕主垂封其子農爲遼西王，麟爲趙王，隆爲高陽王。

20 代王珪初改稱魏王。拓跋氏自此國號魏。

21 張大豫自楊塢進屯姑臧城西，王穆及禿髮思復鞬子奚于帥衆三萬屯于城南；鞬，居言翻。呂光出擊，大破之，斬奚于等二萬餘級。

22 秦大赦，以衛平爲撫軍將軍、河州刺史，呂光爲車騎大將軍、涼州牧。騎，奇寄翻。使者皆沒於後秦，不能達。時秦主丕在晉陽，後秦隔其道，故不能達二鎮。

23 燕主垂以范陽王德爲尚書令，太原王楷爲左僕射，樂浪王溫爲司隸校尉。溫守中山，有營宮室、建都邑之功，因用爲司隸。樂浪，音洛琅。

24後秦王萇即皇帝位于長安，萇字景茂，姚弋仲之第二十四子也。大赦，改元建初，國號大秦。追尊其父弋仲爲景元皇帝，立妻虵氏爲皇后，類篇：虵，以者翻，虜姓也。姓譜：姚萇后虵氏，南安人也。虵，食遮翻，又音他。子興爲皇太子，置百官。萇與羣臣宴，酒酣，言曰：「諸卿皆與朕北面秦朝，朝，直遙翻。今忽爲君臣，得無恥乎！」趙遷曰：「天不恥以陛下爲子，臣等何恥爲臣！」萇大笑。

25魏王珪東如陵石，陵石，地名，在盛樂東。護佛侯部帥侯辰、乙佛部帥代題皆叛走。帥，所類翻。諸將請追之，珪曰：「侯辰等累世服役，有罪且當忍之。方今國家草創，人情未壹，愚者固宜前卻，一前一卻，言叛服不常也。不足追也！」史言珪能識時知變以安反側。

26六月，庚寅，以前輔國將軍楊亮爲雍州刺史，鎮衛山陵。帝置雍州於襄陽；今遣亮帶雍州，鎮洛。雍，於用翻。荊州刺史桓石民遣將軍晏謙擊弘農，下之。姓譜曰：左傳齊有晏氏，代爲大夫。初置湖、陝二戍。湖、陝二縣，皆屬弘農。陝，式冉翻。

27西燕刁雲等殺西燕主忠，推慕容永爲使持節、大都督中外諸軍事、大將軍、大單于、雍·秦·梁·涼四州牧、錄尚書事、河東王，稱藩於燕。稱藩於燕主垂也。使，疏吏翻。雍，於用翻。

28燕主垂遣太原王楷、趙王麟、陳留王紹、章武王宙攻秦苻定、苻紹、苻謨、苻亮等；去年，苻定等背燕爲秦。楷先以書與之，爲陳禍福，定等皆降。降，戶江翻。垂封定等爲侯，曰：「以酬秦主之德。」

29 秦主丕以都督中外諸軍事、司徒、錄尚書事王永爲左丞相，太尉、東海王纂爲大司馬，司空張蚝爲太尉，蚝，七吏翻。尚書令咸陽徐義爲司空，司隸校尉王騰爲驃騎大將軍、儀同三司。驃，匹妙翻。騎，奇寄翻。永傳檄四方公侯、牧守、壘主、民豪，共討姚萇、慕容垂，令各帥所統，以孟冬上旬會大駕于臨晉。帥，讀曰率。於是天水姜延、馮翊寇明、河東王昭、新平張晏、京兆杜敏、扶風馬朗、建忠將軍・高平牧官都尉扶風王敏等建忠將軍，蓋亦苻氏創置。高平縣，漢屬安定郡，晉省，前趙劉曜以爲朔州治所，秦置牧官都尉於其地。咸承檄起兵，各有衆數萬，遣使詣秦，使，疏吏翻。丕皆就拜將軍、郡守，封列侯。冠軍將軍鄧景擁衆五千據彭池，與竇衝爲首尾，以擊後秦。「彭池」，恐當作「彪池」。彪池在長安西，詩所謂「彪池北流」者也。竇衝據茲川，在長安東南，可以相爲首尾。又據新唐書地理志，寧州有彭池，但去茲川遠耳。丕以景爲京兆尹。景，羌之子也。鄧羌，秦之名將。

30 後秦王萇徙安定五千餘戶于長安。

31 秋，七月，秦平涼太守金熙、安定都尉沒弈干與後秦左將軍姚方成戰于孫丘谷，孫丘谷當在安定。方成兵敗。後秦主萇以其弟征虜將軍緒爲司隸校尉，鎮長安；自將至安定，將，卽亮翻。擊熙等,大破之。金熙本東胡之種;秦謂鮮卑之種居遼碣者爲東胡。種,章勇翻。沒弈干,鮮卑多蘭部帥也。帥,所類翻。

32枹罕諸氏枹,音膚。以衞平衰老,難與成功,議廢之,而憚其宗強,累日不決。氐啖青謂諸將曰:啖,徒覽翻,姓也。「大事宜時定,不然,變生。諸君但請衞公爲會,觀我所爲。」會七夕大宴,青抽劍而前曰:「今天下大亂,吾曹休戚同之,非賢主不可以濟大事。衞公老,宜返初服以避賢路。衞平,本毛興部將。狄道長苻登,長,知兩翻。雖王室疏屬,志略雄明,請共立之,以赴大駕。欲承王永檄赴秦主丕也。諸君有不同者,卽下異議。」乃奮劍攘袂,將斬異己者。衆皆從之,莫敢仰視。於是推登爲使持節、都督隴右諸軍事、撫軍大將軍、雍・河二州牧、略陽公,帥衆五萬,東下隴,攻南安,拔之,馳使請命于秦。登,秦主丕之族子也。苻登事始此。使,疏吏翻。雍,於用翻。帥,讀曰率;下同。

33祕宜與莫侯悌眷帥其衆三萬餘戶降于乞伏國仁,國仁拜宜東秦州刺史,悌眷梁州刺史。莫侯,夷人複姓。降,戶江翻;下同。

34己酉,魏王珪還盛樂,自陵石還也。代題復以部落來降,復,扶又翻。十餘日,又奔劉顯;珪使其孫倍斤代領其衆。劉顯弟肺泥帥衆降魏。

35八月,燕主垂留太子寶守中山,以趙王麟爲尚書右僕射,錄留臺。庚午,自帥范陽王德等南略地，使高陽王隆東徇平原。丁零鮮于乞保曲陽西山，曲陽縣，屬常山郡。聞垂南伐，出營望都，望都縣，屬中山郡。水經註：堯封於唐，堯山在東北，堯母慶都山在南，登堯山見都山，故望都縣以爲名也。剽掠居民。剽，匹妙翻。趙王麟自出討之，諸將皆曰：「殿下虛鎭遠征，萬一無功而返，虧損威重，不如遣諸將討之。」麟曰：「乞聞大駕在外，無所畏忌，必不設備，一舉可取，不足憂也。」乃聲言至魯口，夜，回趣乞，趣，七喻翻。比明，至其營，掩擊，擒之。比，必寐翻，及也。

36 翟遼寇譙，朱序擊走之。

37 秦主丕以苻登爲征西大將軍、開府儀同三司、南安王，持節、州牧、都督，皆因其所稱而授之。又以徐義爲右丞相。留王騰守晉陽，右僕射楊輔戍壺關，帥衆四萬，進屯平陽。帥，讀曰率。

38 初，後秦主萇之弟碩德統所部羌居隴上，聞萇起兵，自稱征西將軍，聚衆於冀城以應之；以兄孫詳爲安遠將軍，據隴城，從孫訓爲安西將軍，據南安之赤亭，諸姚本赤亭羌也。與秦秦州刺史王統相持。萇自安定引兵會碩德攻統，天水屠各、略陽羌胡應之者二萬餘戶。秦略陽太守王皮降之。屠，直於翻。降，戶江翻。

39 初，秦滅代，遷代王什翼犍少子窟咄于長安，事見一百四卷太元元年。窟，苦骨翻。咄，當沒翻。從慕容永東徙，永以窟咄爲新興太守。劉顯遣其弟亢埿迎窟咄，以兵隨之，逼魏南境，諸部騷動。魏王珪左右于桓等與部人謀執珪以應窟咄，幢將代人莫題等亦潛與窟咄交通。魏收官氏志：道武登國元年，置幢將六人，主三郎衞士直宿禁中者，侍中已下、中散已上皆統之。拓跋詰汾時，餘部諸姓內入者，有莫那婁氏，後爲莫氏。幢，直江翻。桓舅穆崇告之，珪誅桓等五人，莫題等七姓悉原不問。爲後珪殺莫題張本。珪懼內難，難，乃旦翻。北踰陰山，復依賀蘭部，復，扶又翻。遣外朝大人遼東安同求救於燕，姓譜：安息王子入侍，遂爲漢人。風俗通，漢有安城爲太守。廬山記有安息國王子安高。朝，直遙翻。燕主垂遣趙王麟救之。

40九月，王統以秦州降于後秦。降，戶江翻。後秦主萇以姚碩德爲使持節、都督隴右諸軍事、秦州刺史，鎭上邽。使，疏吏翻。

41呂光得秦王堅凶問，舉軍縞素，謚曰文昭皇帝。冬，十月，大赦，改元大安。晉書載記作「太安」。

42西燕慕容永遣使詣秦主丕求假道東歸，使，疏吏翻。丕弗許，與永戰于襄陵，襄陵縣，漢屬河東郡，晉屬平陽郡。秦兵大敗，左丞相王永、衞大將軍俱石子皆死。初，東海王纂自長安來，去年，纂奔丕。麾下壯士三千餘人，丕忌之，旣敗，懼爲纂所殺，帥騎數千南奔東垣，東垣縣，漢已改爲眞定；此東垣在河南新安縣界。宋白曰：河南府王屋縣，漢爲河東郡垣縣地。又，絳州垣縣，本河東郡縣名，其地卽周、召分陝之所。又曰：河南府，漢爲河南郡，治洛陽；後漢都洛陽，河南屬司隸校尉。魏陳留王奐合河南等五郡置司州，劉聰爲荆州，石虎爲洛州，苻堅爲豫州；宋武入洛，更置東垣、西垣二縣，仍於虎牢置司州。帥，讀曰率。騎，奇寄翻。謀襲洛陽。揚威將軍馮該自陜邀擊之，陜，式冉翻。殺丕，執其太子寧、長樂王壽，送建康，樂，音洛。詔赦不誅，以付苻宏。苻宏去年來奔，處之江州。纂與其弟尚書永平侯師奴帥秦衆數萬走據杏城，其餘王公百官皆沒於永。

永遂進據長子，卽皇帝位，改元中興。將以秦后楊氏爲上夫人，楊氏引劍刺永，刺，七亦翻。爲永所殺。

43 甲申，海西公奕薨于吳。年四十五。

44 燕寺人吳深據清河反，寺，音侍，又如字。燕主垂攻之，不克。

45 後秦主萇還安定。自上邽還安定也。

46 秦南安王登既克南安，夷、夏歸之者三萬餘戶，夏，戶雅翻。遂進攻姚碩德于秦州，後秦主萇自往救之。登與萇戰于胡奴阜，胡奴阜在上邽西。大破之，斬首二萬餘級，將軍啖青射萇，中之。射，而亦翻。中，竹仲翻。萇創重，創，初良翻。走保上邽，姚碩德代之統衆。

47 燕趙王麟軍未至魏，拓跋窟咄稍前逼魏王珪，賀染干侵魏北部以應之。魏衆驚擾，北部大人叔孫普洛亡奔劉衞辰。麟聞之，遽遣安同等歸。魏人知燕軍在近，衆心少安。少，詩沼翻。窟咄進屯高柳，高柳縣，漢屬代郡，晉省。酈道元曰：高柳在代中，其山重巒疊巘，霞舉雲高，其山隱隱而東出遼塞。珪引兵與麟會擊之，窟咄大敗，奔劉衛辰，衛辰殺之。珪悉收其衆，以代人庫狄干爲北部大人。魏書官氏志：次南諸部，有庫狄氏，後爲狄氏。麟引兵還中山。

劉衛辰居朔方，士馬甚盛。後秦主萇以衛辰爲大將軍、大單于、河西王、幽州牧，單，音蟬。西燕主永以衛辰爲大將軍、朔州牧。

48 十一月，秦尚書寇遺奉勃海王懿、濟北王昶自杏城奔南安，濟，子禮翻。南安王登發喪行服，謚秦主丕曰哀平皇帝。登議立懿爲主，衆曰：「勃海王雖先帝之子，然年在幼沖，未堪多難。難，乃旦翻。今三虜窺覦，三虜，謂姚萇、慕容垂、慕容永也。宜立長君，長，知兩翻。非大王不可。」登乃爲壇於隴東，卽皇帝位，登，字文高，堅之族孫也。大赦，改元太初，置百官。

49 慕容柔、慕容盛及盛弟會皆在長子，太元九年，柔等自長安得脫，奔慕容沖；沖死，隨永東遷。盛謂柔、會曰：「主上已中興幽、冀，主上，謂燕主垂。東西未壹，東，謂燕主垂；西，謂燕主永。吾屬居嫌疑之地，爲智爲愚，皆將不免，不若以時東歸，無爲坐待魚肉也！」遂相與亡歸燕。後歲餘，西燕主永悉誅燕主儁及燕主垂之子孫，男女無遺。史言慕容盛之智。

50 張大豫自西郡入臨洮，掠民五千餘戶，保據俱城。俱城在臨洮界。

51 十二月，呂光自稱使持節、侍中、中外大都督、督隴右・河西諸軍事、大將軍、涼州牧、酒泉公。使，疏吏翻。

52秦主登立世祖神主於軍中，秦主堅廟號世祖。載以輜軿，車四面有屏蔽者曰輜軿。軿，蒲眠翻。建黃旗靑蓋，以虎賁三百人衛之，賁，音奔。凡所欲爲，必啓主而後行。引兵五萬，東擊後秦，將士皆刻鉾、鎧爲「死」「休」字；鉾，頭牟。鎧，甲也。鉾，音牟。言欲復讎必死乃休也。楊正衡曰：字林：鉾，古矛字。每戰以劍矟爲方圓大陣，矟，色角翻，與槊同。知有厚薄，從中分配，故人自爲戰，所向無前。

初，長安之將敗也，謂苻堅爲慕容沖所困之時。中壘將軍徐嵩、屯騎校尉胡空各聚衆五千，結壘自固；既而受後秦官爵。後秦主萇以王禮葬秦主堅於二壘之間。及登至，嵩、空以衆降之。登拜嵩雍州刺史，空京兆尹，降，戶江翻。雍，於用翻。改葬堅以天子之禮。

53乙酉，燕主垂攻吳深壘，拔之，深單馬走。吳深時據清河以叛燕。垂進屯聊城之逢關陂。聊城縣，漢屬東郡，晉屬平原郡。初，燕太子洗馬溫詳來奔，以爲濟北太守，屯東阿。東阿縣，漢屬東郡，晉屬濟北郡。洗，悉薦翻。濟，子禮翻。燕主垂遣范陽王德、高陽王隆攻之，詳遣從弟攀守河南岸，子楷守碻磝以拒之。

54燕主垂以魏王珪爲西單于，封上谷王；珪不受。珪不受燕封，其志不在小。單，音蟬。